数字化转型理论与实践系列丛书

智 慧 变 革
世界 500 强企业数智化转型密码

李 洋 编著

电子工业出版社
Publishing House of Electronics Industry
北京·BEIJING

内 容 简 介

本书凝聚了作者近 20 年来在多家世界 500 强企业和多个行业领导数字化转型的经验和心得，聚焦于数字经济时代下的数字化转型，针对数字经济的发展、数字化转型的基本定义和常识、数字化转型的战略与战术设计、数字化组织与文化建设、数据治理与数据资产管理、以元宇宙为代表的数字化技术、云原生、数智化安全能力框架、三大行业的世界 500 强企业数字化实践案例、"李洋十二条"数字化转型"避坑"指南等进行了全面、系统的分析。

本书理论结合实际，旨在为数字化转型的从业者尤其是企业高管提供易上手、便借鉴的实践指南，可作为集团企业高管（CEO、CIO、CDO 等）的转型工具书，也可作为有志于进入数字化领域人士的参考书。

未经许可，不得以任何方式复制或抄袭本书之部分或全部内容。
版权所有，侵权必究。

图书在版编目（CIP）数据

智慧变革：世界 500 强企业数智化转型密码 / 李洋编著. —北京：电子工业出版社，2023.8
（数字化转型理论与实践系列丛书）
ISBN 978-7-121-46025-8

Ⅰ.①智… Ⅱ.①李… Ⅲ.①企业管理－数字化－研究－世界 Ⅳ.①F279.12

中国国家版本馆 CIP 数据核字（2023）第 139634 号

责任编辑：李树林　　　文字编辑：张　彬
印　　　刷：三河市双峰印刷装订有限公司
装　　　订：三河市双峰印刷装订有限公司
出版发行：电子工业出版社
　　　　　北京市海淀区万寿路 173 信箱　　邮编：100036
开　　本：720×1000　1/16　印张：21.75　字数：365 千字
版　　次：2023 年 8 月第 1 版
印　　次：2023 年 8 月第 1 次印刷
定　　价：88.00 元

凡所购买电子工业出版社图书有缺损问题，请向购买书店调换。若书店售缺，请与本社发行部联系，联系及邮购电话：（010）88254888，88258888。
质量投诉请发邮件至 zlts@phei.com.cn，盗版侵权举报请发邮件至 dbqq@phei.com.cn。
本书咨询和投稿联系方式：（010）88254463，lisl@phei.com.cn。

前言

我们已经迈入数字经济时代。相关统计测算数据显示，2012 至 2021 年，我国数字经济规模从 11 万亿元增长到 45 万亿元以上，数字经济占国内生产总值的比重由 21.6%提升至 39.8%。而产业数字化作为数字经济的重要组成部分，已悄然成为数字经济时代的绝对热点，其与股市、地产、国际局势、新型冠状病毒感染疫情（以下简称"疫情"）等众多热点一样，关注度极高。各行各业的数字化转型工作正在如火如荼地进行。

可以说，数字化转型是当下摆在企业面前的一道避无可避的时代命题，既是挑战，又是机遇。显而易见，当下国内外形势复杂、严峻，企业和行业面临成本高企、资源紧张、供需两侧不均衡等诸多难题。在这种复杂多变的情况下，数字化转型似乎既是在宏观层面上促进国内国际双循环的助推器，又是在微观层面上解决企业和产业实际难题的"新动能"和"新路径"。然而，看起来光明的前途，往往道路是曲折和艰难的，数字化转型甚至需要"摸着石头过河"和"草鞋没样，边打边像"。因此，在领导多家世界 500 强企业进行数字化转型和信息化建设，以及作为外部专家与众多名企进行深入交流和提供数字化咨询的过程中，笔者清晰地见证了众多企业家、CIO、CDO 在此过程中的焦虑、彷徨、踟蹰、盲目、冒进……同时，有相关机构的分析报告指出，80%以上的企业数字化转型工作是失败的，这样的结果加剧了业界和企业在数字化转型工作上的不确定性。与此同时，在微信、微博、论坛等媒体上充斥着许多支离破碎的有关数字化转型的概念、方法的文字材料，这中间虽有一些可以作为借鉴，但也不可避免地存在着很多"毒鸡汤"甚至错误引导，使得大家无所适从。

客观地说，数字化转型本质上是一项科学而又精妙的系统工程，切忌盲干、蛮干，需要巧干、精干，包括聪明的顶层设计和沉稳的落地实施，所以笔者称之为"智慧变革"。为了解决企业和数字化从业者，尤其是企业高管的这些疑惑并帮助企业顺利推动数字化转型工作，电子工业出版社编辑李树林精心策划并诚挚邀请笔者推出这本书。本书总结归纳了笔者近 20 年在多家世界 500 强企业和顶级名企作为 CIO、CDO、CSO 等经营决策层主持和领导数字化转型、科技创新及赋能等工作的经验和教训，也吸收了笔者近年来作为业界专家在众多峰会、论坛、沙龙、技术社区、媒体与众多头部企业的董事长、CEO、CIO、CDO 进行分享交流的相关内容，并精心挑选编写而成。

"图难于其易，为大于其细"，希望通过本书的系统讲述和经验介绍，能够"破解"数字化转型的"密码"，帮助各行各业的数字化转型工作者消除焦虑和彷徨、冒进和盲目，聚焦用户和企业良性需求，秉承"科技向善"的初心，注重"种善因得善果"，科学设计和行动，因地制宜地运用以元宇宙为代表的数字化技术，相信并坚守"从量变到质变"，最终收获数字化转型的硕果，实现企业价值和社会价值！

谨以此书献给我至爱的母亲！

李　洋

2023 年 3 月于鹏城

目 录

第1章 数字经济及数字化转型现状概览 ... 1

- 1.1 数字经济的基本原理 ... 1
  - 1.1.1 信息经济概念的提出 ... 2
  - 1.1.2 数字经济概念的提出 ... 2
  - 1.1.3 数字经济的定义和内涵 ... 3
  - 1.1.4 数字经济发展的六大主要特征 ... 5
  - 1.1.5 数字经济的主要内容 ... 9
- 1.2 数字经济的时代格局和趋势 ... 11
  - 1.2.1 全球发展趋势概况 ... 11
  - 1.2.2 中国发展趋势概况 ... 12
- 1.3 从工业革命的角度看待数字化 ... 13
- 1.4 数字化转型在重点产业的发展现状 ... 15
- 1.5 国企数字化转型现状 ... 16
  - 1.5.1 国企数字化转型的方向 ... 17
  - 1.5.2 国企数字化转型的模型架构 ... 21
  - 1.5.3 国企数字化转型典型案例 ... 22
- 1.6 其他企业（非国企）数字化转型现状 ... 24
  - 1.6.1 转型的驱动力 ... 25
  - 1.6.2 转型的现阶段进程 ... 27
  - 1.6.3 代表性转型企业 ... 28

第2章 正本清源数字化转型 ... 33

- 2.1 新动能与旧动能 ... 33
  - 2.1.1 中国经济发展的新旧动能 ... 34
  - 2.1.2 企业发展的新旧动能 ... 35

2.2 有关数字化转型的一些误解 ································· 37
   2.2.1 数字化转型就是一个技术项目 ······················· 37
   2.2.2 数字化转型只是老板、高管和数字化/科技部门的事情 ······ 37
   2.2.3 所有行业都值得用数字化重做一遍 ···················· 38
   2.2.4 数字化转型就要彻底和追求一步到位 ·················· 38
   2.2.5 求助咨询师可以保证数字化转型成功 ·················· 38
   2.2.6 数字化转型可以一劳永逸地解决所有问题 ··············· 39
2.3 数字化转型的定义 ·· 39
   2.3.1 科技界对数字化转型的定义 ························· 40
   2.3.2 基于业务视角、用户视角和企业经营者视角的数字化转型定义 · 41
2.4 数字化转型相关概念的澄清 ································· 42
   2.4.1 信息化、数字化和智能化 ··························· 43
   2.4.2 数字原生企业与非数字原生企业 ····················· 44
2.5 企业数字化转型的宏观目标 ································· 45
   2.5.1 追求经济价值 ··································· 45
   2.5.2 追求运营价值 ··································· 46
   2.5.3 追求能力价值 ··································· 47
   2.5.4 追求品牌价值 ··································· 47
2.6 企业数字化转型的微观目标 ································· 48
   2.6.1 生产运营优化 ··································· 49
   2.6.2 产品/服务创新 ·································· 50
   2.6.3 业态转变 ······································ 51

第3章 "五原则"战略和"3-1-1"战术 ···························· 53

3.1 战略设计及战略管理 ······································ 53
3.2 数字化转型始于战略设计 ·································· 55
3.3 数字化转型战略设计"五原则" ······························· 56
   3.3.1 应用数字化战略设计"五原则" ······················· 56
   3.3.2 配套做好战略识别机制和战略实现机制 ················· 58
   3.3.3 具体的设计实例 ································· 59

- 3.4 战略设计需要规避的三大误区 59
  - 3.4.1 目标不明确，或者错把某些设计前提当目标 59
  - 3.4.2 战略设计与实现脱节 60
  - 3.4.3 将战略混同于一般的行动计划 61
- 3.5 战术设计与战略设计一脉相承 61
- 3.6 "3-1-1"战术设计框架 62
  - 3.6.1 业务数字化 63
  - 3.6.2 数字化基础设施 65
  - 3.6.3 数字化组织与文化 65
  - 3.6.4 数字化治理 66
  - 3.6.5 数字化生态 67
- 3.7 战术实现的五个发展阶段 68
  - 3.7.1 初始级发展阶段 70
  - 3.7.2 单元级发展阶段 70
  - 3.7.3 流程级发展阶段 70
  - 3.7.4 网络级发展阶段 71
  - 3.7.5 生态级发展阶段 71
- 3.8 从"五化"来看数字化转型的"从量变到质变" 71
  - 3.8.1 业务数据化 72
  - 3.8.2 数据资产化 72
  - 3.8.3 业务数字化 72
  - 3.8.4 资产服务化 72
  - 3.8.5 服务业务化/数字化业务 73

第4章 数字化转型的领导和组织变革 74

- 4.1 数字化转型需要从管理向领导突破 74
- 4.2 数字化转型的领导者应是"T型能力领袖" 76
  - 4.2.1 80%数字化转型失败的主因是人的问题 77
  - 4.2.2 剖析"T型能力领袖" 78
- 4.3 与数字化转型密切相关的CXO 80

4.3.1　首席执行官（CEO）……80
4.3.2　首席信息官（CIO）……81
4.3.3　首席数字官（CDO）……82
4.3.4　首席数据官（CDO）……84
4.3.5　首席技术官（CTO）……87
4.3.6　首席流程官（CPO）……88
4.3.7　科技条线 CIO、CDO 与 CTO 的区别与联系……88

4.4　正视企业发展中传统组织存在的短板……89
4.4.1　IT 组织的短板解析……89
4.4.2　其他非 IT 组织的短板解析……90

4.5　传统组织颠覆和转变的迫切需求……91
4.5.1　传统的人力资源部门需要做出转变……91
4.5.2　传统的财务部门需要做出转变……92
4.5.3　传统的法务部门需要关注更多的风险……93
4.5.4　其他职能部门和业务部门需要做出转变……94

4.6　新时代下的业务敏捷型组织……94
4.6.1　业务敏捷型组织的定义及特点……94
4.6.2　业务敏捷型组织的四个要素……95
4.6.3　业务敏捷型组织的六大基本能力……97
4.6.4　业务敏捷型组织的四类数字化人才……100

4.7　"三阶段"循序渐进建立业务敏捷型组织……101
4.8　灵活应用 IT 业务伙伴机制使 IT 人员成为业务人员的伙伴……102

第 5 章　做好数字化转型的"四大"配套工作……105

5.1　数字化转型的过程需要绩效检视和评估……106
5.1.1　传统 KPI 和 OKR 的独立应用……106
5.1.2　综合应用 KPI 和 OKR 进行评价……109
5.1.3　综合应用实例……111

5.2　数字化转型需要重视企业流程管理……112
5.2.1　流程管理的概念及由来……112

|　　　5.2.2　流程管理的要素和原则……………………………………………114
|　　　5.2.3　数字化转型需要进行流程管理/优化/变革……………………115
|　　　5.2.4　数字化转型中开展流程管理的主要方法和步骤…………………117
|　5.3　数字化转型需要思想与文化建设……………………………………………119
|　　　5.3.1　思想与文化建设非常重要……………………………………………119
|　　　5.3.2　转型需要"四类"主流思想与文化………………………………120
|　5.4　数字化转型需要应用"李洋十二条"避免的"五大坑"…………………123
|　　　5.4.1　战略"坑"……………………………………………………………123
|　　　5.4.2　战术"坑"……………………………………………………………123
|　　　5.4.3　思想意识"坑"………………………………………………………123
|　　　5.4.4　投资"坑"……………………………………………………………124
|　　　5.4.5　技术"坑"……………………………………………………………124
|　　　5.4.6　数字化转型建议："李洋十二条"……………………………………125

第6章　数据治理与数据资产管理………………………………………………129

6.1　数字化转型中的数据治理……………………………………………………129
　　　6.1.1　数字化转型迫切需要数据治理………………………………………130
　　　6.1.2　数据治理的基本逻辑…………………………………………………132
6.2　十项举措做好数据资产管理…………………………………………………132
　　　6.2.1　元数据管理……………………………………………………………133
　　　6.2.2　主数据管理……………………………………………………………133
　　　6.2.3　数据标准管理…………………………………………………………135
　　　6.2.4　数据质量管理…………………………………………………………135
　　　6.2.5　数据集成管理…………………………………………………………136
　　　6.2.6　数据资产梳理…………………………………………………………137
　　　6.2.7　数据安全管理…………………………………………………………137
　　　6.2.8　数据开发管理…………………………………………………………138
　　　6.2.9　数据资产流通管理……………………………………………………138
　　　6.2.10　数据资产运营…………………………………………………………139
6.3　四步骤实施数据资产管理……………………………………………………140

6.3.1 统筹规划 ………………………………………………………… 140
6.3.2 管理实施 ………………………………………………………… 141
6.3.3 稽核检查 ………………………………………………………… 142
6.3.4 资产运营 ………………………………………………………… 143
6.4 企业数字中台 ………………………………………………………… 144
6.4.1 中台简介 ………………………………………………………… 144
6.4.2 业务中台 ………………………………………………………… 145
6.4.3 数据中台 ………………………………………………………… 147
6.4.4 技术中台 ………………………………………………………… 149
6.4.5 数据中台、大数据平台和数据仓库的联系与区别 ………… 152
6.4.6 企业上中台的基本条件 ………………………………………… 154
6.4.7 业务中台与低代码开发平台 …………………………………… 155

第7章 数字化转型不可或缺的数字化技术 ……………………………… 157

7.1 认知数字化技术 ……………………………………………………… 157
7.2 云计算 ………………………………………………………………… 158
7.2.1 产生背景 ………………………………………………………… 158
7.2.2 主要优势 ………………………………………………………… 159
7.2.3 三种主要服务模式 ……………………………………………… 160
7.2.4 公有云、私有云与混合云 ……………………………………… 160
7.3 大数据 ………………………………………………………………… 162
7.3.1 大数据的主要价值 ……………………………………………… 162
7.3.2 大数据应用的主要趋势 ………………………………………… 164
7.4 人工智能 ……………………………………………………………… 165
7.4.1 行业发展历程 …………………………………………………… 166
7.4.2 十大应用领域 …………………………………………………… 167
7.5 区块链 ………………………………………………………………… 170
7.5.1 发展背景 ………………………………………………………… 170
7.5.2 主要特点和核心技术 …………………………………………… 172
7.5.3 主要应用领域 …………………………………………………… 173

7.6 物联网 ··· 175
 7.6.1 主要特征及关键技术 ··· 176
 7.6.2 主要应用领域 ··· 178
7.7 5G 和边缘计算 ·· 179
 7.7.1 5G 关键技术 ·· 180
 7.7.2 5G 主要应用领域 ·· 181
 7.7.3 边缘计算 ·· 185
7.8 元宇宙 ··· 188
 7.8.1 元宇宙的来源 ··· 188
 7.8.2 元宇宙体系参考模型 ··· 189
 7.8.3 元宇宙的技术体系 ··· 190

第 8 章 应用混合云和云原生助力数字化转型 ···························· 200

8.1 数字化转型需要高效运用混合云 ·· 200
8.2 混合云的四个主要特点 ·· 202
 8.2.1 云网融合 ·· 203
 8.2.2 多云管理 ·· 203
 8.2.3 安全能力 ·· 205
 8.2.4 业务生态创新 ··· 206
8.3 混合云的主要应用场景 ·· 206
 8.3.1 应用负载扩充 ··· 206
 8.3.2 灾难恢复 ·· 207
 8.3.3 数据备份 ·· 207
 8.3.4 应用部署 ·· 207
 8.3.5 开发测试生产部署 ··· 207
8.4 如何快速构建企业混合云 ·· 208
 8.4.1 抓住三大构建要素 ··· 208
 8.4.2 可供选择的混合云解决方案 ···································· 211
8.5 云原生与云计算的天然联系 ·· 214
8.6 云原生的技术构成 ·· 215

- 8.7 云原生在数字化转型中的价值 ································· 216
- 8.8 数字化转型中涉及云原生的主要环节 ··················· 218
  - 8.8.1 业务需求分析和获取环节 ······························ 220
  - 8.8.2 设计和研发环节 ·· 220
  - 8.8.3 QA 环节 ··· 220
  - 8.8.4 部署及安全运维环节 ······································ 221
- 8.9 云原生技术的具体应用 ·· 221
  - 8.9.1 微服务 ·· 222
  - 8.9.2 容器 ·· 227
  - 8.9.3 DevOps ·· 233
  - 8.9.4 云原生最佳实践建议 ······································ 234
  - 8.9.5 安全技术与管理"左移" ································ 235

第 9 章 数智化安全能力框架护航数字化转型 ············· 238

- 9.1 数字经济面临诸多安全风险 ······································ 238
- 9.2 数智化安全能力框架 ·· 240
- 9.3 人工智能安全 ·· 242
  - 9.3.1 人工智能安全概览 ·· 242
  - 9.3.2 人工智能原生安全 ·· 244
- 9.4 数据安全与隐私保护 ·· 247
  - 9.4.1 数据安全 ·· 247
  - 9.4.2 隐私保护 ·· 251
- 9.5 态势感知 ·· 255
  - 9.5.1 态势感知的概念及发展 ·································· 256
  - 9.5.2 态势感知 1.0 与态势感知 2.0 ························ 257
- 9.6 威胁情报 ·· 264
  - 9.6.1 威胁情报的定义和价值 ·································· 264
  - 9.6.2 威胁情报的分类 ·· 266
  - 9.6.3 威胁情报的应用 ·· 268
- 9.7 零信任 ·· 271

9.7.1 零信任的基本原则 271
9.7.2 零信任安全架构 272
9.7.3 典型应用场景 273
9.8 云原生安全 275
9.8.1 云原生安全问题概述 275
9.8.2 云原生安全的全生命周期 276
9.8.3 云原生安全的演进 280
9.9 元宇宙的风险前瞻 281
9.9.1 资本操纵与媒体操纵的风险 281
9.9.2 舆论泡沫风险 283
9.9.3 被现实垄断操纵的风险 284
9.9.4 元宇宙经济运行风险 285
9.9.5 沉迷与堕落风险 287
9.9.6 社会治理风险 288
9.9.7 产业内卷风险 288
9.9.8 算力成熟度风险 288
9.9.9 技术成熟度风险 291
9.9.10 知识产权风险 294
9.9.11 隐私风险 295

第10章 三大代表性行业数字化转型案例分析 298

10.1 金融业数字化转型案例分析 298
10.1.1 中国人寿数字化转型 298
10.1.2 泰康在线数字化转型 300
10.1.3 平安银行数字化转型 300
10.1.4 招商银行数字化转型 303
10.1.5 兴业证券数字化转型 305
10.1.6 陆金所大数据业务安全风控 307
10.1.7 平安集团下一代安全运营中心 309
10.1.8 平安集团数字化生态建设——平安金融安全研究院 311

10.2 制造业数字化转型案例分析 ··· 313
    10.2.1 美的集团数字化转型 ··· 313
    10.2.2 海尔集团工业互联网平台 ··· 317
    10.2.3 TCL 数字工厂 ·· 321
    10.2.4 海尔集团分布式数据存储及共享平台 ································· 323
10.3 地产业数字化转型案例分析 ··· 326
    10.3.1 华润置地数字化转型 ··· 326
    10.3.2 万科数字化转型 ··· 327
    10.3.3 碧桂园数字化转型 ··· 329
    10.3.4 融创数字化转型 ··· 331

参考文献 ··· 333

第 1 章

数字经济及数字化转型现状概览

导读："知大势方能明己任"，当前各行业、企业正在开展的数字化转型是数字经济时代的必然选择。要认清和把握这个时代趋势，只有对数字经济的大局有个总体认识，才能在大的形势和前提下来认识和定位数字化转型工作。同时，"榜样的力量是无穷的"，数字化转型工作的先行者尤其是典型的国有企业（以下简称"国企"）和民营企业（以下简称"民企"）在该领域的实践值得各行业、企业研习和借鉴。

1.1 数字经济的基本原理

当前，我国正处于经济结构转型升级与新一轮科技革命和产业变革突破爆发的历史交汇期。经济发展依靠资源驱动的老路既行不通，也走不远，亟待开辟新的发展路径，新旧动能接续转换的客观需求日趋迫切。以数字技术为代表的创新多领域、群体性加速突破，实体经济在数字经济广度、深度上不断扩展，新模式、新业态持续涌现，经济成本大幅降低，效率显著提升，产业组织形态和实体经济形态不断重塑，数字经济方兴未艾，发展大幕开启。

从技术经济范式的角度看，科技产业革命特别是关键技术创新将深入影响宏/微观经济结构、组织形态、运行模式，进而形成新的经济社会格局。当代经济社会正处于从传统的技术经济范式向数字技术经济创新应用推动的数字技术经济范式转变。从信息经济概念到数字经济概念的使用变化上可以看到这一转变过程的不断深化。

1.1.1　信息经济概念的提出

20 世纪 40 年代，微电子领域取得重大技术突破，第二代晶体管电子计算机和集成电路得以发明。人类的知识和信息处理能力大幅提高，数字技术对经济生活的影响初步显现。回顾 1962 年美国经济学家弗里茨·马克卢普[①]的信息经济概念的提出，正是以 20 世纪五六十年代的这次数字技术创新为大背景的，弗里茨·马克卢普深刻认识到"向市场提供信息产品或信息服务的那些企业"是重要的经济部门，信息经济概念由此诞生。随着数字技术的广泛渗透，信息经济概念被广泛使用并且内涵不断丰富。20 世纪七八十年代，大规模集成电路和微型处理器的发明、软件领域的革命性成果都加速了数字技术扩散，数字技术与其他经济部门交互发展，不断加速。美国经济学家马克·波拉特在 1977 年指出，除弗里茨·马克卢普所说的"第一信息部门"外，还应包括融合信息产品和服务的其他经济部门，就是其所说的"第二信息部门"，数字技术创新与其他经济部门融合渗透，经济社会影响进一步深化。

1.1.2　数字经济概念的提出

20 世纪八九十年代，互联网技术日趋成熟，随着互联网的广泛接入，数字技术与网络技术相融合，数字经济特征发生了新的变化，全球范围的网络连接生成的海量数据，超出之前分散的终端所能处理的能力范围，云计算、大数据等数字技术快速发展。20 世纪 90 年代，数字技术快速从信息产业外溢，在加快传统部门信息化的同时，不断产生新生产要素，形成新商业模式，电子商务成为典型应用。电子商务等新业态、新模式甚至超越了"第一信息部门"和"第二信息部门"，这时需要一个新的概念来描绘数字经济发展模式的新变化。在这样的技术背景和应用背景下，随着尼古拉·尼葛洛庞帝的《数字化生存》

---

① 弗里茨·马克卢普是奥地利裔美籍经济学家，是西方较早对知识产业做出详细阐述的经济学家。

一书的热销，数字化概念兴起。1996年，美国学者唐·泰普斯科特在《数字经济时代》中正式提出数字经济概念；1998至2000年，美国商务部先后编写了名为《浮现中的数字经济》和《数字经济》的研究报告。世纪之交，数字经济概念出现、传播，并被广泛接受，在数字经济快速发展与广泛应用的背景下，数字技术经济范式更广泛、更深入、更高级发展的表现，将带来经济社会面貌更为深刻的巨变。

1.1.3 数字经济的定义和内涵

虽然"数字经济"一词经常见诸各种文章，但迄今为止人们对它的确切含义仍然没有达成共识。从现有的文献看，"数字经济"一词最早出现于唐·泰普斯科特所著的《数字经济：网络智能时代的前景与风险》(*The Digital Economy: Promise and Peril in the Age of Networked Intelligence*，也被译为《数字时代的经济学》)中。在这部著作中，唐·泰普斯科特并没有给出数字经济的确切定义，而是用它来泛指互联网技术出现之后所出现的各种新型经济关系。

数字经济是继农业经济、工业经济之后的一种新的社会经济发展形态，目前已经发展成时下社会最为关注的焦点之一，随之而来的是各种热词。诚然，以数字科技手段重构生产要素，使得数字经济催生出新的生产力，从而构建出新的生产关系，不但能够大幅降低环境、资源消耗，提高经济智能化水平，而且可以为社会提供大量就业岗位，让更多人从数字经济的发展和带来的机遇中受益。

G20杭州峰会[①]发布的《二十国集团数字经济发展与合作倡议》对数字经济的定义是，以使用数字化的知识和信息作为关键生产要素、以现代信息网络作为重要载体、以信息通信技术的有效使用作为效率提升和经济结构优化的重要推动力的一系列经济活动。该定义阐明了数字经济的三个核心部分。

数字经济有丰富内涵，需从多方面深刻认识。

第一，数字经济的构成包括两大部分（见图1-1）：一是数字产业化，也称为数字经济基础部分，即信息产业，具体业态包括电子信息制造业、信

---

① G20峰会是一个国际经济合作论坛，于1999年12月16日在德国柏林成立，属于布雷顿森林体系框架内非正式对话的一种机制，由原八国集团和其他12个重要经济体组成。

息通信业、软件服务业等；二是产业数字化，即使用部门因此而带来的产出增加和效率提升，也称为数字经济融合部分，包括传统产业由于应用数字技术所带来的生产数量和生产效率提升，其新增产出构成数字经济的重要组成部分。

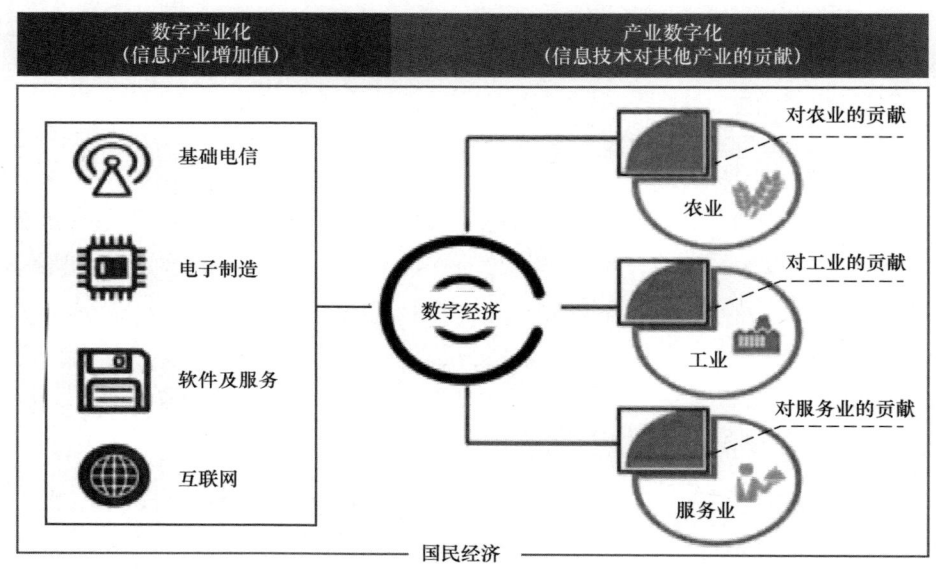

图1-1 数字经济的两大构成部分

第二，数字经济超越了信息产业部门的范围。20世纪六七十年代以来，数字技术飞速进步促使信息产业崛起，成为经济中创新活跃、成长迅速的战略性新兴产业部门。但应充分认识到数字技术作为一种通用目的技术，可以成为重要的生产要素，广泛应用到经济社会的各行各业，促进全要素生产率的提升，开辟经济增长新空间，这种数字技术的深入融合应用能全面改变经济面貌，塑造整个经济新形态，因此不应只将数字经济看成信息产业。

第三，数字经济是一种技术经济范式。数字技术具有基础性、广泛性、外溢性、互补性特征，将带来经济社会新一轮阶跃式发展和变迁，推动经济效率大幅提升，引发基础设施、关键投入、主导产业、管理方式、国家调节体制等经济社会最佳惯行方式的变革。例如伴随互联网与电信技术的快速发展与融合，互联网企业、电信运营商和手机终端设备产业出现跨界竞争现象，移动互联网使互联网不再被办公场所限制，深刻改变了人类的工作方式。

第四，数字经济是一种经济社会形态。数字经济在基本特征、运行规律等维度出现根本性变革。对数字经济的认识，需要拓展范围、边界和视野，成为一种与工业经济、农业经济并列的经济社会形态。需要站在人类经济社会形态演化的历史长河中，全面审视数字经济对经济社会的革命性、系统性和全局性影响。

第五，数字经济是信息经济、信息化发展的高级阶段。信息经济包括数字化的知识和信息驱动的经济，以及非数字化的知识和信息驱动的经济两大类，未来非实物生产要素的数字化是不可逆转的历史趋势，数字经济既是信息经济的子集，又是未来发展的方向。信息化是经济发展的一种重要手段，数字经济除了包括信息化，还包括在信息化基础上所产生的经济和社会形态的变革，是信息化发展的结果。

1.1.4　数字经济发展的六大主要特征

当下数字经济的蓬勃发展，表现出如下六大主要特征。

1.1.4.1　数据成为关键生产要素

历史经验表明，每次经济形态的重大变革，必然催生也必须依赖新的生产要素。如同农业经济时代以劳动力和土地、工业经济时代以资本和技术为新的生产要素一样，数字经济时代，数据成为新的关键生产要素。数字经济与经济社会的交汇融合，特别是互联网和物联网的发展，引发数据爆发式增长。数据每年增长50%，每两年翻一番，已成为社会基础性战略资源，蕴藏着巨大潜力和能量。

数据存储和计算处理能力飞速进步，数据的价值创造潜能大幅提升。20世纪90年代以来，数字化技术飞速发展，如今人类约95%以上的信息都以数字格式存储、传输和使用，同时数据计算处理能力也提升了上万倍。数据开始渗透到人类社会生产、生活的方方面面，推动人类价值创造能力发生新的飞跃。由网络所承载的数据、由数据所萃取的信息、由信息所升华的知识，正在成为企业经营决策的新驱动、商品服务贸易的新内容、社会全面治理的新手段，带来了新的价值。更重要的是，相比其他生产要素，数据资源具有的可复制、可共享、无限增长和供给的禀赋，打破了传统要素有限供给对增长的制约，为持续增长和永续发展提供了基础与可能，成为数字经济发展新的关键生产要素。

1.1.4.2　数字技术提供新的发展动力

数字技术创新活跃，成为数字经济发展的核心驱动力。人类经济社会发展从来不是渐进的平稳过程，少数重大事件决定了历史新阶段的到来。通用目的技术的进步和变革是推动人类经济社会阶跃式发展的核心动力。数字技术的创新进步和普及应用，正是当下时代变迁的决定性力量。区别于以往的通用目的技术，数字技术进步超越了线性约束，呈现出指数级增长态势。数字技术能力提升遵循摩尔定律[①]，每 18 个月综合计算能力提高一倍，存储价格下降一半、带宽价格下降一半等产业现象持续印证摩尔定律效果。接入网络的用户和设备的价值遵循梅特卡夫定律，数字经济价值呈现指数级增长，进一步推动了数字经济快速增长。近年来，大数据、物联网、移动互联网、云计算等数字技术的突破和融合发展推动数字经济快速发展。人工智能、虚拟现实、区块链等前沿技术正加速进步，产业应用生态持续完善，不断强化未来发展动力。此外，数字技术加速与制造、生物、能源等技术融合，带动群体性突破，全面拓展人类认知和增长空间。

1.1.4.3　信息产业的基础性和先导性作用突出

每次科技变革和产业革命中，总有一些产业是基础性、先导性产业，它们率先兴起、创新活跃、发展迅速、外溢作用显著，引领和带动其他产业创新发展。与交通运输产业和电力电气产业成为前两次工业革命推动产业变革的基础、先导产业部门类似，信息产业是数字经济时代驱动发展的基础性、先导性产业。

信息产业早期快速扩张，现今发展渐趋稳定，已成为支撑国民经济发展的

[①] 摩尔定律是英特尔创始人之一戈登·摩尔的经验之谈，其核心内容为，集成电路上可以容纳的晶体管数目大约每经过18个月便会增加一倍。摩尔定律是经验之谈，并非自然科学定律，但在一定程度上揭示了信息技术进步的速度。

战略性产业。1978 年，全球信息产业增加值占 GDP①的比重为 1.5%，2000 年上升为 3.4%，2006 年达到 4.3%。从 20 世纪 70 年代到 21 世纪初，美国信息产业增加值占 GDP 的比重提高了 1 倍。20 世纪 90 年代以来，欧盟、日本、韩国的这一比重也明显上升。进入 21 世纪后，信息产业的增长与 GDP 基本同步，在 GDP 中的占比保持稳定，经济合作与发展组织（OECD）国家基本稳定在 3%～6%。

信息产业领域创新活跃，引领带动作用强。数字技术是技术密集型产业，动态创新是其基本特点，强大的创新能力是竞争力的根本保证。受此驱动，信息产业成为研发投入的重要领域。OECD 数据显示，近年来，世界几乎半数主要国家和地区的信息产业领域研发投资占全部投资的比重达到 20%，韩国、以色列、芬兰等几个领先国家和中国台湾地区甚至超过了 40%。信息产业领域密集的研发投资也带来了丰厚的创新产出。以世界平均水平为例，信息产业领域的专利占比达到 39%，金砖国家的这一比例甚至达到了 55%。

1.1.4.4　产业融合成为推动数字经济发展的主引擎

纵观历史，先导性产业部门占经济总量的比重日趋减少，通用目的技术与产业逐渐成为经济发展的主引擎。在第一次工业革命时期，英国的纺织等先导性产业部门占经济总量的比重一度超过 40%；到了第二次工业革命时期，美国的化工等先导性产业部门占经济总量的比重下降到 20%左右；如今在数字经济革命阶段，主要国家的信息产业等先导性产业部门的比重稳定在 6%左右。

数字经济在其他产业领域的应用带来的效率增长和产出增加已成为推动经济发展的主引擎。近年来，数字经济正在加速向其他产业融合渗透，提升了经济发展空间。一方面，数字经济加速向传统产业渗透，不断从消费向生产、从线上向线下拓展，催生出 O2O、分享经济等新模式、新业态，提升了消费体验和资源利用效率。另一方面，传统产业数字化、网络化、智能化转型步伐加快，新技术带来的全要素效率提升，加快改造传统动能，推动新旧动能接续转换。传统产业利用数字经济带来的产出增长，构成数字经济的主要部分，成为

---

① 国内生产总值（Gross Domestic Product，GDP），是一个国家或地区所有常住单位在一定时期内生产活动的最终成果。GDP是国民经济核算的核心指标，也是衡量一个国家或地区经济状况和发展水平的重要指标。

驱动数字经济发展的主引擎。

1.1.4.5 平台化、生态化成为产业组织的显著特征

平台成为数字经济时代协调和配置资源的基本经济组织，是价值创造和价值汇聚的核心。一方面，互联网平台新主体快速涌现。商贸、生活、交通、工业等垂直细分领域平台企业发展迅猛。1995 至 2015 年，平台企业的市值从 167 亿元上升到 2.56 万亿元，增长超过 150 多倍。另一方面，传统企业加快平台转型。传统 IT 巨头向平台转型，如微软 2016 年并购职场社交平台领英，将微软的 IT 技术优势与平台融合，打造更为互联、更加智能的生态系统。传统制造企业也开启平台化转型，如传统建筑机械企业三一重工大力开发树根互联工业互联网平台，2023 年年初已接入近 30 万台设备，实时采集近 1 万个运行参数，能为客户提供精准的大数据分析、预测、运营支持及商业模式创新服务。

平台推动产业组织关系从线性竞争向生态共赢转变。工业经济时代，作为价值创造的主体，传统企业从上游购买原材料，加工后再向下游出售产成品，是线性价值创造模式。企业的经营目标是消灭竞争对手，并从上下游企业中获取更多利润。在平台企业，价值创造不再强调竞争，而是通过整合产品和服务供给者，并促成它们之间的交易协作和适度竞争，共同创造价值，以应对外部环境的变化。这表明平台在本质上是共建共赢的生态系统。不论是新兴平台企业还是传统企业，在发展中，都广泛采取开放平台策略，打造生态系统，以增强平台的吸引力和竞争力，如腾讯曾通过开放平台策略，吸引了 500 万名开发者入驻，极大地提升了平台的生命力。

1.1.4.6 线上与线下一体化成为产业发展的新方向

数字经济时代，数字经济不断从网络空间向实体空间扩展边界，传统行业加快数字化、网络化转型。一方面，互联网巨头积极开拓线下新领地。面对科技革命和产业变革大趋势，全球信息网络巨头正在加快战略布局，大规模地向实体经济扩展。2016 年以来，阿里巴巴入股三江购物，与百联、日日顺合作，成为联华二股东，将现代物流和实体零售企业结合在一起，共同打造线上与线下一体化新零售。另一方面，传统企业加快从线下向线上延伸，获得发展新生

机。制造业领域的巨头，正在基于网络再造公司，通过建立平台生态系统，加快数字化、网络化转型，拓展新时期的生存和发展空间，如海尔利用数字技术改造企业全系统、全流程，实施互联工厂，大幅提升整体效率，产品开发周期缩短20%以上，交货周期缩短一半以上。

线上与线下融合发展聚合虚拟与实体两种优势，升级价值创造和市场竞争维度。工业经济时代，价值创造和市场竞争都在实体空间中完成，易受到物理空间和地理环境的约束。数字技术给人类社会带来的重大变革是创造了一个新世界：赛博空间（Cyberspace）。它为价值创造和市场竞争开辟了一个新的维度。在制造领域，虚拟实体融合重塑制造流程，提升制造效率。依托日益成熟的网络物理系统技术，越来越多的企业在赛博空间构建起虚拟产线、虚拟车间和虚拟工厂，实现产品设计、仿真、试验、工艺、制造等活动全部在数字空间完成，重塑制造新体系，持续提升制造效率。制造业数字化、网络化、智能化转型就是虚拟实体融合制造的典型应用。在流通领域，线上与线下融合丰富的市场竞争手段，重塑零售模式，提高零售效率。线上交易消除时空界限，释放长尾需求，线下交易丰富用户感知，提升体验，线上与线下融合的新零售聚合两种优势，满足用户的多样化、多层次需求。

1.1.5　数字经济的主要内容

为衡量数字经济发展水平的重要统计标准，《数字经济及其核心产业统计分类（2021）》（简称《数字经济分类》）已在国家统计局网站公开发布。《数字经济分类》从数字产业化和产业数字化两个方面，确定了数字经济的基本范围，将其分为数字产品制造业、数字产品服务业、数字技术应用业、数字要素驱动业、数字化效率提升业五大类（见图1-2）。

其中，前四大类为数字产业化部分，即数字经济核心产业，是指为产业数字化发展提供数字技术、产品、服务、基础设施和解决方案，以及完全依赖数字技术、数据要素的各类经济活动，对应《国民经济行业分类》（GB/T 4754—2017）中的26个大类、68个中类、126个小类，是数字经济发展的基础。

第五大类为产业数字化部分，是指应用数字技术和数据资源为传统产业带来的产出增加和效率提升，是数字技术与实体经济的融合，对应《国民经济行业分类》（GB/T 4754—2017）中的 91 个大类、431 个中类、1256 个小类，体现了数字技术已经并将进一步与国民经济各行业产生深度渗透和广泛融合。

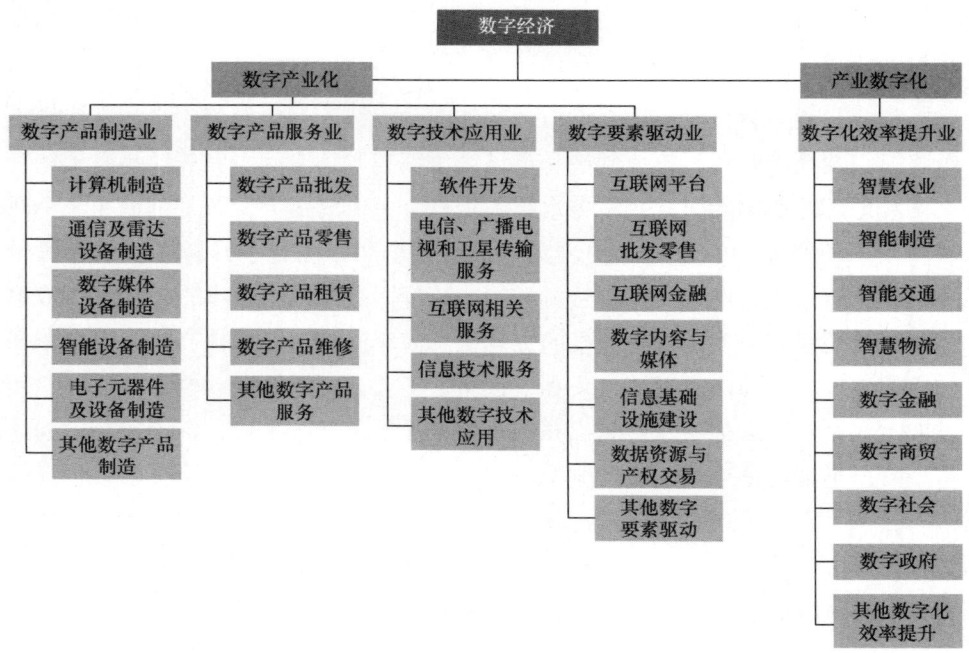

图 1-2　数字经济的基本范围

在《数字经济分类》中，数字产业化和产业数字化形成了互补关系。数字产业化通过现代信息技术的市场化应用，推动数字产业形成和发展。科技创新绝不仅仅是实验室里的研究，而是必须将科技创新成果转化为推动经济社会发展的现实动力。数字产业化的目的正是将数字化的知识和信息转化为生产要素，通过信息技术创新和管理创新、商业模式创新融合，不断催生新产业、新业态、新模式，最终形成数字产业链和产业集群。

产业数字化利用现代信息技术对传统产业进行全方位、全角度、全链条的改造。产业结构优化升级是提高我国经济综合竞争力的关键举措。现代信息技术对经济发展具有独特的放大、叠加、倍增作用。研究成果表明，数字化程度每提高 10%，人均 GDP 增长 0.5%至 0.62%。产业数字化以"鼎新"带动"革故"，以增量带动存量，通过推动互联网、大数据、人工智能和实体经济深度融合，提高全要素生产率。

以制造业为例，数字产品制造业是指支撑数字信息处理的终端设备、相关电子元器件及高度应用数字化技术的智能设备的制造，属于数字产业化部分。智能制造是指利用数字孪生、人工智能、5G、区块链、VR/AR、边缘计算、试验验证、仿真技术等新一代信息技术与先进制造技术深入融合，旨在提高制造业质量和核心竞争力的先进生产方式，属于产业数字化部分，主要包括数字化通用/专用设备制造、数字化运输设备制造、数字化电气机械器材和仪器仪表制造、其他智能制造。数字产品制造业和智能制造是按照《国民经济行业分类》（GB/T 4754—2017）划分的制造业中数字经济具体表现形态的两个方面，互不交叉，共同构成了制造业中数字经济的全部范围。

1.2 数字经济的时代格局和趋势

针对数字经济的发展趋势，可以从全球和中国两个维度进行分析。

1.2.1 全球发展趋势概况

在全球范围内，经济活动的数字化被推上了快速发展的道路，从国际组织和各国商务、产业、经济部门，到各大咨询机构发布的众多研究报告，均指出数字经济的巨大潜力。各国也从国家战略高度对数字经济发展进行了定位与指导——普遍将数字经济视为全球经济复苏的契机与新动力。世界正处于重大的数字变革之中，数字化正在主导全球经济的各个领域。以美国为例，2006 至 2016 年，美国的数字经济年均增速达到 5.6%，远高于 1.5% 的总体经济增速，是其经济增长的主引擎。全球著名管理咨询公司麦肯锡的全球研究院对美国和欧洲的数字化研究显示，所处行业的数字化程度越高，企业盈利水平就越高。过去 20 年间，美国高数字化行业的平均利润率增长为低数字化行业的 2~3 倍。到 2030 年，数字化或可转变与创造 10%～45% 的行业总收入。

有关报告显示，全球数字经济指数与各国人均 GDP 也有一定关系，数字经济指数较高的国家其人均 GDP 也较高，呈现正相关关系。除此之外，数字经济在全球各国都展现出其强大的发展韧性和抗冲击能力。2019 年，全球数字经济增加值规模达到 31.8 万亿美元。2021 年 1 月 5 日，上海社会科学院信息研究所发布的数字经济蓝皮书《全球数字经济竞争力发展报告》指出，全球数字经济城市竞争力方面，纽约、波士顿、伦敦、新加坡和东京位居前五。由媒体、互联网和电影、音乐、广告等创意产业所构成的数字经济已成为英国最大的经济部门；新加坡推出全国人工智能策略，在交通物流、智能市镇与邻里等领域推动人工智能应用，以促进经济向数字化转型。世界经济数字化转型已是大势所趋，发展数字经济是新一轮科技革命和产业变革大势所趋，也是推动经济高质量发展的重要途径，未来，数字经济大有可为。

1.2.2　中国发展趋势概况

近年来，中国经济发展环境发生了重大变化。国内方面，人口红利、城镇化等传统驱动因素对经济增长的边际贡献不断下降，传统的财政货币调控手段负面效应持续增加；国际方面，2008 年国际金融危机余波尚未完全平息，逆全球化思潮又开始兴风作浪，贸易保护主义盛行，国际经贸、科技、教育往来出现波折，使全球产业链调整形势加剧。与此同时，经济发展不确定性因素的增多，加大了中国经济的下行压力。大数据、云计算、人工智能、区块链、物联网等新一代数字科技与实体经济的加速融合，带来新产业、新模式的无限可能，使数字经济得以蓬勃发展，为中国经济带来新的源头活水。同时，党和国家的支持政策、大步赶超的数字科技、完善的数字基础设施、超大规模的市场和丰富的人才资源等，为中国数字经济大步追赶甚至超越西方发达国家创造出重要的时代机遇。数字经济将有效带动生产力提升和生产关系调整，助力中国经济质量变革、效率变革、动力变革，极大地改变中国传统经济版图，启动经济转型发展新引擎。

中国早在 2015 年出台的"十三五"规划就在国家层面确立了数字经济发展的重要性，"十三五"规划建议拓展网络经济空间，促进互联网和经济社会融合发展，推进产业组织、商业模式、供应链、物流链创新，支持基于互联网的各类创新，全国数字经济稳步发展。2020 年，面对突如其来的疫情，数字经济展现出强大的发展韧性，实现逆势增长，为世界经济复苏、增长注入重要动力。这一韧性在中国表现得尤为明显。2017 至 2019 年，中国数字经济增加值规模年均增长达 20%。2019 年，中国数字经济总量达到 35.8 万亿元，占 GDP

的比重为 36.2%。2020 年，视频会议、网上购物、在线教育、远程医疗等"非接触经济"加速发展，信息传输、软件和信息技术服务业增加值增长 16.9%，全国实物商品网上零售额增长 14.8%。数字经济已成为促进企业复工复产的"生力军"和对冲经济下行压力的"稳定器"。《全球数字经济竞争力发展报告》显示，中国数字经济竞争力位于全球第三位，与美国的差距呈逐年缩小态势，中国的数字产业竞争力连续四年位居全球首位。

中国数字经济发展潜力巨大，不论是市场自带的数字化产业发展的用户基础、互联网巨头建立的丰富的数字化生态圈与不断外延的数字化商业战略，还是政府政策上对数字经济发展的重视，都预示着数字经济从上到下的发展势头。产业数字化转型打破信息孤岛，形成全产业、跨领域之间信息的互联互通，从生活方式到生产环节、从网络虚拟到实体经济，极大地拓展了传统经济的边界，数字经济逐渐成为推动我国经济发展的新动力。

1.3 从工业革命的角度看待数字化

从 18 世纪 60 年代开始，人类社会历经四次工业革命（见图 1-3），现在正处于第四次工业革命的进程之中。每次工业革命都诞生了许多技术，但如果选择其中最具代表性的技术，则分别是蒸汽机、发电机、计算机和互联网。与

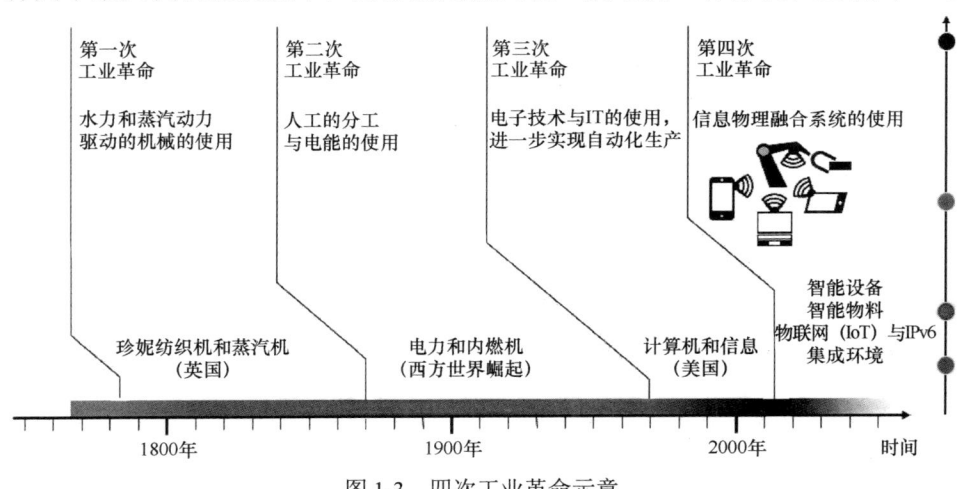

图 1-3 四次工业革命示意

这四种技术相对应的四个关键词分别是机械化、电气化、信息化和数字化，高度概括了工业革命的演进历程。

第一次工业革命：机械化。第一次工业革命始于18世纪60年代，标志性事件是织布工詹姆斯·哈格里夫斯发明了珍妮纺织机，从此棉纺织业中出现了骡机、水力织布机等先进机器。不久以后，采煤、冶金等许多工业部门也陆续实施机器生产。随着机器生产量越来越大，原有的动力（如畜力、水力和风力）等已经无法满足需要。1785年，詹姆斯·瓦特制成的改良型蒸汽机投入使用，它提供了更加便利的动力，推动了机器的普及和发展，人类社会由此进入了蒸汽时代。蒸汽机的广泛应用意味着生产不再依赖于畜力和水力，大机器生产开始取代工场手工业。大机器生产促进了工厂和城市的兴盛，生产力开始了第一次大爆发。

第二次工业革命：电气化。1866年，德国人维尔纳·冯·西门子研制出发电机，随后电灯、电车、电影放映机相继问世，人类进入了电气时代。19世纪七八十年代，以煤气和汽油为燃料的内燃机相继诞生，解决了交通工具的发动机问题，让汽车、轮船和飞机得到了迅速发展，并推动了石油开采业的发展和石油化工工业的产生。19世纪70年代，美国人亚历山大·贝尔发明了电话；90年代，意大利人伽利尔摩·马可尼发明了无线电报，为迅速传递信息提供了可能。发电机、电灯、电车、内燃机、电话、电报等技术的发明，推动了第二次工业革命的诞生。

第三次工业革命：信息化。20世纪40年代，第三次工业革命开始，其代表技术是电子计算机、原子能、航天、人工合成材料、分子生物学等。第三次工业革命让生产效率的提升从以前主要依靠提高劳动强度，变成主要依靠生产技术的不断进步、劳动者素质和技能的不断提高。这也使经济、管理、生活等发生重大变化，人类的衣、食、住、行、用也在发生重大变革。在这些技术中，对人类社会影响较大的是计算机的发明和应用，它推动了生产自动化、管理现代化、科技手段现代化和国防技术现代化，也推动了情报信息自动化。

第四次工业革命：数字化。现在，人类正处于第四次工业革命。第四次工业革命是第三次工业革命的延续，相当于第三次工业革命的升级，其标志性事件是万维网的诞生。1990年，蒂姆·伯纳斯·李第一次成功通过互联网实现了

HTTP 代理与服务器的通信，这意味着万维网的诞生。万维网让互联网开始走向商用并成为一个产业，让人类从信息化时代走向数字化时代。第四次工业革命催生了很多新兴行业，如互联网、人工智能等，也催生了很多企业，包括现在十分活跃的亚马逊、谷歌、Facebook（现更名为 Meta）、阿里巴巴、腾讯、百度、小米等，一些传统企业也在通过转型涉足这些行业，如 IBM、苹果、微软、华为等。

1.4 数字化转型在重点产业的发展现状

企业数字化转型的浪潮已经到来。有关数据显示，截至 2022 年，已有 50%以上的中国 Top1000 企业把数字化转型作为企业的战略核心。然而，不同行业的数字化转型路径和速度不同，金融服务、零售、媒体等行业处于数字化转型漩涡的中心，其次是快速消费品与制造、建筑、制药等行业。

金融服务行业：近几年，以移动互联网、大数据等新技术为核心竞争力的金融科技公司日渐崛起，传统银行业开展数字化转型的紧迫感逐日递增。传统银行业主要面临以下挑战：一是随着互联网应用的不断深化，客户行为模式已经发生了根本性的变化，新的客户行为模式对银行业提出了随时随地、知我所需、量身定制的新需求；二是新进入者正在不断地蚕食银行价值链，在资产业务、负债业务和中间业务三方面拆分传统上由银行提供的一揽子服务。在这种情况下，借助数字技术重构客户体验、商业流程、产品与服务及商业模式，进而实现转型、创新、增长，已经成为传统银行业实现数字化转型的核心所在。

零售行业：与消费者直接交互的终端。今天的消费者发生了很大的变化，科技进步和消费升级成为推动零售行业变革的两大主要力量。数字化帮助零售业渠道实现了线上与线下的全面融合，以及产品全生命周期的信息透明化。消费者与时俱进地对产品的价值期望、购买方式、购买体验等提出了新的要求。大数据、物联网、云计算、人工智能、无人支付正在将零售业推向数字化、智能化的新零售阶段。综合来看，2017 年，中国零售市场中就已有 57%的零售销售受到数字化的影响，零售企业的数字化能力将成为企业未来成功与否的决定性因素之一。新零售商业模式、数字化转型实现了客户的全方位连接，也可以帮助零售企业基于客户大数据、零售新平台实现平台化、生态化、社交化的全新商业模式。零售企业必须把握数字化转型契机，通过大数据全方位感知、勾勒客户画像，场景化感知客户需求，打造数字化客户体验；通过 O2O 连接线上与线下，实时响应、锁定客户，健全数字化渠道建设；优化供应链、支付结算体系，实现透明、智能的运营体系，打造数字化运营竞争优势，优化数据化运营体系。

制造行业：经过几十年的快速发展，我国制造业规模跃居世界第一位，并逐步建立起门类齐全、独立完整的制造体系，但与先进国家相比，管理仍然较为粗放，标准化、规范化管理基础还比较薄弱，经营管理人才队伍和信息化水平还不高，很好的内部系统集成还不多，处于"2.0 普及、3.0 补课"的状态，精益管理再次被极大地推动。目前，大多数企业在购买生产车间设备时没有要求开放数据接口，大部分设备还不能自动采集数据，无法实现车间联网；同时，运营执行层由于缺乏信息系统支撑，生产过程还难以实现全程追溯，与生产管理息息相关的制造物料清单（BOM）数据、工时数据也不准确，导致指令下不去，反馈数据上不来，生产车间还是一个黑箱，造成设备利用率不高，常常由于设备故障造成非计划性停机，影响生产。实现透明化生产，提高设备的综合利用率，合理安排生产，解决企业信息孤岛现象都是目前工业企业数字化转型的主要需求。如何高效率、低成本地获取快速变化的数据资源，并通过在网络组织中建立信息沟通机制来完成敏捷生产与协同供给，将会成为传统工业企业面临的严峻挑战。推动智能制造快速发展，加速制造企业转型升级，对我国构建新型制造体系、培育经济增长新动能、实现制造强国具有重要意义。

1.5 国企数字化转型现状

近年来，我国数字经济蓬勃发展。中国社会科学院数量经济与技术经济研究所在 2020 年 9 月发布的《中国数字经济规模测算与"十四五"展望研究报告》显示，"十四五"时期我国数字经济大概率仍将保持快速增长势头。预计到 2025 年，我国数字经济规模能够达到 326724 亿元，"十四五"时期，数字经济整体名义年均增长 11.3%，其中数字产业化部分年均增长 10.3%，产业数字化部分年均增长 12.3%。2020 年 7 月，在中国互联网大会上发布的《中国互联网发展报告 2020》显示，2019 年，中国数字经济规模达 35.8 万亿元，占 GDP 的比重达 36.2%，中国数字经济总量规模和增长速度位居世界前列。

我国数字经济的阔步发展，为促进国企数字化、网络化、智能化发展，增强国企的竞争力、创新力、控制力、影响力、抗风险能力，提升产业基础能力和产业链现代化水平，加快推进国企数字化转型，大力建设数字国企提供了现实条件。《新形势下的国企数字化转型之路》白皮书显示，大部分国企已经开始数字化转型工作。一些行业的头部企业依托自己的领先地位，在完成内部数字化转型的同时，还依托产业链，通过数字技术向上下游赋能。

1.5.1 国企数字化转型的方向

关于国企数字化转型的方向，主要可以从如下三个方面进行理解和把握。

1.5.1.1 符合新发展阶段的特征

当今世界正经历百年未有之大变局。尤其是疫情全球大流行使这个大变局加速变化，保护主义、单边主义蔓延，世界经济低迷，全球产业链、供应链因非经济因素而面临冲击，国际经济、科技、文化、安全、政治等格局正在发生深刻变化，世界进入动荡变革期。因受到这些因素的影响，国企战略支撑作用的发挥面临新的挑战。

国企是中国特色社会主义的重要物质基础和政治基础，是党执政兴国的重要支柱和依靠力量，是国家治理体系的重要组成部分，要在新发展阶段实现高质量发展，就必须促进数字国企建设，进而推进国企改革，实现国有资产保值/增值，提高国有经济竞争力，放大国有资本功能。一方面是满足人民生活的需求。我国已进入高质量发展阶段，社会主要矛盾已经转化为人民日益增长的美好生活需要和不平衡不充分的发展之间的矛盾。2021 年，人均 GDP 突破 8 万元，城镇化率超过 60%，中等收入群体超过 4 亿人，人民对美好生活的要求不断提高。另一方面是满足国内市场的需要。自 2008 年国际金融危机以来，我国经济已经在向以国内大循环为主体转变，经常账户顺差与 GDP 的比率由

2007年的9.9%降至2020年的不到1%，国内需求对经济增长的贡献率有7个年份超过100%。未来一个时期，国内市场主导国民经济循环的特征会更加明显，经济增长的内需潜力会不断释放。为此，建设数字国企，一要依托我国的超大规模市场和完备的产业体系，创造有利于数字产业新技术快速大规模应用和迭代升级的独特优势，加速把数据优势转化为现实生产力，提升国企在数字产业链领域的话语权。二要发挥国企特别是国有科技型企业在技术创新中的引领示范带动作用，把"科改示范行动"作为重要突破口，使国有科技型企业成为创新要素集成、科技成果转化的主力军，促进科技、教育、产业、金融紧密融合的创新体系形成。三要鼓励国企加大投入，并且长期坚持和大胆探索，为建设数字中国夯实基础。

1.5.1.2　贯彻新发展理念的思想

"创新、协调、绿色、开放、共享"的发展理念是行动的指南。建设数字国企，必须贯彻新发展理念的思想，全面创新发展体制，重塑发展生态，在解决发展动力，增强发展的整体性、协调性、包容性等方面下功夫，使数字国企建设的各项举措落地生根，确保新理念转化为国企发展的新实践。在数字国企建设进程中，主要应在如下几个方面融入和体现新发展理念。

一是创新。纵观人类发展历史，创新始终是推动一个国家、一个民族向前发展的重要力量，也是推动整个人类社会向前发展的重要力量。作为数字国企建设的重要一环，推进国企创新，需要优化国企科技创新体系和运行机制，推动重点领域项目、人才、资金一体化配置；改进创新项目组织管理方式，完善企业创新项目的评价机制，弘扬科学精神和工匠精神；加快突破关键核心技术，全面提升企业发展的科技含量，提高企业劳动生产率和资本回报率。

二是协调。充分发挥互联网的作用，建设国企大数据中心，把数据汇聚起来，形成发展新要素，同时通过网络推动不同地区的国企之间进行数据交换，丰富数据类型和层次，促进均衡协调发展。

三是绿色。绿色不仅指绿水青山，还指日常工作中的节能减排，用数字技术推动国企办公的自动化、智能化，引导国企推行在线办公、无纸化办公等，都是一种充分运用数据，实现环境保护和价值再创造的行动，实现企业发展与自然的和谐共生。

四是开放。数字经济的核心之一就是互相连接，也就是彼此开放。尤其在第四次工业革命的推动下，数据成为生产要素，国企只有实现"走出去"和"引进来"相结合，才能享受数字经济的红利，跳出舒适圈，走向广阔的市场，越发展越好。其中，建设数字国企，可以让数字技术和数据要素更广泛地释放企业的发展优势，树立中国企业形象，吸引更多的合作伙伴。

五是共享。对建设数字国企而言，共享的核心要义是结合企业所在的行业和从事的业务，把数据天生具备的"共享基因"组合好，提供"人尽其才、物尽其用"的共享机制和平台。尤其是积极推动国有企业利用数字国企建设的契机，提升自身的信息化与监管体系的融合水平，助力国资国企在线监管系统建设。

1.5.1.3 推动新发展格局的实践

加快形成以国内大循环为主体、国内国际双循环相互促进的新发展格局，是破解发展难题、厚植发展优势、创新发展路径，促进更高质量、更有效率、更加开放、更可持续发展的科学决策，是事关全局的系统性深层次变革。从传统国企向数字国企转变，必须深刻理解双循环的内涵，把握其外延，推动数字国企建设在新格局中稳步前进。双循环是一项全局性、整体性、系统性工程，主要包含三个方面：一是宏观层面，以国内市场循环为主体、国内国际"两个市场"循环相互促进；二是中观层面，以区域市场循环为主体、产业链供应链价值链内外循环相互促进；三是微观层面，以企业内发展循环为主体、企业内外发展相互促进。双循环着重强调的是做好自己的事情，并通过发挥内需潜力，使国内市场和国际市场更好地连通，更好地利用两个市场、两种资源，实现科学布局、协同发展。

第一，数字国企内外发展的双循环。数字国企通过数字技术的应用，发展适合企业属性的新业态、新模式、新技术，让数据在国企内部顺畅地循环流动，进而带动技术流、资金流、人才流，并在更大范围内加快各类资源的汇聚和按需流动，带动提高国企以数据为核心的新型产品与服务创新水平，为人民群众提供更加智能、更加便捷、更加优质的公共服务。同时，强化国企在核心技术攻关和资源社会化输出方面的能力，加强与产业链上中下游及各行业应用场景企业的合作，合理布局数字产业，培育行业领先的数字化"独角兽"企业。

第二，数字国企产业链供应链价值链内外"双循环"。数字国企产业链供应链价值链内外循环所涵盖的范围包括国企所涉足的能源、教育、交通、通信、金融等产业之间的循环，是要适应人民期待和需求，加快数字化服务普及速度，降低应用成本，为老百姓提供用得上、用得起、用得好的服务，让亿万人民在共享数字经济发展成果方面有更多获得感。数字国企产业链供应链价值链内外双循环的着力点是打造引领产业链供应链价值链发展的"链主型"上市企业。

第三，数字国企区域市场双循环。数字国企区域市场双循环囊括了城市之间、地区之间的协同发展，尤其包含了国企所在城市、省区的发展战略与国家发展战略的协同发展，如长三角一体化、京津冀一体化、粤港澳大湾区、成渝地区双城经济圈建设等。数字国企区域市场双循环的着力点是致力于培育发展先进产能，增加有效供给，加快形成新的产业集群。

第四，数字国企国内国际"两个市场"双循环。数字国企国内国际"两个市场"双循环是基于国内市场实际，突出重点，抓住主要矛盾，着力打通堵点，贯通生产、分配、流通、消费各环节，实现供求动态均衡的战略决策。具体而言，就是打造适应国内国际"两个市场"双循环的数字国企范本。一是树立制造类数字国企范本，以智能制造为主攻方向，着力提高生产设备数字化率和联网率，提升关键工序数控化率，增强基于数字孪生的设计制造水平，全面提升企业研发、设计和生产的智能化水平。二是树立能源类数字国企范本，加快建设推广智能现场，着力提高集成调度、远程操作、智能运维水平，强化能源资产资源规划、建设和运营全周期运营管控能力。三是树立建筑类数字国企范本，重点开展建筑信息模型、三维数字化协同设计、人工智能等技术的集成应用，提升施工项目数字化集成管理水平，推动数字化与建造全业务链的深度融合，强化现场环境监测、智慧调度、物资监管、数字交付等能力。四是树立服务类数字国企范本，着力推进智慧营销、智慧物流、智慧金融、智慧旅游、智慧供应链等建设，打造在线的数字服务产品，提升客户体验，提高客户黏性，拓展数字服务能力，扩大数字业务规模。五是树立农业类数字国企范本，着力拓宽遥感监测、物联网、大数据等信息技术在农业生产经营管理领域的应用面,深入推进数字农业建设试点,打造平台型智慧农业企业,实现农业全产业链条的数字化作业。

1.5.2 国企数字化转型的模型架构

数字国企的模型架构可以概括为"一基、两化、三支撑",即以新型基础设施建设为牵引,以数字产业化和产业数字化为基础,以数据治理、数据安全防护和数据资产化为支撑。

从国家发展和改革委员会对新型基础设施的研究结果出发,国企新型基础设施也应该是以新发展理念为引领,以技术创新为驱动,以信息网络为基础,面向高质量发展需要,提供数字转型、智能升级、融合创新等服务的基础设施体系,同时包括三个方面的内容:一是信息基础设施,指基于新一代信息技术演化而成的基础设施,如国企在线监管大数据中心。二是融合基础设施,指深度应用互联网、大数据、人工智能等技术,支撑国企覆盖的传统产业实现转型升级,进而形成的融合基础设施,如智慧能源基础设施。三是创新基础设施,指支撑公益类国企从事科学研究、技术开发、产品研制的具有公益属性的基础设施,如产业技术创新中心。

国企数字产业化是指国企结合实际,加强资源整合优化,创新体制机制,合理布局数字产业,针对市场研发和输出数字化产品及系统解决方案,如提供数据资产运营服务。

国企产业数字化是指国企主动依据市场需求推动传统产品和服务的数字化改造,以提升产品与服务策划、实施和优化过程的数字化水平为目的,打造差异化、场景化、智能化的数字产品和服务。

国企数据治理是指应用数字技术加强国企数据标准化、元数据和主数据管理工作,加快数据治理体系建设,建立覆盖全业务链条的数据采集、传输和汇聚体系,强化国企业务场景数据建模、深入挖掘数据价值的能力,如国企智能化办公平台。

国企数据安全防护是指使用安全可靠的设施设备、工具软件、信息系统和服务平台保护数据处理系统不因偶然和恶意而遭到破坏、更改和泄露。

国企数据资产化是指在保障数据和个人信息安全的前提下，由国企拥有或控制，能够在未来某个时期或阶段被用于交易，且能够产生经济利益的，以一定方式记录和存储的数据资源。

1.5.3 国企数字化转型典型案例

国企数字化转型工作正在如火如荼地进行，涌现出不少优秀的转型案例。下面将以颇具代表性的招商局集团和上汽集团为例进行分析介绍。

1.5.3.1 招商局集团

招商局集团创立于 1872 年洋务运动时期，是中华民族工商业的先驱，是中国近代第一家股份制公司，开创了中国近代民族航运业，带动了许多其他近代产业的发展。"十三五"期间，招商局集团的经营业绩不断创下历史新高，2020 年，实现营业收入 8137 亿元，净利润 1371 亿元，总资产达到 10.3 万亿元。随着我国经济进入新的发展阶段，全球技术革命正在推动产业链调整和产业变革，传统产业面临挑战。以数字创新技术加速产业升级和商业模式重构将成为企业实现高质量发展的必选项。招商局集团将依托数字化转型，重点提升主责主业和战略性新兴产业两方面的业务能力，获取集团打造世界一流企业的新动能。招商局集团对数字化转型的认识是，数字化转型是"招商血脉、蛇口基因"的传承，也是进入新发展阶段实现高质量发展的必经之路。

招商局集团的业务主要集中于综合交通、特色金融、城市与园区综合开发运营三大核心产业，体量大、产业优势明显。但集团各产业面临行业内和跨界竞争者的挑战，存在不进则退的危机和竞争力提升的巨大空间，迫切需要提升数字化客户服务能力、创新研发能力和高效运营能力，这都需要数字化的支撑。数字化转型已经成为关系到招商局集团能否基业长青，成为世界一流企业的核心战略。集团只有通过融入数字经济，应用数字技术改变传统经营模式，才能实现高质量发展，成为行业竞争中的领先者。

招商局集团于 2019 年制定完成了新的数字化战略，确立了 2025 年建成数字化招商局的转型目标；以"五支柱"为蓝图，打造形成了自主可控的数字化转型技术底座，建成了具有自主知识产权的招商云平台，以及大数据湖平台、招商随行工作协同平台、招商智脑数据应用平台等，招商云平台与中国移动、建设银行、阿里云、宝信软件等企业的平台一起荣获中国信息通信研究院首批 IT 数字化能力和运营效果成熟度模型（IOMM）评估平台服务类优秀级；集团各产业板块数字化成果初显，招商银行的金融科技水平保持行业领先，成为中国金融服务数字化的标杆企业，中国外运旗下的运易通物流电商平台连接 3 万多家物流服务企业，服务于 2 万多家制造企业，招商港口建设启用了中国首个由传统散杂货码头升级改造而成的智慧型、数字化港口（妈湾智慧港）。

1.5.3.2 上汽集团

上海汽车集团股份有限公司（以下简称"上汽集团"）是目前国内产销规模领先的汽车集团，2019 年整车销量达 623.8 万辆，国内市场占有率近 23%，位列《财富》世界 500 强排行榜第 52 位。党的十八大以来，面对科技发展大趋势、市场演变大格局、行业变革大方向，上汽集团围绕贯彻落实新发展理念，坚持以自主创新为抓手，在国内汽车行业率先提出并实施"电动化、智能网联化、共享化、国际化"的"新四化"发展战略，并推动新一代信息技术与制造业的深度融合，加快实现数字化转型，努力培育发展新动能，探索可持续发展的新路径。

上汽集团推进数字化转型工作，大致可以分为信息化、数字化、智能化三个阶段。这三者之间不是替代关系，而是迭代关系，后一阶段是前一阶段的巩固提高与拓展深化。"十二五"之前，上汽集团着力推进信息化建设，主要是为了满足整车制造业务所需，强调过程的标准化和结果的可预知，并初步建立了面向现代制造的信息化业务架构体系。"十三五"期间，在信息化建设基本完成的基础上，上汽正在努力推进数字化转型，着眼于以数据赋能业务，开展了创新探索，并取得了一些初步成效。

一是推出数字化产品。全球首创互联网汽车新品类，实现了数据的实时在线，累计销量近 200 万辆，自主研发的"斑马"车联网系统已搭载在多个合资品牌的主流车型上，并于 2019 年年底完成全球超百万名用户参与的汽车远程（Over The Air，OTA）升级；面向海外市场研发的 i-Smart 车联网系统，已在超过 30 种海外车型上搭载使用。持续推进智能驾驶相关技术的商业化落地，由上汽集团打造的"5G+L4 级智能驾驶重卡"实现了东海大桥和洋山深水港区间的无人驾驶作业，实现 1 拖 4 队列行驶，提升大桥通行能力，并实现规模化商业化运营。发布全球首款整舱交互 5G 量产 SUV——荣威 MARVEL-R，可实现 AI（人工智能）辅助驾驶、AI 泊车等智能驾驶功能在高速公路、城区道路、停车场等场景的应用，并可实现 OTA 升级。

二是推进数字化制造。打造大规模个性化定制 C2B 项目，平台粉丝数已达近千万名，并深度参与到产品开发、制造、销售的全过程。积极推进智能制造，已建成上汽集团乘用车临港基地、新能源电驱系统宝山基地等多个整车及零部件智能制造标杆工厂。以武汉地区的汽车转向系统工厂为例，通过实施"黑灯车间"技术升级，疫情期间，在人员到岗不足两成的情况下，依靠自动化设备和数据在线系统，有效保障了生产工作的平稳高效，现场库存下降 85%，交付时间减少 80%，产品合格率提升到 99.9%。

三是探索数字化服务。以"人的智慧出行"为服务触点，建设移动出行服务平台，已集聚超 2200 万名用户，服务年触达用户数亿次。上汽集团网约车业务"享道出行"上线一年半，聚焦"长三角一体化"主航道，陆续在苏州、宁波、杭州等多个城市运营，高峰时的日订单近 10 万单。新能源分时租赁、汽车生活服务、企业租车等业务，依托上汽集团的人工智能数据平台，不断丰富产品功能，不断提升服务体验。大力推进数字营销建设，加强线上与线下的融合发展，在疫情高峰期间，推出了新品云发布、直播带货、虚拟展厅、送车上门等多种在线营销手段，有效解决了用户无法到店的问题，线上销量提升 30% 以上。

四是构建数字化组织。为适应数字化转型的要求，上汽集团陆续成立了人工智能、大数据、云计算、网络安全等中心。2020 年年初，又专门成立了零束软件分公司，加快打造一个架构（中央大脑和域控制器融合的整车电子电气架构）、两个平台（软件平台和数据平台）和一个体系（软件开发体系），加快提升上汽集团"软件定义汽车"的能力。

1.6　其他企业（非国企）数字化转型现状

自 2020 年下半年起，中国经济率先恢复增长，走向风险与机遇并存的后疫情时代。中国企业在这场全球危机中显现出强大的韧性和竞争力，得到广泛认可。埃森哲 2021 年全球 CEO①调研数据显示，受访的中国企业高管中，约七成认为相比于欧洲和北美企业，中国企业的竞争力比过去有所提升。与之相验证，受访的北美和欧洲高管中，约四成认为他们的企业竞争力与中国企业相比有所下降，如图 1-4 所示。

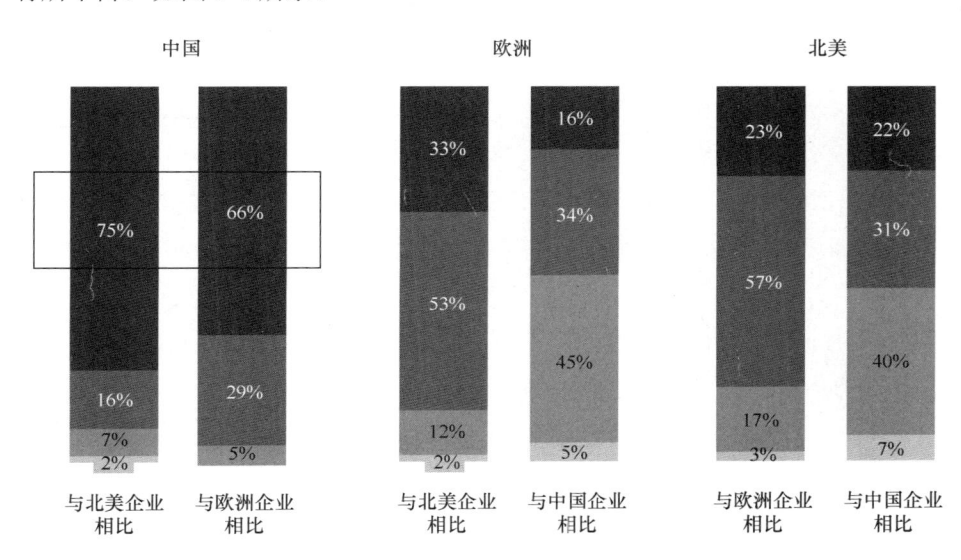

	中国		欧洲		北美	
比过去竞争力提升	75%	66%	33%	16%	23%	22%
和过去竞争力相同	16%	29%	53%	34%	57%	31%
比过去竞争力下降	7%	5%	12%	45%	17%	40%
不清楚	2%	5%	2%	5%	3%	7%
	与北美企业相比	与欧洲企业相比	与北美企业相比	与中国企业相比	与欧洲企业相比	与中国企业相比

图 1-4　中国与欧美企业竞争力调研

1.6.1　转型的驱动力

纵观全球，中国是唯一一个在 2020 年实现经济正增长的主要经济体。货币政策、投资政策、消费政策、产业政策等宏观调控措施为经济的稳定、复苏发挥重要作用，主要经济指标持续改善，市场信心不断增强，全年呈稳定恢复态势。在全球疫情形势复杂严峻、主要经济体复苏存在较大不确定性、供应链"断链"风险日益增大等众多不利因素下，中国企业却凭借供应链的强大"韧性"，提升了竞争力，在国际市场中脱颖而出。中国具有门类齐全、规模位居全球首位的工业体系，80%的劳动力、资金、原材料、能源等生产要素由国内

---

① CEO、CIO、CDO、CTO、CPO等高管代称，详见本书第4章的描述。

供应；交通运输、仓储设施、信息通信、货物包装搬运等维度已形成完善的基础设施体系。中国的供应链体系在疫情大考时及后疫情时代展现出强大的韧性，在复工复产及经济提振中充分彰显出自适性。对于供应链国际端的不确定性，政府不断简化海关作业流程，提升货物通关和人员往来的便利化水平；依托中欧班列不断完善海外仓服务网络，建设境外制造、跨境运输节点的海外仓等；力保跨国供应链的稳定和畅通。

中国经济正在发生深刻变化，科技创新对经济发展愈发重要。产业数字化加快推进，数字经济的主导地位进一步巩固。2020 年，产业数字化在数字经济中的比重高达 80.9%，数字化正在对各行各业进行深度赋能。一系列基于数字能力的新产品、新模式为中国后疫情时代的经济重振注入了强劲动力，也为后疫情时代企业的发展提供了新思路和新路径。数字化已然成为中国企业在全球疫情中提高竞争力的有力抓手和关键动能。

2021 年以来，数字化转型已经成为国家战略。"十四五"规划提出，要迎接数字时代，激活数据要素潜能，推进网络强国建设，加快建设数字经济、数字社会、数字政府，以数字化转型整体驱动生产方式、生活方式和治理方式变革。规划明确提出，五年之后，数字经济核心产业增加值占 GDP 的比重要提升至 10%，加快建立以企业为主体、市场为导向、产学研用深度融合的产业技术创新体系，推动跨界创新，支持数字技术开源社区等创新联合体发展；实施"5G+工业互联网"工程，推动工业企业和工业设备上云、上平台等举措；为企业数字化转型提供了国家战略引领，加快利用数字技术推动产业转型升级已成为社会共识。同时，"十四五"规划还提出可持续高质量发展，要在 2030 年前实现碳达峰，2060 年前实现碳中和，而数字化可以拉动低碳化，是实现碳中和的重要途径。

双循环战略将推动中国企业激活潜力宽广的国内外市场，推动经济结构优化升级。新基建则推动通信网络、新兴技术、算力等基础设施的建设，降低 5G、人工智能、区块链、超算、云服务等技术的成本。如何抓住窗口，驶入数字经济快车道，加速实现转型成为中国企业的首要关注重点。中国企业谋求数字转型再加速：三年内从量变到质变，实现跨越式创新。中国企业在未来三年力求推出突破性的产品与服务，革新核心流程，加快全业务领域数字化转型，建立以客户为中心的弹性供应链，引领行业转型升级。

1.6.2 转型的现阶段进程

根据埃森哲自 2018 年来的相关跟踪报告，四年来，中国各行业企业整体数字化进程稳步推进，从 2018 年的 37 分上升至 2021 年的 54 分，数字化能力建设整体行程已然过半，如图 1-5 所示。

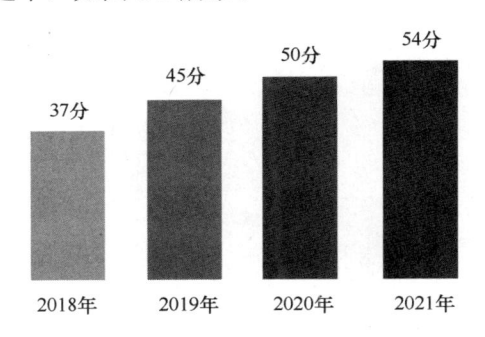

图 1-5 中国各行业企业整体数字化进程稳步推进

以电子高科技产业、汽车及工程机械为代表的技术密集型产业在数字化能力建设上的起点较高，持续多年保持跨行业领先优势。近来，面对全球芯片产能不足的影响与芯片长期结构性变化的挑战，企业只有强化产业链自主性与本土化布局，加速开展数字化变革与创新，才能不断实现新的突破。

值得注意的是，传统零售和物流行业面对疫情大考，抓住数字机遇，借助生态伙伴的力量不断创新，将效率做到极致，并重塑用户体验，在 2021 年的评估中脱颖而出，跻身数字化成熟度第一梯队，如图 1-6 所示。

2018 年，当中国企业普遍思考并开始数字化转型的时候，相关研究发现，只有 7%的企业成效显著，通过数字化推动了创新业务的蓬勃生长。2019、2020 年，领军企业占比稳步提升，分别增至 9%和 11%。尤其是 2020 年，领军企业面对疫情的冲击并未停下数字化脚步，数字化基础成为企业应对冲击的底气。疫情期间的亮眼成绩让领军企业对数字化的意义有了更深刻的认识和更坚定的信心。转型领军企业不断夯实转型基础，从而在疫情大考面前凭借已积累的数字能力，迅速反应，果断创新，持续扩大数字化领先优势；而其他企业则由于战略部署落后、基础薄弱、组织架构不合理、人才不足等因素，往往采取小修小补的方式部署数字化，难以充分挖掘数字化价值。

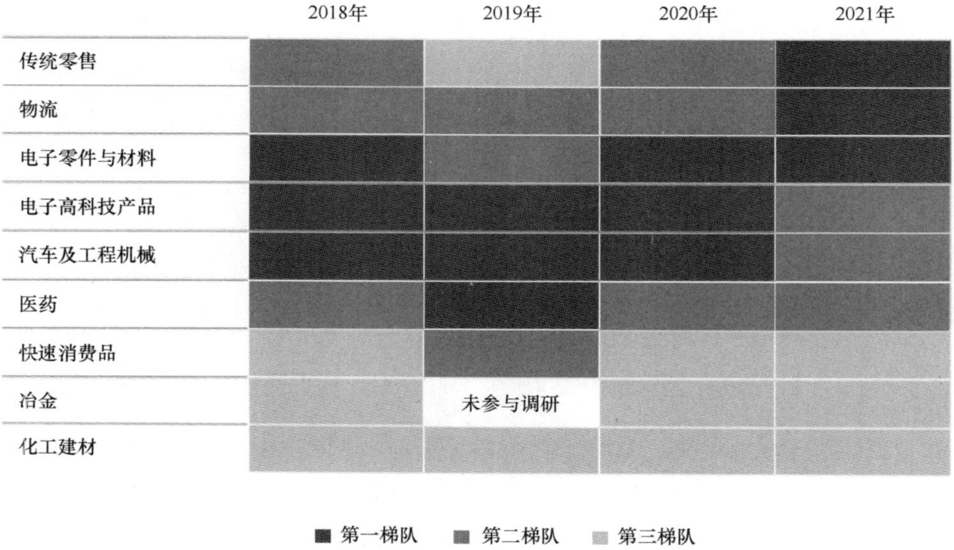

	2018年	2019年	2020年	2021年
传统零售				
物流				
电子零件与材料				
电子高科技产品				
汽车及工程机械				
医药				
快速消费品				
冶金		未参与调研		
化工建材				

■ 第一梯队   ■ 第二梯队   ■ 第三梯队

图 1-6　数字化成熟度梯队

此外，企业的数字化优势加倍转化为更显著的财务优势。疫情发生后，在营收增速维度上，其他企业与转型领军企业的差距从疫情前的 1.4 倍扩大至 3.7 倍。凭借更为完善的数字化能力，转型领军企业全面再塑核心竞争力，实现了后疫情时代的再提速。

1.6.3　代表性转型企业

很多非国企也是数字化转型的主力军。下面将对大家耳熟能详的华为和平安集团两家知名企业的转型现状进行分析介绍。

1.6.3.1　华为

华为技术有限公司（以下简称"华为"）成立于 1987 年，总部位于广东省深圳市龙岗区。华为是全球领先的信息与通信技术（ICT）基础设施和智能终端供应商，专注于 ICT 领域，坚持稳健经营、持续创新、开放合作，在电信运营商、企业、终端、云计算等领域构筑了端到端的解决方案优势，为运营商客户、企业客户和消费者提供有竞争力的 ICT 解决方案、产品和服务，并致力于实现未来信息社会、构建更美好的万物互联的智能世界。2013 年，华为首超全球第一大电信设备商爱立信，排名《财富》世界 500 强排行榜第 315 位。2021 年，华为的产品和解决方案已经应用于全球 170 多个国家，服务全球运营商 50 强中的 45 家及全球 1/3 的人口。

为了更好地服务客户，一直以来，华为始终坚持自己生产的降落伞自己先跳，利用自身丰富的企业应用场景，如销售、研发、供应、制造、工程交付、服务、行政办公等，打磨产品，创新并开拓数字化、智能化试验田。

从本质上讲，华为属于传统企业。与生活在数字原生时代的互联网企业不同，传统企业的使命是提供产品及服务，作为社会大分工的产物，其运作环节众多、分工细致而又相互依赖，相当于供应链在企业内化，这就导致非数字原生企业在实施数字化转型时会面临诸多挑战。例如淘宝订单只有买家、卖家、商品 3 个对象，而华为订单内化有 139 个对象、5000 多个列，瞄准用户满意度、成本、时间、质量、柔性改进等方面，若将内化的供应链联动起来，华为就要走出一条具有非数字原生企业特色的转型之路。

华为的数字化转型之路始于 2016 年，在此之前，如同其他传统企业一样，华为也经历过信息化阶段，即将流程搬到线上。其典型运作方式是将各个流程节点的结果信息录入系统，如企业资源计划（ERP）、办公自动化（OA）、商业智能（BI）等系统，但作业、管理、决策等依然在线下。数字化转型是在信息化的基础上，将作业、决策、管理、指挥等均搬到线上，提升以用户为中心的业务体验，敏捷、快速地响应用户需求，端到端地提升整个分工链条的效率及质量。这个过程带来企业内部 IT 运作的巨大变化。华为采用对象数字化、过程数字化、规则数字化思路，通过把现实世界中的对象进行数字化，将业务流程、业务规则纳入数字化轨道，除传统系统中产生的记录（Record）数据外，还利用各个触点感知海量的信号（Signal）数据，再通过算法和人工智能形成认知，以及时、高效地支撑运营和决策。

作为大型非数字原生企业的典型，华为业务复杂且链条众多，每年的重要变革就是各种端对端流程的拉通，但是华为的流程活动有 5 万多个，业务控制点有 1 万多个，传统的数字化转型不但难以及时响应，而且成本很高。为此，从 2018 年起，华为加大人工智能技术的引进力度，在质量与流程 IT 管理部下设人工智能使能部，针对华为业务重复、海量、复杂的场景，利用 AI 技术进一步提升公司内部的运作效率。为了应对挑战，华为探索采用场景、算法、算力、数据四位一体的方式，在华为云底座上基于数据湖、数据工坊和数据治理，提供智能运营、智能助手、智能 RPA①等一系列智能服务，全面打造华为的企业智能大脑。基于此构建的业务场景数字员工，极大地降低了企业内部 AI 的建设成本，建设周期从初期的 14～16 个月缩短至 2022 年的 2 周～2 个月。以上过程的核心是以智能元数据为驱动，将复杂的分工数据串联，构筑可信、一致、及时的数据底座。基于华为 DWI（Data Warehouse Integration，数据整合层）专门构筑的数据仓库，华为采用大数据边缘计算、边缘整合、数据图谱等构建统一的数据模型，将各个节点之间用 AI 衔接，在数据与数据链之上构建感知智能，推动业务的智能运营。

基于数年的探索实践，华为深刻地体会到传统企业开展数字化、智能化转型需注意几个关键点：第一，使用 AI 需要从海量、重复的业务开始；第二，人工智能要以数据为先，对传统企业来说，这意味着需要进行数据治理，把 AI 嵌入数据流产生业务，稳定、及时地构筑服务平台，搭建数据神经网络；第三，人工智能要实现普及化，必须将数据分析及人工智能平民化，传统企业分工细碎，需从"列"的革命中，探寻数字化转型的价值和呈现方式，做厚数据和智能的黑土地；第四，人才、文化的培养十分关键，要实现数字化、智能化转型需要进行业务、人才的变革，只有这样才能助力转型成功。

1.6.3.2 平安集团

中国平安保险（集团）股份有限公司（以下简称"平安集团"）于 1988 年诞生于广东省深圳市南山区蛇口工业区，是中国第一家股份制保险企业，现已

---

① RPA（Robotic Process Automation，机器人流程自动化）是以软件机器人及AI为基础的业务过程自动化科技。

发展成融金融保险、银行、投资等金融业务于一体的整合、紧密、多元的综合金融服务集团。

早在 1988 年,平安集团董事长马明哲就提出了保险数字化运营的构想。这也正式拉开了平安集团数字化战役的帷幕。同年,平安集团开发出处理保险业务的系统软件。1997 年,平安集团开始 IT 化办公,开始 OA 系统的投入。次年,平安集团实现了产险最初级地域数据管理。2000 年 8 月,平安集团创建了中国最早的 2C 在线金融产品超市——PA18。从历史视野看,这些只是平安集团数字化战略落地的缩影。此后十余年,历经移动互联网时代,平安集团全面从线下迁移至线上,并推出一账通功能,打通各业务模块间的数据壁垒,实现用户生态的相互导流与协同。

疫情的暴发与冲击,以及人工智能区块链等技术的成熟与发展,更是将平安集团的数字化转型战略推上了一个新的高度。总体来看,此前,平安集团更多地在集团内部与各子公司内进行数字化变革,实现产品数字化与管理运营数字化等。

如今,平安集团正加速迁跃,向更高维度的数字化水平进击,即引领多个产业的数字化转型,开始用技术重塑金融保险、大健康等领域的运营法则。例如,在金融领域,2021 年,平安银行依靠 AI、大数据等底层技术将旗下新车贷款、二手车贷款全流程作业时长较 2020 年年末分别缩短了 16% 和 29%。2020 年,平安银行荣获《欧洲货币》杂志 2020 年卓越大奖评选之"亚洲最佳数字银行"大奖。在保险领域,平安车险通过 AI 学习、识别 6 万种汽车、2400 万种零部件的图片,客户最快仅需 3 步 133 秒即可完成理赔全流程,相比传统理赔,平均时效提升了 34%,这彻底颠覆了传统车险的理赔流程。在保险后端运营服务方面,平安张江后援中心,这座曾经的全球最大的电话客服中心正逐步用机器替代人工。据透露,2020 年,该中心有 19.3 亿次电话客服由 AI 完成,占比超过 82%。但平安集团并不止于将科技应用商业化。实践是认识的来源与发展动力,在认知层面,以科技为起点,平安集团早已掀起了一场生态革命。

因此,在实施方法上,平安集团使用"1+3"策略:一个客户,一个账户多个产品，一站式服务。拆解来说，就是以金融业务为核心，与医疗、汽车、金融科技等多个场景相协同，为客户提供多维度、有温度的生活服务；同时发挥综合金融优势，实现金融与生态之间的互相协同，由生态反哺金融。平安联合寿险与平安健康推出"保险+医疗健康"模式，以"臻享"系列产品为客户提供全周期的健康管理服务。这一模式随着寿险"产品+"改革的推进不断深化。平安高端康养产品"臻颐年"就是延续这一模式，将平安的医疗生态服务与客户的金融产品紧密结合，用高频的康养管理服务连接低频的保险服务。

这些日渐成熟的生态平台在反哺金融主业。比如医疗生态圈的客户呈现出更愿意购买金融产品的趋势，同时医疗生态客户所积累的医疗数据帮助企业提供更为精准化的保险和财富管理服务。再如汽车之家与平安产险、平安银行（平安好车主信用卡、平安银行汽车金融业务）之间形成的车生态圈也发展出了共生共荣的生态，汽车之家与平安好车主互相协同的营销模式促进了彼此业务的增长。

第 2 章
正本清源数字化转型

导读：数字化转型不是一项简单的企业经营活动和工作，它是数字经济时代驱动企业再次腾飞发展的新动能，只有认清其目标才能很好地应用它来驱动企业发展。没有目标的数字化转型如同"无头苍蝇"，不但不会给企业经营带来效益和价值提升，反而有可能对企业产生破坏性影响，消耗大量资源。同时，数字化转型作为当下的新鲜事物，各行各业都在摸索前行。在此过程中，难免出现诸多有关数字化转型的误区甚至误导，比如唯技术论或者不切实际的唯心论等。因此，非常有必要正本清源，从产业和企业经营的视角来对数字化转型的目标、路径、价值观等做一个相对确切的定义和澄清。

2.1 新动能与旧动能

新旧动能概念最早于 2015 年被提出，到 2016 年内涵丰富，再到 2017 年新旧动能转换具体工作推进。从演变趋势来看，中国政府已经对经济发展阶段有较为深刻的判断："我国经济正处在新旧动能转换的艰难进程中"，即经济社会进入了新常态，同时已着手逐步推进经济新旧动能转换工作。"新旧动能"自 2015 年开始出现在中央和地方政府主要领导讲话和文件中，2016 年在互联网上出现的频率逐步升高。2016 年年末，特别是进入 2017 年以来，"新旧动能"更是频繁出现在政府相关文件中，内涵也逐渐丰富和完善。

2.1.1 中国经济发展的新旧动能

新动能是指新一轮科技革命和产业变革中形成的经济社会发展新动力，如新技术、新产业、新业态、新模式等。旧动能是指传统动能，不仅涉及高耗能、高污染的制造业，更宽泛地覆盖利用传统经营模式经营的第一、第二、第三产业[①]。概括来讲，新旧动能转换的意思是，通过新的科技革命和在产业变革中形成的经济社会发展新动力，来转换掉传统以资源和政府为导向的经济发展模式。

新旧动能是新常态背景下经济增长的"双引擎"。中国经济进入了新常态，主要特征如下：经济由过去 30 年平均 10%的高速增长变为 6%左右的中速增长。在新常态背景下，消费和服务业取代投资、出口成为拉动经济增长的主要动力，新经济对经济增长的贡献和重要性日益提高，但是传统产业仍然是经济发展的重要支撑。新旧动能共同构成新常态背景下支撑经济增长的力量。

以第二产业这个新旧动能转换的重要战场为例，新旧动能的区别显著表现在以下六个方面。

（1）从能源利用上讲，旧动能以煤炭、石油、天然气等矿物能源的粗放利用为主导，新动能以矿物能源的精细化利用或风能、太阳能、核能等物理能源为主导。

（2）从原材料上讲，旧动能以对矿物原材料的一次性利用为主导，新动能以对原子设计、分子制造的新材料及深层循环利用为主导。

（3）从生产工艺上讲，旧动能以机械化为主导，新动能以高度网络化、人工智能化为主导。

---

① 通常，第一产业是指农、林、牧、渔业（不含农、林、牧、渔服务业）；第二产业是指采矿业（不含开采辅助活动）、制造业（不含金属制品、机械和设备修理业）、电力、热力、燃气及水生产和供应业，建筑业；第三产业即服务业，是指除上述第一、第二产业以外的其他行业。

（4）从生产模式上讲，旧动能是"资源→产品→废物"的单向生产方式，新动能是"资源→产品→废物→再生资源→再生产品"的深层循环化生产方式。

（5）从资源约束上讲，旧动能是资源匮乏性生产，新动能则由于能源物理化、原材料元素化及深层循环化生产，所以极大地增加了资源约束弹性。

（6）从生产性服务业上讲，新动能的生产过程包含了更多的服务业因素。

因此，推动新旧动能转换，加快培育新动能、改造升级旧动能、促进新旧动能混合提升，是推进第一、第二、第三产业协同发展、融合发展的重要方式，关系到整个产业结构的转型升级。从世界历史的发展进程来看，每次科技革命都会引发全方位的深刻的社会变革，因此，新旧动能转换也会对发展理念转变和社会结构转型形成助推效应，绝非单纯的经济结构的转型升级。

2.1.2 企业发展的新旧动能

数字经济时代，参照中国经济发展的新旧动能格局和定义，可以将非数字化转型驱动下和数字化转型驱动下业务发展的动力方式定义为企业发展的新旧动能，如图 2-1 所示。

也就是说，传统的以业务优化等方式为企业转型和发展的驱动力或者方式的动能可以称之为旧动能，主要包括两个方面的内容：一是运营型的业务优化，其主要特征是通过原有传统业务升级、产品升级，甚至放弃原有产品实体等方式进行转型；二是投资并购型的业务优化，其主要特征是通过投资收并购、控股等方式，转变主营业务，实现企业转型。

而对当下企业的新动能来说，其主要通过数字化技术对业务进行重塑与升级，实现产品延伸和新市场机遇，进一步实现营收增长，开拓新业务，如抖音、美团。这正是各个企业的老板所感叹或高呼的企业需要数字化转型，不然就有可能被颠覆或者遭遇危机等的原因。

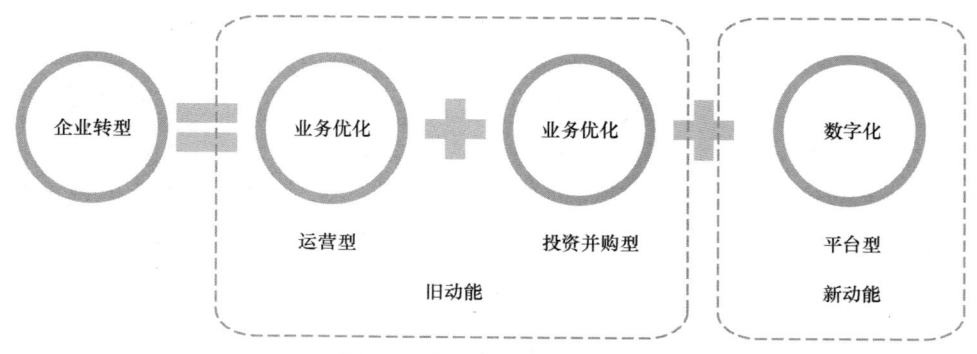

图 2-1　企业发展的新旧动能

那么，企业到底该如何应用数字化转型做新旧动能转换，如何转型升级呢？通常来说，可以在如下几个方面进行驱动。

（1）产业战略升级。企业战略定位的基础是产业，而很多产业现在也面临升级，所以，企业首先要明确所在行业的现状、行业阻力、未来的发展方向，根据所在行业进行自身调整，发掘产业的新动能和新机会，结合企业自身的优势进行升级，先找好导航，规划好路线，再全力出发。

（2）商业模式重构。传统的商业模式比较简单，属于粗放的商业模式，有的企业甚至没有科学的商业模式，而现在只有打破原有的商业模式，进行创新和重构，才会在市场上有持久的竞争力，所以企业应该重构新的商业模式，设计构建多层级的盈利模式，以保持长久的竞争力。

（3）产品创新与再造。应在合适的时机对产品进行创新，对质量进行升级，对市场和用户进行深度洞察和服务，重新定义产品。产品做好了，本身就具有营销性，产品即营销，比如小米的插线板，一经问世即获得无数赞美和认可；再如 55 度杯，无须大面积铺广告，自带销量而来。企业应对现有产品进行升级与再造，满足市场的深度需求。

（4）管理创新与变革。很多企业对于"新新人类"的管理比较头疼，新生代对于传统的管理模式属于被动接受，因此需要激发其积极性和开创性。传统的管理模式来源于传统的公司逻辑和组织架构逻辑，公司概念诞生于工业时代，公司架构也是层级式的，而现在，这一模式在逐步被打破。新动能时代，最终的落地还要靠人，有人才有执行和落地，所以，如何对企业进行管理的创新与变革，如何最大化地激发人的积极性，是新旧动能转换的一大重点。

（5）新品牌战略。传统的品牌在逐步被轻视甚至被抛弃，时代在急速变化，旧品牌需要重塑，新品牌如雨后春笋般层出不穷。企业应积极地应对新旧动能转换过程中的新品牌战略和品牌新战略，通过创新的模式打造品牌新的生命力，以应对新时代的市场需求。

（6）营销战略创新。很多企业的营销模式仍然非常传统，在传统营销模式的红海里碰得头破血流却找不到那片蓝海，这并不是说传统营销不好，而是需要再创新，需要升级，需要增加更多的"血"和"肉"，需要构建新动能时代的营销战略模式。谈到营销创新，不得不谈互联网思维下的网络营销——传统营销和互联网营销的有机结合，再生出新的营销，才是新动能转换的营销方向。

2.2 有关数字化转型的一些误解

目前，各行各业对数字化转型存在着林林总总的误解，这些都会在很大程度上影响企业数字化转型的方向和成败。因此，现对这些误解进行总结归纳，以便读者有效避免。

2.2.1 数字化转型就是一个技术项目

数字化转型工作很容易被误解为简单的或新时代下新的技术项目，如业务上云、云原生改造、数据中台建设等。虽然数字化转型过程中会涉及该类科技项目的建设开展，但是究其根本，数字化转型不是一个项目，不是一项普通的工作，而是一项涉及企业经营的系统性事业。

2.2.2 数字化转型只是老板、高管和数字化/科技部门的事情

因为数字化转型中的"数字化"三个字尤为关键和凸显，导致在此项事业的认知中人们普遍会误解其就是老板、高管和数字化/科技部门的事情，殊不知"转型"二字才是重点，数字化只是一个手段和工具。转型是企业在某个历史阶段的必然，涉及业务部门、职能部门、老板、高管和普通员工，所有人都不

能置身事外，否则注定失败。

2.2.3　所有行业都值得用数字化重做一遍

当前的"数字化转型"已经成为网络热词，众多机构、媒体都在大肆宣传，更有不明就里的相关人士指出，"数字化时代，所有的行业都值得重做一遍"，这个说法其实对大众有比较大的误导。作为数字经济时代下的一种企业变革方式，任何行业、任何企业都不能贸贸然生拉硬拽地随便进行数字化转型，不然会耗费大量的人力、物力和财力，还可能适得其反，给企业经营带来破坏性的打击。所以，各行各业都应该在转型前审慎评估和考虑企业转型的条件和方向、目标、路径等，方能有所收获，决不能头脑发热，一概而论。

2.2.4　数字化转型就要彻底和追求一步到位

很多企业梦想着数字化转型可以快速出成果，可以一步到位，一旦完成就一劳永逸。然而理想很丰满，现实很骨感。现实中，人们处于一个多变的环境中，企业面临多样的来自内外部的挑战和机会，既要防守又要进攻，所以很难通过一个大招应对所有的不确定性。企业需要引入外部资源帮助企业成长，更需要内建能力应对发展过程中不断出现的瓶颈和挑战，只有能力夯实了，企业才会长期永续地经营，才有可能在多边的市场中不断寻找机会。认为数字化转型是一步到位的工作源于这样一个错误认知——环境是静态的，市场是静态的，所以企业的形态也是固定不变的，这个认知不符合这个社会的现实。所以说，转型这件事情可能永远都没有完成的那一刻，企业需要重视的是渐进式变革的力量，让企业自身在变革的过程中不断成长。数字化转型是一个长期的过程，中间充满了变数和不确定性，企业要想获得数字化转型的成功，先要对这件事情有正确的认识，而这些认识则来源于对上述错误认知的识别和处理。

2.2.5　求助咨询师可以保证数字化转型成功

很多时候，咨询师的行业经验甚至跨行业经验会是一笔很宝贵的财富，企业变革或转型的财富会给企业的变革或转型提供更全面的信息支撑，帮助企业做出更加理性的决策，在落地一些方案政策的时候也可能事半功倍，所以咨询师是一种很宝贵的资源，但这并不意味着咨询师能搞定一切问题。举个例子，咨询公司的咨询师的经验因人而异，数字化转型这项事业具有很强的落地性要求，很多咨询师只是具有规划等技能，并没有某些行业落地的实践经验，那么对企业来说借鉴意义也非常小。况且，实际情况是，很多咨询公司的咨询师也是通过各种咨询项目向世界 500 强企业或头部企业的相关负责人获取相应的经验和心得，所以企业的数字化转型还是要以自己为主，咨询师的经验可以作为一个参考，但是不能依赖。

2.2.6　数字化转型可以一劳永逸地解决所有问题

对于数字化转型的益处，许多 CEO，甚至 CIO、CDO 都会不同程度地存在某种不切实际的幻想，好像数字化转型是"包治百病"的大招，而这个大招的表现形式可能是某个工具，也可能是某种平台，如当下被炒得很火的数据中台或业务中台，或者是某个商业模式，这些新的概念会被解读成治疗一切问题的良药，比如，等建设完业务中台，就不会存在开发效率低或者支持不了的业务功能；再如，等有了数据中台，所有想看到的数据、报表、分析都能即刻呈现到人们面前，所有这些问题都能通过分析数据找到答案。或者是，希望通过数字化转型衍生某个新的商业模式，这个商业模式能够带来更多的客户、更大的营收和利润等。在这些期望的背后，源于一个错误的认知，认为有一把万能钥匙，能解决所有千变万化的问题，也缺少了一些必要的分析。应在做一件事情之前，分析一下为什么要做这件事情，如果建设中台是手段，那么为什么要建设中台呢？中台是不是真的能解决问题？数字化转型其实不是什么灵丹妙药，本质上是一种历史时期的企业经营行为，具有时代性和一定的局限性，能解决一些问题，更重要的是企业只有不断地把握和迭代，才能与时俱进，不断获得成功。

2.3　数字化转型的定义

数字化转型是数字经济时代各行各业关注的热点和焦点问题。从笔者多年的从业经验来看，对产业和企业来说，尤其是同一产业和企业的业务条线、科技条线的同人都有不同的认知和理解，大家对数字化转型的理解和诉求其实也是千差万别的，因此，确实有必要对数字化转型做一个正本清源的时代化阐释。

2.3.1 科技界对数字化转型的定义

目前，业界对数字化转型的定义可谓林林总总，仁者见仁，智者见智。笔者很难对所有定义做出解释和说明，因此，本书将挑选三个较为典型和颇具代表性的公司给出的定义进行分析说明。

第一个是从科技视角，国际知名咨询公司高德纳（Gartner）给出的定义："数字化转型（Digital transformation）是建立在数字化转换（Digitization）、数字化升级（Digitalization）基础上，又进一步触及公司核心业务，以新建一种商业模式为目标的高层次转型。"这个定义更多地从数字化的角度来阐述数字化转型，非常符合科技人员的理解和视角，但是从现实情况来看，什么是数字化转换？什么是数字化升级？这个本身就难以说清楚。另外，虽然这个定义在后半部分涉及了数字化转型与公司核心业务和商业模式相关，但是并没有给出其业务目标，所以该定义还是有科技视角的局限性。

第二个是全球著名的信息技术、电信行业和消费科技咨询、顾问和活动服务专业提供商 IDC（国际数据公司）给出的数字化转型定义："利用数字化技术（如云计算、大数据、人工智能、物联网、区块链等）和能力来驱动企业商业模式创新和商业生态系统重构的途径和方法。"这个定义同样着重于数字化技术的应用范畴，对于业务方面也只是提到了商业模式创新和商业生态系统重构，从整个定义的描述上来看，主要还是强调数字化，对转型的目标和效果并没有清晰的描述和定位，因而还是有不小的局限性。

第三个是数字化转型和流程变革做得很好的全球领先的 ICT 解决方案供应商华为对数字化转型的定义，相对于咨询公司的定义来说，其定义颇具代表性："通过新一代数字技术的深入应用，构建一个全感知、全连接、全场景、全智能的数字世界，进而优化再造物理世界的业务，对传统管理模式、业务模式、商业模式进行创新和重塑，实现业务成功。"这个定义，可以说比 Gartner 和 IDC 的定义更加实在，指导性更强，不仅点出了数字化技术构建数字世界的路径，也点出了最终的转型目标是"实现业务成功"。但不难看出，该定义对于数字世界等的描述，是与华为自身经营的数字产品业务息息相关的，有一定的局限性。

2.3.2 基于业务视角、用户视角和企业经营者视角的数字化转型定义

结合上面的分析，三个典型的定义虽然涉及了业务目标，但是描述基本还是以科技应用为诉求的解释方法。从本质上来看，数字化转型是一个具有典型时代性的涉及企业经营、用户体验的综合性工程，因此，本书给出一个基本定义，该定义从业务视角、用户视角和企业经营者视角来定义数字经济时代的数字化转型：数字化转型是企业经营者在数字经济时代，将其经营领域内的价值创造（含用户体验提升、商业模式创新、业务增长、组织/流程效率提升、风险控制加强等）核心诉求，围绕数据、技术、人才三大生产要素，应用新一代网络化、自动化、数字化、智能化技术，提升其竞争力、实现业务成功、促进企业高质量健康发展的科学、系统化工程，也可称其为"智慧变革"。

这个定义不但清晰地指明了企业经营者为了提升企业竞争力及价值创造对于数字化转型的主动性和必要性，而且点明了数字化转型的几个核心本质：业务转型升级，企业竞争力提升，价值创造，长期、系统、科学的工程。它主要体现了数字化转型的五大核心属性，如图 2-2 所示，与业界其他的定义具有鲜明的区别。

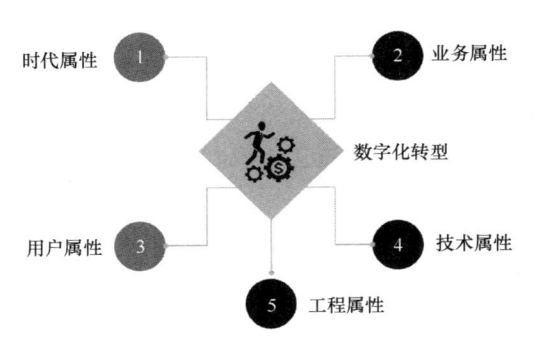

图 2-2 数字化转型的五大核心属性

（1）时代属性。数字化转型是数字经济时代的使命和任务，在不同的时代会有不同的使命，如互联网时代的互联网转型。

（2）业务属性。数字化转型应以业务为目标（如商业模式创新、业务增长、效率提升等），紧紧抓住这个目标，通过数字化驱动，而不应以数字化为

目标、以业务为辅,必须分清主次,只有这样才能不走偏方向。

(3)用户属性。数字化转型的目标虽然以业务收益为主,但是不能丢掉用户目标,如提升用户体验、为用户创造价值等,这个用户为先、用户至上其实是企业运营的根本,也是企业盈利的根本,在数字化转型这个历史性的阶段更加不能忘记,但是业界的定义普遍遗忘了这最为重要的一点。

(4)技术属性。这是业界一直强调的"数字化"技术属性。当然,这个技术属性不是传统的,而是与时俱进的,包括技术创新等,也是必不可少的。

(5)工程属性。数字化转型不是光讲理论的工作,纸上谈兵是行不通的,它是一项长期的、系统的、不断迭代优化、小步快跑不断体现价值和逼近转型目标的工程,这是业界容易忽视的,要么操之过急,要么僵化不前而导致最终失败。

同样,基于上述定义,可以看看数字化转型这项系统工程的三个核心要素:"型""转""数字化"。这几个要素的顺序表明了其不同的重要性,如图 2-3 所示。

数字化	转	型
↓	↓	↓
科技工具+手段	战术+路径	目标+战略

图 2-3 数字化转型的三个核心要素

(1)"型"是目标和战略,是需要往什么方向走的指引。

(2)"转"是战术和路径,是明确了"型"以后的实现、落地和路径。

(3)"数字化"则是科技和数字化工作者最为熟悉的,在转型过程中需要借助的科技工具和手段。这个本末不能倒置,不能为了数字化而转,更不能毫无目的和方法地瞎转。

2.4 数字化转型相关概念的澄清

数字化转型中有关信息化、数字化和智能化的概念容易混淆,另外,数字原生企业与非数字原生企业也需要澄清,下面进行详细介绍。

2.4.1 信息化、数字化和智能化

在这里，有必要澄清一下与数字化有关的信息化和智能化及三者之间的一些关系。

通常来说，信息化是指建设计算机信息系统，将传统业务中的流程和数据通过信息系统来处理，通过将技术应用于个别资源或流程来提高效率。而企业信息化是指企业以业务流程的优化和重构为基础，在一定的深度和广度上利用计算机技术、网络技术和数据库技术，控制和集成化管理企业生产经营活动中的各种信息，实现企业内外部信息的共享和有效利用。通过这样的方式提高企业的经济效益和市场竞争力，将涉及对企业管理理念的创新、管理流程的优化、管理团队的重组和管理手段的创新。

数字化就是要把物理系统在计算机系统中虚拟仿真出来，在计算机系统里体现物理世界，利用数字技术驱动企业的商业模式创新，驱动商业生态系统重构，驱动企业服务大变革。按照 Gartner 的定义，业务数字化是指利用数字技术改变商业模式，并提供创造收入和价值的新机会，是转向数字业务的过程。

智能化是使对象具备灵敏且准确的感知功能、正确的思维与判断功能、自适应的学习功能、行之有效的执行功能而进行的工作。智能化是从人工、自动到自主的过程。

这几个阶段的联系如图 2-4 所示。可以简单地理解为，数字化是信息化的高级阶段，是信息化的广泛、深入运用，是从收集、分析数据到预测、经营数据的延伸。数字化并不能脱离信息化，脱离了信息化的支撑，数字化只不过是空中楼阁。数字化就是解决信息化建设中信息系统之间的信息孤岛问题，实现系统间数据的互联互通，进而对这些数据进行多维度分析，对企业的运作逻辑进行数字建模，指导并服务于企业的日常运营。而智能化则是信息化、数字化的发展高级阶段，没有前期的信息化和数字化，智能化不可能实现。

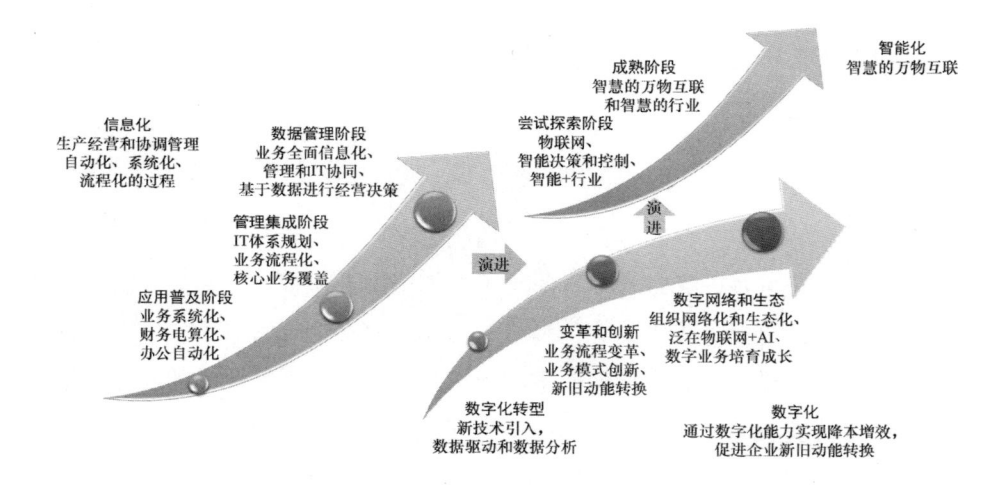

图 2-4　信息化→数字化→智能化

2.4.2　数字原生企业与非数字原生企业

在数字化转型中，经常有数字原生企业和非数字原生企业的一些说法。数字原生企业（Digital Native Enterprise，DNE）也称为互联网企业，是由 IDC 提出的一个概念。一般来说，数字原生企业有七个关键特征。

（1）其业务以互联网为核心平台（如谷歌、亚马逊、阿里巴巴、京东、百度等），并依赖这个平台生存和发展。

（2）快速扩大业务规模，数字原生企业在资本的支持下，将获客数量和规模作为核心发展战略，因此易获得比传统企业高得多的发展速度和规模。

（3）始终以客户为核心，将客户的需求、体验和忠诚度作为企业的核心竞争力。

（4）勇于承担风险进行探索和创新，企业不断试错迭代，持续推出新的服务。

（5）将高科技人才、信息基础设施、技术体系、数据资产和算法作为企业的战略资产，持续开发、优化上述资产。

（6）重视商业生态的拓展及维护，将生态系统开发、平台整合和核心知识产权（Intellectual Property，IP）视为同等重要的能力，通过不断整合外部资源，提供新的产品和服务，确保客户的多元需求得到满足，增强客户的黏性和忠诚度。

（7）将网络空间中海量数据的分析处理，异构数据的整合、分析与决策支持和人工智能技术的应用作为组织的关键知识。

根据以上的定义不难看出，数字原生企业在很多关键特征上与互联网企业有非常类似的地方，因此互联网企业都属于数字原生企业。

与之相对的传统企业，如制造、运输、医药、消费等行业都属于非数字原生企业，它们是数字化转型的迫切需要者和主力军。

2.5 企业数字化转型的宏观目标

企业数字化转型追求的宏观目标主要包含如下四个。

2.5.1 追求经济价值

经济价值是企业最关心的，也是企业进行数字化转型最直接的目标和诉求之一。借助数字化转型，企业会实现营收。比如通过营销工具的使用，营销渠道的多元化打造，能更为直接地扩大企业的销售规模，带来营收。举个简单的例子，实体店通过构建社群、直播、到家等渠道，无形中在原有一个实体店的基础上构建了两个店铺，一个线上店和一个线下店，在真正意义上实现线上与线下渠道融合的同时，带来更多的用户，营收也会随着用户的增加而增加。

另外一个经济价值体现便是降本（降低成本），借助数字化工具，在人工成本、运营效率和生产效率方面进行改善，可以在一定程度上实现降本增效。比如，制造企业借助智能化设备，可以提高产品生产效率，且可以减少人工投入。再如，实体门店借助自助收银系统，可以直接减少收银人员；借助智能要货机制，可以直接减少对人工的依赖，提高门店要货准确率，更好地把握销售机会，降低产品的损耗等。一方面可以直接使供应成本降低；另一方面可以降低对人员的要求，进而降低人员的工资成本和招聘难度等。

还有一个经济价值可视为无形经济价值。比如用户数据的资产化，只要有了足够的流量用户，且能掌控，就相当于找到了一个非常好的人流旺铺，只要店铺有适当的产品就不怕没有用户消费。有了用户流量，就可以通过大数据更好地知悉用户需要和希望得到什么样的商品和服务，企业只需要提供满足需求的商品即可，而这就是无形经济价值，可以作为短期价值，亦可以作为长期价值。平台型企业的价值在很大程度上体现为拥有了足量的用户资产价值。

2.5.2 追求运营价值

通过对数字化的了解，现已非常明确，数字化本身就是一种手段和工具，让企业的各个模块能更有效地运转和运营。必然，企业进行数字化转型，在带来明显经济价值的同时，运营价值也非常明显。

一是可以改善企业的运营机制。在数字化转型中，必然涉及对企业的组织架构进行重构，这样就会打破原有的企业运营机制和沟通机制。通过管理上线、管控上线、数据上线，必然会对传统业务模式下的设计、研发、生产、运营、管理、商业等进行革新和重构，组织架构从金字塔式向扁平式进化，简化沟通层级，提高响应效率，破除部门藩篱，统一协同机制，引入标准、模板、工具和框架，学习案例，让组织能迅速明确行动标准，并快速行动，不断践行和优化执行的动作和标准，提升组织行动力。

二是运营机制会更加灵活，实现企业运营管理机制、沟通路径及业务运营管理逻辑的全部在线化，通过在线触发、预警、追踪，完成智能管控。比如产品研发机制，通过以用户为中心模式的构建和数据的获取、分析，结合需求引导产品研发的方向和重点，进而研发出满足用户需求的产品，通过试销、改进，进而打造出流量产品、爆品等。

三是可以提高企业的运转效率。运营机制改善本身就是一种运营效率的提升，结合以业务为主导的数据化，以企业各体系和部门的数据化实现决策的数据化和在线化，实现管理的在线化和即时化，靠人模式转变为靠数据、靠智能模式。比如企业内卷现象的解决，以往只能通过不断投入等量的人工成本才能生产出更多的产品，并不会带来企业利润的增加。在数字化转型中，可以通过数字设备的使用、增加设备的使用时长或一次设备的投入，持续不断地增加产量，进而有效提升企业的生产效率，增加企业的利润。

2.5.3　追求能力价值

借助数字化转型，企业可实现多元化业务营销机制的构建，比如营销的全渠道打造，线上与线下渠道的融合，营销工具的丰富化，如小程序、社群、第三方平台及官网程序等；营销方式的适应性改变，如社交电商式的内容种草、砍价拼单、促销打折、会员价等；适应时代情绪化营销的特点，开展直播带货、短视频带货等。这让企业的营销能力得到大幅提升，再通过营销中数据的留存、复盘、分析、决策，提升营销的效果和投资回报率（ROI），让营销活动更好地做到有据可依、有据可查等。

前已述及，数字化转型会改善运营机制和提高运转效率，这本身就是一种管理能力的重构和提升，从底层来讲就是管理逻辑的改变。通过数据化、在线化和可视化，全方位实现管控效率的提升，并降低管控的难度，靠人管控转变为靠数智管控，管控能力得到全面提升，让企业在一定程度上实现自运营，可谓管为所管，管能不管。

企业数字化转型带来企业管控能力和业务能力的提升，意味着企业整体实力的提升。对于需要融资以更快发展的企业，则可以更好地代表融资条件，并通过更好的数据判定企业融资的难度和规模，简而言之，就是企业的融资能力也能得到更好的提升和确定。

2.5.4　追求品牌价值

互联网时代，品牌价值也是现代企业不可忽视的一个非常重要的方面。随着信息爆炸的到来、传播渠道的增多及传播速度的不断提升，任何企业的正面或负面信息都传播得非常快。数字化转型如果能够作为一种好的正向传播素材，能够给企业带来不少的增值和口碑。比如，平安集团非常注重品牌建设，将金融与科技的理念相结合并大范围进行传播和宣传，大大提升了其全牌照金融业务在普通民众中的感知度和美誉度，使得保险、银行、证券等各项业务每年快速增长。试想，在金融公司林立的当今时代，如果买保险的时候意识到某家公司科技实力雄厚且经济实力强，那么无疑会增加该公司赢得客户的概率。再如，业界炙手可热的新能源汽车公司特斯拉，也在 2021 年市值突破万亿美元，成为科技公司里面步入"万亿俱乐部"最快的成员，这一方面当然归功于其 CEO 马斯克的巨大人气，更归功于该公司将数字化和科技作为其生命力的产业布局，这就是品牌溢价的佐证。

当然，事情具有两面性，如果在互联网时代和数字经济时代，企业因为声誉不佳或科技实力不强而广为民众所知，则其营收或市值也会受到一定影响，毕竟数字化已经成为当今时代的主旋律，所以这一点也要引起所有企业的高度重视。

2.6　企业数字化转型的微观目标

在确立了企业数字化转型在经济价值、运营价值、能力价值、品牌价值等方面的宏观目标后，需要结合企业的经营情况来确立更为具象的微观目标。

参考《数字化转型参考架构》（T/AIITRE 10001—2020）团体标准，一般来说，数字化转型追求的微观目标主要包括生产运营优化、产品/服务创新和业态转变三类，如图 2-5 所示。

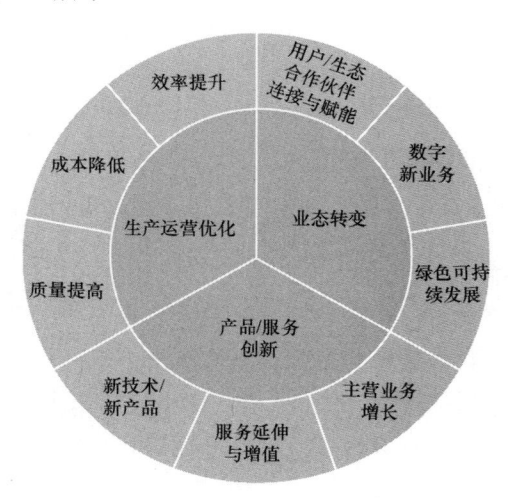

图 2-5　企业数字化转型的微观目标

（1）生产运营优化。此类目标主要为基于传统存量业务，聚焦内部价值链开展价值创造和传递活动，通过传统产品规模化生产与交易，获取效率提升、成本降低、质量提高等方面的价值效益。

（2）产品/服务创新。此类目标主要为拓展基于传统业务的延伸服务，沿产品/服务链开展价值创造和传递活动，通过产品/服务创新开辟业务增量发展空间，获取新技术/新产品、服务延伸与增值、主营业务增长等方面的价值效益。

（3）业态转变。此类目标主要为发展壮大数字业务，依托与生态合作伙伴共建的开放价值生态网络开展价值创造和传递活动，获取用户/生态合作伙伴连接与赋能、数字新业务、绿色可持续发展等方面的价值效益。

2.6.1 生产运营优化

生产运营优化主要包含如下三个方面。

2.6.1.1 效率提升

效率提升的价值效益包括但不限于如下内容。

（1）规模化效率提升，即推动数据流动，减少信息不对称，提升资源优化配置效率，以细化分工提高规模化效率，提升单位时间内的价值产出。

（2）多样化效率提升，即应用新一代信息技术，实现用户动态需求的快速响应，增强个性定制能力，以信息技术赋能多样化效率提升，提高单位用户的价值产出。

2.6.1.2 成本降低

成本降低的价值效益包括但不限于如下内容。

（1）研发成本降低，即通过数字化转型，推动产品创新从试验验证到模拟择优，降低创新试错和研发成本。

（2）生产成本降低，即加强人、机、料、法、环等生产要素的优化配置和动态优化，降低单位产品的生产成本。

（3）管理成本降低，即提高资源配置效率，减少由于人、财、物等资源浪费和无效占用带来的管理成本。

（4）交易成本降低，即优化交易的搜寻和达成过程，降低产品/服务的搜索成本和交易成本。

2.6.1.3 质量提高

质量提高的价值效益包括但不限于如下内容。

（1）设计质量提高，即优化改进产品/服务设计、工艺（过程）设计等，提高产品和服务质量，稳定提供满足客户需求的产品和服务。

（2）生产/服务质量提高，即实现生产/服务质量全过程在线动态监控和实时优化，提升质量稳定性，降低质量损失。

（3）采购及供应商协作质量提高，即实现对采购及供应商协作全过程在线动态监控和实时优化，提升供应链质量管理水平。

（4）全要素、全过程质量提高，即实现新一代信息技术和质量管理深度融合，将质量管理由事后检验转变为按需、动态、实时全面质量管理，全面提升质量管控和优化水平。

2.6.2 产品/服务创新

产品/服务创新主要包含如下三个方面。

2.6.2.1 新技术/新产品

新技术/新产品的价值效益包括但不限于如下内容。

（1）通过新一代信息技术和产业技术融合创新，研制和应用新技术，开发和运营知识产权，创造新的市场机会和价值空间。

（2）通过催生具有感知、交互、决策、优化等功能的智能产品（群）和高体验产品或服务，提升用户体验，提高单位产品/服务的价值，开发智能产品群的生态价值。

2.6.2.2 服务延伸与增值

服务延伸与增值的价值效益包括但不限于如下内容。

（1）依托智能产品/服务，沿着产品/服务生命周期和供应链/产业链提供远程运维、在线运营外包等延伸服务，将一次性产品/服务交付获取价值转变为多次服务交易获取价值。

（2）拓展卖方信贷、总承包、全场景服务等基于原有产品的增值服务内容，提升产品的市场竞争力和价值空间。

2.6.2.3 主营业务增长

主营业务增长的价值效益包括但不限于如下内容。

（1）推动主营业务核心竞争力转变，从依靠技术专业化分工提升规模化效率转变为依靠新一代信息技术赋能提升多样化效率，持续提升主营业务的核心竞争力，实现主营业务增长。

（2）推动主营业务模式创新，依托数据要素的可复制、可共享和无限供给属性，实现边际效益持续递增，不断创新网络化协同、个性化定制等新模式，提升柔性适应市场变化的能力，逐步提高市场占有率，实现主营业务增长。

2.6.3 业态转变

业态转变主要包含如下三个方面。

2.6.3.1 用户/生态合作伙伴连接与赋能

依托在线平台，实现用户的广泛连接和智能交互，以及与生态合作伙伴的业务协同和能力共享，充分发挥用户/生态合作伙伴连接带来的长尾效应和价值的网络外部性，创造增量价值。用户/生态合作伙伴连接与赋能的价值效益包括但不限于如下内容。

（1）基于平台赋能，将用户、员工、供应商、经销商、服务商等利益相关者转变为增量价值的创造者，不断增强用户黏性，利用长尾效应满足用户的碎片化、个性化、场景化需求，创造增量价值。

（2）充分依托价值的网络外部性，快速扩大价值空间边界，不断做大市场容量，实现价值持续增值及价值效益的指数级增长。

2.6.3.2 数字新业务

通过新一代信息技术的融合应用，将数字化的资源、知识、能力等进行模块化封装并转化为服务，实现内外部数据价值的开发和资产化运营，形成数据驱动的信息生产、信息服务新业态，实现新价值创造和获取。

2.6.3.3 绿色可持续发展

绿色可持续发展的价值效益包括但不限于如下内容。

（1）通过新一代信息技术在产品全生命周期和产业链全场景的深度应用，提升节能、环保、绿色、低碳管控水平，大幅提升资源利用率。

（2）通过新一代信息技术在材料、工艺、能源等领域的融合应用，推动绿色、可再生等新材料、新工艺、新能源的研发和推广应用，开辟可持续发展的新空间。

（3）通过数据、信息、知识规模化开发利用，构建并完善数字产业生态，降低物质资源消耗、减少环境污染和生态损害。

第 3 章
"五原则"战略和"3-1-1"战术

导读：万事开头难，数字化转型应当做到"战略先行"。只有明确和设计好了战略，才能使得数字化转型在实践中有正确的方向和目标，好的战略设计完全可以帮助企业"赢在起跑线上"。同时，战略是道，战术是术，二者在数字化转型中缺一不可。数字化转型是一个循序渐进、从量变到质变、逐步深化和升华的过程，其价值体现需要经过战术的缜密设计和执行才能达成。

3.1 战略设计及战略管理

战略管理是现代企业日益重视的管理方式，能帮助企业在复杂多变的环境中捕捉机遇、抵御风险，实现企业资源与外部环境的动态平衡，以达到企业发展的目的，因此，它在企业经营中占据了非常重要的地位。

一般来说，战略管理包括三个部分：战略设计、战略实施和战略评估。战略设计是战略管理的基础和核心，为企业经营指明方向，是企业发展的灵魂和主线，也是战略实施和战略评估的基础。

企业战略表现为不同的形式，而每种战略都在创造特定的价值。从企业价值循环的角度分析，可以将企业战略分成三大类：竞争战略、财务战略、投资战略。

竞争战略的目标是争取客户，而争取客户也就意味着满足客户价值的需要。客户价值是指客户使用或消费企业提供的商品或劳务的价值与客户为这一消费所付出的代价之差。企业要想在竞争战略上取得优势，就必须关注以下四点。

（1）客户定位。企业必须善于发现自身的优势，选择目标客户群。

（2）产品品质定位。企业必须以较低的成本提供优质的产品。

（3）市场定位。企业必须努力开拓国内国际市场，选择适用的销售渠道与手段满足客户的需要。

（4）研究与开发定位。企业必须以领先的优势不断开发新品，以最快的速度占领市场，从而取得持续的竞争优势。

财务战略的目标既是为股东创造最大的投资回报，又是企业所有战略的最终目标，是检验企业战略成功与否的标志，而这一战略的前提条件是为客户创造价值。财务战略的基本要素如下。

（1）为股东分配胜利成果。这是股东投资回报的一种表现形式。

（2）保护投资者的利益。这是指投资人的投资价值得到不断增值。

（3）保护债权人的利益。这是指确保债权人能够按时收回贷款，并取得利息收益。

（4）建立完善的资本结构。合理地配备债务与股东权益，不仅能够保证企业的投资者取得较大的投资效益，而且有利于最大限度地降低企业的经营风险。

（5）充足的资本。确保资本的数量，提高资本的质量，可以使企业的经营活动能够持续进行。

竞争战略与财务战略可以同时满足客户与投资人眼前的利益，而投资战略却着眼于企业长期的利益。为客户与投资人创造持久的价值是投资战略的最终目标。投资战略通过对企业各种资源的长期投资追求未来的价值。这一战略包括以下内容。

（1）人力资源投资。通过对人的技能与知识的培养来提高人的适应能力与竞争力。

（2）长期资产投资。这一投资包括无形资产、固定资产、兼并与收购，达到扩充企业生产能力的目的。

（3）战略投资。通过各种手段与供应商和消费者建立战略合作伙伴关系，提升企业的品牌形象。

（4）营运资金投资。流动资金是企业经营的基础，通过流动资金规模的不断扩充，扩大企业的生产规模，以便适应企业不断发展的需要。

3.2　数字化转型始于战略设计

从方法论来说，开展数字化转型的首要任务就是制定数字化转型战略，并将其作为发展战略的重要组成部分，把数据驱动的理念、方法和机制根植于发展战略全局，围绕企业总体发展战略提出的愿景、目标、业务生态蓝图等大的战略方向，系统设计数字化转型战略，提出数字化转型的目标、方向、举措、资源需求等。以新型能力的建设、运行和优化为主线，有效连接业务、技术、管理等相关内容，与职能战略、业务战略、产品战略等有机融合，有效支撑企业总体发展战略实现。

以我国的央企为例，它们对数字化转型的战略设计有如下几点共识。

（1）数字化转型战略要以价值为导向，回归商业本源。要注重数字化转型的实效，把数字化转型的短期价值和长期价值有机结合。

（2）数字化转型要明确战略目标，把旗帜举起来，让企业明白向哪里冲锋，才能充分调动各方力量。

（3）数字化转型要与企业战略衔接并有效落地，需要用科学的方法，分步走，包括开展数字化转型关键问题研究，制定数字化转型战略纲要，制定数字化发展规划，并且强调其整体性、协同性，体现其可操作性。

（4）规划数字化转型蓝图时要坚持价值导向、战略引领、创新驱动、平台支撑，形成组合拳，体现体系化的设计和系统化的思维。

（5）数字化转型规划不求大而全，不用面面俱到，不用讲技术原理，最重要的是指明转型的发展方向和重点。

（6）数字化转型需要找准切入点去突破，快速见到实效才能更好地达成共识，但这个切入点必须是端对端、全场景、全链条的，不能仅关注局部，否则难以在整体上见效，领导和业务部门也不会重视，而且这个战略方向在实践中需要与战术的执行有机地结合起来。

3.3 数字化转型战略设计"五原则"

今天所讨论的数字化转型战略（或者可以简称为"数字化战略"）是一个跨领域的概念，它围绕着企业的计算机、网络、数据、系统和基于网络的营销和发展计划展开。这个领域始于 21 世纪初，致力于寻找增加客户和员工之间互动性的方法，确定新的数字业务领域，以开发和利用互联网资源为企业的优势。因此，数字化战略从根本上来说有别于企业传统战略设计中的竞争战略、财务战略和投资战略，它不是单纯的竞争战略，而是一个在一定程度上牵涉投资战略和财务战略的综合体。

3.3.1 应用数字化战略设计"五原则"

数字化战略从根本上来说是企业战略[①]的一部分，因此数字化战略的制定会因企业、行业的不同而千差万别。某些知名企业的战略，如阿里巴巴的战略是"让天下没有难做的生意"，苹果公司的战略是"让每人拥有一台计算机"，福特公司的战略是"平民汽车"等，不一而同，提出的角度也不尽相同。因此，这里将给出数字化战略设计"五原则"，供读者参考，如图 3-1 所示。

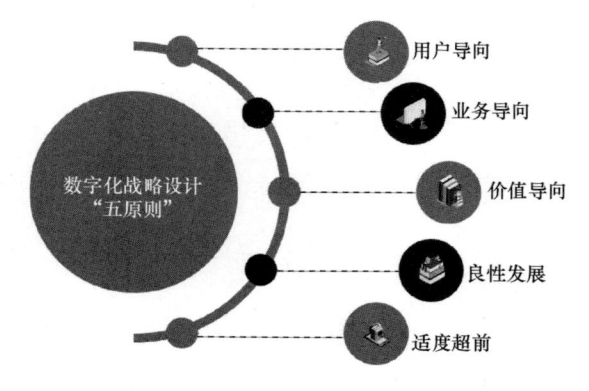

图 3-1 数字化战略设计"五原则"

[①] 企业战略是指企业根据环境变化，依据本身资源和实力选择适合的经营领域和产品，形成自己的核心竞争力，并通过差异化在竞争中取胜。现代管理学认为企业战略是一个自上而下的整体性规划过程，并将其分为公司战略、职能战略、业务战略、产品战略等层面的内容。

3.3.1.1 用户导向

数字化战略的针对对象是用户，一定要满足用户和迎合用户，努力通过数字化的手段来获得用户、经营用户、挖掘用户需求，切忌一上来就要赚钱，要获取利润，而罔顾用户在体验、感知、接受度等方面的重要性，从根本上导致方向错误和造成最后的失败。

3.3.1.2 业务导向

数字化战略有一个特殊性，就是冠以"数字化"这个名号，这个名号很容易被大家误解数字化转型只是科技的转型、IT团队的转型，这个认识非常片面且危险，虽然笔者并不否认数字化转型可以自科技开始，也可以为科技来牵头，但是并不能认为以科技为导向，而应以科技为驱动。数字化转型从根本上来说是业务的转型，只不过借助数字化这个手段，所以战略设计中要牢牢把握业务这个导向。

3.3.1.3 价值导向

数字化战略要在原则和方向上保证转型是一项科学、长期、系统的工程，而不是一项没有产出和目标的工作任务或企业活动，目标是创造价值，无论是满足用户需求、提升用户体验，还是降低运营成本、提高经营效率，抑或创新商业模式、寻找企业新的利润增长点等，都是价值的体现。

3.3.1.4 良性发展

数字化转型类似于企业其他的经营活动，在达成业务目标和价值创造的同时，要保证这种发展和提升是可持续的、良性的、建设性的，而不是不可持续的、恶性的、破坏性的。

3.3.1.5 适度超前

数字化转型本身是一种改变，一种变革，不是简单的细枝末节的微调，它基于企业发展历史和现在的经营情况，确立转型的战略。而且，这个战略不是短期的，也不是频繁变化的，应该具有一定的恒定性。因此，战略不能短视，也不能盲目地超前，笔者主张适度超前，能够看得到未来3~5年（或3年左右）的方向即可。

3.3.2　配套做好战略识别机制和战略实现机制

与上述五个原则配套的则是相应的数字化转型战略识别机制和战略实现机制，组织应建立并完善发展战略过程联动机制，对战略的分析制定、落地实施、动态调整等全过程进行柔性管控、迭代优化，以有效支撑组织可持续发展。

发展战略过程联动机制包括"可持续竞争合作优势需求—业务场景—价值模式"的战略识别机制，以及"新型能力—业务模式—可持续竞争合作优势获取"的战略实现机制。战略识别机制用于生成价值主张，战略实现机制通过价值目标的分解、创造和获取，实现战略落地，并由此提出进一步的改进需求。

（1）战略识别机制。在制定以数字化转型为核心内容的发展战略过程中，组织应结合内外部环境分析、数字化转型诊断对标结果，运用适宜的方法工具，充分考虑与外部相关方的竞争与合作关系，识别与其发展战略相匹配的、差异化的可持续竞争合作优势需求。随着内外部环境的快速变化，组织的战略应适时优化，确定的可持续竞争合作优势需求也应相应动态调整，组织间的竞争关系也应逐步向竞争与合作关系转变。并且，应结合组织业务现状，围绕可持续竞争合作优势需求，策划与其相匹配的业务架构和业务场景，明确业务体系及相互关系、价值效益目标、业务资源需求等，并进一步策划形成相应价值创造、传递和分享的具体路径和模式。在此基础上，进一步提出对新型能力（体系）建设的需求，作为新型能力过程联动机制的输入。

（2）战略实现机制。企业应通过打造新型能力和创新业务模式获取可持续竞争合作优势。组织应按照价值效益目标，基于新型能力过程联动机制识别和打造新型能力（体系），并通过能力赋能业务创新转型实现价值获取。在新型能力建设及相应业务创新转型活动（新型能力过程联动机制、业务创新转型过程联动机制）完成后，组织应综合采用诊断、评价、考核等手段，对新型能力建设、运行和优化情况，以及业务模式创新及其价值效益目标达成等情况进行系统分析和确认。在此基础上，基于所打造的新型能力、所创新的业务模式、所获取的价值效益等，诊断分析并确认可持续竞争合作优势的获取情况，以及战略的总体实现程度等。

3.3.3 具体的设计实例

下面从不同的行业举几个例子来介绍如何定战略方向。譬如，从宏观的角度来看（行业内诸多同领域有不同侧重点），金融业的数字化转型战略方向侧重于不断提升用户体验、增强获客和运营能力、提升资金能力、加强风险控制能力等。例如，平安集团在数字化转型时期提出的通过数字化打造更加智慧的金融服务，就是从用户体验、获客、科技品牌等方面提出的战略口号。制造业的数字化转型战略则聚焦于提升企业生产效率与产品品质、提升资源配置效率等。例如，海尔集团在互联网转型时期提出的"用户零距离"，就是从产品品质、用户体验方面提出的战略举措。房地产业的数字化转型战略聚焦于存量时代精细化运营、需求端升级下的产品和服务提升、去杠杆政策下的现金管理能力和融资渠道提升等。例如，万科集团提出并践行的数字化经营战略等。各行各业的实际情况和步调不同，数字化转型战略的侧重点会有所差异，不再举例。

再譬如，从企业内部经营的角度来看，企业一般都包括业务和内部经营两方面的内容，可以从业务数字化和内部经营数字化两方面来看数字化战略，对着重从内部经营方面着手抓效益、通过降本增效实现成本控制的企业来说，可以提出数字化精益经营的战略方针，通过大数据、RPA、智能化等手段来推动企业价值创造，一些传统的制造业和商业企业都是这方面的代表；而对已经较好或者充分实现数字化经营（包括数字化办公等）的企业，如百度、阿里巴巴、腾讯、京东等互联网公司，则可以将业务数字化摆在首要的战略地位进行部署和实现。

3.4 战略设计需要规避的三大误区

在进行战略设计时，切记要规避如下三大误区。

3.4.1 目标不明确，或者错把某些设计前提当目标

企业在进行数字化战略设计时经常混淆目标与限制两个概念，制定的目标

不是真正的目标，而是企业存在和发展的限制条件。例如，把满足企业相关利益者的利益作为企业的宗旨，诸如为股东提供满意的回报、生产社会所需的产品、为员工提供优良的工作条件、为社会做贡献等，这些叙述都不应该出现在数字化战略的描述当中。因为，任何企业不提供令股东满意的回报，就无法取得企业所需的资金；不生产社会所需的产品，就无法进行销售；不为员工提供优良的工作条件，就无法招聘到员工。缺乏这些条件，企业必然无法生存，更谈不上发展了。因此，上面这些内容实际上都是企业正常运转的限制条件，它们无法对企业制定数字化战略起任何指导和激励作用。企业达到了这些要求，只能维持生存，并不能取得竞争优势。

同时，在这样的宗旨或目标指导下制定的战略，无法指明企业的发展方向。在眼前利益的诱惑下，企业容易进入不相关或不熟悉的领域和行业，造成资金紧张和战术失误，导致经营失败。此外，这个目标不明确就违背了上面描述的良性发展和适度超前原则。经营层还可能在目标的压力下行为短期化，通过削减研发开支、降低人员培训成本、减少社会公益支出等长期费用来换取既得利益集团的短期所得，这对企业长期发展有害。

3.4.2 战略设计与实现脱节

以往的企业战略设计通常分为几个阶段：确定企业宗旨、拟定阶段目标、制定企业战略，最后产生相应战术。很多企业采用这种方法制定战略，但在实际操作中很容易造成各环节的脱节，数字化战略设计也在很大程度上存在这个问题。原因是，在企业中，经常由高层和外部专家负责战略设计的前几个步骤，而战术设计则通常由中基层来进行。这里潜在的危险是，高层和外部专家虽然对企业的外部客观环境有更多的把握，但对于企业自身的战术能力，却不一定了解。有可能他们制定的激动人心的目标与宏伟的战略，由于得不到相关战术的保证而不能得到完全实行；或者目标过于容易实现，缺乏挑战性，导致企业资源的浪费。这都是明显的战略脱节，容易导致企业在竞争中处于不利地位。

这个设计与实现的脱节已经不是理论上的可能性分析，而是现实中经常存在的问题。举个例子，很多咨询公司在为企业做数字化战略设计的时候经常会事先声明，企业数字化转型是否落地与设计无关，咨询公司不能也不应该为数字化转型的失败或者各种问题买单。这种现象非常普遍，也从一定程度上体现了设计与实现的脱节所造成的不良后果。所以，究竟要如何解决这个问题呢？是企业以后都依赖自己的队伍来进行端到端交付式的设计和实现以保证效果，出了问题也可以自己承担，还是索性把主动权和自主权都交给第三方公司来设计，而最后对于是否能够成功实施总是保持着不可预期的结果？值得各个企业的决策层深思。

3.4.3 将战略混同于一般的行动计划

战略是计划的一种，但不同于一般计划，也不同于一般的战术。数字化战略是一种全局性、长远性和根本性的经过系统设计的计划。它通过对未来多变环境的预测及企业自身优势的分析，通过数字化技术、平台、理念，结合业务来选择对于企业而言最优的发展方向和竞争方式，以适应未来环境和赢得竞争优势，保持企业的持续生存和发展。战略设计必定包括特定竞争方式的选择。而一般计划是在既定的环境下，以过去的经验为指导，为达到某个目标而设定的行动时间表。一般计划极少涉及竞争对抗的因素，也缺乏在复杂多变的环境中生存的能力。

但是，很多企业把战略混同于一般计划和战术，制定的战略不是着眼于未来，而是局限于过去，强调企业现状，以经验作为战略设计的基本指导，目标由过去的目标略加修改而得，战略战术也来源于过去的成功经验，目标加上实现的时间表就构成了企业的战略，这样的战略显然不能为企业在变化迅速的环境中指明道路，因为环境瞬息万变，没有对未来环境的把握，就无法选择合适的竞争方式去做准备。所以很多企业往往一遇局势变动，就束手无策，一蹶不振，根本原因就是这些企业制定的战略只是一般计划而已。

3.5 战术设计与战略设计一脉相承

读者也许会问，战略与战术是什么关系？有什么区别呢？

第一，战略与战术是全局与局部的关系。战略是指企业为达到战略目标及达到目标的途径和手段进行的总体谋划，战术则是指为达到战略目标所采取的具体行动。战略是战术的灵魂，是战术运用的基础；战术的运用要体现既定的战略思想，是战略的深化和细化。

第二，战略是方向，战术是方法。战略的作用是确定前进的方向，而战术的作用则是为此方向提供具体、可行的方法。战略是今天选择什么才能达到明天的目标；而战术是具体做什么，能够达到的当前状态是什么。战术是为战略服务的，两者之间是相辅相成的，也可以用战术来弥补战略上的一些小失误。如果战略选择得不对，再好的战术都是白费。

可以通过一个例子来总结说明战略与战术的区别。战略是指要做什么，不要做什么，是基于一系列因果关系的假设，比如企业要加强客户关系管理以促进业务发展，这是战略，它基于的假设是做客户关系管理就可能巩固客户关系。战术是指这件事情该怎么做，比如战略制定要做客户关系管理，那么战术就是怎样做好客户关系管理，可能需要引进客户关系管理平台，对员工进行培训，制定客户关系管理的运营机制等。

3.6 "3-1-1"战术设计框架

在战术落地上，笔者结合在多个行业的工作经验，建议着重依据"3-1-1"战术设计框架进行，如图3-2所示。

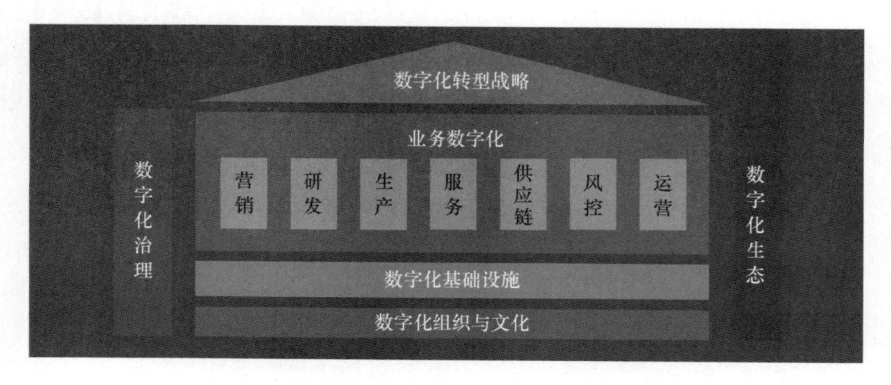

图3-2 数字化转型的"3-1-1"战术设计框架

"3"是业务数字化、数字化基础设施、数字化组织与文化三大方面,其中业务数字化又可细分为营销、研发、生产、服务、供应链、风控、运营七大方向(特别说明:虽然笔者通过这七大方向尝试归纳总结,基本囊括和涉及了所有行业的业务数字化方面,但是如有比较特殊的行业,这七大方向还可以做简单优化和微调,不需要过于教条或僵化地照搬照用)。

两个"1"是数字化治理和数字化生态,各个行业的数字化转型落地工作均可以从该框架中挖掘。

3.6.1 业务数字化

业务数字化主要包括单一业务数字化、业务数字化集成融合、业务模式创新和数字业务培育四个组成部分,主要目标是加速业务体系和业务模式创新,推进传统业务创新、转型升级,培育和发展数字新业务,通过业务全面服务化,构建开放合作的价值模式,快速响应、满足和引领市场需求,最大化地获得价值效益。

3.6.1.1 单一业务数字化

单一业务数字化是指单个部门或单一环节相关业务的数字化、网络化和智能化发展。组织应深化新一代信息技术在产品/服务、研发设计、生产管控、运营管理等环节的深度应用,逐步提升各业务环节的数字化、网络化、智能化水平,包括但不限于如下内容。

(1)产品/服务数字化、网络化、智能化,包括提升产品/服务的状态感知、交互连接、智能决策与优化等。

(2)研发设计数字化、网络化、智能化,包括数字化建模与仿真优化、智能化研发管理等。

(3)生产管控数字化、网络化、智能化,包括产品/服务现场生产活动的数字化、智能化管控,以及生产资源精准配置和动态调整优化等。

(4)运营管理数字化、网络化、智能化,包括基于数字化模型的管理活动精准管控、动态优化和智能辅助决策等。

（5）市场营销服务数字化、网络化、智能化，包括以用户为中心的服务全过程动态管控，以及服务资源按需供给和动态优化配置等。

（6）供应链管理数字化、网络化、智能化，包括以企业为中心的上下游供应链管控及资源分配等。

（7）风控管理数字化、网络化、智能化，包括以系统防入侵、数据防泄露、业务防风险为目标的安全风控、安全合规等。

3.6.1.2 业务数字化集成融合

业务数字化集成融合是指跨部门、跨业务环节、跨层级的业务集成运作和协同优化。组织可按照纵向管控、价值链、产品生命周期等维度，系统推进业务集成融合，包括但不限于如下内容。

（1）经营管理与生产/作业现场管控集成，包括经营管理与生产/作业现场间数据互联互通、精准管控、协同联动等。

（2）供应链/产业链集成，包括采购、生产、销售、物流等供应链/产业链环节数据互联互通、业务协同优化和智能辅助决策等。

（3）产品生命周期集成，包括需求定义、产品研制、交易/交付、服务、循环利用/终止处理等。

（4）产品生命周期管理环节之间基于数据驱动的协同优化和动态管控等。

3.6.1.3 业务模式创新

业务模式创新是指基于新型能力的模块化封装和在线化部署等，推动关键业务模式创新变革，构建打通组织内外部的价值网络，与利益相关者共同形成新的价值模式，包括但不限于如下内容。

（1）智能化生产，包括生产过程的智能运营优化，以及与生态合作伙伴间基于平台的智能驱动的生产能力协同等。

（2）网络化协同，包括基于关键业务在线化运行的平台技术网络和合作关系网络，实现利益相关方之间关键业务和资源的在线协同和动态优化等。

（3）服务化延伸，包括基于数据集成共享和数据资产化运营，沿产品生命周期、供应链/产业链等提供增值、跨界、全场景的延伸服务等。

（4）个性化定制，包括基于产品的模块化、数字化和智能化，利用互联网平台等快速、精准地满足用户动态变化的个性化需求等。

3.6.1.4 数字业务培育

数字业务培育是指通过数字资源、数字知识和数字能力的输出，运用大数据、人工智能、区块链等技术，基于数据资产化运营形成服务于用户及利益相关者的新业态，包括但不限于如下内容。

（1）对外提供的数据查询、统计分析、数据处理、数据交易等数字资源服务。

（2）基于知识数字化、数字孪生、智能化建模等对外提供的知识图谱、工具方法、知识模型等数字知识服务。

（3）通过与主要业务相关的数字能力打造及其模块化、数字化和平台化，对外提供研发设计、仿真验证、生产、供应链管理等数字能力服务。

3.6.2 数字化基础设施

数字化基础设施是保障数字化转型的技术、平台、系统、应用等，包括但不限于如下内容。

（1）有序开展生产和服务设施设备自动化、数字化、网络化、智能化改造升级，加强新技术、新材料、新工艺、新装备等产业技术创新与应用。

（2）部署适宜的 IT 软硬件资源、系统集成架构，逐步推动 IT 软硬件的组件化、平台化和社会化按需开发和共享利用。

（3）建设覆盖生产/服务区域的统一运营技术（Operational Technology，OT）网络基础设施，并提升 IT 网络、OT 网络和互联网的互联互通水平。

（4）自建或应用第三方平台，推动基础资源和能力的模块化、数字化、平台化，适宜时与生态合作伙伴共建共享社会化能力共享平台。

3.6.3 数字化组织与文化

数字化组织应从组织结构设置、职能职责设置等方面，建立与新型能力建设、运行和优化相匹配的职责和职权架构，不断提高针对用户日益动态变化的个性化需求的响应速度和柔性服务能力，包括但不限于如下内容。

（1）适时建立流程化、网络化、生态化的柔性组织结构，建立数据驱动的组织结构动态优化机制，提升组织结构与新型能力之间的适宜性和匹配度。

（2）建立覆盖全过程和全员的数据驱动型职能职责动态分工体系，以及相互之间的动态沟通协调机制，提升新型能力建设活动的协调性和一致性。

同时，组织应从管理方式创新、员工工作模式变革等方面，建立与新型能力建设、运行和优化相匹配的组织管理方式和工作模式，推动员工自组织、自学习，主动完成创造性工作，支持员工实现自我价值，与组织共同成长，包括但不限于如下内容。

（1）开展与新型能力建设与业务创新转型等需求相匹配的管理方式创新，包括但不限于推动职能驱动的科层制管理向流程驱动的矩阵式管理、数据驱动的网络型管理、智能驱动的价值生态共生管理等管理方式转变。

（2）顺应新一代信息技术引发的工作模式变革趋势，支持员工基于移动化、社交化、知识化的数字化平台履行职能职责，并以价值创造结果和贡献为导向，激励员工开展自我管理、自主学习和价值实现。

另外，组织还应从价值观、行为准则等方面入手，建立与新型能力建设、运行和优化相匹配的组织文化，把数字化转型战略愿景、数字化思维等转变为组织全员主动创新的自觉行为，包括但不限于如下内容。

（1）积极应对新一代信息技术引发的变革，构建开放包容、创新引领、主动求变、务求实效的价值观。

（2）制定与价值观相匹配的行为准则和指导规范，并利用数字化、平台化等手段和工具，支持行为准则和指导规范的有效执行和迭代优化。

3.6.4　数字化治理

数字化转型战术执行过程中还应运用架构方法，从数字化领导力培育、数字化人才培养、数字化资金统筹安排、安全可控建设等方面，建立与新型能力建设、运行和优化相匹配的数字化治理机制，包括但不限于如下内容。

（1）围绕实现数据、技术、流程、组织等四要素和有关活动的统筹协调、协同创新管理和动态优化，建立适宜的标准规范和治理机制。

（2）高层领导者对数字化转型的敏锐战略洞察和前瞻布局，以及由一把手、决策层成员、其他各级领导、生态合作伙伴领导等共同形成的协同领导和协调机制。

（3）全员数字化理念和技能培养，建立并完善数字化人才绩效考核和成长激励制度，以及跨组织（企业）人才共享和流动机制。

（4）建立适宜的制度机制，强化围绕新型能力建设等数字化资金投入的统筹协调利用、全局优化调整、动态协同管理和量化精准核算。

（5）有效开展自主可控技术研发、应用与平台化部署，充分应用网络安全、系统安全、数据安全等信息安全技术手段，建立并完善安全可控、信息安全等相关管理机制，提升整体安全可控水平。

3.6.5 数字化生态

依托数字化在线平台、在线服务，综合运用企业在"政、产、学、研、用、介"方面的资源和优势，实现与这些群体的广泛连接和智能交互。其中，"政"指国家政府机关及相关监管机构；"产"指产业界的相关同盟和伙伴，"学"和"研"分别指大学和科研机构；"用"指用户，是构建生态不可或缺的资源和攸关方，容易被忽视；"介"指中介，在科技界主要指的是类似于中国信息协会、中国软件行业协会、中国网络空间安全协会这样的第三方组织，是非常关键的、可以为企业整合的资源。

数字化生态建设，其实包含两个方面的含义。

（1）内部生态，即为了前述业务数字化和数字化文化方面的工作，科技部门与企业其他职能部门（如人力资源、财务、法务、风控等）及业务部门（如市场、研发、生产等）形成的数字化生态。

（2）外部生态，即企业科技部门、业务部门与外部"政、产、学、研、用、介"资源形成的数字化外部生态。

3.7 战术实现的五个发展阶段

前文强调过，数字化转型是一项长期、科学、系统化的工程，需要经历长时间的积累，因此，可以说它是一个"从量变到质变"的过程，在制定了战略之后，需要依据战术进行一步步落实，从生产运营优化到产品/服务创新，再到商业模式创新，达到最终转型的"质变"。

当然，不同的行业会存在不同的数字化转型路径，本书介绍的战术设计框架可以在实践中灵活运用，这里举几个简单的例子。譬如，银行、保险、证券、信托、消费金融等金融业可以根据实际业务诉求选择实施数字化营销、数字化风控、数字化运营、数字化供应链、金融科技数字化基础设施等来达成战略目标；制造业可以实施数字化研发、数字化生产、数字化供应链、智能制造数字化基础设施等；房地产业可以选择实施数字化营销、数字化服务、数字化运营、智慧地产数字化基础设施等，不一而同，而数字化创新和数字化生态则是普遍和共性需要的；数字化驱动，则主要是科学地驾驭运用包括人工智能、大数据、云计算、区块链、5G、物联网、移动互联、云原生等在内的新兴科技来保障转型的正常开展，这方面也是目前业界关注的技术前沿，很多热词都在里面体现，也是众多行业、企业、从业人员追逐和关心的重点，但是通过前文对数字化转型的分析可以清醒地看到，数字化只不过是数字化转型的工具和技术，不是全部。

依据业界经典的 COBIT[①] 能力成熟度模型，《数字化转型参考架构》（T/AIITRE 10001—2020）团体标准将数字化转型分为五个发展阶段，如图3-3所示，即初始级发展阶段、单元级发展阶段、流程级发展阶段、网络级发展阶段、生态级发展阶段，可以作为简单参考。

---

① COBIT（Control Objectives for Information and related Technology）是国际上通用的信息系统审计标准，由国际信息系统审计协会（ISACA）在1996年公布，是一个国际公认的、权威的安全与信息技术管理和控制标准，在商业风险、控制需要和技术问题之间架起了一座桥梁，以满足管理的多方面需要。

<<< 第 3 章 "五原则"战略和"3-1-1"战术

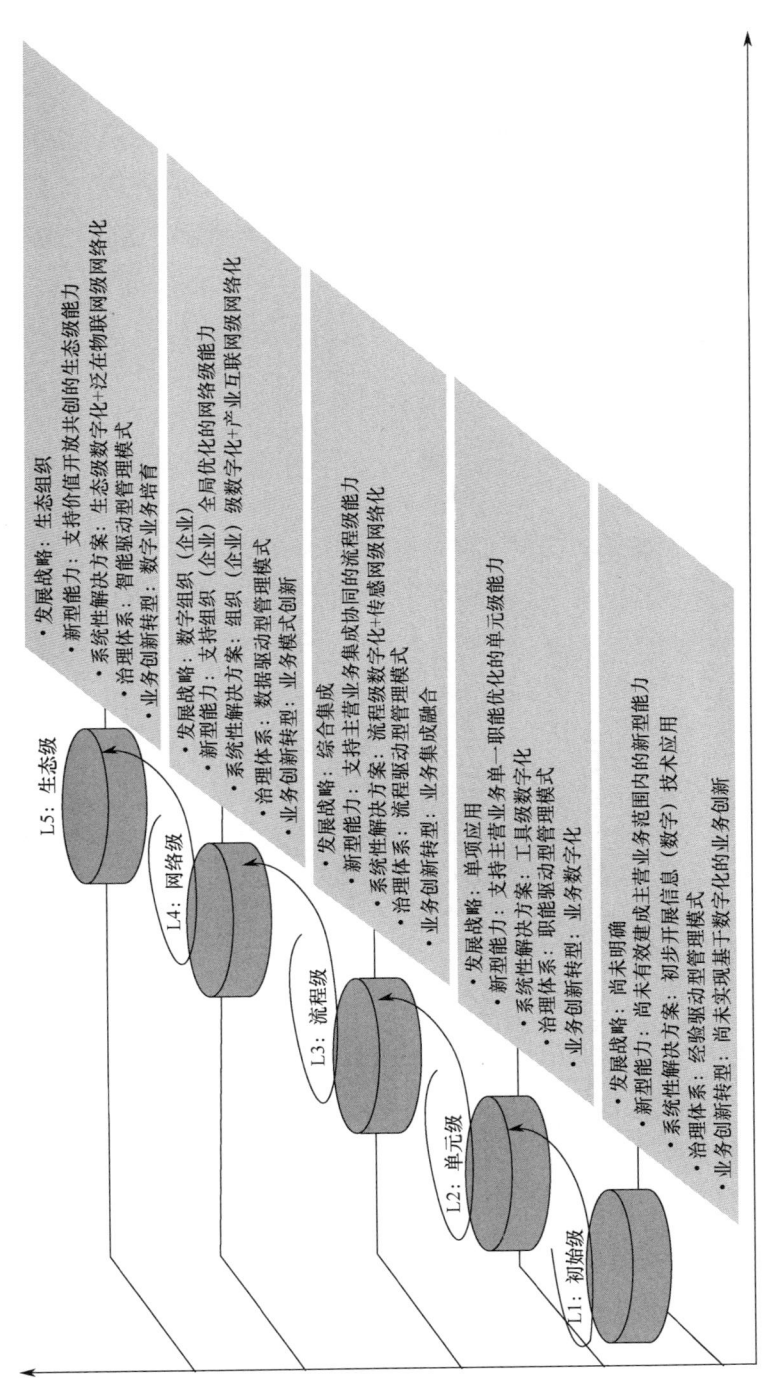

L5：生态级
- 发展战略：生态组织
- 新型能力：支持价值开放共创的生态级能力
- 系统性解决方案：智能驱动型管理模式
- 治理体系：生态级数字化+泛在物联网级网络化
- 业务创新转型：数字业务孕育

L4：网络级
- 发展能力：数字组织（企业）
- 新型解决方案：支持全局优化的网络级能力
- 系统体系：组织（企业）级数字化+产业互联网级网络化
- 治理创新转型：数据驱动型管理模式
- 业务模式创新

L3：流程级
- 发展战略：综合集成
- 新型解决方案：支持主营业务集成协同的流程级能力
- 系统体系：流程级数字化+传感网级网络化
- 治理创新转型：流程驱动型管理模式
- 业务集成融合

L2：单元级
- 发展战略：单项应用
- 新型解决方案：支持主营业务单一职能优化的单元能力
- 系统体系：工具级数字化
- 治理创新转型：职能驱动型管理模式
- 业务数字化

L1：初始级
- 发展能力：尚未明确
- 新型解决方案：尚未有效建主营业务范围内的（数字）技术应用
- 系统体系：尚未明确
- 治理创新转型：初步开展（数字）技术应用
- 业务创新转型：尚未实现基于数字化的业务创新

数字化转型水平 →

数字化转型发展阶段 ↑

图 3-3 数字化转型的五个发展阶段

3.7.1　初始级发展阶段

处于初始级发展阶段的组织的总体特征主要表现在如下方面。

（1）在单一职能范围内初步开展了信息（数字）技术应用，但尚未有效发挥信息（数字）技术赋能作用。

（2）初步应用信息（数字）技术获取、开发和利用数据，但尚未有效支持和优化主营业务范围内的生产经营管理活动。

3.7.2　单元级发展阶段

处于单元级发展阶段的组织的总体特征主要表现在如下方面。

（1）在主要或若干单一职能范围内开展了（新一代）信息技术应用，提升相关单项业务的运行规范性和效率。

（2）主要应用（新一代）信息技术实现业务单元（部门）数据的获取、开发和利用，发挥将数据作为信息沟通媒介的作用，解决单元级信息透明问题，提升业务单元的资源配置效率。

3.7.3　流程级发展阶段

处于流程级发展阶段的组织的总体特征主要表现在如下方面。

（1）在业务范围内，通过流程级数字化和传感网级网络化，以流程为驱动，实现关键业务流程及关键业务与设施设备、软硬件、行为活动等要素间的集成优化。

（2）主要基于业务流程数据的获取、开发和利用，发挥将数据作为信息沟通媒介的作用，解决跨部门、跨业务环节的流程级信息透明问题，提升业务流程的集成融合水平和资源配置效率。

（3）有条件的组织开始探索发挥将数据作为信用媒介的作用，开展基于数据的价值在线交换，提高资源的综合利用水平。

3.7.4 网络级发展阶段

处于网络级发展阶段的组织的总体特征主要表现在如下方面。

（1）在整个组织范围内，通过组织（企业）级数字化和产业互联网级网络化，推动组织内全要素、全过程互联互通和动态优化，实现以数据为驱动的业务模式创新。

（2）主要基于整个组织范围内数据的获取、开发和利用，发挥将数据作为信息沟通媒介和信用媒介的作用，解决组织级信息透明问题，并基于数据实现价值网络化在线交换，提升组织价值的网络化创造能力和资源的综合利用水平。

（3）有条件的组织开始探索用数据科学重新定义并封装生产机理，开展基于数据模型的网络化知识共享和技能赋能，提高组织的创新能力和资源开发潜能。

3.7.5 生态级发展阶段

处于生态级发展阶段的组织的总体特征主要表现在如下方面。

（1）在生态组织范围内，通过生态级数字化和泛在物联网级网络化，推动与生态合作伙伴间资源、业务、能力等要素的开放共享和协同合作，共同培育智能驱动型的数字业务。

（2）主要基于生态圈数据的智能获取、开发和利用，发挥将数据作为信息沟通媒介和信用媒介的作用，解决生态圈信息透明问题，并基于数据实现价值智能化在线交换，提升生态圈价值的智能化创造能力和资源的综合利用水平。

（3）生态级组织还将用数据科学重新定义并封装生产机理，实现基于数据模型的生态圈知识共享和技能赋能，提升生态圈的开放合作与协同创新能力，提高生态圈资源的综合开发潜能。

3.8 从"五化"来看数字化转型的"从量变到质变"

除了可以通过"3-1-1"战术设计框架实现数字化转型，还可以从如下的

"五化"来看数字化转型"从量变到质变"的过程。

3.8.1 业务数据化

业务数据化主要是指将各类业务办理流程信息化的过程。从技术层面来看，关键要进一步优化各类业务系统，夯实数据后台基础。这其中涉及的主要工作是尽可能将所有业务环节线上化，减少人工处理环节，从而扩大数据采集范围。同时，通过线上化可提升员工的工作效率，将员工从无效的事务性工作中解放出来，将更多的人力资源释放到营销、风控等环节，提升整体工作质效。

3.8.2 数据资产化

原始数据经过加工，形成可管理、具备一定价值的数据资产，才能更好地进行应用。从技术层面来看，数据资产化要逐步建设数据资产管理平台、数据云平台、数据服务门户，打牢数据中台基础。

3.8.3 业务数字化

业务数字化主要实现通过应用先进的数字化技术浸润业务流程，包括企业涉及的经营、管理活动，包含研发、生产、营销、供应链、运营、风控、服务等各个层面，将数字化技术赋能到业务流程的各个节点，从而提质增效，推进智能化和精细化经营。

3.8.4 资产服务化

数据资产最终只有形成服务并充分赋能下游业务及系统，才能发挥数据资产更大的价值。从技术层面来看，资产服务化要逐步建设数据服务平台、数据建模分析平台，提升数据中台的价值。在此过程中，要增强数据服务能力。同时，随着建模规模的逐步扩大，要适时建设数据建模分析平台，支撑数据模型从研发、训练到部署的全过程。

3.8.5 服务业务化/数字化业务

一方面，数据业务化就是要将数据服务反馈业务，嵌入营销、风控等具体业务环节，进一步提升业务水平。从技术层面来看，服务业务化要逐步完善精准营销、运营、供应链、研发、生产、智能风控等相关业务板块和职能板块，全面赋能企业业务和职能。

另一方面，要尝试从数据业务化过渡到服务业务化/数字化业务，在数字化赋能业务的基础上，不断提升数字化的业务属性，进而作为产品/服务进行输出，形成数字化业务，实现数据和数字化变现，创造新的商业模式和创收点。

Chapter 4 | 第 4 章 |

数字化转型的领导和组织变革

导读：决定数字化转型这项事业成败的关键在于人，而这项事业的领导者则是转型事业关键中的关键。传统的管理者及其所具备的能力已经难以胜任数字化转型，而一个新型的、具备"T 型能力"的领导者是带领企业数字化转型走向成功的第一个必备条件。同时，"一个好汉三个帮"，数字化转型不但需要具备新型能力的领导者，而且需要业务敏捷型组织来共同完成。这个业务敏捷型组织也称为新时代下的数字化组织。组织的建立、人才培养、能力建设和提升需要循序渐进，并与业务部门保持有效协同。

4.1 数字化转型需要从管理向领导突破

领导者与管理者常常被人们混淆。在数字化转型中，企业的决策层在寻找主导数字化转型的领袖人才时，一定要注意区分这两个角色的不同定位和职责。

从概念上来说，领导者是一种社会角色，特指领导活动的行为主体，即能实现领导过程的人；管理者则是指在组织中从事管理活动、担负管理职能的人，即负担对他人的工作进行计划、组织、领导、控制等，以期实现组织目标的人。领导者既可以是被任命的，也可以是从一个群体中产生出来的，可以不运用正式权力而以自身影响力和魅力来影响他人的活动；管理者是被任命的，他们拥有合法的权力进行奖励和处罚，其影响力来自他们所处的职位和组织所赋予的正式权力。

不难看出，领导者和管理者都是在组织中拥有权力的个体，处于举足轻重的地位，工作的最终目标都是组织更好地发展。他们的工作会对组织的发展产生重大影响，二者之间没有根本的利益冲突，只有二者无间合作才能使组织更好地发展，理想情况下，管理者同时也是领导者。

对于领导和管理的区别，被誉为"领导力第一大师"的哈佛商学院教授约翰·科特是这样说的："领导是用来做什么的？是用来构建一个远景和策略的，是用来协调、拟定策略和协调相关人士的，他要排除障碍，要提升员工的能力，以实现远景。什么是管理？管理不仅仅是上面的这些东西，管理是运用计划、预算、组织、人事、控制以及问题来解决、维持既有的体系。"他认为，"管理者试图控制事物，甚至控制人，但领导者却努力解放人与能量。"这句话实际上道出了领导者与管理者之间的辩证关系：领导者的工作是确定方向、制定战略、激励和鼓舞员工，并带领全体组织成员创造更大的绩效；管理者的工作是计划与预算、组织及配置人员、控制并解决问题，实现战略目标。

Sampark 基金会创始人维尼特·纳亚尔曾在《哈佛商业评论》上发表了一篇文章，探讨了领导者和管理者的三个关键区别。

（1）第一个区别是，领导者创造价值，而管理者计算价值。领导者专注于创造价值，他们会说："我希望在我处理 A 事务的时候，你能去处理一下 B 事务。"领导者创造的价值超过了团队创造的价值，并且追随他的员工也都是价值创造者。以身作则和以人为本是行动式领导力的标志。相比之下，如果你在管理他人，这意味着你或许只是在计算员工创造的价值，但没有增加价值。

（2）第二个区别是，领导者和管理者创造的圈子不同。就像领导者有追随者、管理者有下属一样，领导者拥有的是影响力圈子，而管理者创造的是自己的权力圈子。如果你想知道自己是二者中的哪一个，最快的方法是看一看向你寻求建议的人中，有多少是下属之外的人。这样的求助者越多，你就越有可能被认为是一位领导者。

（3）第三个区别是，领导他人和管理工作的不同。领导指的是一个人影响、激励和帮助他人为组织做出贡献的能力，而管理则指的是控制一个群体以达成一个目标。区分领导者和管理者的是影响力和激励能力，而不是权力和控制。

结合前文对数字化转型的本质、战略与战术设计的介绍不难看出，数字化转型是一项系统、科学、长期不断迭代演进的实践工程，而不是简单的一批项目和一批工作任务的叠加，所以，要领导这个数字化转型的领袖，必须是兼具领导才能和管理才能的领导者。

领导才能方面，领导者需要有极强的战略规划、方向和趋势把握、开放创新、生态建设，乃至企业经营等方面的能力，这样才能为转型确立和把握正确的方向，不至于走错方向，走上歪路；同时，具备企业经营方面的基础能力，有助于转型在降本增效、安全合规等方面的目标达成；另外，具备开放创新和企业内外部生态（企业内部生态和行业外部生态）建设能力，有助于在不确定时代下，数字化转型这一有别于传统的改革和创新的工作任务能够不断地迭代和向前推进。

管理才能方面，管理者需要具备极强的战术设计、路径选择、组织建设和管理、治理和优化、项目管理等方面的核心能力。数字化转型的工作落地，最终还是要转化为具体的工程实践工作，这些工作会体现为企业常见的项目和常规工作，那么，领导者需要通过把控全盘的管理才能，经营和管理好团队，并带领他们为了实现数字化转型的战略目标，不断推进一个个小的战术目标落地，从而达到最终的转型目标。

4.2 数字化转型的领导者应是"T型能力领袖"

根据笔者在多个行业的信息化、数字化转型工作的经验总结，战略、战术、数字化能力的布局和落地，其成败取决于转型阶段的核心领导者及其建立的组织能力。从现代企业经营的角度来看，数字化转型是企业经营的一个必经阶段，核心领导者需要从业务需求、业务架构和战略出发，制定出合适的科技战略和组织架构，并打造相应的组织能力。

4.2.1　80%数字化转型失败的主因是人的问题

知名咨询公司麦肯锡曾经做过调查，企业数字化转型失败率高达 80%。对于这个数字和结果，我们不禁要思考：数字化转型成败的关键和因素又是什么呢？

这个数字看起来符合二八原则，其实具体数字不太重要，重要的是说明目前企业数字化转型失败率挺高，不过还是要客观地来看待这个调查结果，因为失败有全面的失败和局部的失败，比如我国很多国企、民企不乏企业数字化转型成果的展现，如果说完全失败可能比较片面。但是造成失败的具体原因是什么，值得深思。

其一，很大一部分企业的经营者、领导者并没有搞清楚数字化转型的目标是什么，违背了业务和价值导向这两个根本出发点，受到潮流、媒体等的鼓动，跟风搞转型，搞运动，搞"快餐式变革"，大搞技术平台建设，科技和业务两张皮，没有从企业实际的经营需求出发考虑清楚就大动干戈，这样人力、物力、财力都浪费了，却没有取得效果。

其二，企业没有弄清楚衡量企业数字化转型成功的标准是完成几个大项目还是革新营销模式和商业模式等，这些标准的轻与重、缓与急、长期与远期、投入与产出等都需要提前考虑好，否则工作做了，只有结果，没有成果，这样想不失败也难。

其三，切入点和时机没有把握好。很多企业的领导者动辄通过数字化来颠覆、来改革、来创造、来重构，大兴土木地搞运动，把数字化转型作为一个世纪工程来搞，雷声大但是雨下不来，忽略细枝末节和润物细无声的改变，只图轰轰烈烈的变革，这些都不符合事物从量变到质变的辩证唯物主义客观规律。前文详细分析了数字化转型的本质和各行各业的需求，不难理解数字化转型作为一项工程是需要高屋建瓴地布局和脚踏实地、以点切入地落地的，所以对领导者来说，切入点和时机的选择尤为重要，顺应大势、因地制宜，会比毫无重点、毫无战术的强推效果好。

其四，对数字化技术的盲目推崇、滥用和误用，认为先进的数字化技术是包治百病的"灵丹妙药",且不懂规律和应用场景,拿来就用,有钱就投,看到系统就建,动辄拉成百上千人的团队,美其名曰数字化。这其中譬如现今企业追捧和崇尚的数字中台,如果不了解该技术平台、开发模式与业务流程、组织人员的有机结合,就不能科学地驾驭和应用,往往会导致数字化投资的失败,而且失败的代价非常大,值得警醒。

因此,究其失败的根本原因,从格局、视野、思维、实践等各方面来考虑,就是领导者和组织能力的问题。

4.2.2 剖析"T型能力领袖"

数字化转型的核心领袖(掌舵人),可以理解为"T型能力领袖",他区别于传统意义上过多侧重信息化、数字化和智能化技术的首席信息官(CIO)和首席数字官(CDO),而是集企业管理和经营能力(包括战略、人力、财务、产品、质量等)、技术落地能力(包括架构、软件研发、高可用、云原生等)、市场营销能力、流程优化/再造能力、风控能力、组织建设及管理能力、生态打造能力等于一身的现代CIO/CDO(见图4-1),这些能力在传统意义上归属于首席执行官(CEO)、首席技术官(CTO)、首席安全官(CSO)、首席风险官(CRO)、首席市场官(CMO)、首席流程官(CPO)、首席人力官(CHO)、首席财务官(CFO)等。

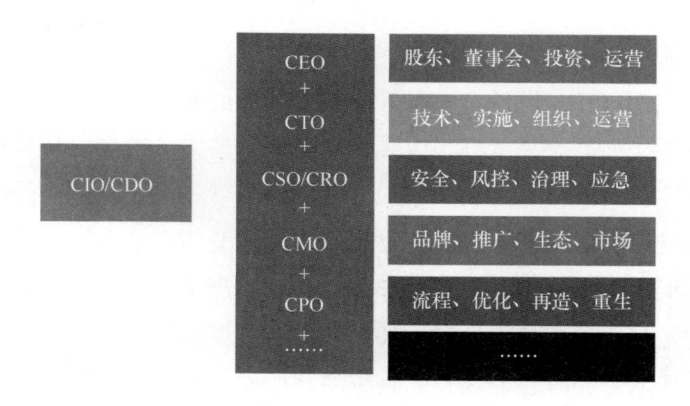

CIO/CDO	CEO + CTO + CSO/CRO + CMO + CPO + ……	股东、董事会、投资、运营
		技术、实施、组织、运营
		安全、风控、治理、应急
		品牌、推广、生态、市场
		流程、优化、再造、重生
		……

图4-1 现代CIO/CDO所需的能力

具体来讲,在实际的工作过程中,"T型能力领袖"的横向(—)部分

（见图 4-2）在很大程度上决定了数字化转型能否有战友和同盟，取得老板和其他职能部门（如人力资源、财务、法务等）及业务部门的信任与支持，比较顺利地开展相关科技工作，所以称之为"企业生命线"。现实的情况往往是，不少 CIO/CDO 具备较好的 IT 技术基础，但是缺乏诸如财务、人事、市场、业务、企业经营等方面的基础常识，因此在沟通的过程中无论是语言表达还是意识方面过度执着于技术，经常出现"鸡同鸭讲"的情况，难以得到必要的理解和支持，有时候甚至因此而导致不必要的反对和误会，极大地影响数字化转型工作的正常开展。因此，CIO/CDO 必须具备相当的能力。

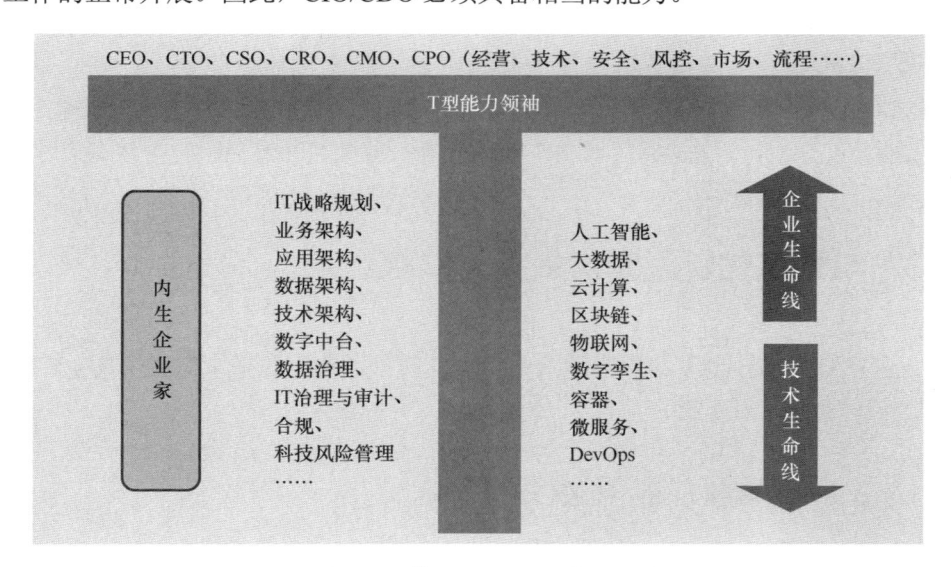

图 4-2 "T 型能力领袖"示意

而"T 型能力领袖"的纵向（|）部分（见图 4-2），如 IT 战略规划、业务架构、应用架构、数据架构、技术架构、数字中台、数据治理、IT 治理与审计、合规、科技风险管理、人工智能、大数据、云计算、区块链、物联网、数字孪生、容器、微服务、DevOps 等，是当前 CIO/CDO 所关注的"技术生命线"，这些能力与传统能力有所不同。"技术生命线"的范围扩大了，CIO/CDO 必须与时俱进，通过各种方式了解和实践，获得这些能力，并随着技术的发展而发展，不断跟进与更新自我和组织的这些技术能力。

当然，除了这些能力要求，在特质方面，谦虚、本色、坚韧、勇气、同理心、合作、求知欲等方面，也是数字化领袖所不可或缺的。关于这些特质方面的描述和讲解，本书不重点介绍，读者可参考相关书籍了解。

综合来看，兼具横纵两方面能力的"T型能力领袖"，从本质上来说就是"内生企业家"。这样的企业家更多地体现的是他的能力，而不是所谓的权力。这样的"内生企业家"也有别于一般的创业者，他是在企业内部生长的，能够具备较强的能力、有责任感、有情怀的领导者。

值得注意的是，一方面，这些能力不是纸面上的能力含义和纸上谈兵，而是数字经济时代，企业数字化转型对CIO/CDO的具体能力要求；另一方面，之所以说CIO/CDO需要具备这些能力是为了推进数字化转型的成功，并不是说CIO/CDO可以完全兼任或代替CEO、CTO、CFO等高管岗位，这需要根据企业的实际情况来设定，在实际工作中，确实会有一些交叉和兼任，但是并不绝对。

4.3 与数字化转型密切相关的CXO[①]

企业数字化转型工作需要涉及众多企业高管，他们包括CEO、CIO、CDO等，下面进行详细介绍。

4.3.1 首席执行官（CEO）

参考百度百科的定义，首席执行官（Chief Executive Officer，CEO）是一个职位名称，是在一个企业中负责日常事务的最高行政官员，主司企业行政事务，故也称为司政、行政总裁、总经理或最高执行长，对董事会负责。

在企业数字化转型中，经常听到所谓的"一把手工程"，就是指唯有取得CEO的支持和信任，数字化转型工作方能有成功的可能，否则一定不会成功，主要原因有两方面，一方面，数字化转型实则是业务的转型，需要获得CEO的支持；另一方面，在财务、人力、业务等方面获得相关资源需要CEO的授权。

---

① CXO指企业中的高管，只不过因为不同部门的高管有不同的代称，如CEO、CIO、CDO、CFO、CTO、CMO等，所以将这一系列的高管统称为CXO。

4.3.2 首席信息官（CIO）

参考百度百科的定义，首席信息官（Chief Information Officer，CIO）也称为信息主管，是负责一个企业信息技术和系统所有领域的高级官员。首次提出 CIO 概念的不是信息界，而是工商企业界。1981 年，美国波士顿第一国民银行经理 William R.Synnott 和坎布里奇研究与规划公司经理 William H.Grube 二人在著作《信息资源管理：80 年代的机会和战略》中首次提出 CIO 的概念。

自从 CXO 的职务制度引入中国以来，大多数 CXO 都找到了在中国的对应职务，唯独 CIO 例外。一个很重要的原因是中国的企业内从来就没有类似的职能。随着企业信息化的逐步推进，很多企业开始设置 CIO 或类似职务，而这类职务的职责，似乎就想当然地变成了信息化。也正是因为信息化与信息技术的天然联系，CIO 在很多人眼中就变成了负责信息技术和企业信息系统的人，简单地说，就是管技术的人。

不论是传统企业还是高科技企业，进行信息化改造都不是一件简单的事，它将涉及企业的方方面面，需要整合各方面的资源，从战略高度进行规划。这时就需要企业中有一个高层管理人员专门从事信息系统方面的领导工作，CIO 这个职位便应运而生。

企业的运营过程其实就是信息的流转过程。企业设立 CIO，目的是对信息进行很好的管理；而对信息进行很好的管理，目的是建立竞争优势、帮助业务成功。在这个逻辑下，CIO 的成功标准其实非常明确：是否帮助企业建立了竞争优势，帮助业务获得了成功。而所谓 IT 与业务融合的问题，根本就不应该存在，因为 CIO 本来就是为业务而设立的。

首席信息官在企业中的作用与企业信息化的程度紧密相关。总体来说，企业信息化一般可分为三个阶段。在第一个阶段，信息技术的应用是局部的并且是相对封闭的，主要目的是提高企业内部的劳动生产率。在中国大部分企业，最早进行信息化的是财务部门，财务账本、应收账款、应付账款的手工操作都用软件来替代。在第二个阶段，企业信息化主要是为了保证企业内部信息流的畅通，提高企业的管理效率，建立包含多个子系统的企业办公自动化系统。到这里，企业信息化还远没有发挥它应有的作用。企业信息化成熟的标志，应当是从采购、库存、销售到客户管理整个业务流程的信息化，也就是第三个阶段。随着中国企业信息化进程的加快，相信 CIO 将掌握更多的资源，起到更大的作用。毫无疑问，首席信息官将是一个可以用信息技术提升企业竞争力的重要角色。

在西方工商企业界眼中，CIO 是一种新型的信息管理者。他们不同于一般的信息技术部门或信息中心的负责人，而是已经进入企业最高决策层，相当于副总裁或副经理地位的重要官员。

CIO 的职责主要包含以下四个层面。

（1）战略层面。战略层面挖掘企业信息资源、制定企业信息化战略、合理布局企业信息化、评估信息化对企业的价值等。信息资源规划是 CIO 的首要职责，信息化的第一步是信息资源规划而不是产品选型。

（2）执行层面。执行层面负责信息流、物流、资金流的整合，完成信息系统的选型与实施，收集并研究企业内外部信息，为决策提供依据，更为重要的是要担当起电子商务管理及信息工程的监理工作。

（3）变革层面。变革层面协助企业完成业务流程重组，运用信息管理技术重建企业的决策体系和执行体系，同时将信息编码和商务流程统一标准；不仅要推动企业信息化的软硬环境优化，而且要为 CEO 当好参谋，与各高层管理者一起促进企业内外部商务环境的改善。

（4）沟通层面。沟通层面安排企业信息化方面的培训，发现信息运用的瓶颈，观察和研究企业运作中的信息流及其作用；协调上下级关系，打造优秀团队。

4.3.3 首席数字官（CDO）

参考百度百科的定义，首席数字官（Chief Digital Officer，CDO）是源于企业数字化转型需要的一个关乎企业未来的战略性职位，需通过加强企业内外部供应商、客户之间的关系互动和数据流动，推动企业传统组织方式、运营模式与数字化技术的融合。CDO 绝不是一个简单的新概念，它包含两层深刻的意义，一是 CIO 从成本中心、内向型的职位，转向利润中心、外向型的职位；

二是 CIO 孕育组织变革。传统科层制的结构正在受到更大的挑战。

CDO 的职责与使命的重要性，对其履职者提出了相当高的要求，CDO 不但要精通数字技术，时刻对数字化保持敏锐的洞察力，而且要兼具开阔的战略视野，总体而言，更加注重综合能力，而非单一技能。世界知名管理咨询公司思略特的调研数据对这一点进行了有效的诠释与佐证：现任 CDO 有着各异的从业经验和背景，涉及营销、销售、技术、咨询、战略、学术等诸多领域，但超过 70%的 CDO 在企业中位居副总裁以上级别，更多考验的是综合管理技能，或者说，成为 CDO 的关键不在于背景，而在于要具备相应的综合能力，能够以跨部门的工作方式来有效地推进数字化转型工作；营销和销售背景的 CDO 所占的比例超过 50%，但这并不是说营销能力与销售能力是成为 CDO 的决定性因素。由于调研数据的样本是"已经设置 CDO 的企业"，而这些企业大多数集中于娱乐传媒、消费品等行业，这些行业受数字化变革冲击较早，也较为明显，营销与销售的压力巨大，因此数字化转型需求也相对较为迫切，相应的以此为起点的企业比例较大，相关职位率先向 CDO 转型的可能性也较大。营销与销售固然重要，但仅仅是企业数字化转型中的两个环节而已，虽然可以有效提高数字化水平，但是无法涵盖企业数字化转型的全部，对工业领域更是如此。CDO 仍然是一个可能来自各方面的全能选手，需要对企业的方方面面进行协调。

CDO 与 CIO 的区别主要体现在以下方面。

（1）CDO 的职能涉及战略规划、运营管理、流程优化，甚至业务拓展等诸多方面，涵盖范围较广，综合性较强，与企业实际业务的关联更加紧密。

（2）CIO 拥有的实际职能是负责企业内部日常工作所使用的信息系统和工具的管理维护，更加关心技术，专业性较强，但往往并不太涉及企业的实际业务。

（3）恐怕最为重要的，也最令人震惊的差别之一是，CDO 是利润中心，而绝非传统的 CIO 那样成为成本洞穴。这是 CDO 最具有进攻性的地方之一。

然而《哈佛商业评论》已经等不及企业内部的论资排辈了，干脆直接将 CDO 置于仅次于 CEO 的重要位置，并认为 CDO 应当具备以下能力。

（1）能够促使企业所有利益相关者达成一致，实现数字化转型的领导力与人格魅力。

（2）深谙企业政治之道并能运用自如，精通信息技术、市场营销、战略、财务等各方面的知识，与各种不同专业领域的人沟通全无障碍。

（3）全面精通数字领域的所有知识，包括但不限于电子商务、网络营销、社交媒体、移动互联网、物联网、大数据等。

4.3.4 首席数据官（CDO[①]）

目前，各地方政府陆续推行首席数据官（Chief Data Officer，CDO）制度。这个制度最早由企业创设，主要为了根据企业的业务需求，通过数据挖掘、处理和分析，对企业未来的业务发展和运营提供战略性的建议和意见。过去30年的发展，已经让首席数据官（CDO制度的应用）从企业内部管理延伸到政府政务数据管理，如今又被应用于城市治理中，成为构建数据资源管理体系不可或缺的一环。

2021年4月，广东省印发《广东省首席数据官制度试点工作方案》，选取省公安厅、人力资源和社会保障厅、省自然资源厅等6个省直部门，以及广州、深圳、珠海、佛山、韶关、河源、中山、江门、茂名、肇庆等10个地市开展试点工作，推动建立首席数据官（CDO）制度，深化数据要素市场化配置改革。广东省试点首席数据官（CDO）制度在全国属于首创，推动建立首席数据官（CDO）制度，是广东省深化数据要素市场化配置改革的一项制度性安排。

首席数据官（CDO）在政府中扮演什么样的角色？首先，首席数据官（CDO）必须是一种新型的复合型人才，要有强烈的大数据意识和广阔的大数据视野。其次，首席数据官（CDO）要掌握最新的大数据理论、技术和方法，具有较强的大数据分析能力（包括数据挖掘、数据存储、数据分析、数据反思、数据监控等方面的能力）。再次，首席数据官（CDO）要有全面的知识结构，既要精通数据技术，又要懂得与大数据相关的政策、法规、安全等方面的

[①] 虽然首席数据官与首席数字官的英文缩写均为CDO，但是他们的职责分工和技能要求有比较显著的区别。为了加以区分，本书单独书写CDO时一般表示首席数字官，表示首席数据官时，用"首席数据官（CDO）"的形式。

知识。最后，首席数据官（CDO）要有较强的创新、组织和协调能力。另外，在论政府首席数据官（CDO）制度的建立相关研究文章中，武汉大学人文社会科学研究院副院长、武汉大学信息资源研究中心副主任夏义堃提到，设立首席数据官（CDO），统筹数据战略推进、推动政府数据资源的开放共享与开发利用已经成为许多国家政府数据治理组织体系创新的重要举措。政府首席数据官（CDO）的角色旨在促进数据共享与提升透明度，提高数据驱动的决策水平，同时保护机密性数据和隐私数据。在其看来，政府首席数据官（CDO）的职责目标是进一步提升行政领导与业务人员对政府数据的价值认知，并将其运用到决策、流程与事务处理的优化转型上，以提高数据治理的有效性。

越来越多的国家在中央政府层面任命各种数据主管，如首席数据官（CDO）侧重于政府数据战略制定与数据资产管理，CDO侧重于推进政府数字化转型，首席数据分析官侧重于政府数据挖掘与分析利用等。不过，专家也建议，有了首席数据官（CDO），还需要有数据治理战略，以推动未来政府进行数据分析。必要的制度设计、资源支持、条件保障、社会合作网络等构成了政府首席数据官（CDO）施展能力、发挥作用的基本生态环境。

Gartner 2021 年首席数据官（CDO）调查显示，在开展数字化计划的企业机构中，首席数据官（CDO）往往负责领导或大量参与此类计划，只有 3%的首席数据官（CDO）完全置身事外。这种情况在小型、中型、大型和跨国企业中十分普遍。在高级数据分析领导者的领导或重度参与下，企业更有可能在创新方面表现得出色并有效地创造业务价值。

随着企业适应这些不断变化的工作环境，首席数据官（CDO）有了新的职责，以有效应对危机并使企业为未来的中断做好准备。2014 年，Dataversity 网站发布了一份研究报告，概述了首席数据官（CDO）的一些共性责任，包括如下方面。

（1）构建组织的数据策略。

（2）将有关数据的需求与现有的 IT 和业务资源结合起来。

（3）建立数据治理标准、方针和流程。

（4）为依赖数据的业务活动提供建议（或服务），如业务分析、大数据、数据质量和数据技术。

（5）向企业内部和外部的业务利益相关者宣传信息管理原则的重要性。

（6）在数据分析和商务智能活动中指导数据的使用。

以下是首席数据官（CDO）在疫情之后的一些新的优先事项。

（1）确保业务连续性。为了让企业在疫情期间继续运作，首席数据官（CDO）必须确保实时进行数据收集和分析，以便利益相关者能够做出明智的决策。此外，数据领导者必须继续重新审视业务连续性计划和核心数据平台，以确保所有数据源的可靠性和真实性。

（2）确定数据保护和隐私。越来越多的员工继续居家办公，这种新的工作模式也使企业的关键数据资产面临新的网络攻击。此外，远程工作存在将个人身份信息（PII[①]）等敏感客户数据泄露到风险较高的员工手中的风险。因此，首席数据官（CDO）必须与 IT 安全团队合作以控制关键数据资产，还必须设置策略和权限，只允许远程工作员工有限地访问数据。

（3）建立新的数字能力。对首席数据官（CDO）来说，新常态是构建新数字能力的最佳时机。从开发全方位客户视图和现代化数据架构到迁移至云平台，首席数据官（CDO）可以采取必要的数字化举措，在应对当前危机的同时为企业的未来发展做好准备。

（4）降低运营成本。精益运营正在帮助大多数企业度过疫情时代。首席数据官（CDO）可以帮助企业实施这种方法。他们可以利用数据并与 CFO 合作，重新确定资源分配的优先级，并制订计划，以投资新的、更安全的机会。

（5）为未来的危机做准备。疫情如今敲响了警钟，要求大多数企业更加认真地对待其危机计划。作为一项新职责，首席数据官（CDO）必须投资于新能力，并制订可靠的危机计划，以确保企业在未来应对类似事件时具有弹性。

---

① 个人身份信息（Personally Identifiable Information，PII）为可用来辨识、联络、定位单一人士，或加上一些辅助信息后达到前述目的的信息，常用于信息安全及隐私保护。

从上述分析可以看出，其实首席数据官（CDO）和 CDO 在职能、任职要求等方面非常类似，只不过会有细微的区别，读者可以从如下两方面去理解。

（1）首席数据官（CDO）是目前政府、企业任命得比较多的职位，比较强调对数据的管理和应用能力，目标是通过数据资产管理来创造业务价值，所以该职位的候选人应该非常熟悉业务。大多数首席数据官（CDO）来自业务条线。

（2）CDO 是目前民企等任命得比较多的职位，除了强调对数据的管理和应用能力，还强调对科技、数字化的技术与平台等的应用，所以该职位的候选人应该对技术比较熟悉，同时也要熟悉业务，所以相比首席数据官（CDO），大多数 CDO 来自科技条线。

4.3.5 首席技术官（CTO）

参考百度百科的定义，首席技术官（Chief Technology Officer，CTO）是技术资源的行政管理者。其职责是制定有关技术的愿景和发展战略，把握总体技术方向，监督技术研究与发展的活动，并对技术选型和具体技术问题进行指导和把关，完成所赋予的各项技术任务/项目。通常只有高科技企业、研发单位、生产单位等才设立 CTO 职位。

CTO 作为企业技术的创建者和推动者，有义务对企业的长期发展负责，制定企业的技术愿景和发展战略，执行并监督实施技术的长短期战略，组织新技术研发应用，参与并保证对客户需求的技术满足，参与 IP 策略制定。CTO 还是高级市场人员，可以从技术角度非常有效地帮助企业推广理念，其中包括企业对技术趋势所持的看法。

国外 CTO 的职能，除取决于企业规模外，还与高科技企业的发展模式相关联。硅谷很多公司的创始人都是技术出身，但公司做大之后并不想转为技术团队管理者，所以除了从外面请来专业经理人担任 CEO，还有可能聘请专门负责研发管理的副总裁（Vice President，VP），这样创始人就可以把自己定为 CTO 角色，以便脱离管理中的琐事，专心研究技术走向。例如，谷歌（Google）的创始人之一谢尔盖·布林（Sergey Brin）就专门负责研究技术的走向。

国内 CTO 更偏重研发管理，一方面，负责管理所有与开发相关的资源，按时完成项目；另一方面，是类似于总工程师的角色，作为技术方面的权威，要对公司下一步的技术发展方向进行一些研究和探讨，做出判断并帮助 CEO 做出决策。

CTO 和 CIO 都是企业决策层的角色，都对 CEO 负责，通过组织一支专业队伍来完成使命，通过整合外部资源使企业取得效益。

（1）战略层面。战略层面负责制定企业的技术愿景和发展战略，参与并监督技术的立项、研发与实施，参与 IP 策略的制定和产权保护。

（2）执行层面。执行层面负责技术研发与应用实施和技术细节。

（3）变革层面。变革层面负责完成新技术立项、研发和更新。

（4）沟通层面。沟通层面负责内、外部技术方面的培训、技术交流与支持。

4.3.6 首席流程官（CPO）

在企业建立流程体系的过程中，首席流程官（Chief Process Officer，CPO）必须与最高管理层一起定义企业的关键价值链和业务流程，监控流程体系的建立，确保对流程施以恰当的自动化，并促使流程参与者以最低的成本实现最优的绩效。CPO 不会充当具体业务流程的建筑师，因为这是业务部门和流程拥有者的本职，更像流程体系的总设计师。

CPO 的主要职责是通过技术辅助手段管理企业的流程资产，并且支持知识工人在企业内外按照"连接促进合作"的模式顺利地完成工作。

4.3.7 科技条线 CIO、CDO 与 CTO 的区别与联系

从上面的介绍可以看出，目前企业数字化转型科技条线最为关键的三个岗位是 CIO、CDO 和 CTO，他们的职责和要求从历史发展来看各有不同，而在不同的行业，其实他们的任命也有所不同。比如在制造业和银行，负责整体信息化工作的多是 CIO；而对保险业来说，负责信息化工作的多是 CTO；很多证券公司及互联网公司，则将 CTO 与 CIO 混搭使用，侧重于技术第一负责人的定位。

CDO 是近几年出现的新兴职位，其定位是用数字化来改善和提升企业经营水平，需要有数字化思维，所以目前在世界 500 强企业及一些大中型企业中，该职位与 CIO 兼任的居多，没有进行职责分离和人员分别任用。所以在本书中，也将 CIO 与 CDO 等同视之来进行介绍，他们是承担和推动企业数字化转型的第一牵头人和负责人。

同时，在这些企业或多元化集团当中，很多情况下，由 CIO/CDO 兼任 CTO，不再单独设置 CTO，主要原因是数字化转型虽然是企业战略设计和规划，但需要通过数字化技术来实施，而这是传统 CTO 的负责范畴，所以由 CIO/CDO 统筹会比分离更加合适，这也是在 "T 型能力领袖" 分析过程中强调 CIO/CDO 需要具备 CTO 的技术能力的原因和出发点。

4.4 正视企业发展中传统组织存在的短板

著名的康威定律告诉我们，组织决定了设计的软件、产品和方案的形态，因此传统的 IT 组织（或者说科技组织）在数字经济时代开展数字化转型工作，也需要重新进行建立，使之具备与数字化转型工作要求相匹配的组织能力。

4.4.1　IT 组织的短板解析

传统的 IT 组织在企业内部往往是成本中心，一般没有太多的话语权，主要提供 IT 服务，快速响应业务部门的业务需求，并通过 IT 应用或系统去实现。这些组织的精力基本集中在研发、产品、运维、安全、项目管理等传统的 IT 类工作当中，对业务的响应主要通过业务接口人，响应的方式比较被动和迟缓，主观能动性更多地发挥在对 IT 技术的研究、使用和维护上，缺少对业务的洞察和主动性等。

因此，在多年的工作过程中，笔者总结了传统的 IT 组织存在的几个弊端。

（1）运营成本过高。因为缺少敏捷性和对投入/产出的有效控制，对人员和信息资产投入的规模难以有效控制，效益难以提升，经常是"投入过多怕说不清价值，投入过少怕完不成任务"的两难境地。例如，很多行业的头部企业经常一阵子大量招人，而过段时间大量裁人，就是因为存在这个问题。

（2）与业务脱钩，业务与 IT 两条线，效率较低。因为缺乏主动进行业务沟通的意识、对业务的理解不够或者组织设置与业务关联度不高，导致业务和 IT "两条腿走路"，影响对业务的交付效率和服务质量，更谈不上通过科技去驱动业务。

（3）数字化技术能力存在短板，难以驱动业务。数字化、网络化、智能化的技术发展日新月异，在技术和运营方面，组织对数字化技术（尤其是云原生、AI、大数据分析等新兴技术）的理解、实践和驾驭能力存在短板，难以快速、敏捷地实现业务功能，满足业务诉求。

4.4.2 其他非 IT 组织的短板解析

其他非 IT 组织一般可分为其他职能部门和业务部门，职能部门通常包括财务、人力资源、法务、行政等，业务部门通常包括生产制造、研发设计、营销、供应链、客服等。这些组织也具有以下几个显著的短板。

（1）部门壁垒大，沟通困难。职能部门因为过分强调各自的职能而忽略与其他部门，尤其是业务部门的沟通，无论在目标、关键绩效指标（KPI）执行上还是在工作路径上，均存在较大的差异，无法针对公司同样的目标进行协同；而业务部门则由于在公司营收、利润等贡献上的天然优势，在沟通和部门协同上存在诸多不配合情况。

（2）思想意识落后，不能与时俱进。传统组织的工作理念强调的是自身KPI 的达成和工作目标的达成，且依赖系统、应用及主观判定，而数字化时代需要的是数据，通过数据拉动各部门进行联合协作，以产生生态的合力。从现实的情况来看，传统组织还不能达到数字化思想和文化的境界和程度。

（3）数字化运营能力不足。传统组织的运营主要依靠基于系统的流程执行，在决策方面，一依靠领导决策，二通过团队集体决策并经领导复核，普遍缺乏数字化运营理念和能力，如何发现新的商业模式，决策这些新的商业模式的客观数据依据是什么，光靠一两位领导或者"拍脑袋"决定，是难以适应数字经济时代发展的，所以企业的数字化运营能力普遍需要大幅度提升。

4.5 传统组织颠覆和转变的迫切需求

除了 IT 组织需要在数字化转型中做出提升和改变，传统的人力资源、财务、法务等部门及业务组织等也需要做出适时的改变和提升。

4.5.1 传统的人力资源部门需要做出转变

人力资源部门对数字化转型的最大促进作用是数字化人才的引入、培养和发展，数字化人才包括数字化管理人才、数字化专业人才、数字化应用人才、数字化业务人才等，很可能还包括数字化领袖，如 CIO、CDO，这在业界屡见不鲜。

与传统 IT 人才的招聘不一样，人力资源部门会感受到比较大的数字化人才引入压力。数字化转型需要专业素质硬、综合素质强和技能素质高的候选人，区别于传统的需求，规模可能不是主要的，人才的质量才是主要的；引入后还需要关注人才的培养和发展。数字化转型是一个长期的过程，同时需要有阶段性的产出，因此，团队的稳定性，尤其是核心骨干的稳定性也是给人力资源部门提出的一个较大难题，毕竟在现在的互联网时代，信息获取方便，摆在人才面前的各种诱惑（包括薪资、福利、职级、股票等）比较多，且"90 后"逐步成为社会的主力军，思维意识、价值观与"70 后""80 后"有一定的差别，因而，如何使得人才在企业长期稳定地发展是一个非常重要的课题。

另外，字节跳动等互联网企业正在逐步裁撤人力资源部门向业界传递了一个非常清晰的信号，在数字经济时代，带有传统意味和观念的"铁饭碗"人力资源部门确实在人才发现、人才招募、人才培养和留驻等方面存在较大的短板或缺陷。在业界，很少看到有类似于华为、阿里巴巴这样精干的人事专员

（HRG）或 HRBP[①]机制，能够使得人力资源部门真正地与业务部门一道前进；更多看到的是过分强调和怀揣着职能权力的人力资源部门，在没有任何专业性和排他地开展与社会和时代不太匹配的所谓人力资源活动，这样的组织，其专业素质和能力目标都非常欠缺，如果不做调整，在数字经济时代就会第一个被颠覆和破除。

4.5.2 传统的财务部门需要做出转变

财务部门一直是企业里面的"管家"，肩负着资金、预算、税控、成本等方面的管理工作，也被企业各部门奉为上宾，和人力资源部门一样"有地位"，财务部门管钱，人力资源部门管人。在传统的 IT 组织中，每年临近年终都需要提前做好下一年的 IT 预算，财务要定期（一个月或一个季度等频率）来考核 IT 部门的预算执行情况，因此在 KPI 里面，预算执行率这个选项是必不可少的。

不同于日常的项目和工作任务，数字化转型是一项企业变革活动，在预算制定、执行、考核方面具有一定的特殊性，因此，建议企业的财务部门在如下几方面进行完善和微调，以保证数字化转型能够顺利推进。

（1）应该设立数字化转型专项预算资源加以保障。为了保障数字化转型有足够的资源进行推进，而不与其他企业配套资源发生冲突，业界普遍的做法是设立专项预算，专款专用，这样既方便进行统一管理，又能够保证资源独立。

（2）数字化转型专项预算不应单独考核执行率。传统 IT 预算需要考核执行率，所以在众多大的企业都存在年底突击花钱，唯恐预算执行率不高导致明年预算无法申请落实等问题，这样一方面导致不少预算浪费，另一方面导致一些不合规问题产生。数字化转型专项预算需要量体裁衣，根据推进的情况，有时候需要在某些方面增加资源，而有时候需要在某些方面进行调整或缩减，这

---

① 人力资源业务合作伙伴（Human Resource Business Partner，HRBP）是企业派驻到各个业务或事业部的人力资源管理者，主要协助各业务单元高层及经理处理员工发展、人才发掘、能力培养等方面的工作。

是一个资源池的概念，不是一个确定资源的概念，所以光用执行率来考核是不科学的，后文会详细讨论数字化转型的绩效如何考核。基于此，一般建议企业去除该指标。

（3）数字化转型专项预算应该由集团统筹，防止过度或盲目投资。数字化转型既然作为一个战略举措和企业改革的活动，就需要大家"下一盘棋"，牵一发而动全身。很多企业尤其是世界500强企业，有很多产业，这就要求数字化转型必须由集团统筹，防止局部行动和转型的不完整、不彻底或走偏，数字化转型专项预算也需要财务部门和科技或数字化部门在集团层面进行统筹，一方面保证投入的有效性和合理性，另一方面起到降本增效的作用。

4.5.3　传统的法务部门需要关注更多的风险

企业数字化转型过程中需要依赖大量的数据资产，包括存储、分析、加工、应用等过程，对大规模和体量的企业来说，该数据资产的管理和使用尤为重要，且颇具风险。随着欧盟GDPR[①]和《中华人民共和国网络安全法》《中华人民共和国数据安全法》等法律法规的颁布实施，企业对用户数据的管理和使用提出了更高、更明显的合规要求。因此，法务部门需要在这个时期，提前应对和筹划，对这些本土法律法规乃至企业经营地的外国相关法律法规都要进行研究，以避免在数字化转型过程中由于数据、隐私等产生风险，而给企业经营带来不利影响。

还要特别注意的是，很多企业在数字化转型过程中需要创办科技公司，通过首次公开发行（Initial Public Offering，IPO）进行融资，有的在国内上市，有的在国外上市。在当前的情况下，中共中央网络安全和信息化委员会办公室、工业和信息化部、公安部等多个主管部门尤其关注数据和信息的境外流动问题，所以法务部门需要特别关注相关规定，并采取相关行动来满足合规要求。

---

① 《通用数据保护条例》（General Data Protection Regulation，GDPR）为欧盟制定的数据保护条例，前身是欧盟在1995年制定的《计算机数据保护法》，旨在保护数据安全及隐私。

4.5.4 其他职能部门和业务部门需要做出转变

除了上述三个职能部门在数字化转型过程中需要有一定的职能转变和支持，其他职能部门和业务部门的主要转变应在如下几个方面。

（1）数字化工作技能方面。数字化转型过程中，科技团队会建立数字化基础设施，对办公、运营环节进行数字化改造，这些部门的员工在日常办公、运营过程中都会使用到新的基础设施，如智慧办公平台、大数据经营分析平台、自动化机器人等，类似于企业在信息化时代使用计算机、软件等替代以前的纸质办公。

（2）数字化意识方面。数字化转型的一个比较大的成果是对数字资产的有效管理和利用，无论是在创新商业模式方面还是降本增效方面都有很大的帮助。为企业相关部门树立相关的数字化意识，做到多利用和利用好企业的数字化资产，在日常办公、业务开展和运营方面用数字说话、用数字分析、用数字辅助决策。这些都是润物细无声的工作，也是企业数字化转型非常关键的一环。

4.6 新时代下的业务敏捷型组织

不难看到，企业迫切需要建立面向数字化转型的业务敏捷型组织，那么这个组织怎么定义呢？应该具备什么样的基本能力呢？下面进行详细分析和介绍。

4.6.1 业务敏捷型组织的定义及特点

业务敏捷型组织是指能够使用创新的业务解决方案快速响应市场变化和新兴机遇，在数字时代获取竞争优势并蓬勃发展的组织。它要求参与解决方案交付的每个人——业务和技术领导者，研发、信息技术运营、法务、营销、财务、支持、合规、安全性等所有部门参与者以比竞争对手更快的速度持续交付有创新价值的、高质量的产品及服务。

以可简单理解的语言来描述，业务敏捷型组织主要包括以下特点。

（1）敏锐捕捉和持续响应。组织应能敏锐捕捉来自市场、客户、业务等各方面的需求、机遇和变化，并持续响应，不断闭环和提升。

（2）跨组织充分沟通和协同。不仅限于IT组织内部，企业范围内的所有部门和实体都能够充分沟通、互动和协同，为了统一的目标推进工作。

（3）高效和高能。组织应具备较高的交付质量、创新意识和能力、技术水平。

需要特别强调一点，业务敏捷型的要求其实不仅仅针对IT组织，也包含法务、营销、市场、人力等组织，但是所谓"正人先正己"，通常笔者在世界500强企业建立这样的组织时，还是会把这些要求的落实先在IT组织进行贯彻，后续有机会再慢慢推广到集团其他部门和组织。

4.6.2　业务敏捷型组织的四个要素

基于提到的IT组织，具体来说，业务敏捷型组织又包括人员、流程、技术、数据四个要素，如图4-3所示。

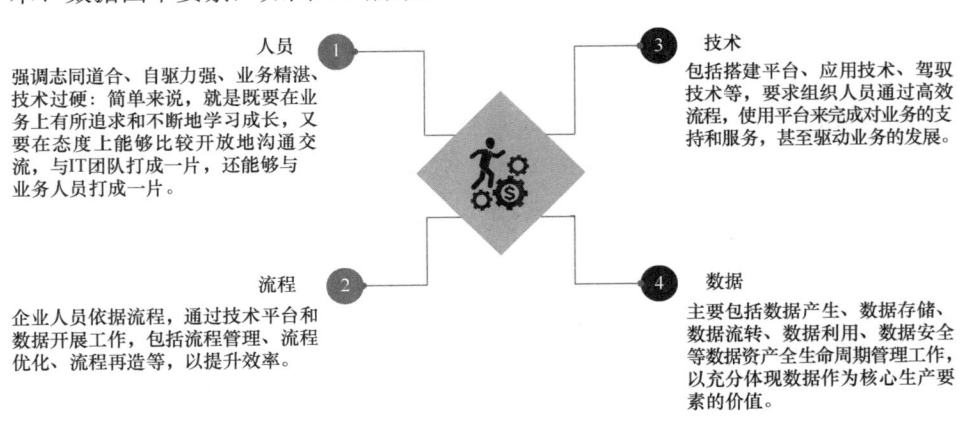

人员
强调志同道合、自驱力强、业务精湛、技术过硬：简单来说，就是既要在业务上有所追求和不断地学习成长，又要在态度上能够比较开放地沟通交流，与IT团队打成一片，还能够与业务人员打成一片。

技术
包括搭建平台、应用技术、驾驭技术等，要求组织人员通过高效流程，使用平台来完成对业务的支持和服务，甚至驱动业务的发展。

流程
企业人员依据流程，通过技术平台和数据开展工作，包括流程管理、流程优化、流程再造等，以提升效率。

数据
主要包括数据产生、数据存储、数据流转、数据利用、数据安全等数据资产全生命周期管理工作，以充分体现数据作为核心生产要素的价值。

图4-3　业务敏捷型组织的四个要素

4.6.2.1　人员

人员要素主要涉及与新型能力建设运行相关的职能职责调整、人员角色变动、岗位匹配等内容，包括但不限于如下内容。

（1）根据业务流程优化要求确立业务流程职责，匹配和调整有关的合作伙伴关系、部门职责、岗位职责等。

（2）按照调整后的职能职责和岗位胜任要求，开展员工岗位胜任力分析，人员能力培养、按需调岗等，不断提升人员优化配置水平。

4.6.2.2 流程

流程要素主要涉及与新型能力建设相关的业务流程的优化设计、数字化管控等内容，包括但不限于如下内容。

（1）有规范的、轻便的、效率较高的流程保障，如开发、运维、测试、需求分析、事件响应、配置变更等。

（2）涉及业务与 IT 组织的交叉融合流程，如特殊权限申请流程、线上业务开通流程等，则需要在保障组织能够正常运转的前提下，从科技赋能业务、数据驱动业务的角度对这些涉及业务的流程进行优化、提效。

（3）开展跨部门/跨层级流程、核心业务端到端流程、产业生态合作伙伴端到端业务流程等的优化设计。

（4）应用数字化手段开展业务流程的运行状态跟踪、过程管控和动态优化等。

（5）具备从驱动业务的角度，对某些业务领域的流程建立和运转提供有益的帮助和推动，如保险行业 IT 组织通过科技手段帮助组织开辟业务的线上营销渠道，该线上营销流程可以为 IT 组织辅助业务而建立。

4.6.2.3 技术

技术要素主要涉及新型能力建设涵盖的信息技术、产业技术、管理技术等内容，以及各项技术要素集成、融合、创新等。组织应从设施设备、IT 软硬件、网络、平台等方面，充分发挥云计算、大数据、物联网、人工智能、区块链等新一代信息技术的先导作用，系统推进技术集成、融合、创新等。

4.6.2.4 数据

数据要素主要涉及将数据作为核心资产进行管理，挖掘数据要素价值、创新驱动潜能等内容。为加强数据要素的开发和利用，组织应开展的活动包括但不限于如下内容。

（1）完善数据采集范围和手段，利用传感技术等，提升设施设备、业务活动、供应链/产业链、全生命周期、全过程乃至产业生态相关数据的自动采集水平。

（2）推进数据集成与共享，采用数据接口、数据交换平台等开展多源异构数据在线交换和集成共享。

（3）强化数据建模与应用，提升单元级、流程级、网络级、生态级的数据建模，以及基于模型的决策支持与优化挖掘水平。

需要注意的是，敏捷型组织的能力还体现在组织需要"既能破又能立"，敏捷、可伸缩。不能光强调组织一味地扩大而不能缩小，因为它需要伴随着对业务的支持和驱动来动态调整。在具体实践过程中，组织能力的建设要求核心领袖既具备强大的 0—1—N 的组织建设和运营能力，又具备"组织归零"的能力。笔者当时在制造、金融等行业进行过很多实践，从无到有，建立和运营上千人规模的团队，也需要经历阶段性的组织优化和变革，目标都是为了打造更好、更优的组织，为企业服务和提效。

随着我国基础教育、素质教育和职业教育的普及和深入，数字化相关人才储备还是不错的，而具备"T 型能力领袖"潜质的核心领导者相对稀缺，所以核心领导者务必要在组织能力建设上多下功夫，挑选精兵强将，不断打造组织能力，为企业数字化转型做好坚实的组织保障。

4.6.3　业务敏捷型组织的六大基本能力

业务敏捷型组织应将新型能力建设作为贯穿数字化转型始终的核心路径，通过识别和策划新型能力（体系），持续建设、运用和改进新型能力，支持业务按需调用能力，以快速响应市场需求变化，从而加速推进业务创新转型，获取可持续竞争合作优势。而这个能力，和前文在数字化转型定义当中所描述的一样，是创造价值的能力。业务敏捷型组织的基本能力如图 4-4 所示。

业务敏捷型组织					
产品创新能力	生产与运营管控能力	用户服务能力	生态合作能力	员工赋能能力	数据资产管理及开发能力
·产品数字化创新能力 ·数字化研发设计能力	·智能生产与现场作业管控能力 ·数字化运营管理能力 ·信息安全管理能力	·需求定义能力 ·快速响应能力 ·创新服务能力	·供应链协同能力 ·生态共建能力	·人才开发能力 ·知识赋能能力	·数据管理能力 ·数字业务培育能力

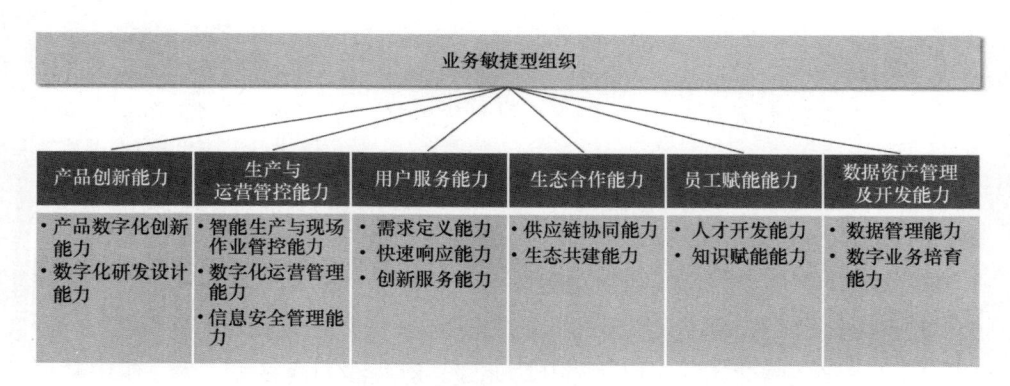

图 4-4 业务敏捷型组织的基本能力

4.6.3.1 产品创新

产品创新能力主要体现为加强产品创新、产品研发过程创新，以不断提升产品附加价值，缩短价值变现周期。产品创新细分能力包括但不限于如下内容。

（1）产品数字化创新能力，即利用新一代信息技术加强产品创新，开发支持与用户交互的智能产品，提升支持服务体验升级的产品创新等能力。

（2）数字化研发设计能力，即利用新一代信息技术强化产品研发过程创新，开展面向产品全生命周期的数字化设计与仿真优化等，提升并行、协同、自优化研发设计等能力。

4.6.3.2 生产与运营管控

生产与运营管控能力纵向贯通生产管理与现场作业活动，横向打通供应链/产业链各环节生产经营活动，不断提升信息安全管理水平，逐步实现全价值链、全要素的动态配置和全局优化，提高全要素生产率。生产与运营管控细分能力包括但不限于如下内容。

（1）智能生产与现场作业管控能力，即实现生产全过程、作业现场全场景集成互联和精准管控，提升全面感知、实时分析、动态调整和自适应优化等能力。

（2）数字化运营管理能力，即实现运营管理各项活动数据贯通和集成运作，提升数据驱动的一体化柔性运营管理和智能辅助决策等能力。

（3）信息安全管理能力，即实现覆盖生产全过程、作业全场景、运营管理各项活动的信息安全动态监测和分级分类管理等，提升信息安全防护、主动防御等能力。

4.6.3.3 用户服务

用户服务能力旨在加强售前需求定义、售中快速响应、售后延伸服务等全链条用户服务，最大化地为用户创造价值，提高用户满意度和忠诚度。用户服务细分能力包括但不限于如下内容。

（1）需求定义能力，即动态分析用户行为，基于用户画像开展个性化、场景化的用户需求分析、优化与定位等能力。

（2）快速响应能力，即以用户为中心构建端到端的响应网络，提升快速、动态、精准响应和满足用户需求等能力。

（3）创新服务能力，即基于售前、售中、售后等的数据共享和业务集成，创新服务场景，提升延伸服务、跨界服务、超预期增值服务等能力。

4.6.3.4 生态合作

生态合作能力主要体现为加强与供应链上下游、用户、技术和服务提供商等合作伙伴之间的资源、能力和业务合作，构建优势互补、合作共赢的协作网络，形成良性迭代、可持续发展的合作生态。生态合作细分能力包括但不限于如下内容。

（1）供应链协同能力，即与供应链上下游合作伙伴实现在线数据、能力和业务协同，提升整个供应链精准协作和动态调整优化等能力。

（2）生态共建能力，即与生态合作伙伴实现在线数据、能力和业务认知协同，提升整个生态圈资源和能力的按需共享、在线智能交易和自学习优化等能力。

4.6.3.5 员工赋能

员工赋能能力主要体现为不断加强价值导向的人才培养与开发，赋予员工价值创造的技能和知识，最大限度地激发员工价值创造的主动性和潜能。员工赋能细分能力包括但不限于如下内容。

（1）人才开发能力，即以价值创造结果为导向开展人才精准培养、使用和考核，提升人才价值全面可量化、可优化等能力。

（2）知识赋能能力，即为员工提供平台化知识、技能共享和个性化知识、技能服务渠道，帮助员工快速提升胜任力，培养差异化技能，提升创新创业等能力。

4.6.3.6 数据资产管理及开发

数据资产管理及开发能力主要体现为将数据作为关键资源、核心资产进行有效管理，充分发挥将数据作为创新驱动核心要素的潜能，深入挖掘数据作用，开辟价值增长新空间。数据资产管理及开发细分能力包括但不限于如下内容。

（1）数据管理能力，即开展跨部门、跨组织（企业）、跨产业数据全生命周期管理，提升数据分析、集成管理、协同利用、价值挖掘等能力。

（2）数字业务培育能力，即基于数据资产化运营，提供数字资源、数字知识和数字能力服务，提升培育发展数字新业务等能力。

4.6.4 业务敏捷型组织的四类数字化人才

显而易见，组织是由人才组成的。在业务敏捷型组织里，通常包含如下几类不同分工的数字化人才。

（1）数字化管理人才，通常包括 CEO、CIO、CDO、CTO 等，主要职责是领导和推动企业的数字化转型和变革。可以形象地将该类人才称为"数字统帅"。

（2）数字化专业人才，通常指的是聚焦数字化基础打造，建立并运营数字化基础设施的科技团队人员，主要职责是研发、运维、数据分析、安全、架构设计、治理等，他们构建了数字化转型的基石。可以形象地将该类人才称为"数字先锋"。

（3）数字化应用人才，通常指的是在具体的业务场景中应用数字化设施和数字化技术，具备一定数字化理念与技能的职能人员和业务人员，主要包括财务、人力资源、市场、产品、运营，以及进行科技运营和管理的 IT 人员。可以形象地将该类人才称为"数字工匠"。

（4）业务数字化人才，通常指的是能深入理解业务流程、业务场景等，并能应用数字化技能来实现或辅助实现业务数字化的人员，这些人员主要是指设立在 IT 团队或者在业务团队作为对接 IT 团队的接口人员，也称为业务分析人员，不同于上述三类人才，这类人才是紧密衔接 IT 与业务的接口和分析人才。比如，设立在研发设计部门作为接口人员对建立智能研发流程和平台做出贡献的分析人员就属于这个范畴。可以形象地将该类人才称为"数字参谋"。

4.7 "三阶段"循序渐进建立业务敏捷型组织

所谓"罗马不是一天建成的"，要想构建一个相对完善的业务敏捷型组织，就要做好分步实施，慢慢达到最终效果的思想准备。以笔者多年来为世界 500 强企业建立组织能力为例，基本上可以通过如下三个阶段循序渐进地进行，如图 4-5 所示。

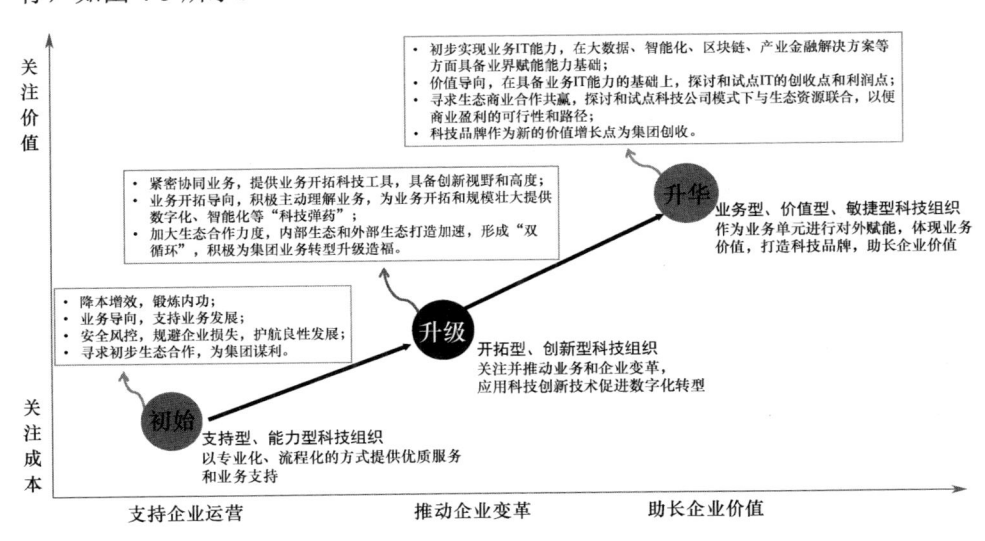

图 4-5　建立业务敏捷型组织的三个阶段

组织能力的建设是阶段性的，不断伴随业务战略和科技战略进行迭代和升华，这些组织能力在金融、制造、互联网、地产、智慧社区等多个行业都得到了充分验证。

从图 4-5 中不难看出，每个阶段的组织能力都比上一个阶段有了提升和完善，而组织要在每个阶段有所积累和实践，才可能达到进入下一个阶段的要求和目标，所以在实际建立过程中不要操之过急，因为组织能力中要求的支持、开拓、创新、敏捷这些特性需要组织与业务人员在实际工作过程中慢慢提升和磨合，并且不断打造和磨炼自身的能力。

此外，要特别强调一下这个组织能力其实不仅包括核心领导者建立的企业内部组织能力，还应当包括其建立的产业内甚至跨产业的位于企业外部的组织能力，即一直提倡的打造"新生态"的问题，不可能所有的问题都由企业或产业自己解决，需要联动和借力。譬如，笔者当时在平安集团负责数字化转型和安全风控时期，联合国家、行业、产学研等各界专家创办了平安金融安全研究院[1]，在人工智能、大数据、云计算、区块链等金融科技方面着力创新，发挥"政产学研金介用"的联合力量优势，在自有知识产权、产品/服务孵化、国内/国际标准输出、人员培养等方面取得不少成果和奖项，其中部分成果助力集团金融科技和消费金融公司业务发展和品牌输出。目前，在供应链金融领域，企业也在不遗余力地结合自身发展诉求，将生态各利益相关者的优势互补，打造世界 500 强企业之间、世界 500 强企业与权威研究机构的强强联合模式的生态合作，以收获更大的价值。在业界，已有产学研打造联合生态的不少例子，如金融业蓬勃兴起的各类金融科技研究院，制造业成立的智能制造和工业互联网研究院，各产业链上下游企业自发成立的生态联盟或技术联盟等。

4.8 灵活应用 IT 业务伙伴机制使 IT 人员成为业务人员的伙伴

业务敏捷型组织要求 IT 人员与业务人员有机地沟通、协同，尤其是 IT 人员需要具备主动性和创造性，在现实情况下需要通过 IT 业务伙伴（IT Business Partner，ITBP）机制来保证，如果 IT 人员不能和业务人员在一起肩并肩地工

---

[1] 平安金融安全研究院是平安集团旗下的业界首家综合性的金融科技及安全研究与创新机构，由执行院长李洋博士联合中国工程院院士方滨兴等"政产学研金介用"领域大咖创办。

作，随时了解和获取他们的需求，并且在一定程度上建立感情，那么，要想成为业务人员所依赖的伙伴几乎是不可能的。

顾名思义，ITBP 这个角色是连接 IT 组织与业务部门的关键纽带（见图 4-6），这个岗位的人既要懂专业，又要懂业务，同时了解 IT 的各个模块，做好桥梁，用 IT 专业知识帮助业务部门解决问题，才是其根本价值。这个机制最早是从人力资源业务伙伴（HRBP）借用过来的，人力资源为了更好地支持业务发展，最早使用该机制，设定相应的岗位来服务各业务板块，如营销、财务、科技、法律等。业界做得比较好的企业如华为、阿里巴巴等使用的都是 ITBP 机制。

图 4-6 应用 ITBP 机制

要使用 ITBP 机制支持业务，做好 IT 与业务的融合，需要把握如下几个关键点。

（1）ITBP 的角色设置和编制归属，建议放在业务部门。如果把该角色和编制归属放在 IT 组织，那么难免存在工作壁垒和信息的不对称，这是由千百年来位置决定想法的观念决定的，因此，为了更好地加强 ITBP 在业务上的归属感和实际工作效果，建议将 ITBP 放在业务部门，比如，在金融控股集团的保险产业集团放一个 ITBP，在证券产业集团也相应地放一个 ITBP。可以将这个 ITBP 角色设定为双线汇报机制，即在业务条线，需要向产业集团负责人汇报；而在科技条线，还需要向集团 CIO 或 CDO 汇报，这样可以成为集团支持和监管产业集团 IT 的一个抓手。

（2）ITBP 的规模和发展可能会根据集团业务发展呈现不同的形态。这里需要引起注意，对集团 IT 统管力度比较强的企业来说，ITBP 实现双线汇报，他们的职能主要是辅助集团 IT 一道支持业务；而对集团 IT 统管力度相对比较弱的企业来说，ITBP 则有可能慢慢进化为集团下属产业集团的专职 IT 团队，集团只是从战略上进行组织规划和运营监管，在很多具体项目、工作的支持上就相对放权、独立地让产业集团的专职 IT 团队去开展。非常有趣的是，这种从 ITBP 发展到专职 IT 团队，以及由专职 IT 团队回到 ITBP 的模式，在很多世界 500 强企业的发展过程中经常来回切换。

第 5 章 做好数字化转型的"四大"配套工作

导读：数字化转型工作是一个长期的、艰巨的过程，需要投入资源。第一，需要制订详尽的考核目标和机制，来科学、系统地把握转型的进程和阶段性成果。只有通过绩效检视和评估管理好过程，才能取得好的结果。第二，转型过程中需要进行流程管理、优化甚至变革，制造行业尤其如此。因此，需要着重关注并对流程进行有效管理。第三，数字经济时代进行数字化转型需要新型的数字化组织，而保障数字化组织战斗力的因素包括格局、态度、能力等。数字化思想与文化的养成是决定组织战斗力的重中之重，也是决定数字化转型事业成败的关键问题。第四，企业开展数字化转型的过程中，由于种种原因，必然会出现战略、战术、思想意识、投资、技术等各方面的误区，从而影响数字化转型的推进过程，甚至导致失败。因此，笔者提供"李洋十二条"[1]供读者参考，以期尽可能少走弯路，避免走入误区。

---

[1] "李洋十二条"：笔者于2020年12月12日在2020数字化创新峰会暨第七届广东CIO年会上分享给广大CIO、CDO的12条实践建议，后由资深CIO王甲佳先生命名而来。

5.1 数字化转型的过程需要绩效检视和评估

绩效评估已经成为当代企业管理和评估工作价值和成果的一项重要手段，企业各部门及员工对这种评估也已经习以为常了。但是针对当前的数字化转型，如果询问 CIO/CDO 怎样量化其数字化转型所带来的影响，他们可能会非常疑惑。很多 CIO/CDO 其实都没有评估数字化项目成功与否的标准，如新的移动应用程序或聊天机器人等项目。

Gartner 的分析师指出，如果不能进行量化，CIO/CDO 会发现自己将被更灵活的竞争对手所超越。数字化绩效评估是跟踪转型进展的一种方法，但为了避免浪费时间和资源，CIO/CDO 一定要知道自己在跟踪什么，自己要实现的目标是什么，CEO 也能够对数字化转型工作有很好的把握。Gartner 分析师也表示，"定义数字化绩效评估的最大难点在于缺乏可明确量化的数字化目标或者战略。对自己的数字化目标有清晰的认识，会让你知道应采取什么样的指标来衡量自己的进步。你很难去衡量没有度量标准的东西。"

5.1.1 传统 KPI 和 OKR 的独立应用

关键绩效指标（Key Performance Indicator，KPI）是通过对组织内部流程的输入端、输出端的关键参数进行设置、取样、计算、分析，衡量流程绩效的一种目标式量化管理指标，是把企业的战略目标分解为可操作的工作目标的工具，是企业绩效管理的基础。KPI 可以使部门主管明确部门的主要责任，并以此为基础明确部门人员的业绩衡量指标。建立明确的、切实可行的 KPI 体系，是做好绩效管理的关键。也就是说，KPI 是用于衡量工作人员工作绩效的量化指标，是绩效计划的重要组成部分，其在企业的应用如图 5-1 所示。KPI 法符合一个重要的管理定律："二八定律"。在一个企业的价值创造过程中，存在着"80/20"的规律，即 20%的骨干人员创造企业 80%的价值；在每位员工身上，"二八定律"同样适用，即 80%的工作任务是由 20%的关键行为完成的。因此，必须抓住 20%的关键行为，对之进行分析和衡量，抓住业绩评价的重心。

第 5 章 做好数字化转型的"四大"配套工作

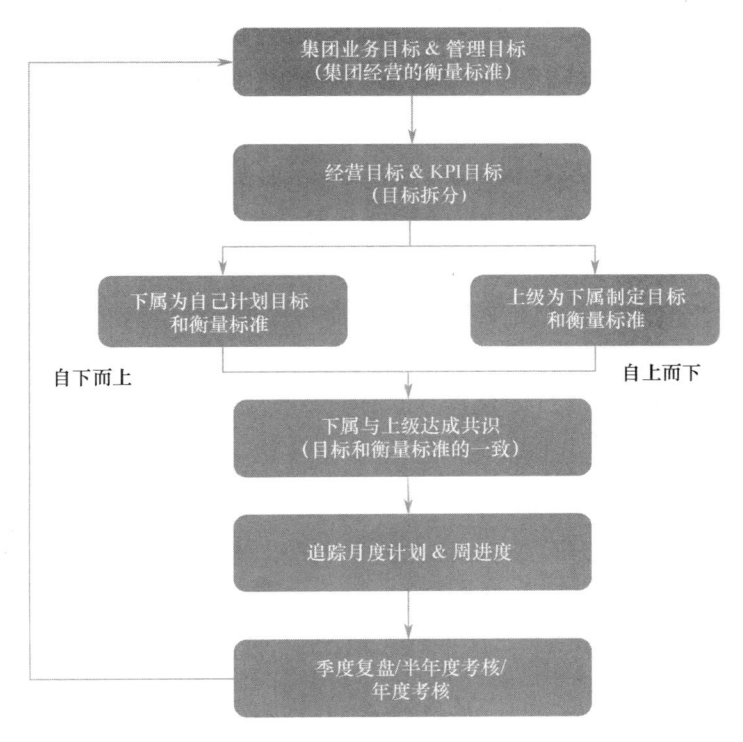

```
┌─────────────────────────┐
│  集团业务目标 & 管理目标   │◄──┐
│  (集团经营的衡量标准)     │   │
└───────────┬─────────────┘   │
            ▼                 │
┌─────────────────────────┐   │
│  经营目标 & KPI 目标      │   │
│  (目标拆分)              │   │
└───────────┬─────────────┘   │
      ┌─────┴─────┐           │
      ▼           ▼           │
┌──────────┐ ┌──────────┐     │
│下属为自己 │ │上级为下属 │     │
│计划目标和 │ │制定目标和 │     │
│衡量标准   │ │衡量标准   │     │
└────┬─────┘ └────┬─────┘     │
自下而上         自上而下      │
     └──────┬─────┘           │
            ▼                 │
┌─────────────────────────┐   │
│  下属与上级达成共识       │   │
│  (目标和衡量标准的一致)   │   │
└───────────┬─────────────┘   │
            ▼                 │
┌─────────────────────────┐   │
│  追踪月度计划 & 周进度    │   │
└───────────┬─────────────┘   │
            ▼                 │
┌─────────────────────────┐   │
│  季度复盘/半年度考核/    │───┘
│  年度考核                │
└─────────────────────────┘
```

图 5-1　企业应用 KPI 示意

目标与关键成果法（Objectives and Key Results，OKR）是一套明确和跟踪目标及其完成情况的管理工具和方法，由英特尔公司创始人之一安迪·格鲁夫（Andy Grove）发明，并由约翰·道尔（John Doerr）引入谷歌并使用，1999 年在谷歌发扬光大，在 Facebook、Linked in 等企业广泛使用。2014 年，OKR 传入中国。2015 年后，百度、华为、字节跳动等企业都逐渐使用和推广 OKR。OKR 的主要目标是明确企业和团队的目标，以及达成每个目标的可衡量关键结果。一本关于 OKR 的书将其定义为"一个重要的思考框架与不断发展的学科，旨在确保员工共同工作，并集中精力做出可衡量的贡献"。OKR 可以在整个组织中共享，这样团队就可以在整个组织中明确目标，帮助协调和集中精力。其在企业中的应用如图 5-2 所示。

OKR 和 KPI 的主要区别如下。

（1）OKR 考核"我要做的事"，而 KPI 考核"要我做的事"，但二者都强调目标和执行力。OKR 的思路是先制定目标，然后明确目标的结果，再对结果进行量化,最后考核完成情况;KPI 的思路是先确定组织目标,然后对组织目标进行分解,直到个人目标,然后对个人目标进行量化。

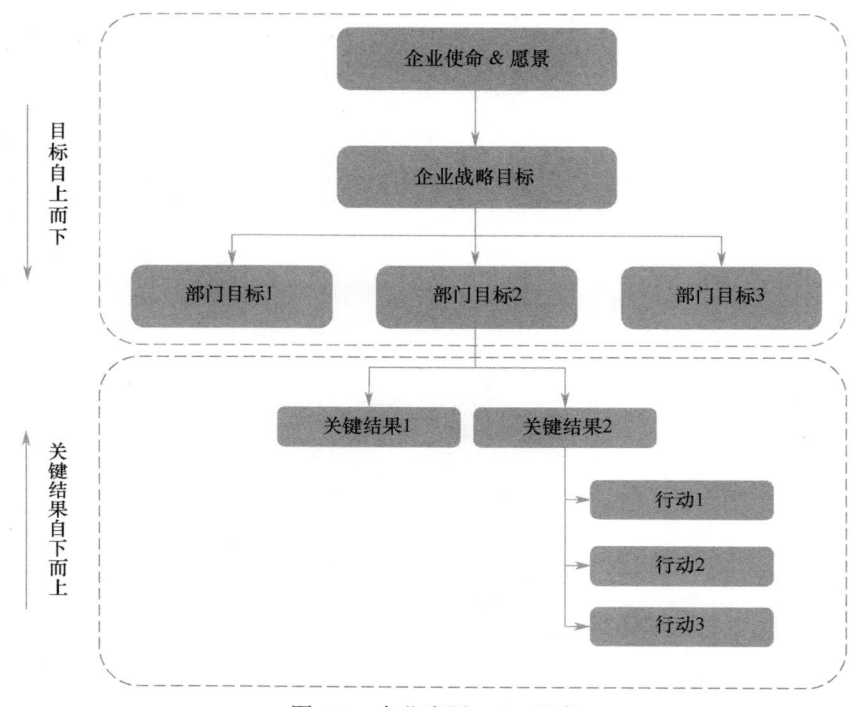

```
                      ┌─────────────┐
                      │ 企业使命&愿景 │
                      └──────┬──────┘
                             ↓
                      ┌─────────────┐
  目标自上而下          │ 企业战略目标 │
                      └──────┬──────┘
              ┌──────────────┼──────────────┐
              ↓              ↓              ↓
         ┌─────────┐   ┌─────────┐   ┌─────────┐
         │ 部门目标1│   │ 部门目标2│   │ 部门目标3│
         └─────────┘   └────┬────┘   └─────────┘
                       ┌────┴────┐
                       ↓         ↓
                  ┌────────┐ ┌────────┐
  关键结果自下而上  │关键结果1│ │关键结果2│
                  └────────┘ └───┬────┘
                             ┌───┼───┐
                             ↓   ↓   ↓
                           ┌────┐
                           │行动1│
                           └────┘
                           ┌────┐
                           │行动2│
                           └────┘
                           ┌────┐
                           │行动3│
                           └────┘
```

图 5-2　企业应用 OKR 示意

（2）OKR 与绩效考核分离,不直接与薪酬、晋升关联,强调 KR（关键结果）的量化而非 O（目标）的量化,但 KR（关键结果）必须服从 O（目标）,可以将 KR（关键结果）看作达成 O（目标）的一系列手段。员工、团队、企业可以在执行过程中更改 KR（关键结果）,甚至鼓励这样做,以确保 KR（关键结果）始终服从 O（目标）。这样就有效避免了执行过程与目标愿景的背离,也解决了 KPI 目标无法制定和测量的问题。

（3）OKR 致力于如何更有效率地完成一个有野心的项目,而 KPI 则强调如何保质保量地完成预定目标。OKR 类似于自由团体的群起响应,需要流程的参与者与组织同心同德。KPI 类似于流水线式的制造,需要制定者对流程及产能完全了解。

（4）OKR 主要强调的是对项目的推进，而 KPI 主要强调的是对人力的高效组织。OKR 相对于 KPI 而言，不是一个考核工具，而是一个更具有指导性的工具，它存在的主要目的不是考核某个团队或员工，而是时刻提醒每个人当前的任务是什么。

从上述比较不难看出，OKR 和 KPI 两者都无法真正替代对方，因此谁取代谁并不重要，找到适合的绩效评估方法才是重要的。

5.1.2　综合应用 KPI 和 OKR 进行评价

笔者建议从企业整体层面应用 KPI 对数字化转型的成效进行评估，而在企业某些分支机构或子公司内部可以采用 OKR 来辅助 KPI 进行（见图 5-3），主要原因如下。

（1）企业整体层面需要利用 KPI 这种简单、高效的评估方式，以结果为导向，及时、准确地反映企业整体的数字化转型进程和成果，从而自上而下地保证该项转型工作的顺利开展。

（2）在企业内部组织或针对某些数字化转型活动的层面，可以采用 OKR 来辅助 KPI 进行，主要是应用了 OKR 这种工具对活动与参与人员职责的指导性，也符合 OKR 激励参与人员的积极性、主动性和自下而上的诉求。

建议 CIO/CDO 针对三大类别的数字化工作制订数字化 KPI。

第一类 KPI 应通过衡量销售、营销、运维、供应链、产品/服务和客户服务等方面的生产运营优化目标，评估企业数字化在其当前业务模式方面的进展，包括覆盖率、收效情况等。

第二类 KPI 应评估产品/服务创新方面的收效情况，包括产品/服务的创新成果，如新产品/新服务、主营业务增长情况等。

第三类 KPI 应评估商业模式创新方面的收效情况，主要包括数字化平台的增长、收入、市场份额和利润率，用户/生态合作伙伴链接情况等。

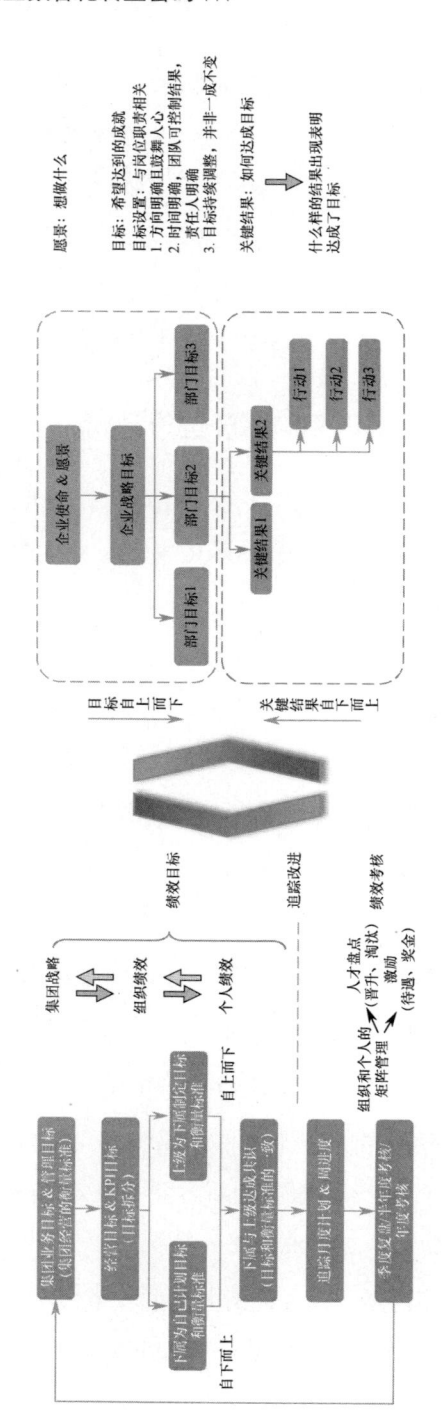

图 5-3 综合应用 KPI 和 OKR 示意

通过数字化 KPI 的设定，主要可以达到如下目标。

（1）与企业高管合作，衡量他们的领域在多大程度上能够受益于数字化，对此要进行量化。

（2）设定 KPI 和目标，规划数字业务历程，提高预期业务成果。

（3）衡量数字化业务历程的进展情况及其创造的业务价值。在这方面，一些 KPI 将是过渡性的，而随着转型的实现和数字业务成为标准运维流程，其他一些指标将成为业务成效的永久性指标。例如，构建数字生态系统的企业可能会永久性地将生态系统指标添加到其正在实施的业务成效 KPI 中。精确的指标会影响高管的决策，如预算分配、业务方向侧重点调整、业务流程改进和文化变革等。

（4）使用 KPI 支持具体的预期业务结果。例如，通过实现 2021 年数字化目标，将用户量提升到 A，业务增长 $B\%$ 等。

（5）KPI 应影响业务决策。例如，通过数字化营销发现线上保险渠道获客量明显高于线下，则保险业务决策将更多的资源投放到线上，以持续获客和提升转化率。

而对 OKR 的设定，则可以与业务部门和数字化部门一道，针对大的 KPI 设定不同的小的目标，一个个地达成。本书将不对 OKR 的具体应用进行赘述，感兴趣的读者可以参看相关的书籍。

5.1.3 综合应用实例

这里给出一个具体的数字化 KPI 实例，如表 5-1 所示。可以清楚地看到，实例主要将数字化 KPI 设定为如下四个细分指标。

表 5-1　一个数字化 KPI 实例

序号	指标名称	单位	权重	指标说明	数据来源
1	数字化业务	%	35%	主要定量、定性衡量集团在数字化营销、数字化设计、数字化生产三部分的覆盖率，设定目标为年底前达成 10%	业务部门、数字化部门

（续表）

序号	指标名称	单位	权重	指标说明	数据来源
2	数字化运营及管理	%	30%	主要定量、定性衡量集团在数字化办公、数字化经营（含IT、人力资源、财务等职能部门和业务部门）的覆盖率，设定目标为年底前达到15%	各职能中心、数字化部门
3	数字化收益	万元	20%	主要定量衡量集团的数字化业务和数字化运营及管理维度，通过降本增效或收入等方面体现数字化收益情况，设定目标为年底前达成1500万元	财务部门等全集团各部门
4	数字化科技运营稳定及信息安全	次	15%	主要衡量数字化转型中的系统稳定和信息安全保障工作的成效，年度目标设定为≤5次	全年重大事件次数统计

KPI指标第2项的数字化运营及管理中设定了业财一体化专项这样一个OKR的目标，主要包括四个关键结果及相应的执行步骤，如图5-4所示。

```
目标（O）：数字化运营及管理（业财一体化专项）

关键结果（KR）：
1. 财务数据总公司及产业公司100%统一；
2. 资金管理及全面预算管理100%完成；
3. 税控管理及企（业）银（行）对接100%完成；
4. 集团经营BI（商务智能）报表（共计30份）100%完成

执行：
1. 第1期完成财务数据全集团统一；
2. 第2期完成全面预算管理、资金管理并上线；
3. 第3期完成税控管理及企（业）银（行）对接；
4. 第4期完成所有集团经营BI报表并调试
```

图5-4　数字化运营及管理OKR示例

5.2　数字化转型需要重视企业流程管理

5.2.1　流程管理的概念及由来

进入20世纪以来，随着机械化大生产的发展和企业规模的扩大，为了实现市场的自由化运作，企业均按照分工理论致力于将内部的经济活动按专业部门各司其职，分工细化，使用垂直分工式的架构来运作，从而使生产率大为提高。这种管理模式不断发展完善，并于70年代末80年代初被推崇到了极致。但是80年代以后，随着高科技信息社会的到来，市场有效供给的增加及发达的交通运输手段，经济日益趋向全球一体化，市场竞争日益激烈。与此同时，客户需求日益多样化，期望值日益提高。以往企业庞大的组织分工不但不能为企业带来效率的提升，反而成为组织快速应对市场的绊脚石。

传统的分工理论基于这样一种概念：分工越细、操作越简单，则越有利于提高工作效率。现代社会追求产品个性化、生产复杂化、企业经营多元化，片面追求分工精细，强调专业化，使企业的整体协调作业过程和对过程的监控日益复杂。管理环节越来越多，管理成本越来越高，结果致使整个企业效率低下，以至于走到了分工原则初始动机的反面。高科技的发展，特别是计算机的普及，使简化管理环节成为可能。以办公室自动化为例，职能部门之间的运作、复杂的作业流程可以通过计算机编程，由机器去完成。同时，与市场变化和高科技发展相对应的是，今天的劳动力素质大大提高，工作的灵活性和主动性远高于以往。人们不再满足于从事单调、简单的重复性工作，而对分享决策权的要求日益强烈。而以分工理论为基础的传统管理理论一向以员工希望从事简单工作和不愿意承担责任为前提。上述变化使企业内部组织结构的重组和管理原则的创新成为客观要求，且存在实施的可能性。

近几年来，流程管理不仅成为管理界学术研究的热点，更在国际企业界形成讨论和应用的热潮。美国、日本及西欧一些国家的企业都争先恐后地开始了这方面的实践。

按照维基百科给出的定义，流程管理（Process Management）是一种以规范化地构造端到端的卓越业务流程为中心，以持续地提高组织业务绩效为目的的系统化方法，有时也被称为业务流程管理（Business Process Management，BPM），常见的EMBA、MBA[①]商业管理教育等均对流程管理有所介绍。它应

---

① 工商管理硕士（Master of Business Administration，MBA），是对应工商管理学术型硕士的专业学位硕士，该学位的设立，旨在培养未来能够胜任工商企业和经济管理部门高层管理工作需要的务实型、复合型和应用型高层次管理人才；EMBA（Executive Master of Business Administration）则为高级管理人员工商管理硕士。

该是一个操作性的定位描述，指的是流程分析、流程定义与重定义、资源分配、时间安排、流程质量与效率测评、流程优化等。因为流程管理是为了客户需求而设计的，因而这种流程需要随着内外部环境的变化而被优化。

5.2.2　流程管理的要素和原则

流程管理的核心是流程，流程是企业运作的基础，企业所有的业务都需要流程来驱动，就像人体的血脉，流程把相关的信息数据根据一定的条件从一个人（或部门）输送到其他人（或部门），得到相应的结果以后再返回相关的人（或部门）。一个企业的不同部门、不同客户、不同人员和不同供应商都靠流程来进行协同运作。流程在流转过程中可能会带着相应的数据（如文档/产品/财务数据/项目/任务/人员/客户等信息）进行流转，流转不畅会导致这个企业运作不畅。

企业要进行流程管理，需要具备如下几个要素。

（1）战略。战略决定流程管理，流程需要支持战略的实现，战略举措要落实到对应的流程上去。不但要找出实现战略举措的流程，而且要对其进行有机整合和管理。战略地图也罢，价值链也罢，最终必须与流程体系对接。

（2）流程。流程管理本身要从顶层流程架构开始，形成端到端层级化的流程体系，定义和设计流程管理生命周期的方法和标准，设计端到端的流程绩效指标（Process Performance Index，PPI）。建立中央流程库是实现以流程为中心的思想的重要特征。

（3）人员。流程管理是一项专业性很强的工作。要实现组织以流程为中心的思想，首先应实现流程管理推动者培训和公司内部流程管理人才队伍培养与发展。流程学习社区的建设和流程管理知识交流机制建设都是重要的体现。进行流程管理的相关认证则会更好地推动在领导者、管理者和普通员工中普及以流程为中心的思考方式的变革，进而带来组织的变革。

（4）工具。IT 及非 IT 管理工具应用对流程思想的普及和实现具有举足轻重的作用。建立一个企业级的流程管理平台，并将流程与企业的战略目标相结合，进而与 IT 系统进行有效关联，可有效实现组织的流程目标。

（5）子流程。应根据行业的不同，基于价值链梳理企业的流程框架，进行阶段性流程定义，然后分层级进行梳理；强制化流程的执行，子流程未执行完毕，上级流程不能启动。

（6）流程嵌套。通俗地讲，流程嵌套就是流程之间的关联查看与前后置关系。该流程体系是以流程制度为基础进行建设与执行的。

那么，流程管理的原则是什么？流程是因客户而存在的，流程管理的真正目的是为客户提供更好、更快的服务——流程的起点是客户，终点也是客户。流程管理的原则如下。

（1）树立以客户为中心的理念。

（2）明确流程的客户是谁、流程的目的是什么。

（3）在突发和例外的情况下，从客户的角度进行判断。

（4）关注结果，基于流程的产出制定绩效指标。

（5）使流程中的每个人具有共同目标，使客户和结果达成共识。

5.2.3 数字化转型需要进行流程管理/优化/变革

数字化转型的根本目的是利用数字技术破解企业、产业发展中的难题，重新定义、设计产品和服务，实现业务的转型、创新和增长，产生企业和社会价值。从实践来看，强化价值创造、数据集成及平台赋能，已经成为产业数字化转型的重要趋向，而在此过程中，流程管理、优化甚至变革则是贯穿始终的。

首先，从生产驱动到以消费者需求为中心的价值创造需要流程管理/优化/变革。相比于传统经济形态，数字经济的市场条件发生了较大变化，传统产业的价值链中以消费者需求为中心的价值创造逻辑日益显现。数字化是优化企业生产的关键技术支撑，更是连接市场、满足消费者需求、更好地服务消费者的重要方式。一是利用互联网平台及大数据等技术可以更好地了解消费者的需求，并从单一的产品向"产品+服务"的方向升级，提供满足消费者多样化需求的全面解决方案；二是基于智能制造推动制造业变革，以柔性化生产有效满足消费者的个性化需求；三是基于智能产品构建起全生命周期的服务体系，通过监测、整理和分析产品使用中的数据提高企业服务附加值；四是基于互联网社区、众创平台，鼓励消费者直接参与产品设计。基于数字化的价值创造，使企业价值链重构，成为既包含制造业价值链增值环节，又包含服务业价值链增值环节的融合型产业价值链。在这个转变过程中，无论是数字化技术、平台建设还是新产品/服务的产生，都离不开用户服务流程的优化，如华为、海尔集团等进行的流程再造活动，都是在这个过程中通过流程管理来辅助实现价值，譬如"用户零距离"再造了用户与厂商的研发及供应流程，破除了中间不必要的渠道环节，从流程中体现出了优化和提升。

其次，从物理资产管理到数据资产管理的过程需要流程管理/优化/变革。数字经济发展以数字化的信息和知识为核心生产要素。随着数据规模的不断扩大，加强数据资产管理成为数字化转型中企业的共识，越来越多的企业将数据纳入企业的资产管理。第一，数据资产的应用范围已经从传统的以企业内部应用为主，发展到支撑内部和服务外部并重，挖掘和释放数据价值、扩展数据应用和服务成为企业经营的重要内容；第二，企业已意识到并非所有数据都能成为资产，伴随着大量外部数据的引入和内部数据的不断累积，数据规模扩大、数据质量不高、业务之间数据融合度低、数据应用不到位等都会产生大量的成本；第三，数据资产管理的安全和隐私保护也成为企业不能回避的关注点。因此，围绕数据的采集、筛选、加工、存储、应用、安全及隐私保护等各环节进行规划，基于数据加工的全链条进行数据资产治理体系建设，提高数据资产价值，正在成为企业发展的重要任务，企业针对数据资产的管理也呈现出运营化发展趋势。在这样一个数据资产管理和价值变现的过程中，也少不了相关数字化治理流程和制度的保障，这个流程管理应涉及企业内部及相关外部攸关方及用户。

最后，从内部数字化到平台赋能的产业链协作需要流程管理作为保障。从实践来看，越来越多的互联网巨头及重点行业中的骨干企业加大了在工业互联网上的投入。除了加快自身数字化，这些企业通过平台建设将各自关于数字化实践的经验赋能中小企业，形成对上下游相关主体的支撑。据相关统计，2022年，我国工业互联网已经在航空、石化、钢铁、家电、服装、机械等多个行业得到了应用，具备行业、区域影响力的工业互联网平台超过 50 家。这些平台汇聚了设计、生产、物流等制造资源，有效整合了产品设计、生产制造、设备管理、运营服务等数据资源，开展面向不同场景的应用创新，不断拓展行业价值空间，平台赋能中小企业数字化转型的效果初步显现，传统产业数字化转型整体进度加快。在数字化转型赋能产业链协同的过程中，流程管理可作为"润滑剂"和机制保障，使得产业链各节点能够应用数字化的能力高效协同和运转，如果没有这样的保障，数字化的增效和价值提升在产业链中难以有效体现和获得。

5.2.4 数字化转型中开展流程管理的主要方法和步骤

流程管理是一套非常系统的流程，市面上有专门的书籍进行介绍，感兴趣的读者可以参考。本书简要介绍在数字化转型中开展流程管理的主要方法和步骤。

5.2.4.1 建立流程运营体系框架

在进行流程管理的初始阶段，需要根据企业的战略确定流程运营体系，这个体系主要包括如图 5-5 所示的流程环境、流程重心和流程绩效三个核心部分。

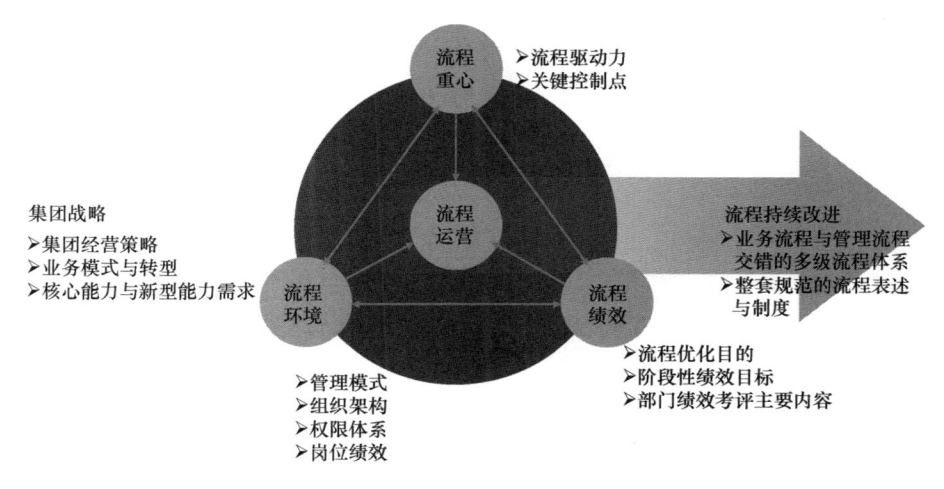

图 5-5 流程运营体系

其中，流程环境主要包括企业战略、组织架构、业务模式、权限体系、岗位职责，以及数字化转型中数字化在营销、采购、研发、制造、供应链、运营、科技、人力资源、财务、风控等各方面职能和业务进行变革后可能涉及的流程。

流程重心则主要明确流程驱动力和关键控制点，因为流程需要组织进行执行和运转。例如，对某些多元化的集团来说，要确立流程重心是在产业公司还是在集团，一般战略制定、预算管理、渠道管理等的流程等可以放在集团，也可根据实际的数字化情况放在产业公司。

流程绩效则是对建立的流程进行评估和跟进，以确保流程能够高效、有序地良性运转，及时调整发现的问题。

5.2.4.2 进行数字化转型中流程管理的四个阶段

建议在数字化转型中，宏观上依据前述的流程运营体系，微观上针对企业的业务、职能等各项流程进行重新审视和阶段性优化，以适应数字化赋能业务和变革业务乃至产生新的业务模式，各组织、成员、系统/应用能够按照转型后的流程正确、高效、清晰地运转。建议主要进行四个阶段的工作，如图5-6所示。

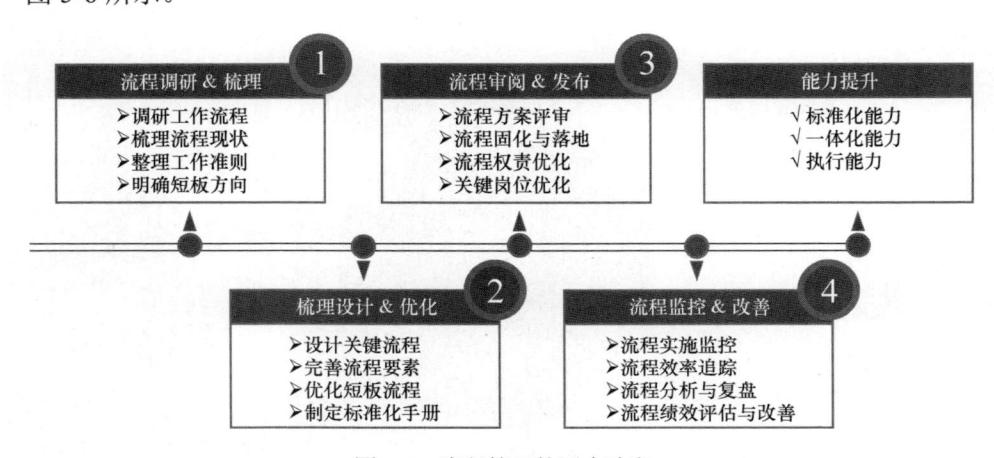

1 流程调研&梳理	3 流程审阅&发布	能力提升
➢调研工作流程 ➢梳理流程现状 ➢整理工作准则 ➢明确短板方向	➢流程方案评审 ➢流程固化与落地 ➢流程权责优化 ➢关键岗位优化	√标准化能力 √一体化能力 √执行能力

2 梳理设计&优化	4 流程监控&改善
➢设计关键流程 ➢完善流程要素 ➢优化短板流程 ➢制定标准化手册	➢流程实施监控 ➢流程效率追踪 ➢流程分析与复盘 ➢流程绩效评估与改善

图5-6 流程管理的四个阶段

阶段一，流程调研&梳理。调研数字化转型后的工作流程，梳理现有的流程现状，整理工作准则及明确短板方向。

阶段二，梳理设计&优化。联合业务、职能部门设计关键的业务、职能流程，完善流程要素，同时优化短板流程，从而制定出流程标准化手册。

阶段三，流程审阅&发布。在企业层面联合业务、职能部门对各涉及流程进行详细评审，并通过 IT 技术手段在系统/应用中进行固化，分配好流程的权责及关键岗位，确保流程能够落地。

阶段四，流程监控&改善。企业应指派专门的流程管理及运营人员对转型中优化、变革和新增的流程实施、运行等情况进行监控和跟踪，对出现冗余、错误、效率低下的流程应协同相关部门和人员及岗位进行改善。

5.3 数字化转型需要思想与文化建设

数字化转型涵盖营销的转型、生产的转型和运营的转型，这个概念逐渐渗透至企业的每个毛细血管，在纷繁复杂、风起云涌的商业模式背后，数字化转型到底意味着什么？数字化转型的影响大到社会，到企业，再到社会和企业中的每个人，是有什么核心利益点驱动着这股力量不断前进吗？只有想明白这个道理，数字化转型才有继续推动的根基。

5.3.1 思想与文化建设非常重要

理论和实践总是隔着一道墙，在数字化转型理论的背后，有没有成功的实践可以支撑起数字化转型的理论体系？在数字化转型这件事情上，理论和实践之间有着不小的距离，为什么？笔者认为，因为思想。

法国社会心理学家古斯塔夫·勒庞的巨著《乌合之众》中有一个非常卓越的观点："思想、观念和信仰的变化是造成文明变革的重要因素。那些让人难以忘记的历史事件，其实是人类的思想在潜移默化中产生的看得见的结果。之所以这些重大事件是罕见的，是因为人类一代代传下来的思维结构是稳定的。"

这句话也适用于数字化转型。数字化转型的意义其实不亚于一场革命，这场革命虽然没有血泪，没有武器，但是它对推动社会和企业的进步有着根本上的意义。出现了这么多宣扬数字化转型的重要观点和理论体系，能够彻头彻尾地完成数字化转型实践的企业为什么屈指可数？本质上是因为大众（职业人员）思想的进步远跟不上社会对数字化转型的要求。人类本能地追求稳定，或者说这种变革的思想还远没有那么迫切到不得不做的地步，以至于失去了快速行动的原始动力。很多企业高层大张旗鼓地喊着要数字化、要转型、要变革的口号，但是员工无动于衷。有一部分人愿意接受变革，主动接受数字化转型的思想；也有一些是跟随者，他们需要去体验，去感受，去被影响，才可以加入这个数字化浪潮和队伍中，但是他们不抗拒；另外有一小部分人对变革比较抗拒，如果没有遭遇重大事件，不愿意接受变革。中间这类人是人群中比较多的，可以去争取，而最后一部分人可能会逐渐被职业社会所淘汰。

数字化转型能够反映一系列表象，集中体现如下：数字化转型背后的技术进步引起生产和运营模式的变革，营销行为的数字化，甚至整条商业价值链的数字化、文化的数字化。所有这些指征背后的核心是组织的数字化，而组织由无数具有独立意识、独立职业背景的人构成，驱动组织变革的是一套独具特色的数字化文化和运行机制。

5.3.2　转型需要"四类"主流思想与文化

企业的思想与文化是紧密团结企业领导、高层和员工为了共同的经营目标而为之奋斗的不可或缺的武器，著名的日本企业家和哲学家、"经营之圣"稻盛和夫先生[①]就非常注重企业的思想与文化，并谓之企业"哲学"，不但在其经营的京瓷和 KDDI（电信运营商）两个世界 500 强企业进行运用，而且通过盛和塾在全世界进行推广和传播，收效颇丰。

很多行业的很多企业，无论是头部企业还是中小企业，在其发展过程中都无一例外地需要确立好企业的思想与文化，而如果缺少了这样的"必需品"，无论其获得多大的效益，也很难在社会上长期立足，更多的是由于不能同心同德而走下坡路。数字化转型作为一个现代企业必须经历的运营阶段，同样离不

---

① 稻盛和夫先生被誉为"经营之父"，他创立了以培养年轻一代经营人士为宗旨的"盛和塾"。另外，其广为人知的经营管理手法被称为"阿米巴式经营法"。

开数字化思想与文化的打造和经营。

数字化思想与文化主要有数据思维、开放性思想与文化、科技向善和生态文化。

5.3.2.1 数据思维

数据思维简单来说就是面对一些业务问题的时候，能不能通过数据进行分析，从而给出建议来解决业务问题。其核心有两个，第一个是数据敏感度，第二个是数据方法经验。数据敏感度，就是在认知里看到一个业务问题时是否可以转化为数据问题，看到一个企业经营数据时是否可以看到数据背后的问题。数据方法经验，就是利用数据建模和数据分析的方法解决实际问题，这些也构成了数据思维的一部分。数据分析的方法有很多，常见的有漏斗分析[①]、相关性分析、5W2H[②]、对比分析、分群分析等。数据思维主要要求企业的领导者、员工、职能部门、业务部门都能够积极主动地应用数字化技术和平台等工具，来对自己涉及的日常工作和经营问题进行数字分析和思考。

5.3.2.2 开放性思想与文化

在数字化转型这项企业的变革中，意识到自己的开放性及组织中其他部门当前的文化是关键。寻求团队成员的反馈，并表现出开放和乐意接受的态度，将有助于激发组织内更大的变化。还有一种表现出开放性的行为是勤于回顾，并根据这些回顾来跟踪所需的更改，从而使组织更健康、更成功。在本书的前几章中详细论述过，作为职能部门和业务部门，在传统的经营活动中存在着一定的壁垒和不和谐，在数字化转型中需要有针对性地加以破除，以达到各部门的信息、沟通、协作等方面的通畅，在转型中取得先机，否则也只能是过多的"内卷"和消耗，事与愿违。同时，面对外部机遇与合作，也同样需要以开放性思想和文化来面对，这样才可以在行业、社会乃至国家间形成合力，做到资源的最大使用，以达成转型目标。

---

① 漏斗分析模型主要用于分析一个多步骤过程中每步的转化与流失情况，可以帮助业务人员快速掌握一段时间内产品在各个步骤中的转化情况（如新手引导流程），从而有助于产品策划流程优化，提升用户体验。
② 5W2H分析法也称为七问分析法，由第二次世界大战中美国陆军兵器修理部首创，具体内容发明者用五个以W开头的英语单词和两个以H开头的英语单词进行设问，发现解决问题的线索，寻找发明思路，进行设计构思。5W分别是Why、What、Where、Who、When，2H分别是How和How much。

5.3.2.3 科技向善

"科技向善"口号的提出者保罗·米勒[①]写道:"希望确保技术公司专注于回馈世界,而不仅仅是占领我们的屏幕时间。""占领我们的屏幕时间"所对应的典型是什么?它可以是突发新闻,但更应该是网剧、网游、微信、短视频等强大而日常的互联网应用。"科技向善"应该放弃戏剧性,使其重心真正回到社会的日常所需。这里的人文与知识,并不止于对文化信息的衡量,更在于求知的朝向。"占领我们的屏幕时间"的力量,也开始尝试摆脱对人性弱点的迎合,而驶入以真知引领人心的航程。如同著名的企业家曹德旺先生和稻盛和夫先生所倡导的,企业家要积极向善,企业的经营不能仅仅为了企业股东和管理层获取财富和利益,而要对用户、员工、社会和国家有价值体现。笔者所认为的"科技向善"在数字化转型时代也是非常关键的企业思想与文化的一个养成方面,也可谓企业大的道义和责任。在数字经济时代,科技作为数字化转型的驱动力和抓手,需要有所为而有所不为,譬如,以大数据技术应用为例,更好地构建用户画像,更好地做精准推送以提升用户体验和提升用户黏性没有问题,但是如果用这个技术来做"大数据杀熟[②]",或者利用其过度收集用户资料,更甚者制造"信息茧房[③]",操纵用户心理,则是数字化技术往前发展过程中带来的一些副作用,不可为之。

5.3.2.4 生态文化

在数字经济时代,企业间的竞争与合作并存是常态。数字转型更不可能是一家企业的单打独斗,甚至确切地说,这是一个行业、一个生态的整体转型。而如何打造一个健康、可持续的数字化生态,是所有转型企业在这一过程中需要面对和解决的新课题。因此,鼓励企业在各自的行业和赛道,甚至跨赛道进行生态合作,以做到资源的优化配置,在转型中获得较好的成果。

---

① 影响力投资者保罗·米勒,现为伦敦BGV(Bethnal Green Ventures)管理合伙人兼CEO。
② 大数据杀熟,是指同样的商品或服务,老客户看到的价格比新客户看到的价格高出许多的现象。大数据杀熟当选为2018年度社会生活类十大流行语。
③ 信息茧房,是指人们关注的信息领域会习惯地被自己的兴趣所引导,从而像蚕茧一般将自己的生活桎梏于"茧房"中的现象。

5.4 数字化转型需要应用"李洋十二条"避免的"五大坑"

企业在产业数字化转型中遇到的迷茫和困顿，以及铺天盖地的科技热点、科技噱头、科技"网红"，弄得相关人员无所适从，心猿意马，笔者将这些主要的误区概括为五类。

5.4.1 战略"坑"

战略"坑"是指在战略思想上对数字化转型存在误解，没有清晰的方向或全局的格局和视野，或者方向/目标与企业经营和价值创造背道而驰等。

具体表现如下："先搞定老板和预算，有无效果再说""先项目投入上马，干到哪算哪""数字化转型是颠覆，是改革，业务往往也不能理解"等，这些就是典型的战略误区的表现，没有把握转型的正确目标，而导致后面可能存在方向性错误，导致转型从一开始就存在偏差和错误，从而满盘皆输。

5.4.2 战术"坑"

战术"坑"是指在战术执行层面上，数字化转型的切入点、实现路径等存在错误或者偏差，而导致执行过程中没有结果或者结果不理想，换句话说，这些转型过程中的错误，也会在很大程度上导致最后转型的失败、"无疾而终"或者收效甚微。

具体表现如下："要转型，先堆人，越多越好""按照咨询公司的 PPT 转型，别人都这么干准没错，错了也不用负责""把系统用新技术再干一遍"等，典型的影响就是劳民伤财、堆人堆物等，不但没有起到降本增效的目的，反倒增加了企业的负担。

5.4.3 思想意识"坑"

思想意识"坑"是指在思想意识和文化方面对数字化转型的意义、目标和方向存在模糊或者错误认识，导致执行转型的组织层面存在障碍和偏差，影响转型的进程、执行效率和效果，从而导致转型失败或者出现负面影响。

具体表现如下："转型是老板和公司的事情，跟着执行就行了""转型请咨询公司过来做规划，失败了不是我们的责任""转型就是要做几个大项目，完成了就结束了""转型是 IT 部门的事情，业务部门搞不明白""把 IT 部门所有名称都变成数字化部门，这样才是数字化转型的组织"等，思想意识层面是最容易被忽视的因素之一，影响到人，也就影响到人做的事情，所以要特别重视，不能忽视。

5.4.4 投资"坑"

转型涉及投资，涉及企业的成本、利润和投入产出比。投资"坑"是指数字化转型的管理层和执行层没有很好地认识投资的必要性、重要性，没有很好地进行投入产出等要素分析，导致盲目投资、铺张浪费甚至错误投资，从而加重了企业的负担，不但没有产生应有的价值，反倒拖累了企业的发展。

具体表现如下："科技就是要投入，大家都这么干""转型就是要大兴土木，人越多越好""把最新的平台和技术都引进来""以前的系统都是非数字化系统，转型就要都报废掉重建"等。

5.4.5 技术"坑"

数字化转型过程中的数字化技术的使用具有一定的科学性，不能为了使用而使用，也不能滥用和误用，各类人才要学会驾驭这些技术。各个企业所处的阶段不一样，没有哪项技术是数字化转型的标志，需要因地制宜地使用。

具体表现如下："别人建中台，我们也建几个，赶时髦""把所有系统都改成微服务，不然不叫数字化转型""所有系统都用数字化改造一遍，这才叫数字化"等。

笔者在与很多大型集团的 CEO、CIO、CDO 交流时发现一个普遍特点，那就是企业董事、股东、经营高管、科技高管在数字经济时代存在焦虑，在信息爆炸和泛滥时代为过多的数字化转型等新名词充斥，生怕在数字化转型的赛道上慢人一步，落后于时代，导致未加分析判断，未结合企业实际和现阶段科技水平便匆匆上马，导致众多的不必要投入和转型失败，这些例子不在少数。

所以，笔者结合多年来的信息化和数字化转型经验，想从企业经营管理者和科技工作者的视角来总结提炼一些有益的经验供读者参考，以便少走弯路，笔者也能在总结中得到提升。这里借鉴著名投资大师和思想家查理·芒格先生多次提到的"常识"的力量，他提倡要学习在所有学科中真正重要的理论，并在此基础上形成所谓的"普世智慧"，产业数字化转型这个集自然科学和社会科学于一身的实践学科在当今时代就是缺乏这样的平常人不知道的"常识"，所以笔者基于这些背景进行了总结，提炼了这十二条。在广东省 CIO 联盟 2020 年 12 月 12 日举办的数字化峰会上，笔者将这十二条公之于众，现场收到了非常热烈的反响。

5.4.6 数字化转型建议："李洋十二条"

这十二条从数字化转型所涉及的价值观和战略、战术方法论两个大的层面来概括，即价值观层面和战略、战术方法论层面。第一条至第四条属于价值观层面，第五条至第十二条属于战略、战术方法论层面。

第一条 以企业主人翁视角看待数字化。这条主要给所有涉及和参与数字化转型的高管和核心骨干以参考，主要强调转型者的企业责任感、格局和视野，从 CEO、股东和董事的角度来看待数字化转型工作，以避免转型中的战略误区和思想意识误区。

第二条 以经营企业的思路经营科技组织。这条主要给 CIO、CDO 以参考，以企业的思路、方式和责任感来经营科技或者数字化组织，科技也是业务，所以要在战略上重视，以避免战略误区和思想意识误区。

第三条 做大事业，视科技为战略资产，而不只是实用资产。这条主要给

CEO、CIO、CDO 以参考，科技是数字经济时代的战略资产，不只是传统意义上的实用资产，所以在转型中要保持这种必要的战略意识，以避免战略误区和思想意识误区。

第四条 在实干中实现目标，不纸上谈兵，不做科技噱头。这条主要给 CIO、CDO 以参考，牢牢记住数字化转型是一项科学、系统的工程，是实践出来的，不是 PPT 上勾勒和嘴上说出来的，以避免战术误区和思想意识误区。

第五条 没有适合所有行业/企业的数字化转型之路。这条主要给 CEO、CIO、CDO 以参考，强调不要试图"依葫芦画瓢"，去寻找一个行业、企业或者咨询公司给出的样板来实践企业的数字化转型工作，因为这不现实也不科学，以避免战术误区和思想意识误区。

第六条 不要依赖长期的规划，最好不要超过 2 年。这条主要给 CEO、CIO、CDO 在规划层面以参考，不要过度僵化和教条，行业、企业等的规划普遍在 3~5 年，这里的"2 年"只是一个指代数量词，不是说必须不超过 2 年，而主要是为了强调数字化转型工作会随着用户、企业、资源、技术等方面的改变而不断深入，只要目标和战略相对稳定，在必要时可以进行细微调整，以避免战略误区、战术误区、投资误区等。

第七条 快速切入、试错，不断迭代和优化。这条主要给 CIO、CDO 进行数字化转型战术执行时提供参考，强调速度、阶段性产出和迭代、优化，相对于科技行业以前的"难以短期证伪"，希望在转型过程中能够随时总结和调整，一步一个脚印，这条主要用来避免战术误区和技术误区。

第八条 数字化转型不要随意推翻/否定已有的工作，大兴土木。这条主要给 CIO、CDO 战术执行时提供参考，避免忽视存量数字化/信息化投入的价值，随意推翻前期的工作基础，会导致较大的成本投入和历史沉没成本，给企业造成损失，这条主要用来避免战术误区、投资误区和技术误区。

第九条 精益经营，不要给后来者留下一片废墟。这条与第八条有一定的继承关系，主要给 CIO、CDO 以参考，在不轻易否定已有成果的前提下，数字化转型的投资和经营也要审慎和科学，反对"一门心思搞投入，不管企业成本和经营"的错误转型路径,做到有选择、有担当、有效果地投入,这条主要用来避免战术误区和投资误区。

第十条 寻找利基市场,积小胜为大胜。这条主要帮助 CIO、CDO 在战术执行时寻找"红海中的蓝海"作为切入点,因为很多企业经过信息化和互联网化阶段已经在很多方面取得了成果,数字化转型不是不分青红皂白地把所有东西都重新做一遍,所以如何切入非常值得研究和推敲,且逐步获得阶段性成果,将一些局部数字化的成果慢慢转化为大的成果,这条主要用来避免战术误区,切忌急躁、盲目和冒进。

第十一条 重视流程、组织/人员、技术和数据,但不要"拿着锤子找钉子"。这条主要提供给 CIO、CDO 以战术执行参考。科技化/数字化主要会落实在流程、组织/人员、技术、数据这些工具上去进行数字化转型,所以要给予重视,但是不能唯这些工具论,不去顾及和考虑业务的形态、特点、发展、需求等,光用技术的思维去考虑问题是片面的,也是成效最低的,所以这条主要用来避免思想意识误区和技术误区。

第十二条 打造生态,综合各利益攸关方,不闭门造车,不自娱自乐。这条提供给 CEO、CIO、CDO 作为战术和思想意识参考,不要指望一个企业、一个团队能够解决所有的问题,企业都是在行业、社会、国家中生存的,用户、国家、监管者、伙伴、供应链成员等都需要想办法整合进来,形成利益共同体,取各家之长,共荣共生,所以这条主要用来避免战术误区和思想意识误区。

细心的读者可能会发现,"李洋十二条"与稻盛和夫先生的《经营十二条》[①]在某些方面有异曲同工之处,主要还是强调用企业经营的视角去对待数字化转型这项事业。

从上面的分析不难看出,其实"李洋十二条"背后的驱动逻辑比较朴素,核心在于明确数字化转型的常识,可借鉴,可落地。希望通过这十二条提醒,产业、企业的领导者不忘数字化转型的初心,紧紧抓住提升企业竞争力和创造

---

① 详见稻盛和夫先生的著作《经营十二条》(曹岫云,译)。

价值的目标，做好战略指引和战术布局，并科学运用数字化技术进行转型，也非常希望大家用"内生企业家"的视角、以企业经营的思维去推动数字化转型工作，不要好高骛远，也不要犹豫不前，而应因地制宜，紧密结合业务，探索适合本企业的数字化转型之路，并使用正确的战略、战术方法去实践。

第 6 章

数据治理与数据资产管理

导读：通过数据资产实现商业价值变现是数字化转型的重要抓手和路径。要实现这个目标，需要通过数据治理与数据资产管理的手段，来盘活和应用数据，真正使得数据成为数字化转型的驱动力，成为企业的战略资产。

6.1 数字化转型中的数据治理

对于数据治理，国际数据管理协会（Data Management Association，DAMA）给出的定义："数据治理是对数据资产管理行使权力和控制的活动集合。"

国际数据治理研究所（Data Governance Institute，DGI）给出的定义："数据治理是一个通过一系列与信息相关的过程来实现决策权和职责分工的系统，这些过程按照达成共识的模型来执行，该模型描述了谁（Who）能根据什么信息，在什么时间（When）和什么情况（Where）下，用什么方法（How），采取什么行动（What）。"

可以这样理解：数据治理的最终目标是提升数据利用率和数据价值，通过有效的数据资源管控手段，实现数据的看得见、找得到、管得住、用得好，提升数据质量和数据价值。企业数据治理非常有必要，它是企业实现数字化转型的基础，是企业的一个顶层策略，一个管理体系，也是一个技术体系，涵盖战略、组织、文化、方法、制度、流程、技术和工具等多个层面的内容。

数据治理的历史可以分为如下三个阶段。

第一阶段：早期探索。早在 1988 年，麻省理工学院的两位教授启动了全面数据质量管理计划，可以认为是数据治理的雏形；同年，DAMA 国际成立。直到 2002 年，数据治理概念首次出现在学术界，美国两位学者发表了题为"数据仓库治理"的研究，探讨了 Blue Cross 和 Blue Shield of North Carolina 两家公司的最佳实践，由此拉开了数据治理在企业管理中的大幕。

第二阶段：理论研究。2003 年，DGI 成立，研究数据治理理论框架，与国际标准化组织（ISO）对数据管理与数据治理进行定义。直到 2009 年，DAMA 国际发布数据管理知识体系（Data Management Body of Knowledge，DMBOK），至此，数据治理的理论框架基本固定。

第三阶段：广泛接受与应用。伴随着数据仓库的建设、主数据管理与 BI 的实施，国内也逐步接受并利用数据治理的概念进行推广实践。我国数据治理之路在 DMBOK 的基础上不断延伸和扩展，里程碑事件为在 2015 年提出了《数据治理白皮书》国际标准研究报告，在 2018 年发布了《银行业金融机构数据治理指引》，这标志着数据治理在我国银行金融机构中全面实践时代的到来。

6.1.1 数字化转型迫切需要数据治理

随着大数据的发展，各行各业都面临越来越庞大且复杂的数据，这些数据如果不能有效管理起来，不但不能成为企业的资产，反而可能成为拖累企业的"包袱"。数据治理是有效管理企业数据的重要举措，是实现数字化转型的必经之路，对提升企业业务运营效率和创新企业商业模式具有重要意义。

对企业来讲，实施数据治理有七个价值。

（1）降低业务运营成本。有效的数据治理能够降低企业 IT 和业务运营成本。高一致性的数据环境让系统应用集成、数据清理变得更加自动化，减少过程中的人工成本；标准化的数据定义让业务部门之间的沟通保持顺畅，降低由于数据不标准、定义不明确引发的各种沟通成本。

（2）提高业务处理效率。有效的数据治理可以提高企业的运营效率。高质量的数据环境和高效的数据服务让企业员工可以方便、及时地查询到所需的数据，然后即可开展自己的工作，而无须在部门与部门之间进行协调、汇报等，从而有效提高工作效率。

（3）改善数据质量。有效的数据治理对企业数据质量的提升是不言而喻的，数据质量的提升本就是数据治理的核心目的之一。高质量的数据有利于提升应用集成的效率和质量，提高数据分析的可信度，改善的数据质量意味着改善的产品和服务质量。数据质量直接影响品牌声誉。

（4）控制数据风险。有效的数据治理有利于建立基于知识图谱的数据分析服务，如360度客户画像、全息数据地图、企业关系图谱等，帮助企业实现供应链、投融资的风险控制。良好的数据可以帮助企业更好地管理公共领域的风险，如食品的来源、成分、制作方式风险等。企业拥有更可靠的数据就意味着拥有了更好的风险控制和应对能力。

（5）防护数据安全。有效的数据治理可以更好地保证数据的安全防护、敏感数据保护和数据的合规使用。通过数据梳理识别敏感数据，再通过实施相应的数据安全处理技术，如数据加密/解密、数据脱敏/脱密、数据安全传输、数据访问控制、数据分级授权等手段，实现数据的安全防护和使用合规。

（6）赋能管理决策。有效的数据治理有利于提升数据分析和预测的准确性，从而改善决策水平。良好的决策是基于经验和事实的，不可靠的数据就意味着不可靠的决策。通过数据治理对企业数据收集、融合、清洗、处理等过程进行管理和控制，持续输出高质量数据，从而做出更好的决策和提供一流的客户体验，都将有助于企业的业务发展和管理创新。

（7）创新商业模式。有效的数据资产不但可以对企业经营进行管理、预测和决策，也可以辅助企业对用户体验、客群流量、产品/服务倾向等进行合理和高效的分析，从而帮助企业开发新的产品/服务及进行商业模式创新，从而形成新的盈利点和商机。

6.1.2 数据治理的基本逻辑

在实际的数字化转型过程中，经常会听到数据治理、数据管理和数据管控的概念，这里做一个简单的澄清。

数据治理应该是企业顶层设计、战略规划方面的内容，是数据管理活动的总纲和指导，它指明数据管理过程中要做哪些决策、由谁负责，更强调组织模式、职责分工和标准规范。

数据管理（数据资产管理）是为实现数据和信息资产价值的获取、控制、保护、交付及提升，对政策、实践和项目所做的计划、执行和监督。数据管理是指执行和落实数据治理策略并在过程中给予反馈，强调管理流程和制度，涵盖不同的管理领域，如元数据管理、主数据管理、数据标准管理、数据质量管理等。

数据管控侧重于执行层面，是具体落地执行所涉及的各种措施，如数据建模、数据抽取、数据处理、数据加工、数据分析等。进行数据管控的目的是确保数据被管理和监控，从而让数据得到更好的利用。

综上所述，数据治理强调顶层的策略，数据管理侧重于流程和机制，而数据管控则侧重于具体的措施和手段，三者是相辅相成的。现在听得较多的是数据治理，似乎只要是涉及数据管理的项目，都会被说成数据治理。之所以会出现这个现象，主要是因为企业越来越意识到传统 IT 驱动或者说技术驱动的专项数据管理项目在实施过程中很难推进，并且很难解决业务和管理上用数（数据）难的问题。而从战略、组织入手的数据治理顶层设计更有利于实现数据管理的目标。

6.2 十项举措做好数据资产管理

数据资产管理主要包括元数据管理、主数据管理、数据标准管理、数据质量管理、数据集成管理、数据资产梳理、数据安全管理、数据开发管理、数据资产流通管理、数据资产运营十大方面。

6.2.1 元数据管理

元数据管理是指与确保正确创建、存储和控制元数据，以便在整个企业中一致地定义数据有关的活动。在元数据管理中，对业务元数据、技术元数据与操作元数据的盘点、集成和管理是企业数据治理实践中的基本活动。进行元数据管理可以快速厘清数据资源，了解数据的来龙去脉，构建数据地图，在为数据标准提供了存储框架与系统映射的同时，也为数据质量检核工作提供了实施对象，在数据质量问题的追溯与数据资源信息的传承与转移工作中起到了至关重要的作用，如图6-1所示。

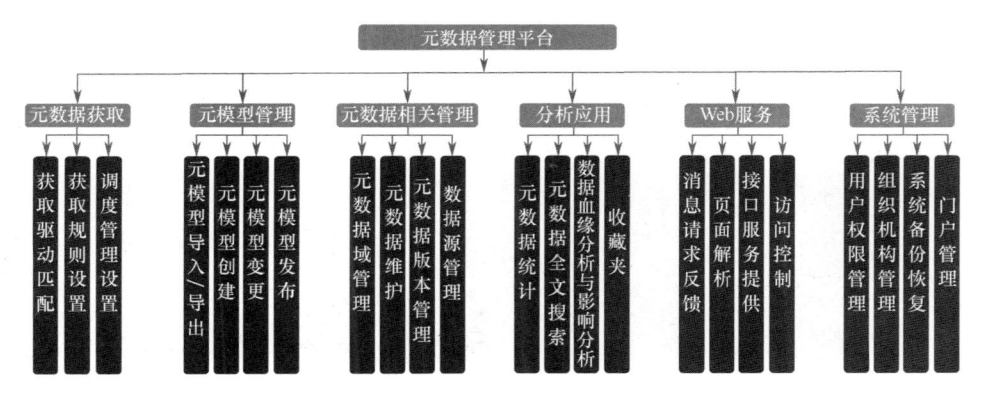

图 6-1 元数据管理

从技术维度讲，元数据管理的内容是数据资产所涉及的源系统、数据平台、数据仓库、数据模型，以及数据库、表、字段及字段和字段间的数据关系。

从业务维度讲，元数据管理的内容是企业的业务术语表、业务规则、质量规则、安全策略，以及表的加工策略、生命周期信息等。

从应用维度讲，元数据管理为数据提供了完整的审计跟踪机制，这对数据的合规使用越来越重要。通过数据血缘分析，可以追溯发生数据质量问题及其他问题的根本原因，并对更改后的元数据进行影响分析。

6.2.2 主数据管理

主数据（Master Data）是指用来描述企业核心业务实体的数据，是跨越各个业务部门和系统的、高价值的基础数据。主数据管理（Master Data Management，MDM）是一系列规则、应用和技术，用以协调和管理与企业的核心业务实体相关的系统记录数据。有效的主数据管理是实现企业内部各信息系统之间、企业与企业之间互联互通的基石，是企业数字化转型的重要基础，如图 6-2 所示。

主数据标准化体系				
数据标准体系	数据管理体系	绩效考核体系	IT架构体系	安全架构体系
数据标准 分类标准 编码规则 属性规范 管理流程	标准化管理组织 标准化管理岗位 标准化专家团队	考核管理制度和规范	IT系统架构 集成服务标准	安全制度 安全组织 安全技术 安全预案
物料主数据	客商主数据	组织岗位主数据	人员主数据	……

主数据管理平台建设			
主数据中心搭建	业务系统数据模型管理	主数据模型管理	数据编码管理
历史数据清洗（初始化）	数据交换管理	数据管理流程	数据质量/数据验证

图 6-2 主数据管理

主数据管理的关键活动包括管理计划、管理执行、管理检查和管理改进四个方面。

（1）管理计划。具体内容：依据企业级数据模型，明确主数据的业务范围、唯一来源系统与识别原则；定义主数据的数据模型（或主数据源分布）、数据标准、数据质量、数据安全等要求或规则，并明确以上各方面与组织全面数据资产管理的关系。

（2）管理执行。具体内容：依托平台工具，实现核心系统与主数据存储库数据同步共享。

（3）管理检查。具体内容：对主数据质量进行检查，保证主数据的一致性和唯一性；记录检查的问题。

（4）管理改进。具体内容：总结主数据管理问题，制订主数据管理提升方案，持续改进主数据质量及管理效率。主数据具有数据价值高、稳定性强、数量少但影响范围广等特点，有"黄金数据"之称，因此将主数据管理作为数据资产管理的切入点，可以起到"牵一发而动全身"的作用。

6.2.3 数据标准管理

数据标准管理涉及数据标准的制定、发布、宣贯、执行、验证和优化，是一个将数据标准在企业各部门之间、各系统之间进行交换和共享的过程，也是使不同参与者就数据标准达成共识，并积极参与定义和管理数据标准的过程，如图 6-3 所示。

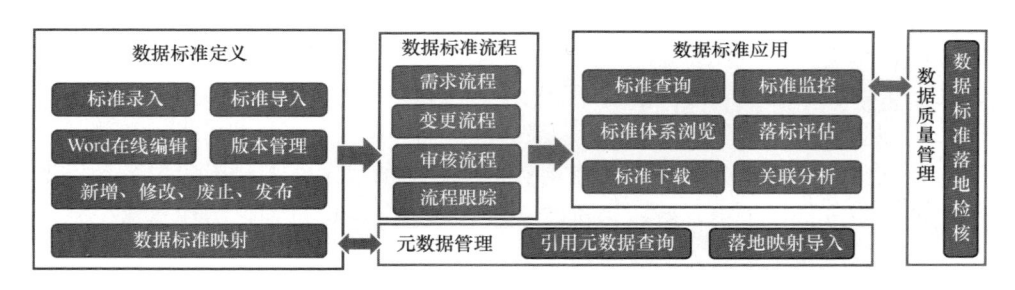

图 6-3 数据标准管理

建设企业数据标准管理体系，包括数据资源注册、数据资源采集、数据资源目录、数据资源安全等相关标准规范，通过对数据标准进行统一定义和统一管理，消除跨系统数据的非一致性。

6.2.4 数据质量管理

数据治理的目标是提升数据质量并赋能业务，以实现企业的业务和管理目标。数据质量管理是对数据从计划到获取、存储、共享、维护、应用、消亡的生命周期里可能出现的数据质量问题进行识别、测量、监控和预警等的一系列管理活动，并通过提高组织的管理水平来进一步提升数据质量。

数据质量管理以数据标准为数据检核依据，以元数据为数据检核对象，通过向导化与可视化的简易操作手段，将质量评估、质量监控、质量改进与质量报告等工作环节进行流程整合，形成完整的数据质量管理闭环。数据质量管理的最终目的不是获得高质量数据，而是利用高质量数据取得业务成果，为企业创造收益，如图 6-4 所示。

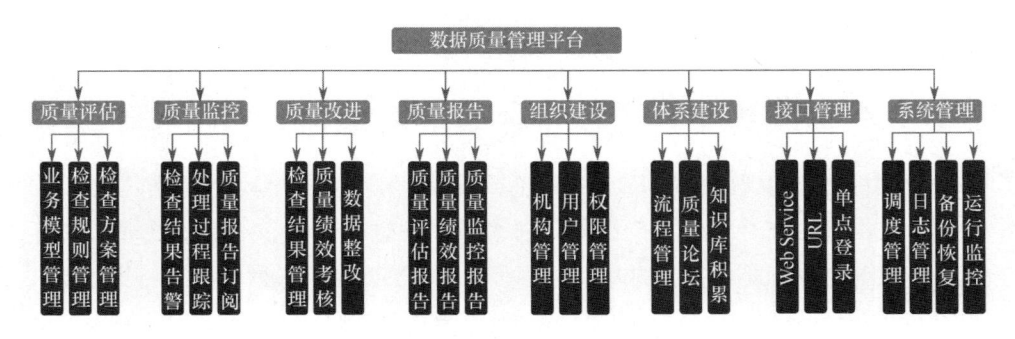

图 6-4　数据质量管理

6.2.5　数据集成管理

数据集成管理是为了更好地使用数据而提供的技术能力和手段。各种类型的数据应用项目，如数据分析挖掘、数据仓库、主数据管理、应用集成、数据资产管理等，都离不开数据集成。

数据集成管理可实现跨部门数据的传输、加载、清洗、转换和整合，支持自定义调度和图形化监控，实现统一调度、统一监控，满足运维可视化需求，提高运维管理工作效率，如图 6-5 所示。

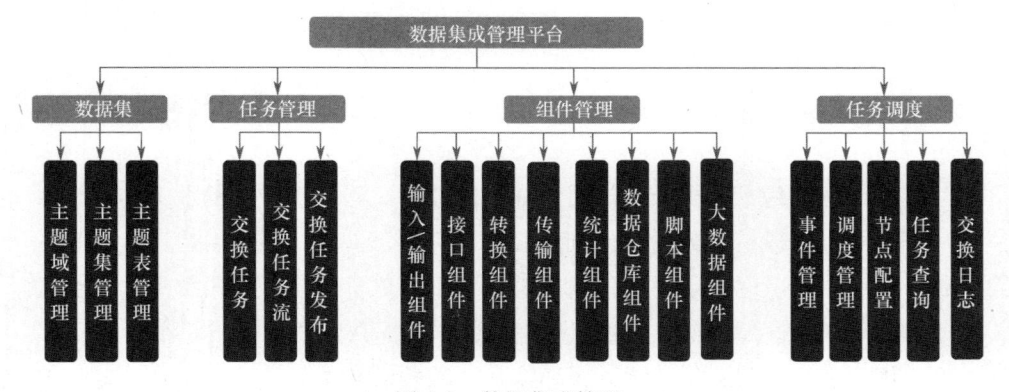

图 6-5　数据集成管理

建立良好的数据集成架构，设计清晰的数据集成模式，定义明确的数据集成策略，是企业进行数据治理和应用的重要保障。

6.2.6　数据资产梳理

数据梳理即对数据资产的梳理。数据资产梳理是企业进行数据治理的基础，通过对数据资产的梳理，企业可以知道自己到底有哪些数据，这些数据都存储在哪里，数据的质量如何，从而摸清"数据家底"并为数据建模提供支撑。而数据模型是帮助企业梳理数据、理解数据的关键技术。数据模型在数据治理中起到向上承接数据战略，向下对接数据和应用的作用，如图6-6所示。

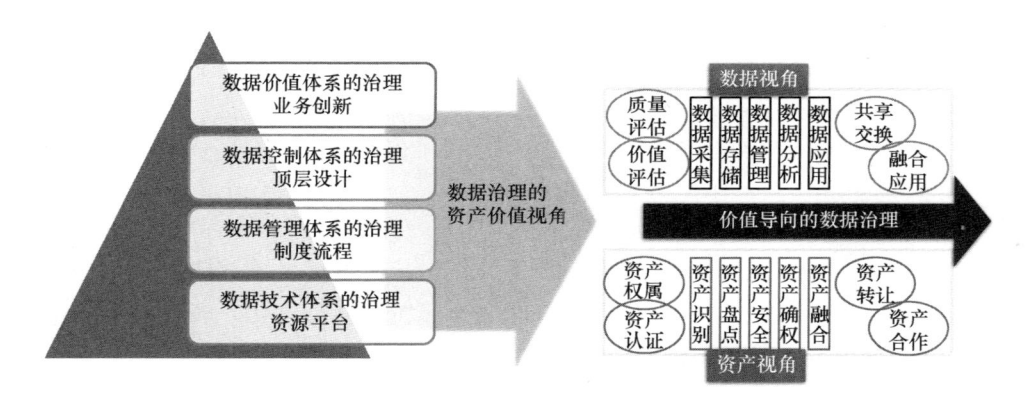

图6-6　数据资产梳理

支持按照不同的用户视角对业务数据进行编目，支持分析数据资产地图及数据资产的影响、血缘、全链分析，展示数据资产之间的内在联系，辅助数据资产盘点，了解数据资产价值。

6.2.7　数据安全管理

数据安全的治理贯穿于数据的整个生命周期，每个阶段都需要企业人员具备数据安全的意识，合理、合规地使用数据，防止数据泄露，保护数据安全。

数据安全管理可在数据使用和访问过程中针对潜在风险进行预警，对异常行为进行监控，对数据库账号、权限变化状况进行追踪，多方位保障敏感数据和机密数据的安全，如图6-7所示。

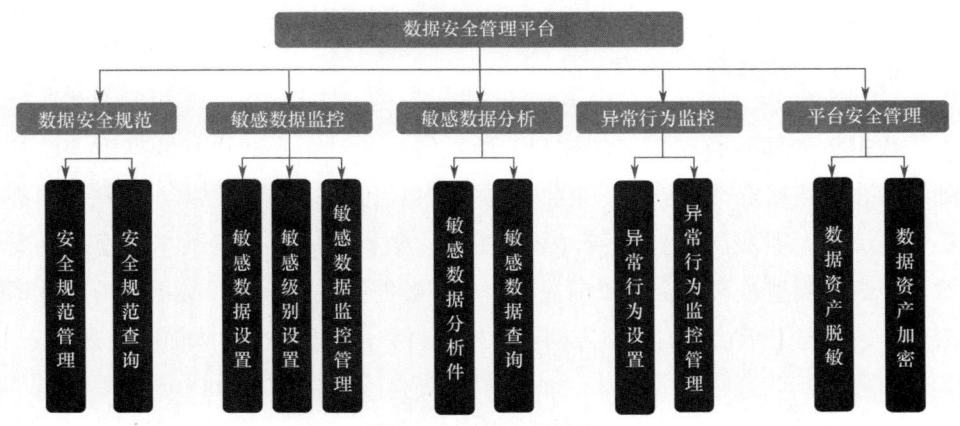

```
                    数据安全管理平台
        ┌──────────┬──────────┬──────────┬──────────┐
     数据安全规范  敏感数据监控  敏感数据分析  异常行为监控  平台安全管理
     ┌──┬──┐    ┌──┬──┬──┐   ┌──┬──┐     ┌──┬──┐      ┌──┬──┐
     安  安     敏  敏  敏    敏  敏      异  异       数  数
     全  全     感  感  感    感  感      常  常       据  据
     规  规     数  数  数    数  数      行  行       资  资
     范  范     据  据  据    据  据      为  为       产  产
     管  查     设  级  监    分  查      设  监       脱  加
     理  询     置  别  控    析  询      置  控       敏  密
                   设  管    件            管
                   置  理                  理
```

图 6-7　数据安全管理

6.2.8　数据开发管理

数据开发是指将原始数据加工为数据资产的各类处理过程。数据开发管理是指通过建立开发管理规范与管理机制，面向数据、程序、任务等处理对象，对开发过程和质量进行监控与管控，使数据开发逻辑清晰化、开发过程标准化，增强开发任务的复用性，提升开发的效率。

数据开发管理的关键活动如下。

（1）数据开发管理计划。具体包括：制定数据集成、开发、运维规范。

（2）数据开发管理执行。具体包括：建设具备数据集成、程序开发、程序测试、任务调度、任务运维等能力的一体化数据开发工具；根据数据集成规范进行逻辑或物理的数据集成；根据数据使用者的需求进行数据开发。

（3）数据开发管理检查。具体包括：监控数据处理任务的运行情况，并及时处理各类异常。

（4）数据开发管理改进。具体包括：定期进行数据集成、开发、运维工作复盘，并以此为基础，对相关规范进行持续迭代。依托统一数据开发平台，从技术侧和管理侧提升数据开发管理效率。

6.2.9　数据资产流通管理

对组织而言，数据资产流通是指通过数据共享、数据开放、数据交易等流通模式，推动数据资产在组织内外部的价值实现。

数据共享是指打通组织各部门间的数据壁垒，建立统一的数据共享机制，加速数据资源在组织内部的流动。数据开放是指向社会公众提供易于获取和理解的数据。对政府而言，数据开放主要是指公共数据资源开放；对企业而言，数据开放主要是指披露企业运行情况、推动政企数据融合等。数据交易是指交易双方通过合同约定，在安全合规的前提下，开展以数据或其衍生形态为主要标的的交易行为。

数据共享、数据开放、数据交易的区别在于交换数据的属性与数据交换的主体范围。对于具备公共属性的数据，在组织体系内部流通属于数据共享，如政府机构之间的数据交换；在组织体系外部流通属于数据开放，如公共数据向社会公众开放。对于具有私有（商品）属性的数据，在组织内部流通属于企业数据共享，如企业部门间的数据交换；在组织外部流通属于数据交易。需要说明的是，并非所有的数据交易均以货币进行结算，在遵循等价交换的前提下，不论是传统的点对点交易模式，或是数据交易所的中介交易模式，由"以物易物"延伸的"以数易数"或"以数易物"同样可能存在。

数据共享和数据开放应充分考虑数据使用者的需求，形成需求清单，明确数据流通的数据合规要求和潜在安全风险，建立数据安全分类、分级标准，利用技术工具对数据资产流通过程开展安全防护。

6.2.10 数据资产运营

数据资产运营是指通过对数据服务、数据流通情况进行持续跟踪和分析，以数据价值管理为参考，从数据使用者的视角出发，全面评价数据应用效果，建立科学的正向反馈和闭环管理机制，促进数据资产的迭代和完善，不断适应和满足数据资产的应用和创新需求。

使用统一平台提供数据服务，复用数据服务成果，提升数据服务效率。统一的数据服务平台屏蔽了底层数据的技术细节，在底层数据平台升级或迁移过程中降低对业务的影响，从而提高数据链路构建和运行的效率。此外，缩短了数据使用者触达数据的时间，减少了数据在不同角色中传递的信息损耗。

丰富数据服务形式，满足内外部数据使用者的需求，有助于提升数据资产运营效果。同时，扩宽数据用户范围，扩大数据场景范围，构建数据生态是开展数据资产运营的有效方式。

6.3 四步骤实施数据资产管理

由大数据技术标准推进委员会和中国信通院联合编撰的《数据资产管理实践白皮书》（5.0 版）总结归纳了一种数据资产管理实践的通用步骤："统筹规划→管理实施→稽核检查→资产运营"。需要说明的是，各步骤之间并无严格的先后顺序，组织可结合自身情况在各阶段制订合理的实施方案，如图6-8所示。

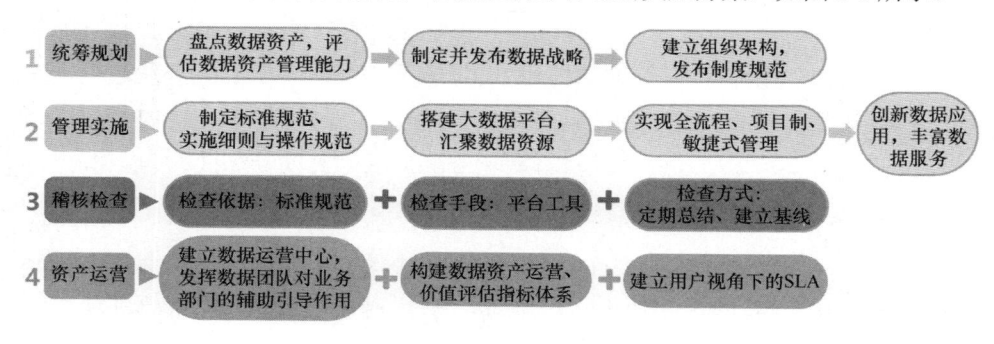

1 统筹规划	盘点数据资产，评估数据资产管理能力	制定并发布数据战略	建立组织架构，发布制度规范	
2 管理实施	制定标准规范、实施细则与操作规范	搭建大数据平台，汇聚数据资源	实现全流程、项目制、敏捷式管理	创新数据应用，丰富数据服务
3 稽核检查	检查依据：标准规范 ＋	检查手段：平台工具 ＋	检查方式：定期总结、建立基线	
4 资产运营	建立数据运营中心，发挥数据团队对业务部门的辅助引导作用	构建数据资产运营、价值评估指标体系	建立用户视角下的SLA	

图6-8 实施数据资产管理的主要步骤

6.3.1 统筹规划

数据资产管理实施第一阶段是统筹规划，包括评估管理能力、发布数据战略、发布制度规范三个步骤，为后续数据资产管理和运营锚定方向、奠定基础。

第一步是盘点数据资产，评估数据资产管理能力。组织应利用技术工具从业务系统或大数据平台抽取数据、采集元数据、识别数据关系，可视化包含元数据、数据字典的数据模型，并从业务流程和数据应用的视角出发，完善包含业务属性、管理属性的数据资产信息，形成数据资产地图。此外，从制度、组织、活动、价值、技术等维度对组织的数据资产管理开展全面评估，将评估结果作为评估基线，有助于组织了解管理现状与问题，进一步指导数据战略规划的制定。第一步的主要交付物包括数据资产盘点清单、数据架构或数据模型、数据资产管理现状评估报告、数据资产管理差距分析报告。

第二步是制定并发布数据战略。组织应根据数据资产管理现状评估结果与差距分析，召集数据资产管理相关利益者，明确数据战略规划及执行计划。同时，为适应业务的快速变化，采用相对敏捷的方式开展数据资产管理工作，定期调整数据战略短期规划与执行计划。第二步的主要交付物包括数据战略规划、数据战略执行计划。

第三步是建立组织架构，发布制度规范。组织应从数据战略规划出发，构建合理的、稳定的数据资产管理组织架构，以及具备一定灵活性的数据资产管理项目组，确定数据资产管理认责体系，并制定符合战略目标与当前实际情况的数据资产管理制度规范。第三步的主要交付物包括数据资产管理组织架构图、数据资产管理认责体系、数据资产管理相关管理办法。

6.3.2 管理实施

数据资产管理实施第二阶段的工作目标主要是通过建立数据资产管理的规则体系，依托数据资产管理平台工具，以数据生命周期为主线，全面开展数据资产管理各项活动，以推动第一阶段成果落地。第二阶段主要包括建立规范体系、搭建大数据平台、全流程管理、创新数据应用四个步骤。

第一步是制定标准规范、实施细则与操作规范。组织级数据资产标准规范体系指各活动职能下对数据技术设计、业务含义的标准化。此外，组织应结合数据资产管理相关管理办法，形成各活动职能的实施细则与操作规范，为数据资产管理的有效执行奠定良好的基础。第一步的主要交付物包括数据资产管理活动职能相关标准规范、实施细则、操作规范。

第二步是搭建大数据平台，汇聚数据资源。组织应根据数据规模、数据源复杂性、数据时效性等，评估平台预期成本，自建或采购大数据平台，为数据资产管理提供底层技术支持；设计数据采集和存储方案，根据第一步的数据资产标准规范体系，制定数据转换规则，确定数据集成任务调度策略，支持从业务系统或管理系统抽取数据至大数据平台，实现数据资源的汇聚；结合云原生、AI等技术提升资源利用率，降低数据资产管理的资源投入和运维成本。

第二步的主要交付物包括大数据平台、数据汇聚方案与记录。

第三步是实现全流程、项目制、敏捷式管理。组织应构建统一的数据资产管理平台，使各活动职能相关工具保持联动，覆盖数据的采集、流转、加工、使用等环节。由数据资产管理团队组织开展数据资源化活动，对于每项活动，在数据需求中明确和记录数据使用者的规范与期望；在数据设计中支持规则的落地与应用；在数据运维中根据数据生产方业务和数据的变化，响应数据使用者规则与期望的调整，并及时发现和整改问题数据。项目是执行组织级数据资产管理的最小单元，良好的数据资产项目管理是基础，类比 IT 项目管理框架，主要从目标一致性、角色合理性、范围明确性（包括业务范围、数据范围、技术范围等）、风险可控性、成本可计量、质量可优化等方面考虑。第三步的主要交付物包括数据资产管理平台、数据资产生命周期操作手册、数据资产项目管理操作手册、数据资产管理业务案例。

第四步是创新数据应用，丰富数据服务。组织应加强数据应用和服务的创新，围绕降低数据使用难度、扩大数据覆盖范围、增加数据供给能力等方面开展。通过数据可视化、搜索式分析、数据产品化、产品服务化等角度降低数据使用难度；通过数据"平民化"（如自助式数据分析、数据应用商店、数据超市等），使更多一线业务人员直接参与数据分析过程；通过数据消费者、数据生产者之间灵活的角色转变，增加数据的供给能力（如形成数据众筹、众享模式）。第四步的主要交付物包括数据应用产品清单、数据应用服务操作手册、数据应用服务用户指南。

6.3.3 稽核检查

组织在第二阶段基本完成由原始数据到数据资源的转变，第三阶段的稽核检查关注如何评价数据资源化成果、改进管理方法。该阶段的主要目标是根据既定标准规范，适应业务和数据的变化，通过对数据资源化过程与成果开展常态化检查，优化数据资产管理模式与方法。

标准规范是常态化检查的依据，即基础与前提，主要包括数据模型与业务架构和 IT 架构一致性、数据标准落地、数据质量、数据安全合规、数据开发规范性等。

平台工具是常态化检查的有效手段，相较于人工操作，节约人力和物力，能确保检查结果的准确性，提升检查效率。

定期总结、建立基线是常态化检查的有效方式，通过对检查结果进行统计分析，形成检查指标与能力基线，评价数据资源化效果，与相关利益方、参与方确定整改方案，持续改进管理模式与方法。

第三阶段的主要交付物包括数据资产管理检查办法、数据资产管理检查总结、数据资产管理检查基线。

6.3.4 资产运营

在前三个阶段的基础上，组织具备向数据资产转变的基础。数据资产管理的第四个阶段是资产运营，该阶段的主要目标是通过构建数据资产价值评估体系与运营策略，促进数据内外部流通，建立管理者与使用者的反馈与激励机制，推动数据资产价值释放。

组织应建立数据运营中心，发挥数据团队对业务部门的辅助引导作用。数据团队提供包括自助式数据服务、AI 模型等在内的支持，并通过定期宣导与培训，提升业务部门的数字技术能力。此外，应以场景化数据资产运营为出发点，鼓励业务部门的数据资产使用方使用相关平台探索数据，共享探索成果，提出改进建议。

组织应以数据赋能业务发展为主要目标，构建数据资产运营、价值评估指标体系。从业务侧出发，覆盖各业务条线和数据场景的数据资产规模、数据资产质量等，从内在价值、经济价值、成本价值、市场价值等方面构建数据资产价值评估体系。此外，建立数据资产数字化运营大屏，直观展示数据资产生态图谱，使数据资产应用效果显性化。

组织应建立用户视角下的服务等级协议（Service-Level Agreement，SLA），并进行持续评估和改善。区别于传统分布式大数据平台视角下的SLA，数据资产管理 SLA 的目标是为各数据使用者持续、及时地提供高质量数据和服务，核心指标包括可靠性、实时性、质量要求等，贯穿数据资产管理全生命周期，覆盖数据资产管理各项活动职能，由保障措施提供基本支持，并通过采集和分析相关平台的运行日志，记录 SLA 的"断点"，改善数据资产服务的流程。

第四阶段的主要交付物包括数据资产服务目录、数据资产价值评估体系、数据资产流通策略与技术、数据资产运营指标体系。

6.4 企业数字中台

2015年，阿里巴巴提出"大中台，小前台"的中台战略，通过实施中台战略找到能够快速应对外界变化、整合各种基础能力、高效支撑业务创新的机制。阿里巴巴中台战略最早从业务中台和数据中台建设开始，采用了双中台的建设模式，到后来发展到移动中台、技术中台和研发中台等，这些中台的能力综合在一起就构成了阿里巴巴企业级数字化能力。

6.4.1 中台简介

传统企业在技术能力、组织架构和商业模式等方面与阿里巴巴存在非常大的差异，在实施中台战略时是否可以照搬阿里巴巴中台建设模式？传统企业中台数字化转型需要提升哪些方面的基本能力？中台建设过程从根本上讲是企业自身综合能力持续优化和提升的过程，最终目标是实现企业级业务能力复用及不同业务板块能力的联通和融合。

企业级的综合能力一般包含业务能力、数据能力、技术能力和组织能力。

（1）业务能力主要体现为对中台领域模型的构建能力，对领域模型的持续演进能力，企业级业务能力的复用、融合和产品化运营能力，以及快速响应市场的商业模式创新能力，如图6-9所示的前台应用、能力聚合，以及业务中台模块。

（2）数据能力主要体现为企业级的数据融合能力、数据服务能力，以及对商业模式创新和企业数字化运营的支撑能力，如图6-9所示的数据中台模块。

（3）技术能力主要体现为对设备、网络等基础资源的自动化运维和管理能力，对微服务等分布式技术架构体系化的设计、开发和架构演进能力，如图6-9所示的技术组件、技术中台模块。

（4）组织能力主要体现为一体化的研发运营能力和敏捷的中台产品化运营

能力，还体现为快速建设自适应的组织架构和中台建设方法体系等方面的能力，如图 6-9 所示的研发/运营/DevOps/监控/安全、组织与方法模块。

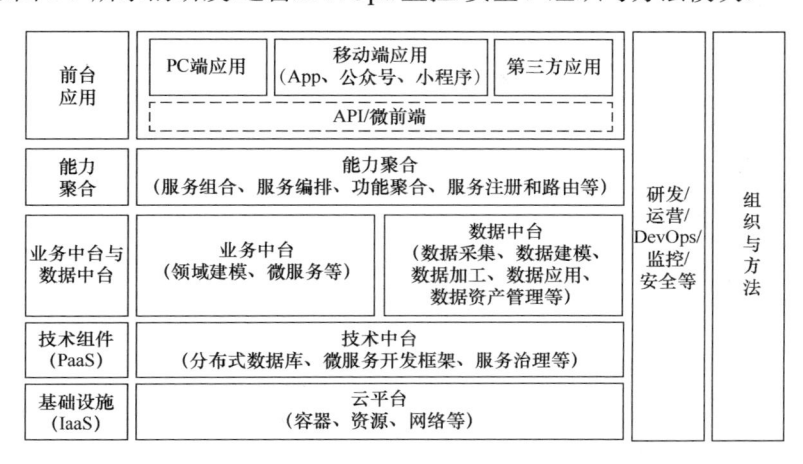

前台应用	PC端应用	移动端应用 (App、公众号、小程序)	第三方应用	研发/ 运营/ DevOps/ 监控/ 安全等	组织与方法
	API/微前端				
能力聚合	能力聚合 (服务组合、服务编排、功能聚合、服务注册和路由等)				
业务中台与数据中台	业务中台 (领域建模、微服务等)		数据中台 (数据采集、数据建模、 数据加工、数据应用、 数据资产管理等)		
技术组件 (PaaS)	技术中台 (分布式数据库、微服务开发框架、服务治理等)				
基础设施 (IaaS)	云平台 (容器、资源、网络等)				

图 6-9　企业中台数字化转型综合能力框架

这些能力相辅相成，融合在一起为企业中台数字化转型发挥最大效能。接下来介绍应该如何在不同的领域实现这些能力。

6.4.2　业务中台

企业所有能力建设都是服务于前台一线业务的。从这个角度讲，所有中台都可以称为业务中台。但工作中所说的业务中台一般是指支持企业线上核心业务的中台。

业务中台承载了企业核心、关键业务，是企业的核心业务能力，也是企业数字化转型的重点。业务中台的建设目标是"将可复用的业务能力沉淀到业务中台，实现企业级业务能力复用和各业务板块之间的联通和协同，确保关键业务链路的稳定高效，提升业务创新效能。"

业务中台的主要目标是实现企业级业务能力的复用，所以其建设需优先解决业务能力重复建设和复用的问题。通过重构业务模型，将分散在不同渠道和业务场景（如互联网应用和传统核心应用）重复建设的业务能力沉淀到企业级中台业务模型，面向企业所有业务场景和领域，实现能力复用和流程融合。

图 6-10 是一个业务中台示例。在设计业务中台时，可以将用户管理、订

单管理、商品管理和支付等这些通用的能力，通过业务领域边界划分和领域建模，沉淀到用户中心、订单中心、商品中心和支付中心等业务中台，然后基于分布式微服务技术体系完成微服务建设，形成企业级解决方案，面向前台应用提供可复用的业务能力。

前台应用		
PC端应用	移动端应用	第三方应用

企业级业务能力复用和流程融合

业务中台（共享服务）			
用户中心	商品中心	交易中心	支付中心
评价中心	店铺中心	会员中心	订单中心
搜索中心	资产中心	物流中心	其他

分布式技术中台

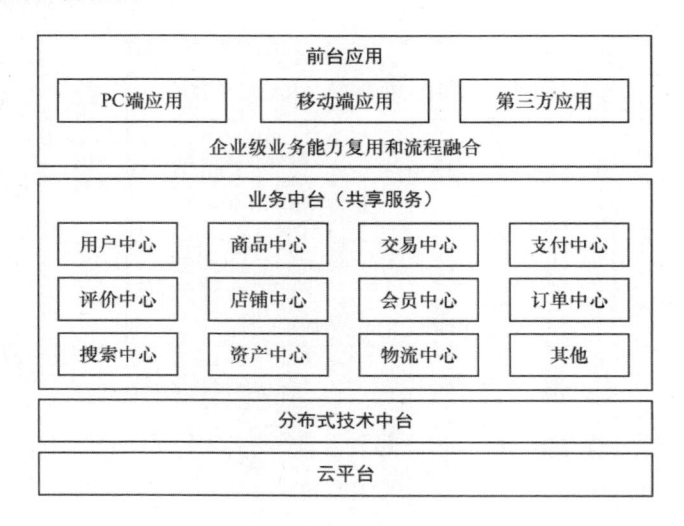

云平台

图 6-10　业务中台示例

在技术实现上，中台的系统落地可以采用微服务架构。微服务是目前公认的业务中台技术最佳实现，可以有效提升业务扩展能力，实现业务能力复用。

在业务建模上，中台领域建模可以采用领域驱动设计（Domain Driven Design，DDD）[①]方法，通过划分业务领域上下文边界，构建中台领域模型，根据领域模型完成微服务拆分和设计。

业务中台可以面向前台应用提供基于 API[②]的接口级服务能力，也可以将领域模型所在的微服务和微前端组合为业务单元，以组件的形式面向前台应用，提供基于微前端的页面级服务能力。

业务中台建设完成后，前台应用就可以联通和组装各个不同中台业务板

[①] 领域驱动设计就是在可扩展性方面将复杂多变的业务排除在稳定不变的内核业务之外，从而在多变的环境中找到不变的部分，达到以不变应万变的目标。

[②] 应用程序接口（Application Programming Interface，API），也称为应用编程接口，就是软件系统不同组成部分衔接的约定。良好的接口设计可以降低系统各部分的相互依赖程度，提高组成单元的内聚性，降低组成单元间的耦合程度，从而提高系统的维护性和扩展性。

块，既可以提供企业级一体化业务能力支撑，又可以提供灵活的场景化销售能力支撑。

6.4.3 数据中台

数据中台与业务中台相辅相成，共同支持前台一线业务。数据中台除了拥有传统数据平台的统计分析和决策支持功能外，会更多地聚焦于为前台一线交易类业务提供智能化的数据服务，支持企业流程智能化、运营智能化和商业模式创新，实现"业务数据化和数据业务化"。

最近几年，数据应用领域出现了很多新的趋势。数据中台建设模式也随着这些趋势在发生变化，主要体现在以下几点。

（1）数据应用技术发展迅猛。近些年涌现出了大量新的数据应用技术，如 NoSQL、NewSQL 和分布式数据库等，以及与数据采集、数据存储、数据建模和数据挖掘等大数据相关的技术。这些技术解决业务问题的能力越来越强，但也增加了技术实现的复杂度。

（2）数据架构更加灵活。在从单体向微服务架构转型后，企业业务和数据形态也发生了很大的变化，数据架构已经从集中式架构向分布式架构转变。

（3）数据来源更加多元化，数据格式更加多样化。随着车联网、物联网、LBS（基于位置的服务）和社交媒体等数据的引入，数据来源已从单一的业务数据向复杂的多源数据转变，数据格式也已经从以结构化为主向结构化与非结构化多种模式混合的方向转变。

（4）数据智能化应用将会越来越广泛。在数字新基建的大背景下，未来企业将汇集多种模式下的数据，借助深度学习和人工智能等智能技术，优化业务流程，实现业务流程的智能化，通过用户行为分析提升用户体验水平，实现精准营销、反欺诈和风险管控，实现数字化和智能化的产品运营、AIOps[①]等，提升企业的数字化、智能化水平。

面对复杂的数据领域，如何进行数据中台管理并利用好这些数据，对企业来说是一个非常重要的课题。数据中台的大部分数据来源于业务中台，经过数

---

① AIOps（人工智能IT运营）是应用人工智能改进IT运营的方法。

据建模和数据分析等操作后,将加工后的数据返回业务中台为前台应用提供数据服务,或直接以数据类应用的方式面向前台应用提供 API 数据服务。

数据中台一般包括数据采集、数据集成、数据治理、数据应用和数据资产管理,另外还有数据标准和指标建设,以及数据仓库或大数据等技术应用。图 6-11 是一个数据中台示例。

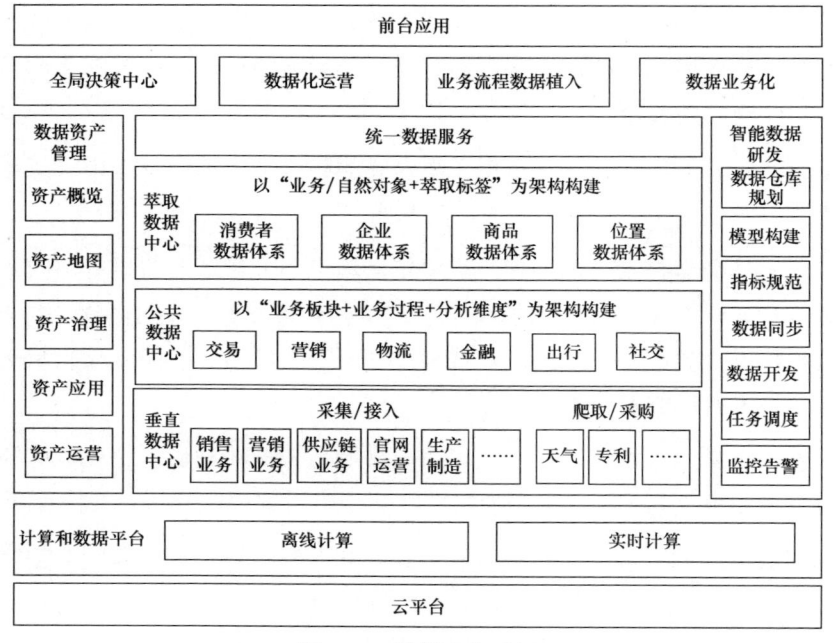

图 6-11 数据中台示例

综上所述,数据中台建设需要做好以下三个方面的工作。

一是建立统一的企业级数据标准指标体系,解决数据来源多元化和标准不统一的问题。企业在统一的数据标准下,规范有序地完成数据采集、数据建模、数据分析、数据集成、数据应用和数据资产管理。

二是建立与企业能力相适应的数据研发、分析、应用和资产管理技术体系。结合企业自身技术能力和数据应用场景,选择合适的技术体系构建数据中台。

三是构建支持前台一线业务的数据中台。业务中台微服务化后,虽然提升了应用的高可用性,但是随着数据和应用的拆分,会形成更多的数据孤岛,会增加应用和数据集成的难度。在建设业务中台的同时,需要同步启动数据中台建设，整合业务中台数据，消除不同业务板块核心业务链条之间的数据孤岛，对外提供统一的数据服务。用"业务+数据"双中台模式，支持业务、数据和流程的融合。

数据中台投入相对较大，收益周期较长，但会给企业带来巨大的潜在商业价值，也是企业未来数字化运营的重要基础。企业可以根据业务发展需求制定阶段性目标，分步骤、有计划地整合现有数据平台，演进式地推进数据中台建设。

6.4.4 技术中台

业务中台落地时需要有很多技术组件支撑，这些不同技术领域的技术组件就组成了技术中台。业务中台大多采用微服务架构，以保障系统的高可用性，有效应对高频海量业务访问场景，所以技术中台会有比较多的与微服务相关的技术组件。

一般来说，技术中台会涉及 API 网关、开发框架、微服务治理、分布式数据库、数据处理等关键技术领域的组件，如图 6-12 所示。

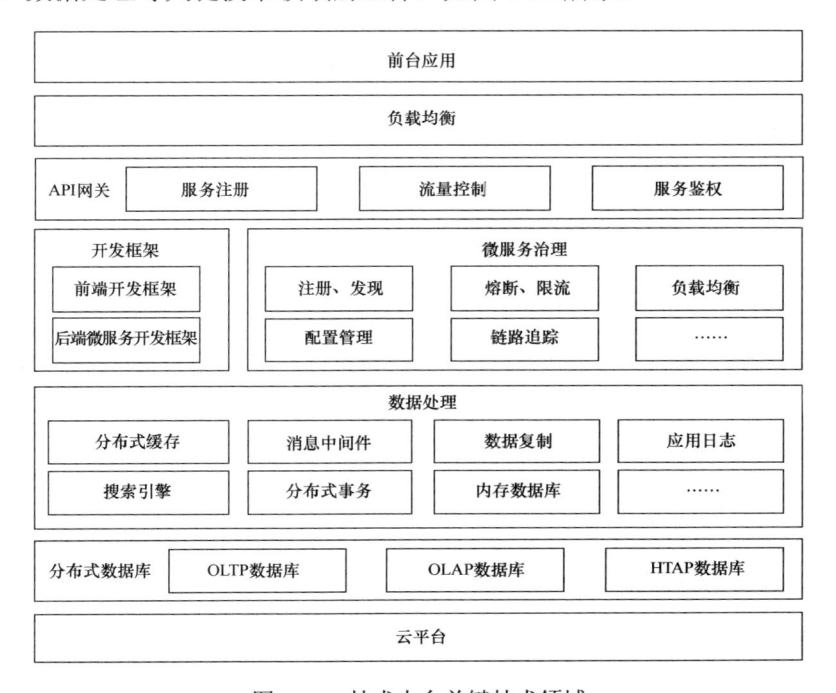

图 6-12 技术中台关键技术领域

6.4.4.1 API 网关

微服务架构一般采用前后端分离设计，前端页面逻辑和后端微服务业务逻辑独立开发、独立部署，通过网关实现前后端集成。前台应用接入中台微服务的技术组件一般是 API 网关。

API 网关主要包括鉴权、降级、限流、流量分析、负载均衡、服务路由和访问日志等功能，可以帮助用户方便地管理微服务 API 接口，实现安全的前后端分离、高效的系统集成和精细的服务监控。

6.4.4.2 开发框架

开发框架主要包括前端开发框架和后端微服务开发框架，基于前、后端开发框架，分别完成前端页面逻辑和后端业务逻辑的开发。

前端开发框架主要面向 PC 端或移动端应用，用于构建系统表示层，规范前、后端交互，降低前端开发成本。

后端微服务开发框架用于构建企业级微服务应用，一般具备自动化配置、快速开发、方便调试及部署等特性，提供微服务注册、发现、通信、容错和监控等服务治理基础类库，帮助开发人员快速构建产品级的微服务应用。

开发框架一般都支持代码自动生成、本地调试和依赖管理等功能。

6.4.4.3 微服务治理

微服务治理是在微服务的运行过程中，针对微服务的运行状况采取的动态治理策略，如服务注册、发现、熔断、限流和降级等，以保障微服务能够持续稳定地运行。微服务治理主要应用于微服务运行中的状态监控、微服务运行异常时的治理策略配置等场景，保障微服务在常见异常场景下的自恢复能力。

微服务治理技术组件一般包括服务注册、服务发现、服务通信、配置中心、服务熔断、容错和微服务监控等组件。常见的微服务治理有 Dubbo、Spring Cloud 和 Service Mesh 等技术体系。

6.4.4.4 分布式数据库

分布式数据库一般都具有较强的数据线性扩展能力，大多采用数据多副本机制实现数据库的高可用性，具有可扩展和低成本等技术优势。

分布式数据库一般包括三类：交易型分布式数据库、分析型分布式数据库和交易、分析混合型分布式数据库。

（1）交易型分布式数据库（OLTP 数据库）用于解决交易型业务的数据库计算能力，支持数据分库、分片、多副本，具有高可用性，提供统一的运维界面，具备高性能的交易型业务数据处理能力，主要应用于具有跨区域部署和高可用需求，需支持高并发和高频访问的核心交易类业务场景。

（2）分析型分布式数据库（OLAP 数据库）通过横向扩展能力和并行计算能力提升数据整体计算能力和吞吐量，支持海量数据的分析，主要应用于大规模结构化数据的统计分析、高性能交互式分析等场景，如数据仓库、数据集市等。

（3）交易、分析混合型分布式数据库（HTAP 数据库）通过资源隔离、分时和数据多副本等技术手段，基于不同的数据存储、访问性能和容量等需求，使用不同的存储介质和分布式计算引擎，同时满足业务交易和分析需求，主要应用于数据规模大和访问并发量大，需要解决交易型数据同步到分析型数据库时成本高的问题，需要解决数据库入口统一的问题，需要支持高可用性和高扩展性等的数据处理业务场景。

6.4.4.5　数据处理

为了提高应用性能和业务承载能力，降低微服务的耦合度，实现分布式架构下的分布式事务要求等，技术中台还有很多与数据处理相关的基础技术组件，如分布式缓存、搜索引擎、数据复制、消息中间件和分布式事务等。

分布式缓存将高频热点数据集分布于多个内存集群节点，以复制、分发、分区和失效相结合的方式进行维护，解决高并发热点数据访问性能问题，降低后台数据库访问压力，提升系统吞吐能力。典型的开源分布式缓存技术组件有 Redis[①]等。

搜索引擎主要解决大数据量的快速搜索和分析等需求。将业务、日志等不同类型的数据加载到搜索引擎，可提供可扩展和近实时的搜索能力。

---

① Redis（Remote Dictionary Server），即远程字典服务，是一个开源的使用 ANSI C 语言编写、支持网络、可基于内存亦可持久化的日志型、Key-Value 数据库，并提供多种语言的 API。

数据复制主要解决数据同步需求，实现同构、异构数据库间及跨数据中心的数据的复制，满足数据多级存储、交换和整合需求，主要应用于基于表或库的业务数据迁移、业务数据向数据仓库复制等数据迁移场景。数据复制技术组件大多采用数据库日志捕获和解析技术，在技术选型时需考虑与源端数据库的适配能力。

消息中间件主要适用于数据最终一致性的业务场景，采用异步化的设计，实现数据同步转异步操作，支持海量异步数据调用，并通过削峰填谷设计提高业务吞吐量和承载能力，被广泛应用于微服务之间的数据异步传输、大数据日志采集和流计算等场景。另外，在领域驱动设计的领域事件驱动模型中，消息中间件是实现领域事件数据最终一致性的非常关键的技术组件，可以实现微服务之间的解耦，满足"高内聚，低耦合"设计原则。典型的开源消息中间件有Kafka等。

分布式事务主要解决分布式架构下事务一致性的问题。单体应用被拆分成微服务后，原来单体应用大量的内部调用会变成跨微服务访问，业务调用链路中任意一个节点出现问题，都可能造成数据不一致。分布式事务基于分布式事务模型，保证跨数据库或跨微服务调用场景下的数据一致性。

分布式事务虽然可以实时保证数据的一致性，但过多的分布式事务设计会导致系统性能下降。因此，进行微服务设计时应优先采用基于消息中间件的最终数据一致性机制，尽量避免使用分布式事务。

技术中台是业务中台建设的关键技术基础。在中台建设过程中，可以根据业务需要不断更新和吸纳新的技术组件，也可以考虑将一些不具有明显业务含义的通用组件（如认证等），通过抽象和标准化设计后纳入技术中台统一管理。为了保证业务中台的高性能和稳定性，在进行技术组件选型时一定要记住：尽可能选用成熟的技术组件。

6.4.5　数据中台、大数据平台和数据仓库的联系与区别

数据中台的建设和大数据平台、数据仓库是有重合的，这就需要充分理解三者的区别。

数据中台主要有如下特点。

（1）数据中台是企业级的逻辑概念，体现企业 D2V（Data to Value）的能力，为业务提供服务的方式主要是数据 API。

（2）数据中台距离业务更近，为业务提供速度更快的服务。

（3）数据中台可以建立在数据仓库和数据平台之上，是加速企业从数据到业务价值的过程的中间层。

大数据平台主要有如下特点。

（1）大数据平台是在大数据基础上出现的融合了结构化和非结构化数据的数据基础平台，为业务提供服务的方式主要是直接提供数据集。

（2）大数据平台的出现是为了解决数据仓库不能处理非结构化数据和报表开发周期长的问题，所以先撇开业务需求，把企业所有的数据都抽取出来放到一起，成为一个大的数据集，其中有结构化数据、非结构化数据等。

（3）当业务有需求的时候，再把需要的若干小数据集单独提取出来，以数据集的形式提供给数据应用。

数据仓库主要有如下特点。

（1）数据仓库是一个相对具体的功能概念，是存储和管理一个或多个主题数据的集合，为业务提供服务的方式主要是分析报表。

（2）数据仓库是为了支持管理决策分析，而数据中台则是将数据服务化之后提供给业务系统，不仅适用于分析型场景，也适用于交易型场景。

（3）数据仓库具有历史性，其中存储的数据大多是结构化数据，这些数据并非企业全量数据，而是根据需求有针对性地抽取的，因此数据仓库对于业务的价值是各种各样的报表，但这些报表又无法实时产生。数据仓库报表虽然能够提供部分业务价值，但不能直接影响业务。

综上，可以发现，数据中台是在大数据平台和数据仓库的基础上，将数据生产为一个个数据 API 服务，以更高效的方式提供给业务，本质是一个构建在数据仓库之上的跨业务主题的业务系统。

所以，无论要做哪个数据项目，数据才是核心，统一数据仓库、主数据是基础。只有打通各业务系统的数据孤岛，将数据标准、口径、模型、存储统一，形成具备完整性、规范性、一致性、准确性和及时性的高质量数据，才能逐渐释放数据价值。

6.4.6 企业上中台的基本条件

无论是数据中台、数据仓库，还是数据平台，最终都是为了让数据的价值更好地作用于业务、经营和管理。不同的行业、企业都会有自己的中台模式。

一般来讲，好的中台往往具有以下特点。

（1）相对的独立性。中台应可以从前台分离出来，否则就无法形成独立中台；是前台的有机组成部分，而不是完全独立。

（2）兼顾稳定性和灵活性。一方面与前台的灵活性、个性化相比，中台具有较好的稳定性，正是这种稳定性才使得中台可以相对标准化和规模化地运营；另一方面不能过于固化，往往要有组件化、模块化、可灵活扩展的特点，通过简单组合和定制，就能快速支持产品创新的能力。

（3）最大限度地重用、共享。中台要具有一定的适用广度，与前台之间往往是一对多的关系。只有通过大量的重用、共享，才可能使成本下降、效率提升、信息联动。

基于这些特点，根据业界调研和经验，可以从以下两个维度来判定企业是否要上中台。

从数据成熟度来看，满足以下条件的企业适合上中台。

（1）具有良好的数据底子，拥有丰富的数据维度。

（2）企业的各业务板块都有数据仓库和报表，需面向集团构建统一的数据管理平台。

（3）支持多个大数据场景，如阿里巴巴、淘宝、天猫、支付宝等多个业务板块的场景。

从业务性质来看，满足以下条件的企业适合上中台。

（1）多为 2C（面向消费者）或 2B（面向企业）业务，且业务运营非常依赖用户/客户数据。

（2）企业内部运营多业态/品牌/产品的客户数据，需要打通数据共享通道。

（3）供应链特别复杂，需要数据驱动优化。

（4）生产制造业，生产线上的数据需要数据中台来整合服务化。

6.4.7 业务中台与低代码开发平台

低代码开发平台是无须编码或通过少量代码就可以快速完成应用程序开发的平台。2014年，著名的研究机构 Forrester 提出低代码开发平台（Low-Code Development Platform，LCDP）的概念，希望可以让更多人进入应用开发中，而不仅是精通代码编写的专业人员。在具体应用中可以发现，类似的快速开发工具以界面可视化、业务拖/拉的方式居多，往往效果不佳，产生的代码也难以维护。究其原因，很多低代码开发平台没有对业务目标、使用者群体做精确的定义，也没有进行精确的规划，而是简单的工具化思维。

目前，低代码开发平台成功需满足以下几个方面的要求。

（1）不用程序代码的功能要求低代码开发平台，而是充分理解业务需求，在低代码开发平台上配置业务。

（2）低代码开发平台上需要有一定的业务积累，同时有持续的扩展能力，基于业务组件而不是技术组件进行配置。

（3）低代码开发平台需要面向不同的业务领域，不可能有一个通用的低代码开发平台。

（4）低代码开发平台需要持续演进，逐渐增加业务的积累和沉淀，最好有专门的团队维护、升级，停滞不前是使用的主要阻碍之一。

低代码开发平台的重点应是将业务的 IT 表现标准化，将业务需求、系统需求、代码开发的一部分工作合为一体，减少环境，提高效率，可以看出这一目标和业务中台建设的目标是高度一致的。这种模式并不意味着不需要程序员或者大量减少程序员，毕竟低代码开发平台中的每个可重用组件都是需要代码开发的，这就要求从业人员更多地从业务抽象方面考虑问题，不断沉淀业务组件，并将业务组件在低代码开发中呈现出来。沉淀业务必须摒弃代码思维，低代码开发平台是对业务的抽象与简化，不可能具备代码开发所有的能力，而业界很多低代码开发平台都是一个基于表单的、流程模式的、通用的替代代码开发的可视化开发工具，既没有金融行业的业务积累，也无法对研发过程与能力进行固化，很难满足企业的要求，往往是个玩具而已。从目前应用的效果来看，理想很丰满，而现实很骨感，因此低代码开发平台是业务中台建设的高级阶段，可以说没有低代码开发平台的业务中台不是完整的中台。

Chapter 7 | 第 7 章 |

数字化转型不可或缺的数字化技术

导读：云计算、大数据、人工智能、区块链、5G 和边缘计算、元宇宙等网络空间先进技术最近几年蓬勃发展，已经逐渐成为推动产业、企业数字化转型的有效"武器"，也成为数字经济时代下的新一代关键信息基础设施。

7.1 认知数字化技术

数字化技术（Digital Technology）是一项与电子计算机相伴相生的科学技术，是指借助一定的设备将各种信息（包括图、文、声、像等）转化为电子计算机能识别的二进制数字"0"和"1"后进行运算、加工、存储、传送、传播、还原的技术。由于在运算、存储等环节中要借助计算机对信息进行编码、压缩、解码等，因此也称为数码技术、计算机数字技术等。

数字化技术通常包括人工智能、云计算、大数据、区块链等。数字化技术应用能够大幅提高整体经济效率。数字化技术可以构建一个更加直接、高效的网络，打破过去企业和企业之间、个人和个人之间、人和物之间的平面连接。而平面连接或者架构的问题是节点多、效率低。通过数字化技术，未来将建立起立体的、折叠的、交互式的架构。在此架构中，实现的点对点、端对端的交互式连接将更直接，可省去中间节点，进一步提高效率。此外，叠加以区块链为基础的数学算法建立数字信任，将使得经济运行实现更低成本、更高效率，带动社会发展。数字化技术主要应用在电子数字计算机、数控技术、通信设备、数字仪表、电子产品等方面。

7.2 云计算

云计算（Cloud Computing）是分布式计算的一种，指的是通过网络"云"将巨大的数据计算处理程序分解成无数个小程序，然后，通过多部服务器组成的系统处理和分析这些小程序得到的结果并返给用户。云计算早期，简单地说，就是简单的分布式计算，解决任务分发，并进行计算结果的合并。因而，云计算也称为网格计算。通过这项技术，可以在很短的时间内（几秒钟）完成对数以万计的数据的处理，从而实现强大的网络服务。现阶段所说的云服务已经不单单是一种分布式计算，而是分布式计算、效用计算、负载均衡、并行计算、网络存储、热备份冗余和虚拟化等计算机技术混合演进并跃升的结果。

7.2.1 产生背景

互联网自 1960 年兴起，主要用于军方、大型企业等之间的纯文字电子邮件或新闻组服务。直到 1990 年，互联网才开始进入普通家庭，随着 Web 网站与电子商务的发展，网络已经成为人们的生活必需品之一。云计算这个概念首次在 2006 年 8 月的搜索引擎会议上被提出，成为互联网的第三次革命。

近年来，云计算也正在成为信息技术产业发展的战略重点，全球的信息技术企业都在纷纷向云计算转型。举例来说，每家公司都需要做数据信息化，存储相关的运营数据，进行产品管理、人员管理、财务管理等，而进行这些数据管理的基本设备就是计算机。

对一家企业来说，一台计算机的运算能力是远远无法满足数据运算需求的，那么企业就要购置一台运算能力更强的计算机，也就是服务器。而对规模比较大的企业来说，一台服务器的运算能力显然是不够的，还需要企业购置多台服务器，甚至演变成一个具有多台服务器的数据中心，而且服务器的数量会直接影响这个数据中心的业务处理能力。除了高额的初期建设成本，计算机的运营支出中，电费比投资成本高得多，再加上计算机和网络的维护支出，其总费用是中小型企业难以承担的，于是云计算的概念应运而生。

7.2.2 主要优势

云计算的可贵之处在于高灵活性、可扩展性和高性价比等，与传统的网络应用模式相比，其具有如下优势与特点。

（1）虚拟化技术。必须强调的是，虚拟化突破了时间和空间的界限，是云计算最为显著的特点之一。虚拟化技术包括应用虚拟和资源虚拟两种。众所周知，物理平台与应用部署的环境在空间上是没有任何联系的，其通过虚拟平台对相应终端进行操作完成数据备份、迁移和扩展等。

（2）动态可扩展。云计算具有高效的运算能力，在原有服务器基础上增加云计算功能能够使计算速度迅速提高，最终实现动态扩展虚拟化的层次，达到对应用进行扩展的目的。

（3）按需部署。计算机包含了许多应用、程序软件等，不同的应用对应的数据资源库不同，所以用户运行不同的应用需要较强的计算能力对资源进行部署，而云计算平台能够根据用户的需求快速适配计算能力及资源。

（4）灵活性高。目前，市场上大多数 IT 资源、软/硬件都支持虚拟化，比如存储网络、操作系统和开发软/硬件等。虚拟化要素统一放在云系统资源虚拟池中进行管理，可见云计算的兼容性非常强，不仅可以兼容低配置机器、不同厂商的硬件产品，还能够借助外设获得更高性能的计算。

（5）可靠性高。即便服务器出现故障，也不影响应用的正常运行，因为单点服务器出现故障可以通过虚拟化技术对分布在不同物理服务器上的应用进行恢复或利用动态扩展功能部署新的服务器进行计算。

（6）性价比高。将资源放在虚拟资源池中统一管理在一定程度上优化了物理资源，用户不再需要昂贵、存储空间大的主机，而可以选择相对廉价的 PC 组成云，一方面可减少费用，另一方面计算性能不逊于大型主机。

（7）可扩展性。用户可以利用应用软件的快速部署条件来更为简单快捷地将自身所需的已有业务及新业务进行扩展，如计算机云计算系统中出现设备故障时，对用户来说，无论是在计算机层面上还是在具体运用上，均不会受到阻碍，因为可以利用计算机云计算具有的动态扩展功能对其他服务器开展有效扩展。这样一来就能够确保任务得以有序完成。在对虚拟化资源进行动态扩展的情况下，能够高效扩展应用，提高计算机的云计算操作水平。

7.2.3　三种主要服务模式

通常，云计算主要包括三种服务模式，即基础设施即服务（Infrastructure as a Service，IaaS）、平台即服务（Platform as a Service，PaaS）和软件即服务（Software as a Service，SaaS）。这三种云计算服务有时也称为云计算堆栈，因为构建堆栈时，它们位于彼此之上。以下是这三种服务的概述。

（1）IaaS。基础设施即服务是主要的服务类型之一，它是云计算提供商向个人或组织提供的虚拟化计算资源，如虚拟机、存储、网络和操作系统。

（2）PaaS。平台即服务也是一种服务类型，可为开发人员提供通过全球互联网构建应用程序和服务的平台。PaaS 为开发、测试和管理软件应用程序提供按需开发环境。

（3）SaaS。软件即服务也是其服务的一类，通过互联网提供按需付费应用程序，云计算提供商托管和管理软件应用程序，允许其用户连接到应用程序并通过全球互联网访问应用程序。

7.2.4　公有云、私有云与混合云

公有云（Public Clouds）通常指第三方提供商提供给用户使用的云，一般可通过 Internet 使用，可能是免费的或成本低廉的。这种云有许多实例，可在当今整个开放的公有网络中提供服务。公有云的最大意义是能够以低廉的价格，为最终用户提供有吸引力的服务，创造新的业务价值。公有云作为一个支撑平台，还能够整合上游的服务（如增值业务、广告）提供方和下游的最终用户，打造新的价值链和生态系统。它的优点是使用户能够访问和共享基本的计

算机基础设施，其中包括硬件、存储和带宽等资源，而用户只需为他们使用的资源支付电费。此外，由于组织可以访问服务提供商的云计算基础设施，因此他们无须担心自己安装和维护的问题。缺点则与安全有关。公有云通常不能满足许多安全法规遵从性要求，因为不同的服务器驻留在多个国家，各个国家具有各种安全法规。而且，网络问题可能发生于在线流量峰值期间，虽然公有云模型通过提供按需付费的定价方式通常具有成本效用，但在移动大量数据时，其费用会迅速增加。

私有云（Private Clouds）是为一个用户单独使用而构建的，因而能提供对数据、安全性和服务质量的有效控制。企业拥有基础设施，并可以控制在此基础设施上部署应用程序的方式。私有云可部署在企业数据中心的防火墙内，也可部署在一个安全的主机托管场所。私有云极大地保障了安全问题，目前有些企业已经开始构建自己的私有云。它的优点是提供了更高的安全性，因为单个企业是唯一可以访问它的指定实体。这也使企业更容易定制其资源以满足特定的 IT 要求。缺点则是安装成本很高，且仅限于合同中规定的云计算基础设施资源。私有云的高度安全性可能会使远程访问很困难。

混合云是公有云和私有云两种服务方式的结合。由于安全和控制原因，并非所有的企业信息都能放置在公有云上，这样大部分已经应用云计算的企业将会使用混合云模式（有些企业还会同时建立公众云）。因为公有云只会针对用户使用的资源收费，所以混合云将会变成处理需求高峰的一个非常便宜的方式。比如对一些零售商来说，他们的操作需求会随着假日的到来而剧增，或者有些业务的量会有季节性的上扬。同时混合云也为其他弹性需求提供了一个很好的基础，如灾难恢复。这意味着私有云把公有云作为灾难转移的平台，并在需要的时候去使用它。这是一个极具成本效应的理念。另一个好的理念是，将公有云作为一个选择性的平台，同时选择其他公有云作为灾难转移平台。它的优点是允许用户利用公有云和私有云的优势，为应用程序在多云环境中的移动提供了极大的灵活性，而且企业可以根据需要决定使用不同成本的云计算资源。缺点则是因为设置更加复杂而难以维护和保护。此外，由于混合云是不同的云平台、数据和应用程序的组合，因此整合可能是一项挑战。在开发混合云时，基础设施之间也会出现兼容性问题。

7.3 大数据

大数据（Big Data）是指无法在一定时间范围内用常规软件工具进行捕捉、管理和处理的数据集合，是需要新处理模式才能具有更强的决策力、洞察发现力和流程优化能力的海量、高增长率和多样化的信息资产。在维克托·迈尔-舍恩伯格及肯尼思·库克耶编写的《大数据时代》中有这样的描述：大数据不用随机分析法（抽样调查）这条捷径，而采用所有数据进行分析处理。大数据具有5V特点（IBM 提出）：Volume（大量）、Velocity（高速）、Variety（多样）、Value（低价值密度）、Veracity（真实性）。

大数据技术的战略意义不在于掌握庞大的数据信息，而在于对这些有意义的数据进行专业化处理。换言之，如果把大数据比作一种产业，那么这种产业实现盈利的关键在于提高对数据的"加工能力"，通过"加工"实现数据的"增值"。从技术上看，大数据与云计算的关系就像一枚硬币的正反面一样密不可分。大数据必然无法用单台计算机进行处理，必须采用分布式架构。它的特色在于对海量数据进行分布式数据挖掘。但它必须依托云计算的分布式处理、分布式数据库和云存储、虚拟化技术。随着云时代的来临，大数据也吸引了越来越多的关注。有分析团队认为，大数据通常用来形容一个公司创造的大量非结构化数据和半结构化数据，这些数据在下载到关系型数据库用于分析时会花费过多时间和金钱。大数据分析常和云计算联系到一起，因为实时的大型数据集分析需要像MapReduce[①]这样的框架来向数十、数百甚至数千台计算机分配工作。

大数据需要特殊的技术，以有效地处理大量时间周期内通过的数据。适用于大数据的技术，包括大规模并行处理（Massively Parallel Processing，MPP）数据库、数据挖掘、分布式文件系统、分布式数据库、云计算平台、互联网和可扩展的存储系统。

7.3.1 大数据的主要价值

现在的社会高速发展，科技发达，信息流通速度快，人们之间的交流越来

---

① MapReduce是一种编程模型，用于大规模数据集（大于1TB）的并行运算。

越密切，生活也越来越方便，大数据就是这个高科技时代的产物。马云曾讲过，未来的时代将不是 IT 时代，而是 DT 时代，DT 就是数据科技（Data Technology），显示大数据对阿里巴巴集团来说举足轻重。

有人把数据比喻为蕴藏能量的煤矿。煤炭按照性质有焦煤、无烟煤、肥煤、贫煤等分类，而露天煤矿、深山煤矿的挖掘成本又不一样。与此类似，大数据并不在于"大"，而在于"有用"。价值含量、挖掘成本比数量更为重要。对很多行业而言，如何利用这些大规模数据是赢得竞争的关键。大数据的价值体现在以下几个方面。

（1）为大量消费者提供产品或服务的企业可以利用大数据进行消费者群体细分，从而实现精准营销。

（2）小而美模式的中小微企业可以利用大数据做服务转型，通过模拟实景等提高投资回报率。

（3）互联网压力之下必须转型的传统企业需要与时俱进，充分利用大数据的价值进行客户管理等。

不过，大数据在经济发展中的巨大意义并不代表其能取代一切对于社会问题的理性思考，科学发展的逻辑不能被湮没在海量数据中。著名经济学家路德维希·冯·米塞斯曾提醒过："就今日言，有很多人忙碌于资料之无益累积，以致对问题之说明与解决，丧失了其对特殊的经济意义的了解。"这确实是需要警惕的。

在这个快速发展的智能硬件时代，困扰应用开发者的一个重要问题就是如何在功率、覆盖范围、传输速率和成本之间找到微妙的平衡点。企业利用相关数据进行分析可以帮助自己降低成本、提高效率、开发新产品、做出更明智的业务决策等。例如，通过结合大数据和高性能的分析，下面几种对企业有益的情况都可能发生。

（1）及时解析故障、问题和缺陷的根源，每年可能为企业节省数十亿美元。

（2）为成千上万辆快递车辆规划实时交通路线，躲避拥堵。

（3）分析所有 SKU[①]，以利润最大化为目标来定价和清理库存。

（4）根据客户的购买习惯，推送客户可能感兴趣的优惠信息。

（5）从大量客户中快速识别出金牌客户。

（6）使用点击流分析和数据挖掘来规避欺诈行为。

7.3.2 大数据应用的主要趋势

趋势一：数据资源化。资源化是指大数据成为企业和社会关注的重要战略资源，并成为大家争相抢夺的焦点。因而，企业必须提前制订大数据营销战略计划，抢占市场先机。

趋势二：与云计算深度结合。大数据离不开云处理，云处理为大数据提供了有弹性、可拓展的基础设备，是产生大数据的平台之一。自 2013 年开始，大数据技术已开始和云计算技术紧密结合，预计未来两者的关系将更为密切。除此之外，物联网、移动互联网等新兴计算形态也将助力大数据革命，让大数据营销发挥出更大的影响力。

趋势三：有科学理论突破。随着大数据的快速发展，就像计算机和互联网一样，大数据很有可能是新一轮的技术革命。随之兴起的数据挖掘、机器学习和人工智能等相关技术，可能会改变数据世界里的很多算法和基础理论，实现科学技术上的突破。

趋势四：成立数据科学学科。未来，数据科学将成为一门专门的学科，被越来越多的人所认知。各大高校将设立专门的数据科学类专业，也会催生一批与之相关的新的就业岗位。与此同时，基于数据这个基础平台，也将建立起跨领域的数据共享平台，之后，数据共享将扩展到企业层面，并且成为未来产业的核心一环。

趋势五：数据泄露泛滥。未来几年，数据泄露事件的增长率也许会达到100%，除非数据在其源头就能够得到安全保障。可以说，在未来，无论是否已经做好安全防范，每个财富 500 强企业都会面临数据攻击。而所有企业，无

---

① SKU的全称为Stock Keeping Unit（存货单位），即存货进出计量的基本单元，可以以件、盒、托盘等为单位。

论规模大小,都需要重新审视今天的安全定义。在财富 500 强企业中,超过 50%将会设置首席信息安全官这一职位。企业需要从新的角度来确保自身及客户数据,所有数据在创建之初便需要获得安全保障,而并非在数据保存的最后一个环节,仅仅加强后者的安全措施已被证明于事无补。

趋势六:数据管理成为核心竞争力。数据管理成为核心竞争力,直接影响财务表现。当"数据资产是企业核心资产"的概念深入人心之后,企业便对数据管理有了更清晰的界定,将数据管理作为企业核心竞争力,持续发展,战略性地规划与运用数据资产,使其成为企业数据管理的核心。数据资产管理效率与主营业务收入增长率、销售收入增长率显著正相关。此外,对具有互联网思维的企业而言,数据资产竞争力所占比重为 36.8%,数据资产的管理效果将直接影响企业的财务表现。

趋势七:数据质量是 BI 成功的关键。采用自助式 BI 工具进行大数据处理的企业将会脱颖而出。其中要面临的一个挑战是,很多数据源会带来大量低质量数据。想要成功,企业需要理解原始数据与数据分析之间的差距,从而消除低质量数据并通过 BI 获得更佳决策。

趋势八:数据生态系统复合化程度增强。大数据的世界不只是一个单一的、巨大的计算机网络,而是一个由大量活动构件与多元参与者元素所构成的生态系统,一个由终端设备提供商、基础设施提供商、网络服务提供商、网络接入服务提供商、数据服务使能者、数据服务提供商、触点服务、数据服务零售商等一系列参与者共同构建的生态系统。而今,这样一套数据生态系统的基本雏形已然形成,接下来的发展将趋向于系统内部角色的细分,也就是市场的细分;系统机制的创新,也就是商业模式的创新;系统结构的调整,也就是竞争环境的调整等,从而使得数据生态系统复合化程度逐渐增强。

7.4 人工智能

人工智能(Artificial Intelligence)作为一门前沿交叉学科,是研究、开发用于模拟、延伸和扩展人的智能的理论、方法、技术及应用系统的技术科学。有人将其视为计算机科学的一个分支,指出其研究包括机器人、语言识别、图像识别、自然语言处理和专家系统等。

人工智能行业属于战略性新兴产业,根据国家发展和改革委员会发布的《战略性新兴产业重点产品和服务指导目录(2016版)》来看,我国的人工智能可分为人工智能平台、人工智能软件、智能机器人及相关硬件、人工智能系统。

7.4.1 行业发展历程

人工智能概念的提出始于1956年的美国达特茅斯(Dartmouth)会议。人工智能从诞生至今经历了三次发展高潮,如图7-1所示。

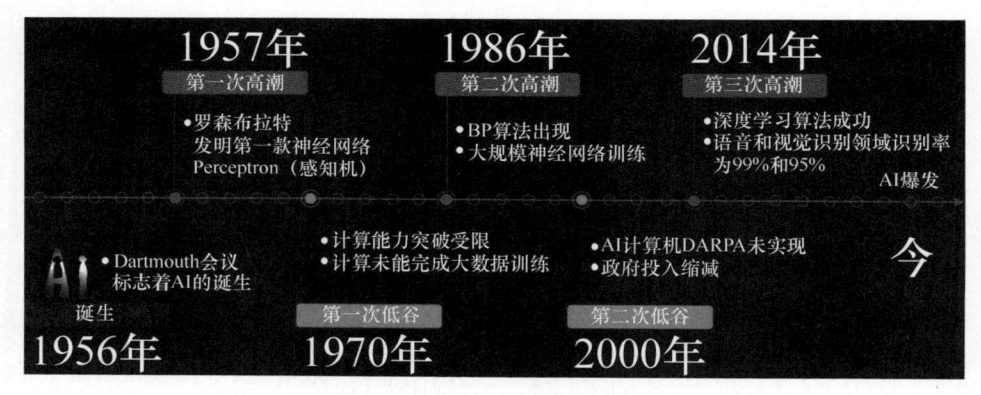

图7-1 人工智能的重要发展阶段

20世纪50年代,Arthur Samuel[①]提出了机器学习,推动人工智能进入第一个发展高潮期。70年代末期出现了专家系统,标志着人工智能从理论研究走向实际应用。

20世纪80年代到90年代,随着美国和日本立项支持人工智能研究,人工智能进入第二个发展高潮期,期间人工智能相关数学模型取得了一系列重大突破,如著名的多层神经网络、反向传播(BP)算法等,算法模型准确度和专家系统水平进一步提升。同时,研究者专门设计了LISP语言与LISP计算机,但最终由于成本高、维护难而失败。1997年,IBM"深蓝"计算机战胜了国际象棋世界冠军Garry Kasparov,是一个具有里程碑意义的事件。

---

① 机器学习的根源可以追溯到亚瑟·塞缪尔(Arthur Samuel)。他在IBM工作了20年(从1949年开始),教计算机玩跳棋。

当前人工智能处于第三个发展高潮期，得益于算法、数据和算力三方面共同的进步。2006 年，加拿大的 Hinton 教授提出了深度学习的概念，极大地发展了人工神经网络算法，提高了机器自学习的能力，随后以深度学习、强化学习为代表的算法研究的突破，算法模型的持续优化，极大地提升了人工智能应用的准确性，如语音识别和图像识别等。随着互联网和移动互联的普及，全球网络数据量急剧增加，海量数据为人工智能大发展提供了良好的土壤。大数据、云计算等信息技术的快速发展，图形处理单元（Graphics Processing Unit，GPU）、嵌入式神经网络处理单元（Neural-Network Processing Unit，NPU）、现场可编程逻辑门阵列（Field Programmable Gate Array，FPGA）等各种人工智能专用计算芯片的应用，极大地提升了机器处理海量视频、图像等的计算能力。在算法、算力和数据能力不断提升的情况下，人工智能技术快速发展。

7.4.2 十大应用领域

人工智能的应用基本已进入千家万户，这里列举十个与日常生活息息相关的应用领域。

（1）虚拟个人助理。只要说出命令，Cortana（微软小娜）等虚拟个人助理就会帮助人们找到有用的信息。这一看似简单的过程实际上就有人工智能的介入，并且扮演着重要的角色。在用户用语音唤醒虚拟个人助理的时候，人工智能会收集指令信息，利用该信息进一步识别用户的语音，并提供个性化的结果，最终会让用户觉得越来越好用。微软表示，自家的 Cortana 可以"不断了解用户"，最终将培养出预测用户需求的能力。

（2）智能汽车。自动驾驶汽车确实越来越接近现实。自动驾驶技术毫无疑问是基于人工智能的技术，并且目前发展速度极为迅猛。从英特尔 2017 年年初收购以色列自动驾驶汽车公司 Mobileye 可见一斑。早些时候，《华盛顿邮报》还有过报道，称 Google 开发了一种算法，能让自动驾驶汽车像人类一样学习驾驶技术。由于人工智能可以学会玩简单的视频游戏，Google 让自动驾驶汽车上路前也玩相同的智能游戏。整个项目的构思在于，汽车最终能够"认清"面前的道路，并根据它所看到的内容做出相应的决策，帮助它在行驶的过程中学习经验。

（3）在线客服。现在，许多网站都提供用户与客服在线聊天的窗口，但其实并不是每个网站都有一个真人提供实时服务。在很多情况下，和用户对话的仅仅是一个初级聊天机器人。大多数聊天机器人无异于自动应答器，但是其中一些能够在网站上学习知识，在用户有需求时将其呈现在用户面前。最有趣也最困难的是，这些聊天机器人必须善于理解自然语言。显然，与人沟通的方式和与计算机沟通的方式截然不同。所以这项技术十分依赖自然语言处理（Natural Language Processing，NLP）技术，一旦这些机器人能够理解不同的语言表达方式中所包含的实际目的，那么在很大程度上就可以代替人工服务。

（4）购买预测。如果京东、天猫和亚马逊这样的大型零售商能够提前预见消费者的需求，那么收入一定有大幅度的增加。亚马逊正在研究这样一个预期运输项目：在消费者下单之前就将商品运到送货车上，这样当消费者下单的时候甚至可以在几分钟内收到商品。毫无疑问，这项技术需要人工智能来参与，需要对每位消费者的地址、购买偏好、愿望清单等数据进行深层次的分析之后才能得出可靠性较高的结果。虽然这项技术尚未实现，不过也提供了一种增加销量的思路，并且衍生了许多别的做法，包括送特定类型的优惠券、特殊的打折计划、有针对性的广告、在消费者住处附近的仓库存放他们可能购买的产品。这种人工智能应用颇具争议性，毕竟使用预测分析存在隐私违规的嫌疑，许多人对此颇感忧虑。

（5）音乐和电影推荐。与其他人工智能服务相比，这种服务比较简单。但是，这项技术会大幅度提高生活品质。例如，很多用过网易云音乐这款产品的人都惊叹于私人 FM 和每日音乐推荐与自己喜欢的歌曲的契合度。以前，想要听点好听的新歌很难，要么是从喜欢的歌手里找，要么是从朋友的歌单里去淘，但是未必有效。喜欢一个人的一首歌不代表喜欢这个人的所有歌，有的时候自己也不知道为什么会喜欢一首歌或讨厌一首歌。而在有人工智能的介入之后，这一问题就有了解决办法。也许用户自己不知道到底喜欢包含哪些元素的歌曲，但是人工智能可以通过分析用户喜欢的音乐找到其中的共性，并且可以从庞大的歌曲库中筛选出用户所喜欢的部分，这可能比资深的音乐人都要强大。电影推荐也是相同的原理，对用户过去喜欢的影片了解越多，就越了解用户的偏好，从而推荐出用户真正喜欢的电影。

（6）智能家居设备。许多智能家居设备都拥有学习用户行为模式的能力，并通过调整温度调节器或其他设备来节省资金，不仅便利，还节能。例如，屋主外出工作，设备自动打开烤箱，无须等到回家再启动，这一点非常方便。人工智能知道主人什么时候回家，就能相应地提前调整温度，而主人出门在外时则自动关闭设备，这样可以省下不少钱。另一项家居设备也有人工智能的身影——照明。通过设置默认值和偏好，设备可根据住户的位置和正在做的事调整房子（内部和外部）周围的灯光。例如，看电视时就暗一些，烹饪时较明亮，吃饭时则亮度适中。

（7）大型游戏。游戏 AI 可能是大多数人最早接触的 AI 实例之一。从第一款大型游戏到现在，AI 已经应用了很长时间。最早期的 AI 甚至不能称为 AI，其只会根据程序设定进行相应的行为，完全不考虑玩家的反应。不过在最近几年，游戏 AI 的复杂性和有效性迅猛发展。现在大型游戏中的角色能够揣摩玩家的行为，做出一些难以预料的反应。

（8）欺诈检测。人工智能可用来监控欺诈行为。一般来说，可先将大量欺诈和非欺诈性交易样本数据输入计算机，然后命令计算机分析数据，发现交易中不同类别的情况。经过足够的训练，计算机系统就将能够利用所学知识和种种迹象辨认出欺诈性交易，这项功能在金融行业的应用非常普遍。

（9）安全监控。随着人们对安全问题越来越重视，监控摄像头越来越普及，在方便了场景记录和重现之外，也出现了新的挑战：监控摄像头所拍摄的内容仍然需要人工监测。用人力来同时监控多个摄像头传输的画面，非常容易疲倦，同时也容易出现发现不及时或者判断失误的情况。因此，非常有必要在监控摄像头系统中引入人工智能技术，借助人工智能来进行 24 小时无间断的持续监控。例如，利用人工智能来判断画面中是否出现异常人员，如果发现可以及时通知安保人员。当然，目前能够实现的技术还十分有限。比如，计算机看到闪光的颜色，可能表明有人入侵或在校园周围游荡，但是识别的精确度仍然有待提高。另外，由于当前技术的限制，识别特定行为依旧比较困难，如商店中的小偷小摸行为。相信在不久的将来，这种技术的改善绝非难事。

（10）新闻生成。根据美国《连线》（WIRED）杂志的统计，美联社、福克斯和雅虎都已经在利用人工智能来编写文章，如财务摘要、体育新闻回顾和日常报道。目前，人工智能还没有涉及调查类文章，但是如果内容相对简单，人工智能完全可以搞定。从这个角度来说，电子商务、金融服务、房地产和其他数据驱动型行业都可以从人工智能中受益。

7.5 区块链

区块链（Block Chain）是分布式数据存储、点对点传输、共识机制、加密算法等计算机技术的新型应用模式。区块链是比特币（Bitcoin）的一个重要概念，它本质上是一个去中心化的数据库，同时作为比特币的底层技术，是一串使用密码学方法相关联产生的数据块，每个数据块中包含了一批次比特币网络交易信息，用于验证其信息的有效性（防伪）和生成下一个区块。

近年来，世界对比特币的态度起起落落，但作为比特币底层技术之一的区块链技术日益受到重视。在比特币形成过程中，区块是一个一个的存储单元，记录了一定时间内各个区块节点全部的交流信息。各个区块之间通过随机散列（也称为哈希算法）实现链接，后一个区块包含前一个区块的哈希值，随着信息交流范围的扩大，一个区块与一个区块接续，形成的结果就叫区块链。从科技层面来看，区块链涉及数学、密码学、互联网、计算机编程等很多科学技术问题；从应用视角来看，简单来说，区块链是一个分布式的共享账本和数据库，具有去中心化、不可篡改、全程留痕、可以追溯、集体维护、公开透明等特点，保证了区块链的"诚实"与"透明"。而区块链丰富的应用场景，基本上都基于其能够解决信息不对称问题，实现多个主体之间的协作信任与一致行动。

7.5.1 发展背景

2008 年，由中本聪第一次提出了区块链的概念，在随后的几年中，区块链成为比特币的核心组成部分：作为所有交易的公共账簿。通过利用点对点网络和分布式时间戳服务器，区块链数据库能够进行自主管理。为比特币而发明的区块链使它成为第一个解决重复消费问题的数字货币。比特币的设计已经成为其他应用程序的灵感来源。

2014年,"区块链2.0"成为一个关于去中心化区块链数据库的术语。对这个第二代可编程区块链,经济学家认为它是一种编程语言,允许用户写出更精密和智能的协议。因此,当利润达到一定程度的时候,就能够从完成的货运订单或者共享证书的分红中获得收益。区块链2.0技术跳过了交易和"价值交换中担任金钱和信息仲裁的中介机构"。它被用来使人们远离全球化经济,使隐私得到保护,使人们"将掌握的信息兑换成货币",并且有能力保证知识产权的所有者得到收益。第二代区块链技术使存储个人的"永久数字ID(身份识别码)和形象"成为可能,并且为"潜在的社会财富分配不平等"提供解决方案。

2016年1月20日,中国人民银行数字货币研讨会宣布对数字货币的研究取得阶段性成果。会议肯定了数字货币在降低传统货币发行量等方面的价值,并表示中国人民银行在探索发行数字货币,大大增加了数字货币行业的信心。这是继2013年12月5日中国人民银行、工业和信息化部等五部委发布《关于防范比特币风险的通知》之后,第一次对数字货币表示了明确的态度。2016年12月20日,数字货币联盟——中国金融科技(FinTech)数字货币联盟及FinTech研究院正式筹建。

数字货币呈现出百花齐放的状态,常见的有比特币、莱特币(Litecoin)、狗狗币(Dogecoin)、达世币(Dashcoin),如今,比特币仍是主流。除了货币的应用,还有各种衍生应用,如以太坊(Ethereum)、阿希(Asch)等底层应用开发平台,以及未来币(NXT)、云存储应用SIA、比特股、去中心化平台MaidSafe、瑞波(Ripple)等行业应用。

随着区块链技术成为社会关注的热点,被监管部门严厉打击的虚拟货币出现死灰复燃之势。针对这一情况,多地监管部门宣布,新一轮清理整顿工作已经展开。2019年11月22日,国家互联网金融风险专项整治工作领导小组办公室相关人士表示,区块链的内涵很丰富,并不等于虚拟货币。所有打着区块链旗号进行的关于虚拟货币的推广宣传活动都是违法违规的。监管部门对于虚拟货币炒作和虚拟货币交易场所的打击态度没有丝毫改变。

7.5.2 主要特点和核心技术

区块链技术的主要特点如下。

（1）去中心化。区块链技术不依赖额外的第三方管理机构或硬件设施，没有中心管制，除了自成一体的区块链本身，通过分布式核算和存储，各个节点实现信息自我验证、传递和管理。去中心化是区块链的突出、本质特征。

（2）开放性。区块链技术是开源的，除了交易各方的私有信息被加密，区块链的数据对所有人开放，任何人都可以通过公开的接口查询区块链数据和开发相关应用，因此整个系统信息高度透明。

（3）独立性。整个区块链系统基于协商一致的规范和协议（类似于比特币采用的哈希算法等各种数学算法），不依赖第三方，所有节点能够在系统内自动安全地验证、交换数据，不需要任何人为的干预。

（4）安全性。只要不能掌控全部数据节点的 51%，就无法肆意操控/修改网络数据，这使区块链本身变得相对安全，避免了人为的数据变更。

（5）匿名性。除非有法律法规要求，单从技术上来讲，各区块节点的身份信息不需要公开或验证，信息传递可以匿名进行。

其核心技术主要包括如下几项。

（1）分布式账本。分布式账本指的是交易的记账由分布在不同地方的多个节点共同完成，而且每个节点记录的是完整的账目，因此它们都可以参与监督交易的合法性，同时也可以共同为其作证。与传统的分布式存储有所不同，区块链的分布式存储的独特性主要体现在两个方面：一是区块链的每个节点都按照块链式结构存储完整的数据，而传统分布式存储一般是将数据按照一定的规则分成多份进行存储；二是区块链每个节点的存储都是独立的、地位等同的，依靠共识机制保证存储的一致性，而传统分布式存储一般是通过中心节点向其他备份节点同步数据。没有任何一个节点可以单独记录账本数据，从而避免了单一记账人被控制或者被贿赂而记假账的可能性。由于记账节点足够多，从理论上讲，除非所有的节点都被破坏，否则账目就不会丢失，从而保证了账目数据的安全性。

（2）非对称加密。存储在区块链上的交易信息是公开的，但是账户身份信息是高度加密的，只有在数据拥有者授权的情况下才能访问到，从而保证了数据的安全和个人的隐私。

（3）共识机制。共识机制就是所有记账节点之间怎么达成共识，去认定一个记录的有效性，这既是认定的手段，也是防止篡改的手段。区块链提出了四种不同的共识机制，适用于不同的应用场景，在效率和安全性之间取得平衡。区块链的共识机制具备"少数服从多数""人人平等"的特点。其中"少数服从多数"并不完全指节点个数，也可以是计算能力、股权数或者其他的计算机可以比较的特征量。"人人平等"是指当节点满足条件时，所有节点都有权优先提出共识结果、直接被其他节点认同并成为最终共识结果。以比特币为例，采用的是工作量证明，只有在控制了全网超过 51%的记账节点的情况下，才有可能伪造出一条不存在的记录。当加入区块链的节点足够多的时候，这基本上不可能，从而杜绝了造假的可能。

（4）智能合约。智能合约是指基于这些可信的不可篡改的数据，可以自动化地执行一些预先定义好的规则和条款。以保险为例，如果每个人的信息（包括医疗信息和风险发生的信息）都是真实可信的，那就很容易在一些标准化的保险产品中去进行自动化的理赔。在保险公司的日常业务中，虽然交易不像银行和证券行业那样频繁，但是对可信数据的依赖有增无减。因此，笔者认为利用区块链技术，从数据管理的角度切入，能够有效地帮助保险公司提高风险管理能力。具体来讲，主要有投保人的风险管理和保险公司的风险监督。

7.5.3 主要应用领域

7.5.3.1 金融领域

区块链在国际汇兑、信用证、股权登记和证券交易所等金融领域有着潜在的巨大应用价值。将区块链技术应用在金融行业中，能够省去第三方中介环节，实现点对点的直接对接，从而在大大降低成本的同时，快速完成交易支付。

例如，Visa 推出基于区块链技术的 Visa B2B Connect，它能为机构提供一种费用更低、更快速和安全的跨境支付方式来处理全球范围的企业对企业的交易。要知道传统的跨境支付需要等 3～5 天，并为此支付 1%～3%的交易费用。Visa 还联合 Coinbase 推出了首张比特币借记卡，花旗银行则在区块链上测试运行加密货币"花旗币"。

7.5.3.2 物联网和物流领域

区块链在物联网和物流领域也可以天然结合。通过区块链可以降低物流成本，追溯物品的生产和运送过程，并且可提高供应链管理的效率。该领域被认为是区块链一个很有前景的应用方向。

区块链通过节点连接的散状网络分层结构，能够在整个网络中实现信息的全面传递，并能够检验信息的准确程度。这种特性一定程度上提高了物联网交易的便利性和智能化。区块链+大数据解决方案利用了大数据的自动筛选过滤模式，在区块链中建立信用资源，可双重提高交易的安全性，并提高物联网交易的便利程度。为智能物流模式应用节约时间成本。区块链节点具有十分自由的进出能力，可独立地参与或离开区块链体系，不对整个区块链体系产生任何干扰。区块链+大数据解决方案利用了大数据的整合能力，促使物联网基础用户拓展更具有方向性，便于在智能物流的分散用户之间实现用户拓展。

7.5.3.3 公共服务领域

区块链在公共管理、能源、交通等与民众生产生活息息相关的领域也有广泛应用，但是这些领域的中心化特质也带来了一些问题，可以用区块链来改造。区块链提供的去中心化的完全分布式域名系统（DNS）服务通过网络中各个节点之间的点对点数据传输服务就能实现域名的查询和解析，用于确保某个重要的基础设施的操作系统和固件没有被篡改；可以监控软件的状态和完整性，发现不良的篡改，并确保使用了物联网技术的系统所传输的数据没有被篡改。

7.5.3.4 数字版权领域

通过区块链技术，可以对作品进行鉴权，证明文字、视频、音频等作品的存在，保证权属的真实性和唯一性。作品在区块链上被确权后，后续交易都会进行实时记录，实现数字版权全生命周期管理，也可作为司法取证中的技术性保障。例如，美国纽约一家创业公司 Mine Labs 开发了一个基于区块链的元数据协议，这个名为 Mediachain 的系统利用星际文件系统，实现数字作品版权保护，主要是面向数字图片的版权保护应用。

7.5.3.5 保险领域

在保险理赔方面，保险机构负责资金归集、投资、理赔，管理和运营成本往往较高。通过智能合约的应用，既无须投保人申请，也无须保险公司批准，只要触发理赔条件，便可实现保单自动理赔。一个典型的应用案例就是 LenderBot，2016 年由区块链企业 Stratumn、德勤与支付服务商 Lemonway 合作推出，允许人们通过 Facebook Messenger 的聊天功能，注册定制化的微保险产品，为个人之间交换的高价值物品进行投保，而区块链在贷款合同中代替了第三方角色。

7.5.3.6 公益领域

区块链上存储的数据，高可靠且不可篡改，天然适合用在社会公益场景。公益流程中的相关信息，如捐赠项目、募集明细、资金流向、受助人反馈等，均可以存放于区块链上，并且有条件地进行透明公开公示，方便社会监督。

7.6 物联网

物联网（Internet of Things，IoT）是指通过各种信息传感器、射频识别技术、全球定位系统、红外感应器、激光扫描器等各种装置与技术，实时采集任何需要监控、连接、互动的物体或过程，采集其声、光、热、电、力学、化学、生物、位置等各种需要的信息，通过各类可能的网络接入，实现物与物、物与人的泛在连接，实现对物品和过程的智能化感知、识别和管理。物联网是一个基于互联网、传统电信网等的信息承载体，它让所有能够被独立寻址的普通物理对象形成互联互通的网络，如图 7-2 所示。

图 7-2　物联网示意

2021 年 7 月 13 日，中国互联网协会发布了《中国互联网发展报告（2021）》，物联网市场规模达到了 1.7 万亿元，人工智能市场规模达到了 3031 亿元。

7.6.1　主要特征及关键技术

物联网的基本特征从通信对象和过程来看，物与物、人与物之间的信息交互是物联网的核心。物联网的基本特征可概括为整体感知、可靠传输和智能处理。

（1）整体感知。可以利用射频识别、二维码、智能传感器等感知设备感知获取物体的各类信息。

（2）可靠传输。可以通过对互联网、无线网络的融合，将物体的信息实时、准确地传送，以便信息交流与分享。

（3）智能处理。可以使用各种智能技术，对感知和传送到的数据、信息进行分析处理，实现监测与控制的智能化。

根据物联网的上述特征，结合信息科学的观点，围绕信息的流动过程，可以归纳出物联网处理信息的功能如下。

- 获取信息的功能。获取信息主要是指信息的感知、识别过程。信息的感知是指对事物属性状态及其变化方式的感觉；信息的识别是指能把所感受到的事物状态用一定方式表示出来。
- 传送信息的功能。传送信息主要是指信息发送、传输、接收等环节，最后把获取的事物状态信息及其变化的方式从时间（或空间）上的一点传送到另一点的任务，这就是常说的通信过程。
- 处理信息的功能。处理信息主要是指信息的加工过程，利用已有的信息或感知的信息产生新的信息，实际是制定决策的过程。
- 施效信息的功能。施效信息主要是指信息最终发挥效用的过程，有很多表现形式，其中比较重要的是通过调节对象事物的状态及其变换方式，始终使对象处于预先设计的状态。

物联网从技术层面包含如下几项关键技术。

（1）射频识别（RFID）。RFID 是一种简单的无线系统，如图 7-3 所示，由一个询问器（或阅读器）和很多应答器（或标签）组成。标签由耦合元件及芯片组成，每个标签都具有扩展词条唯一的电子编码，附着在物体上标识目标对象，它通过天线将射频信息传递给阅读器（读取信息的设备）。RFID 技术让物品能够"开口说话"，赋予了物联网可跟踪性，有助于人们随时掌握物品的准确位置及其周边环境。

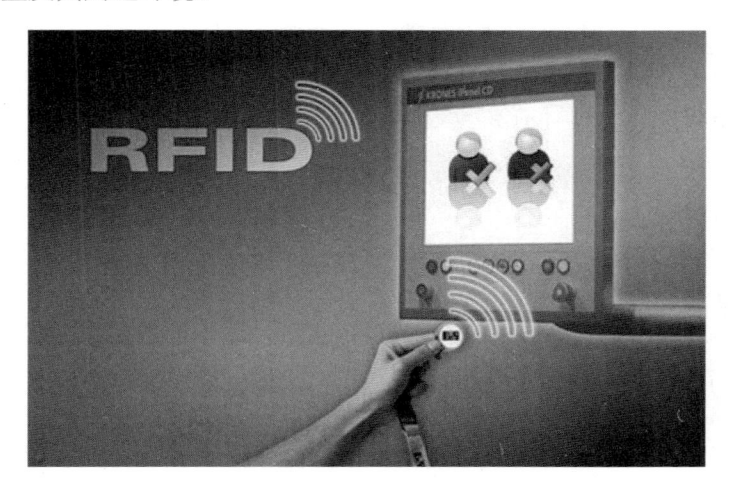

图 7-3　RFID 系统

（2）传感网。微机电系统（Micro Electro Mechanical Systems，MEMS）是由微传感器、微执行器、信号处理和控制电路、通信接口和电源等部件组成的一体化的微型器件系统。其功能是把信息的获取、处理和执行集成在一起，组成具有多功能的微型系统，集成于大尺寸系统中，从而大幅度地提高系统的自动化、智能化和可靠性水平。它是比较通用的传感器。MEMS 赋予普通物体新的生命，使它们有了属于自己的数据传输通路、存储功能、操作系统和专门的应用程序，从而形成一个庞大的传感网。

（3）M2M系统框架。M2M是Machine-to-Machine/Man的简称，是一种以机器终端智能交互为核心的、网络化的应用与服务。它将使对象实现智能化的控制。M2M技术涉及五个重要的技术部分：机器、M2M硬件、通信网络、中间件、应用。基于云计算平台和智能网络，可以依据传感器网络获取的数据进行决策，从而改变对象的行为并进行控制和反馈。

（4）云计算。云计算旨在通过网络把多个成本相对较低的计算实体整合成一个具有强大计算能力的完美系统，并借助先进的商业模式让终端用户可以得到这些强大计算能力的服务。

7.6.2　主要应用领域

物联网在工业、农业、环境、交通、物流、安保等基础设施领域的应用，有力地推动了这些领域的智能化建设，提高了行业效率和效益。在家居、医疗健康、教育、金融与服务业、旅游业等领域的应用，从服务范围、服务方式到服务的质量等方面都大大地提高了人们的生活质量。在国防军事领域，大到卫星、导弹、飞机、潜艇等装备系统，小到单兵作战装备，物联网技术的嵌入有效提升了军事智能化、信息化、精准化，极大地提升了军事战斗力，是未来军事变革的关键。

物联网主要的应用场景如下。

（1）智能交通。物联网技术在道路交通方面的应用比较成熟。随着社会车辆的快捷普及，交通拥堵甚至瘫痪已成为城市的一大难题。对道路交通状况实时监控并将信息及时传递给驾驶人，让驾驶人及时做出出行调整，能有效缓解交通压力；高速路口设置道路自动收费系统（ETC），免去进出口取卡、还卡的时间，提升车辆的通行效率；公交车上安装定位系统，能及时了解公交车行驶路线及到站时间，乘客可以根据搭乘路线确定出行，免去不必要的时间浪费。大量的社会车辆，除了给交通带来巨大压力，停车难也日益成为一个突出问题，不少城市推出了智慧路边停车管理系统，该系统基于云计算平台，结合物联网技术与移动支付技术，共享车位资源，提高车位利用率和用户的方便程度。

（2）智能家居。智能家居就是物联网在家庭中的应用。家中无人，可利用手机等产品客户端远程操作智能空调，调节室温，甚至可以学习用户的使用习惯，从而实现全自动的温控操作；通过客户端实现智能灯泡的开关、调控灯泡的亮度和颜色等；插座内置 Wi-Fi，可实现遥控插座定时通断电流，甚至可以监测设备用电情况，生成用电图表，让用户对用电情况一目了然；智能体重秤，监测运动效果。内置可以监测血压、脂肪量的先进传感器，内定程序根据身体状态提出健康建议；智能牙刷与客户端相连，可设置刷牙时间和刷牙位置提醒，根据刷牙的数据生成图表，可知口腔的健康状况；智能摄像头、窗户传感器、智能门铃、烟雾探测器、智能报警器等都是家庭不可少的安全监控设备，即使出门在外，也能在任意时间和任意地点查看家中的状况。

（3）公共安全。近年来，全球气候异常情况频发，灾害的突发性和危害性进一步加大，互联网可以实时监测环境的不安全性情况，提前预防、实时预警、及时采取应对措施，降低灾害对人类生命财产的威胁。美国布法罗大学早在 2013 年就提出研究深海互联网项目，将经过特殊处理的感应装置置于深海处，分析水下相关情况，用来进行海洋污染的防治、海底资源的探测，甚至对海啸也可以提供更加可靠的预警。该项目在当地湖水中进行试验，获得成功，为进一步扩大使用范围提供了基础。利用物联网技术可以智能感知大气、土壤、森林、水资源等方面各项指标数据，对于改善人类生活环境将发挥巨大作用。

7.7　5G 和边缘计算

移动通信延续着每十年一代技术的发展规律，已历经 1G、2G、3G、4G 的发展。每次代际跃迁，每次技术进步，都极大地促进了产业升级和经济社会发展。从 1G 到 2G，实现了模拟通信到数字通信的过渡，移动通信走进了千家万户；从 2G 到 3G、4G，实现了语音业务到数据业务的转变，传输速率成百倍地提升，促进了移动互联网应用的普及和繁荣。当前，移动网络已融入社会生活的方方面面，深刻改变了人们的沟通、交流乃至整个生活方式。4G 网络造就了繁荣的互联网经济，解决了人与人随时随地通信的问题，随着移动互联网的快速发展，新服务、新业务不断涌现，移动数据业务流量爆炸式增长，4G 移动通信系统难以满足未来移动数据流量暴涨的需求，急需研发下一代移动通信（5G）系统。

7.7.1　5G 关键技术

5G 作为一种新型移动通信网络，不仅要解决人与人之间的通信问题，为用户提供增强现实、虚拟现实、超高清（3D）视频等更加身临其境的极致业务体验，更要解决人与物、物与物之间的通信问题，满足移动医疗、车联网、智能家居、工业控制、环境监测等物联网应用需求。最终，5G 将渗透到经济社会的各行业、各领域，成为支撑经济社会数字化、网络化、智能化转型的关键新型基础设施。

5G 国际技术标准重点满足灵活多样的物联网需要。在 OFDMA[①]和 MIMO[②]基础技术上，5G 为支持三大应用场景，采用了灵活的全新系统设计。在频段方面，与 4G 支持中低频不同，考虑到中低频资源有限，5G 同时支持中低频和高频频段，其中中低频满足覆盖和容量需求，高频满足在热点区域提升容量的需求，5G 针对中低频和高频设计了统一的技术方案，并支持百兆赫的基础带宽。为了支持高速率传输和更优覆盖，5G 采用低密度奇偶校验码（LDPC）、Polar 新型信道编码方案、性能更强的大规模天线技术等。为了支持低时延、高可靠，5G 采用短帧、快速反馈、多层/多站数据重传等技术。

5G 采用全新的服务化架构，支持灵活部署和差异化业务场景。5G 采用全服务化设计，模块化网络功能，支持按需调用，实现功能重构；采用服务化描述，易于实现能力开放，有利于引入 IT 开发实力，发挥网络潜力。5G 支持灵活部署，基于 NFV/SDN[③]，实现硬件和软件解耦，实现控制和转发分离；采用通用数据中心的云化组网，网络功能部署灵活，资源调度高效；支持边缘计算，云计算平台下沉到网络边缘，支持基于应用的网关灵活选择和边缘分流。

通过网络切片满足 5G 差异化需求，网络切片是指从一个网络中选取特定的特

---

① OFDMA，全称为Orthogonal Frequency Division Multiple Access，是指正交频分多址。
② 多进多出（Multiple In Multiple Out，MIMO）是为极大地提高信道容量，在发送端和接收端都使用多根天线，在收发之间构成多个信道的天线系统。
③ NFV将硬件和软件解耦，让网络L2~L7层的功能（防火墙、交换机等）从专有硬件中解放出来，让其能在通用的虚拟设备（虚拟机/容器/微内核）等上运行，实现的是网络资源的池化。SDN将控制和转发分离，能实现网络L2~L7层功能的灵活部署、管理和监控调度，实现流量的灵活调度，实现的是网络资源的管理和调度。

性和功能，定制出的一个逻辑上独立的网络，使得运营商可以部署功能、特性服务各不相同的多个逻辑网络，分别为各自的目标用户服务，2022 年定义了三种网络切片类型，即增强移动宽带、低时延高可靠、大连接物联网，2023 年仍在沿用。

7.7.2　5G 主要应用领域

5G 主要应用在工业、能源、教育、医疗等领域。

7.7.2.1　工业领域

以 5G 为代表的新一代信息通信技术与工业经济深度融合，为工业乃至产业数字化、网络化、智能化发展提供了新的实现途径。5G 在工业领域的应用涵盖研发设计、生产制造、运营管理及产品服务四大工业环节，主要包括 16 类应用场景，分别为：AR/VR[①]研发实验协同、AR/VR 远程协同设计、远程控制、AR 辅助装配、机器视觉、自动引导车（Automated Guided Vehicle，AGV）物流、自动驾驶、超高清视频、设备感知、物料信息采集、环境信息采集、AR 产品需求导入、远程售后、产品状态监测、设备预测性维护、AR/VR 远程培训等。当前，机器视觉、AGV 物流、超高清视频等场景已取得了规模化复制的效果，实现"机器换人"，大幅降低人工成本，有效提高产品检测准确率，达到了生产效率提升的目的。未来，远程控制、设备预测性维护等场景预计将会产生较高的商业价值。

5G 在工业领域丰富的融合应用场景将为工业体系变革带来极大潜力，推动工业智能化、绿色化发展。自"5G+工业互联网"512 工程实施以来，行业应用水平不断提升，从生产外围环节逐步延伸至研发设计、生产制造、质量检测、故障运维、物流运输、安全管理等核心环节，在电子设备制造、装备制造、钢铁、采矿、电力等行业率先发展，培育形成协同研发设计、远程设备操控、设备协同作业、柔性生产制造、现场辅助装配、机器视觉质检、设备故障

---

① 增强现实（Augmented Reality，AR）是一种将虚拟信息与真实世界巧妙融合的技术，广泛运用了多媒体、三维建模、实时跟踪及注册、智能交互、传感等多种技术手段，将计算机生成的文字、图像、三维模型、音乐、视频等虚拟信息模拟仿真后，应用到真实世界中，两种信息互为补充，从而实现对真实世界的"增强"。虚拟现实（Virtual Reality，VR）是一种可以创建和体验虚拟世界的计算机仿真系统，它利用计算机生成一种模拟环境，使用户沉浸到该环境中。

诊断、厂区智能物流、无人智能巡检、生产现场监测十大典型应用场景，助力企业降本提质和安全生产。

7.7.2.2 车联网与自动驾驶领域

5G 车联网助力汽车、交通应用服务的智能化升级。5G 网络的大带宽、低时延等特性，支持实现车载 VR 视频通话、实景导航等实时业务。借助车联网 C-V2X（包含直连通信和 5G 网络通信）的低时延、高可靠和广播传输特性，车辆可实时对外广播自身定位、运行状态等基本安全信息，交通灯或电子标志标识等可广播交通管理与指示信息，支持实现路口碰撞预警、红绿灯诱导通行等应用，显著提升车辆行驶安全和出行效率，后续还将支持实现更高等级、复杂场景的自动驾驶服务，如远程遥控驾驶、车辆编队行驶等。5G 网络可支持港口岸桥区的自动远程控制、装卸区的自动码货，以及港区的车辆无人驾驶应用，显著降低自动导引运输车控制信号的时延以保障无线通信质量与作业可靠性，可使智能理货数据传输系统实现全天候全流程的实时在线监控。

7.7.2.3 能源领域

在电力领域，电力生产包括发电、输电、变电、配电、用电五个环节，目前 5G 在电力领域的应用主要面向输电、变电、配电、用电四个环节开展，应用场景主要涵盖了采集监控类业务及实时控制类业务，包括：输电线无人机巡检、变电站机器人巡检、电能质量监测、配电自动化、配网差动保护、分布式能源控制、高级计量、精准负荷控制、电力充电桩等。当前，基于 5G 大带宽特性的移动巡检业务较为成熟，可实现应用复制推广，通过无人机巡检、机器人巡检等新型运维业务的应用，促进监控、作业、安防向智能化、可视化、高清化升级，大幅提升输电线路与变电站的巡检效率；配网差动保护、配电自动化等控制类业务现处于探索验证阶段，未来随着网络安全架构、终端模组等问题的逐渐成熟，控制类业务将会进入高速发展期，提升配电环节故障定位精准度和处理效率。

在煤矿领域，5G 应用涉及井下生产与安全保障两大部分，应用场景主要包括：作业场所视频监控、环境信息采集、设备数据传输、移动巡检、作业设备远程控制等。当前，煤矿利用 5G 技术实现地面操作中心对井下综采面采煤机、液压支架、掘进机等设备的远程控制，大幅减少了原有线缆维护量及井下作业人员；在井下机电硐室等场景部署 5G 智能巡检机器人，实现机房硐室自动巡检，极大提高检修效率；在井下关键场所部署 5G 超高清摄像头，实现环境与人员的精准实时管控。煤矿利用 5G 技术的智能化改造能够有效减少井下作业人员，降低井下事故发生率，遏制重特大事故，实现煤矿的安全生产。当前取得的应用实践经验已逐步开始规模推广。

7.7.2.4 教育领域

5G 在教育领域的应用主要围绕智慧课堂及智慧校园两方面开展。5G+智慧课堂，凭借 5G 的低时延、高速率特性，结合 VR/AR/全息影像等技术，可实现实时传输影像信息，为多方提供全息、互动的教学服务，提升教学体验；5G 智能终端可通过 5G 网络收集教学过程中的全场景数据，结合大数据及人工智能技术，可构建学生的学情画像，为教学等提供全面、客观的数据分析，提升教育教学精准度。5G+智慧校园，基于超高清视频的安防监控可为校园提供远程巡考、校园人员管理、学生信息管理、门禁管理等应用，解决校园陌生人进校、危险探测不及时等安全问题，提高校园管理效率和水平；基于 AI 图像分析、GIS（地理信息系统）等技术，可为学生出行、活动、饮食安全等环节提供全面的安全保障服务，让家长及时了解学生的在校位置及表现，打造安全的学习环境。

7.7.2.5 医疗领域

5G 通过赋能现有智慧医疗服务体系，提升远程医疗、应急救护等服务能力和管理效率，并催生 5G+远程超声检查、重症监护等新型应用场景。

5G+超高清远程会诊、远程影像诊断、移动医护等应用，在现有智慧医疗服务体系上，叠加 5G 网络能力，极大提升远程会诊、医学影像、电子病历等数据传输速度和服务保障能力。在疫情期间，解放军总医院联合相关单位快速搭建 5G 远程医疗系统，提供远程超高清视频多学科会诊、远程阅片、床旁远程会诊、远程查房等应用，支援湖北新冠肺炎危重症患者救治，有效缓解抗疫一线医疗资源紧缺问题。

5G+应急救护等应用，在急救人员、救护车、应急指挥中心、医院之间快速构建 5G 应急救援网络，在救护车接到患者的第一时间，将病患体征数据、病情图像、急症病情记录等以毫秒级速度、无损实时传输到医院，帮助院内医生做出正确指导并提前制定抢救方案，实现患者"上车即入院"的愿景。

5G+远程手术、重症监护等治疗类应用，由于其容错率极低，并涉及医疗质量、患者安全、社会伦理等复杂问题，其技术应用的安全性、可靠性需进一步研究和验证，预计短期内难以在医疗领域实际应用。

7.7.2.6 文旅领域

5G在文旅领域的创新应用将助力文化和旅游行业步入数字化转型的快车道。5G智慧文旅应用场景主要包括景区管理、游客服务、文博展览、线上演播等环节。5G智慧景区可实现景区实时监控、安防巡检和应急救援，同时可提供VR直播观景、沉浸式导览及AI智慧游记等创新体验，大幅提升了景区管理和服务水平，解决了景区同质化发展等痛点问题；5G智慧文博可支持文物全息展示、5G+VR文物修复、沉浸式教学等应用，赋能文物数字化发展，深刻阐释文物的多元价值，推动人才团队建设；5G云演播融合4K/8K、VR/AR等技术，实现传统曲目线上与线下高清直播，支持多屏多角度沉浸式观赏体验，5G云演播打破了传统艺术演艺方式，让传统演艺产业焕发了新生。

7.7.2.7 智慧城市领域

5G助力智慧城市在安防、巡检、救援等方面提升管理与服务水平。在城市安防监控方面，结合大数据及人工智能技术，5G+超高清视频监控可实现对人脸、行为、特殊物品、车辆等精确识别，形成对潜在危险的预判能力和紧急事件的快速响应能力；在城市安全巡检方面，5G结合无人机、无人车、机器人等安防巡检终端，可实现城市立体化智能巡检，提高城市日常巡查的效率；在城市应急救援方面，5G通信保障车与卫星回传技术可实现建立救援区域海陆空一体化的5G网络覆盖；5G+VR/AR可协助中台应急调度指挥人员直观、及时地了解现场情况，更快速、更科学地制定应急救援方案，提高应急救援效率。公共安全和社区治安已成为城市治理的热点领域，以远程巡检应用为代表的环境监测也将成为城市发展的关注重点。未来，城市全域感知和精细管理将成为必然发展趋势，仍需长期持续探索。

7.7.2.8 信息消费领域

5G 给垂直行业带来变革与创新的同时，也孕育新兴信息产品和服务，改变着人们的生活方式。在 5G+云游戏方面，5G 可实现将云端服务器上渲染压缩后的视频和音频传送至用户终端，解决了云端算力下发与本地计算力不足的问题，解除了游戏优质内容对终端硬件的束缚和依赖，对于消费端成本控制和产业链降本增效起到了积极的推动作用。在 5G+4K/8K VR 直播方面，5G 技术可解决网线组网烦琐、传统无线网络带宽不足、专线开通成本高等问题，可满足大型活动现场海量终端的连接需求，并带给观众超高清、沉浸式的视听体验；5G+多视角视频可实现同时向用户推送多个独立的视角画面，用户可自行选择视角观看，带来更自由的观看体验。在智慧商业综合体领域，5G+AI 智慧导航、5G+AR 数字景观、5G+VR 电竞娱乐空间、5G+VR/AR 全景直播、5G+VR/AR 导购及互动营销等应用已开始在商圈及购物中心落地应用，并逐步规模化推广。未来随着 5G 网络的全面覆盖及网络能力的提升，5G+沉浸式云 XR、5G+数字孪生等应用场景也将实现，使购物消费更具活力。

7.7.2.9 金融领域

金融科技相关机构正积极推进 5G 在金融领域的应用探索，使应用场景多样化。银行业是 5G 在金融领域落地应用的先行军，5G 可为银行提供整体的改造。前台方面，综合运用 5G 及多种新技术，实现了智慧网点建设、机器人全程服务客户、远程业务办理等；中后台方面，通过 5G 可实现"万物互联"，从而为数据分析和决策提供辅助。除银行业外，证券、保险和其他金融领域也在积极推动"5G+"发展，5G 开创的远程服务等新交互方式为客户带来全方位数字化体验，线上即可完成证券开户审核、保险查勘定损和理赔，使金融服务不断走向便捷化、多元化，带动了金融行业的创新变革。

7.7.3 边缘计算

边缘计算（Edge Computing），是指在靠近物或数据源头的一侧，采用网络、计算、存储、应用核心能力为一体的开放平台，就近提供最近端服务。其应用程序在边缘侧发起，产生更快的网络服务响应，满足行业在实时业务、应用智能、安全与隐私保护等方面的基本需求。边缘计算处于物理实体和工业连接之间，或处于物理实体的顶端。而云端计算，仍然可以访问边缘计算的历史数据，如图7-4所示。

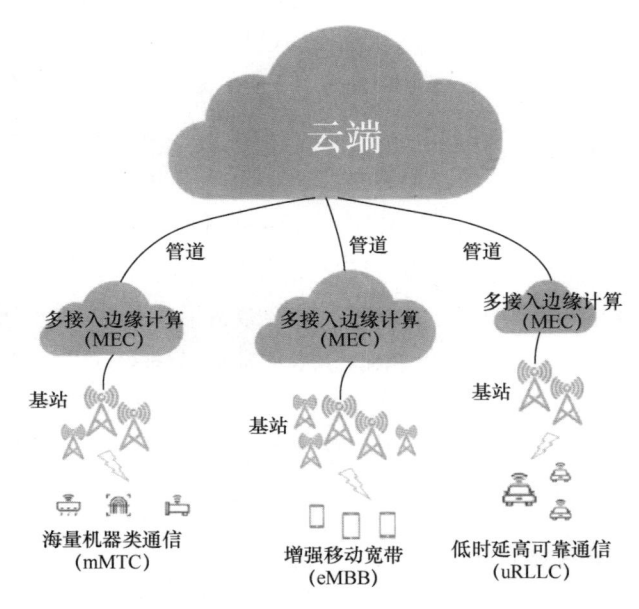

图7-4 云、边缘计算与5G示意

边缘计算并非一个新鲜词。作为一家内容分发网络（CDN）和云服务的提供商AKAMAI，早在2003年就与IBM合作"边缘计算"。作为世界上最大的分布式计算服务商之一，当时它承担了全球15%~30%的网络流量。在其一份内部研究项目中即提出"边缘计算"的目的和解决问题，并通过AKAMAI与IBM在其WebSphere上提供基于边缘的服务。

对物联网而言，边缘计算技术取得突破，意味着许多控制将通过本地设备实现而无须交由云端，处理过程将在本地边缘计算层完成。这无疑将大大提升处理效率，减轻云端的负荷。由于更加靠近用户，还可为用户提供更快的响应，将需求在边缘端解决。

边缘计算行业趋势可以从以下三个方面来进行理解。

趋势一：AI、IoT 与边缘计算的融合。近几年来，边缘计算和 AI、IoT 的结合非常多，边缘智能设备的数量增加之后，包括所有的数据或视频全部回传到云端去处理，整个成本与效率都非常不合适，所以直接靠近设备这一侧进行 AI 处理或 IoT 处理的需求越来越多。比如 AI，会在云上或在中心云做训练，然后在边缘做推理。

调查显示：到 2024 年，有 50%的计算机视觉和语音识别模型将在边缘运行。到 2023 年，近 20%用于处理 AI 工作负载的服务器部署在边缘侧；中国 70%的物联网项目将包含 AI 功能，追求实时性、降低带宽、数据合规；中国 75%的企业将在网络边缘对物联网数据进行处理。

趋势二：云延伸，IT 去中心化，设施自治，边缘托管。边缘计算与云计算是相互补充、相互依赖的关系。再延伸一步说，边缘计算其实是云计算的一个延伸，把云上的一些能力往边缘上延伸。一是要求 IT 业务在边缘这一侧去中心化；二是因为边缘业务或设施是自治的，在云和边之间网络断开的情况下，有一定的控制能力和边缘托管能力。未来架构趋势将沿着云延伸、IT 去中心化、设施自治、边缘托管的发展路线演进。

（1）混合云。到 2023 年，10%的企业负载将运行位于本地数据中心和边缘资源上。

（2）去中心化。到 2023 年，超过 30%的新基础架构将部署在边缘位置。

（3）设施自治。到 2024 年，50%的核心企业数据中心和 75%的主要边缘 IT 站点将改变运维方式。

（4）边缘托管。到 2023 年，预计 70%以上的公司将依靠托管服务来提高基于边缘人工智能的性能和投资回报率。

趋势三：5G 与边缘计算引爆新增长。最近几年，5G 的快速发展，对边缘计算是一个新的增长引爆点。预计到 2024 年，边缘应用程序的数量将增长 800%，可以想象这个行业后面会是什么样的增长情况。典型应用场景将包括车联网（自动驾驶/车路协同）、智能电网（设备巡检/精准负荷控制）（见图 7-5）、工业生产控制、智慧医疗（远程 B 超/远程会诊）等。

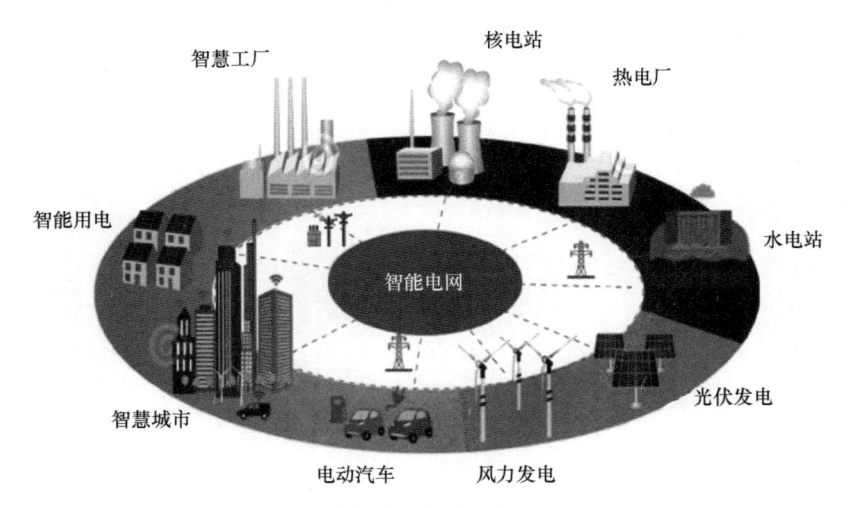

图 7-5　智能电网

7.8　元宇宙

元宇宙（Metaverse）一词诞生于 1992 年的科幻小说《雪崩》，小说描绘了一个庞大的虚拟现实世界，在这里，人们用数字化身来控制，并相互竞争以提高自己的地位，现在看来，描述的还是超前的未来世界。关于元宇宙，比较认可的思想源头是美国数学家和计算机专家弗诺·文奇教授，在其 1981 年出版的小说《真名实姓》中，创造性地构思了一个通过脑机接口进入并获得感官体验的虚拟世界。

7.8.1　元宇宙的来源

20 世纪 70 年代到 90 年代出现了大量的开放性多人游戏，也就是说游戏本身的开放世界形成了元宇宙的早期基础。2003 年有一款名为 *Second Life* 的游戏发布，它在理念上部分解放了现实世界所面临的窘境，这句话怎么理解？就是在现实世界中最痛苦的一件事是不能快速调整自己的身份，而在虚拟世界中，可以通过拥有自己的分身来实现，所以 *Second Life* 给了人们过一种新生活的可能性。

2020年人类社会到达虚拟化的临界点，疫情加速了新技术的发展，加速了非接触式文化的形成。而2021年可谓是元宇宙元年。2021年年初，Soul App在行业内首次提出构建"社交元宇宙"。2021年3月，被称为元宇宙第一股的罗布乐思（Roblox）正式在纽约证券交易所上市；5月，微软首席执行官萨蒂亚·纳德拉表示公司正在努力打造一个"企业元宇宙"；8月，英伟达宣布推出全球首个为元宇宙建立提供基础的模拟和协作平台；8月29日，字节跳动斥巨资收购VR创业公司PICO；10月28日，美国社交媒体巨头脸书（Facebook）宣布更名为"元"（Meta），其来源于"元宇宙"（Metaverse）的英文单词。

7.8.2　元宇宙体系参考模型

基于现有互联网要构建起完整统一的三维虚拟世界，并能够模拟自然环境规律、人类社会基本规则，元宇宙形态才可以基本成形。元宇宙体系参考模型如图7-6所示。

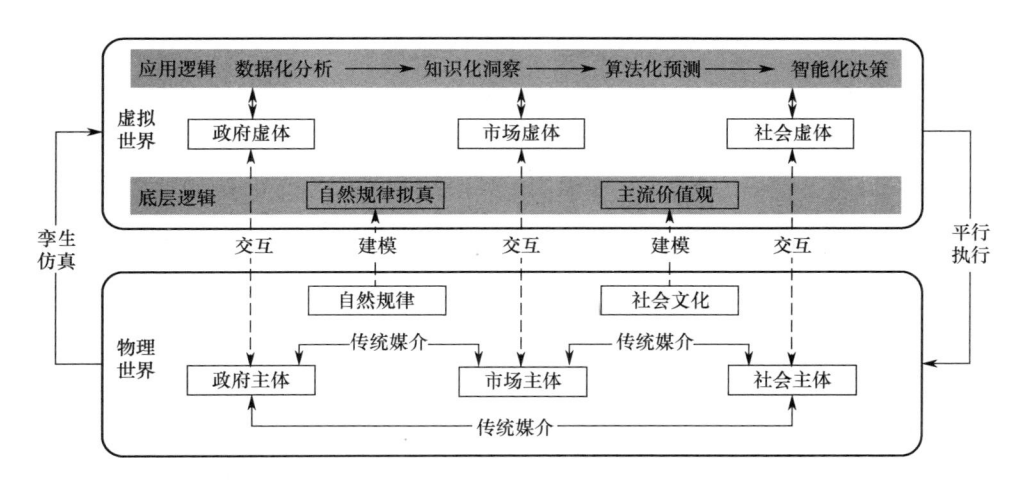

图7-6　元宇宙体系参考模型

数字孪生构筑的虚拟世界，是对物理世界的孪生仿真，其中包括自然环境和人造环境的孪生仿真，也包括人类社会主体及其行为（政府主体、市场主体、社会主体）的孪生仿真。回看物理世界的传统媒介（包括互联网），仅是离散碎片化的信息传递和简单交互，而孪生地球将可实现时空统一的拟真世界，充分体现"媒介与社会的一体同构"的传媒理念。孪生媒介的"底层逻辑"设定，是对自然规律及社会文化的拟真实现。自然规律的拟真，可完全拟真地球上的自然规律，也可提供突破自然限制的"道具"；社会文化的拟真，则以基本仿真模型为手段表达社会治理、法律规范、道德伦理等社会基本规则，而坚守主流价值观的底线，则是其最基本也是最重要的要求之一。底层逻辑是上层应用的基础和约束。孪生媒介应用，均可共享孪生媒介基础平台的各类共享服务能力和资源，也可借助孪生媒介实现数据化分析、知识化洞察、算法化预测、智能化决策。孪生应用产生的决策执行作用于虚拟世界的对象，同时也平行执行作用于物理世界的实体对象。

7.8.3 元宇宙的技术体系

元宇宙技术体系的整体逻辑，可分为接入访问终端、现实世界、虚拟世界、基础支撑平台四大部分，如图 7-7 所示。真正意义上的元宇宙，是指虚拟世界部分。下面对虚拟世界部分做重点介绍，其他部分做概要介绍。

7.8.3.1 现实世界

现实世界，是孪生地球元宇宙生成的物理原型基础，也是其作用的对象。真实的现实世界，可分为自然物质环境、人造物质环境、人类社会环境三部分。

（1）自然物质环境。自然物质环境指人们所生活的、肉眼可见可感知的自然物理世界，包括山川平原、江河湖海、土壤、绿化、植被、动物、气候、自然规律等。

（2）人造物质环境。人造物质环境指人类以自然物质为材料，人为建造形成的环境，包括道路桥梁、城镇楼宇、村庄、水利、工业、交通、安防、煤水电、供给循环系统、文化设施等。

（3）人类社会环境。人类社会环境指人类社会运行所遵循的基本规则，包括政治经济（国际交流、国家治理等）、法律法规、文化道德、市场、金融、行业自律、社交等。

第 7 章　数字化转型不可或缺的数字化技术

基础支撑平台
应用发现
服务发现
安全管控
区块链
云计算/算力
云存储/DB
网络连接
边缘计算
IoT传感网

虚拟世界

生态应用	媒体/舆情	社交游戏	电商/会展	教科文卫	智能制造	政治/军事	……
共性服务	孪生媒介 模型资产 信息组织 算法推荐 舆情分析	数字人 虚拟身份 行为数据 虚拟财富 经验值	信用体系 资产确权 劳动确权 信用体系 可信证链	价值体系 NFT e货币 交易规则 交易数据	故事引擎 脚本创作 场景制作 虚拟制作 作品管理	渲染引擎 物理引擎 图形渲染 粒子引擎 材质引擎	创作工具 建模 关卡 数值 动画
数据智能	搜索智能 知识图谱	模糊系统 模式识别	自动规划 概率推理	强化学习 神经网络	模拟仿真/并行执行智能		
					自动决策 专家系统	最优控制 进化计算	人机协同 博弈计算	社会计算 群体智能
孪生基座	数据交互	卫星影像 扫描点云	机器视觉 模式识别	数据采集 IoT采集	反馈控制 GNSS　SLAM 机械控制　IoT控制	模型构建 自然规律仿真 3DGIS　BIM	社会规视真 数字物　数字人

接入访问终端
XR 终端 VR眼镜头显 AR眼镜设备 MR眼镜头显 PC/TV/Mob
自然交互 语音交互 动捕交互 表情捕捉 眼动跟踪 气味模拟 触觉模拟 脑机接口
动感模拟 运动感模拟 力反馈模拟
代理机器 人形机器人 自动机器人

现实世界

自然物质环境： 山川平原、江河湖海、土壤、绿化、植被、动物、气候、自然规律等	人造物质环境： 道路桥梁、城镇楼宇、水利、煤矿、安防、交通、工业、文化设施、循环系统、行业系统等	人类社会环境： 政治经济、法律法规、文化道德、金融、行业自律、市场、社交等

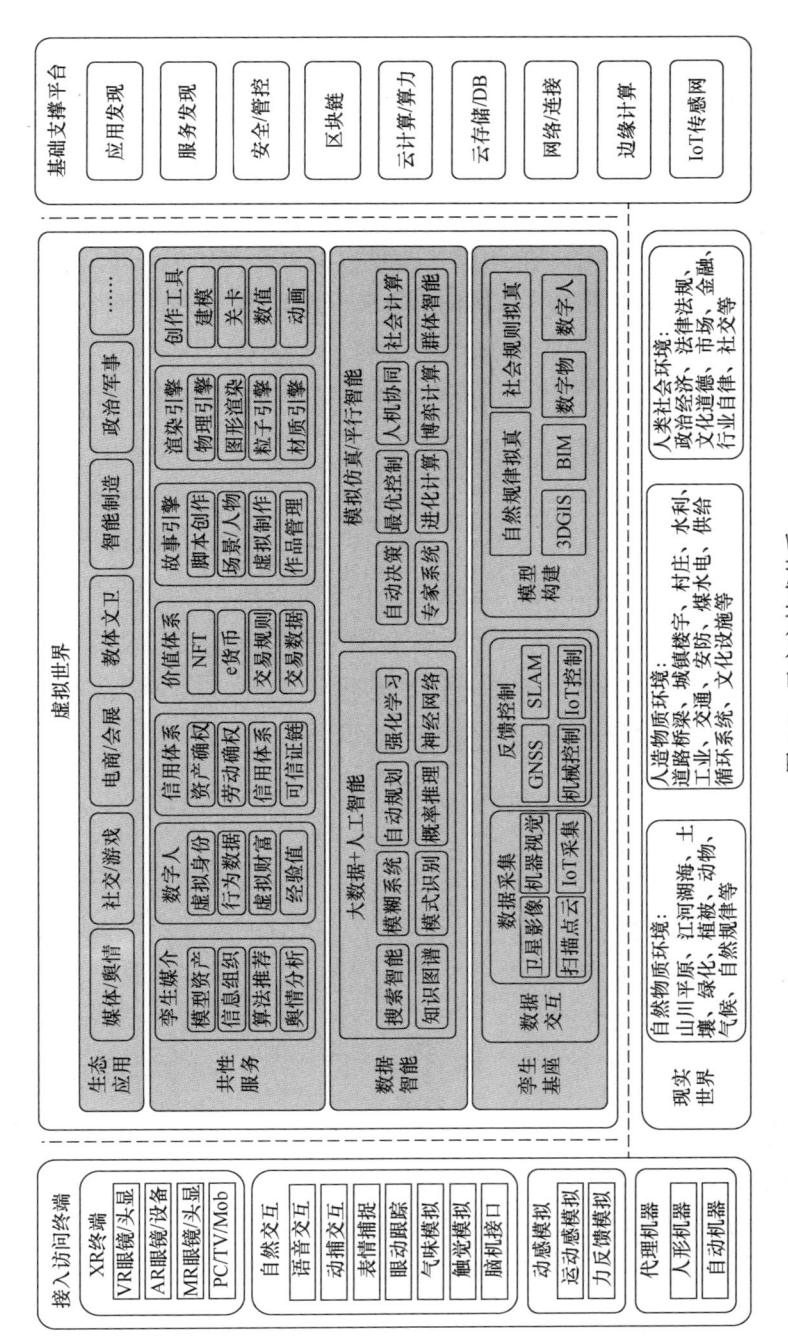

图 7-7　元宇宙技术体系

7.8.3.2 接入访问终端

用户需通过接入访问终端，才能进入元宇宙的虚拟世界。接入访问终端，需要为用户提供视、听、触、味、嗅全方位的感官沉浸体验，同时要提供更加自然的运动感、力反馈等自然交互方式，必要时还需提供代理机器作为物理身体的替代或延伸。接入访问终端包括 XR 终端、自然交互、动感模拟和代理机器等。

（1）XR 终端。XR 终端主要指 VR/AR/MR 终端设备，也涵盖传统的 PC、TV、PAD、Phone、LED 屏等终端产品。随着元宇宙生态应用的丰富，VR/AR/MR 终端渗透率会日渐增高，成为主流的新一代消费级个人计算平台。

（2）自然交互。自然交互是指摆脱键盘及鼠标，通过语音、动作等更加自然的方式获得视、听、触、味、嗅感官信息的交互方式。具体可分为语音交互、动捕交互、表情捕捉、眼动跟踪、气味模拟、触觉模拟、脑机接口等。

（3）动感模拟。动感模拟是 VR 模拟仿真应用创新的重要支撑技术，为 VR 用户在虚拟环境中的快速运动提供位移感知，乃至全方位移动感知的模拟体验。运动感模拟，可通过搭建 2DoF/3DoF/6DoF 动感平台来模拟运动位移感觉。操作力反馈，可通过力传感器来测量或模拟三维力矩带给人的肌肉感知。

（4）代理机器。代理机器可以是人形服务机器人、仿生机器人，也可以是工业机器人。代理机器的主要用途是作为人的物理替身去完成特定任务。人形服务机器人形象拟人亲切，用户接受度高，可用于陪伴、服务、教育、娱乐等场景；仿生机器人的主要用途是模仿各类生物，替代人去完成人无法完成的任务，如模拟飞鸟、四足动物、昆虫、鱼类等的代理机器；工业机器人主要用于生产线，替代工人，更加高效、准确地完成流水线作业。如需基于数字孪生进行管理控制，代理机器的行为数据可以同步到元宇宙中的数字代理人，并驱动数字代理人的行为。

7.8.3.3 基础支撑平台

元宇宙 3D 时空互联网，与当下的 2D 互联网类似，是新一代 ICT 技术的综合性应用，但要求将更加苛刻。IoT 传感网、边缘计算、5G 泛在网、云存储/DB、云计算/算力、区块链、信息安全及服务发现、应用发现等都是元宇宙技术体系所必需的基础支撑技术。随着信息通信技术（ICT）的创新和进步，元宇宙的基础支撑平台技术也将同步演进。

元宇宙支撑平台，必将成为数字经济发展的重要载体。作为定位面向全国、全球的公有云平台，从建设之初就应考虑公有云的架构及布局。元宇宙支撑平台的规划建设必须摆脱小而全、定制化项目的旧模式，走标准化、规模化的云平台之路。

元宇宙应用，涉及大量图形渲染、AI 计算、内容分发等需求，且对端到端访问带宽、时延的要求较目前的网络直播、短视频等应用会更高，只有采用"云+网+边+端"协同的平台架构，才可有效保障用户体验。元宇宙应用可充分发挥 5G 泛在网的优势，必将成为 5G 及后续 6G 的关键应用。

7.8.3.4 孪生基座

元宇宙虚拟世界的孪生基座层，主要实现现实物理世界 1∶1 模型复刻的孪生虚拟场景，构建起虚实平行的孪生地球新时空。

（1）数据采集。数据采集包括通过卫星影像、机器视觉、扫描点云、IoT 采集等方式获得丰富的数据源。采集的地形物貌、建筑等数据经处理形成 3D 基础图层；标示信息、可移动物、人员活动、社会活动等数据分主题经处理形成要素图层。机器视觉，是采用 AI 技术对图形图像基于模式识别进行自动化分析、处理的智能技术。美国知名研究机构 IHS 的研究显示，2021 年全世界有超 10 亿个监控摄像头，其中超过 50%的镜头部署在中国，中国平均 2.7 人就有一台摄影机。公共场所的监控视频数据，可基于 AI 算法进行实时 3D 视频建模，这将有效补充孪生媒介中社会活动实时数据的不足。

（2）反馈控制。数据交互，包括 3D 场景数据、IoT 感知数据，以及社会活动数据的采集与反向控制。基于 IoT 感知网建立起物理世界与数字世界的孪生关系。即时定位与地图构建，用户机器对当前空间进行实时的高精度识别和 3D 建模，是机器视觉的一种应用。机器视觉技术，可对图形图像做深入的 AI 理解并形成语义，支持更高的智能化应用需求。空间计算，这里指对地理空间（室外）、室内空间大规模信息进行计算、分析、应用的技术。通常来说，涉及 3D 地理信息系统（3D Geographical Information Systems，3DGIS）、城市信息模型（City Information Model，CIM）、建筑信息模型（Build Information

Model，BIM）、基于位置的服务（Location Based Service，LBS）应用等广泛领域。

（3）模型构建。模型构建包括基于三维地理信息系统（3DGIS）引擎的场景模型构建、整合及渲染，包括自然规律拟真模型的构建及维护，也包括主流价值观底层逻辑的模型构建及维护。3D 场景模型构建，是实现孪生媒介的呈现"介质"和交互界面，类似于图文媒介的纸张、视听媒介的屏幕、网络媒介的 Web 页面。孪生媒介的基础是大规模的室外、室内 3D 场景模型。3D 场景数据可来源于卫星影像、矢量地图、倾斜摄影、全景拍摄、激光扫描等。这些海量数据可通过引擎进行整合、处理，并面向 XR、TV、PC、Mob 等各类终端提供高效流畅的访问体验。之前的 3DGIS 行业应用注重实用功能，对视觉效果并不重视。孪生地球元宇宙由于其沉浸体验的特点，对 3DGIS 的视觉效果提出了更高的要求，需要更好的图形渲染技术。为降低孪生地球的场景数据计算量，需针对不同应用场景所需的模型精度制订分级规范，应用可根据需求加载相应精度的模型。要对上百平方千米的城市，乃至全国、全球的地形地貌进行高精度场景建模，过去是个耗资巨大、几乎不具备可行性的事。近年来，随着 AI 技术的发展和算力的提升，只需具备一定规模的计算集群，通过汇集多源数据，基于 AI 算法即可自动高效建模，并可实现以天为单位的数据更新维护。这使得建设和长期运营"孪生地球"的实用可行性大大提高。3DGIS 主要解决宏观场景的模型构建及管理。BIM 则可有效解决具体到每栋建筑内部结构的微观场景的模型构建及管理。对数字人、单体化数字物体的建模，可采用激光扫描、照片 AI 建模、人工建模等方式生成。数字人模型，可采用动作捕捉及表情捕捉技术，由真人动作加以驱动，也可定义动作脚本自动驱动。底层逻辑模型构建，是基于算法的规则实现。自然规律拟真，是在数字世界对自然规律拟真基础上的可控性改造。社会规则拟真，是人类社会记忆在孪生媒介"大脑"里的"进化性遗传和潜意识"。

7.8.3.5 数据智能

元宇宙的数据智能层主要实现对采集数据的信息化治理形成语义化知识，进而实现基于孪生地球模型的各类仿真任务的执行。

（1）大数据+人工智能。AI 技术的核心是在大数据基础上的智能算法及数据处理应用。海量的数据、信息如不进行有效分析，并进一步形成语义理解基础上的知识网络，其价值将无法得到有效利用。智能搜索、知识图谱、模式识别、概率推理、神经网络、模糊系统、自动规划、强化学习等一系列 AI 技术，将为海量信息处理、特定问题求解提供有效工具。智能搜索是结合了人工智能技术的新一代搜索技术，除了能提供传统的快速检索、相关度排序等功能，还能提供用户角色登记、用户兴趣自动识别、内容的语义理解、智能信息化过滤和推送等功能。知识图谱（Knowledge Graph）是对数据、信息的进一步语义化分析处理的结果，并且是一个持续优化的动态过程。利用知识图谱技术，可对过往离散碎片化的结构化、非结构化数据进行语义化处理形成统一的知识体系，这将对提供更加人性化的信息获取、自然人机交互提供坚实基础。知识图谱是应对信息量爆炸式增长的新一代语义网络、知识管理技术，是 AI 的重要基石及 AI 应用的重要驱动力。模式识别是用算法根据样本的特征进行分类的技术，在图像处理、机器视觉、自然语言处理、动作交互、语音交互、舆情分析、行为分析等领域都可应用。概率推理是根据不确定的信息做出决定时进行推理的方法，可结合专家先验知识，由已知变量信息来推导未知变量信息。神经网络是模仿动物神经网络行为特征进行并行处理的算法模型，依靠网络复杂程度，通过调整内部大量节点之间的相互连接关系，从而达到信息处理目的。模糊系统从宏观出发，模仿人的综合推断来处理常规数学方法难以解决的模糊信息处理问题，使计算机应用得以扩大到人文、社会科学及复杂系统等领域，已广泛应用于自动控制、模式识别、人机对话、医疗诊断、地震预测、天气预报等方面。自动规划更注重于问题的求解步骤和过程，而不是求解结果，可用来监控问题求解过程，并能够在造成较大的危害之前发现差错。强化学习受行为主义心理学启发，通过学习反馈激励—更新模型参数的策略，以达成信息处理模型优化和最大化的目的，在推荐系统、人机交互系统、人机博弈游戏等领域得到广泛应用。

（2）仿真模拟/平行智能。仿真模拟是对因果关系的推理活动，基于有效数据集和模拟算法，在 3D 场景的仿真验证机制中，类似人脑对某个问题的综合分析的形象化思考。由于数据、算法都不可能一步到位，因此这是个反复推演的机制。这类仿真模拟是基于孪生地球"元宇宙"提供功能型、智能型服务的基本机制和方式。

7.8.3.6 共性服务

元宇宙的共性服务层,可提供基于孪生地球元宇宙云平台的可充分共享、可重复使用的功能、组件、模型、资产、算法、工具、流程等的规范化服务,支持各类孪生应用的敏捷开发和运行。

为了向上层应用提供便捷的服务/微服务管理支撑,需遵循全流程 DevOps。服务提供方可以是平台运营方,也可以是经认证的合作伙伴。符合规范的服务经审核后可在孪生媒介云平台正式发布,如该服务得到诸多应用的使用,则服务提供方可获得相应收益。

(1)孪生媒介。孪生媒介以孪生地球的虚拟环境及孪生体作为媒介的载体,为广大用户提供大众传播服务。可提供的共性服务有模型资产管理、信息组织发布、内容算法推荐、舆情商情分析等。孪生媒介服务不仅向媒体机构的媒体应用开放,也可向个人、公司、政府开放,让各类主体都有发布信息的权利,当然要在主流价值观的约束之下。元宇宙中的孪生媒介无处不在,孪生媒介是一个重要的基础性服务。海量模型资产的管理,需要孪生基座的支持;组织信息并向任意指定孪生媒介位置做发布,需要创作工具的支持;根据用户个性化需求向其定向推荐匹配内容的算法,需要数据智能 AI 算法支持;针对性的舆情商情分析,需要大数据分析平台支持,而是否有违背社会规则、主流价值观的内容或行为,不能靠传统媒体的人工审核机制,而需要模型构建的底层逻辑支持。

(2)数字人。近年来,随着 XR 技术及应用的日趋成熟,国外的 Microsoft、Google、Facebook、Epic Games、Intel、Digital Domain,以及国内的华为、腾讯、百度、搜狗、魔珐等公司,都在虚拟数字人方面投入大量资源,以期实现更加逼真、易用的虚拟数字人产品。数字人可独立于虚拟环境及应用,成为一类重要的共性服务,向更多的第三方应用提供赋能。数字人,业界也称之为虚拟化身、Avatar、虚拟角色、虚拟代理人,是指通过 3D 技术构建人体 3D 模型,可配备衣着等装饰,通过动作捕捉、表情捕捉等技术赋予其动作,通过真人声音或语音合成技术赋予其独特的声音,从而实现或高度逼真、或卡通风格的虚拟角色,用于影视制作,或虚拟社交、游戏等在线应用。数字人既可以是用户本人的虚拟化身(代理人),也可以是元宇宙中某个政府部门、商业机构对外提供服务的智能客服角色，甚至有可能是一个文明实践教育游戏中的一种 NPC 角色。这种人格化载体，将可为用户接受服务提供更加自然的交互方式。用户在使用数字人代理时，需要绑定自己的虚拟身份，在元宇宙中的行为数据将被记录，成为经验值积累的依据，也将与元宇宙信用体系相关联。用户在元宇宙中可以创造属于自己的虚拟财富，这些财富可由元宇宙信用体系加以确权，也可通过元宇宙价值体系，在现实世界中变现。

（3）信用体系。传统的信用体系采用 AAA（身份认证、鉴权、计量）方式对用户（组织、法人、个人等）在系统中的权限进行确认，通过消费及行为数据的分析对其进行信用评级。目前，平台或系统的信用系统，对某个特定主体的信用评价基本上是片面的。元宇宙的信用体系可基于全局数据做出更加全面的信用评估。元宇宙的信用体系，可基于区块链技术支撑，对用户的资产、劳动进行确权，无法被篡改，提供可信证链。

（4）价值体系。元宇宙价值体系与信用体系有一定关联，同样可基于区块链技术支撑实现各类交易，交易物可包括各类资产、劳动、非同质化通证（Non-Fungible Token，NFT）等。价值体系更为重要的是，要为元宇宙世界定义交易规则，发行电子货币，建立起完整的经济、金融、市场、消费体系。元宇宙价值体系的建立，必然要考虑现实世界经济体系的关系。如何能够获得国家的认同，既能实现虚实经济体系的互通，又不至于扰乱现实世界经济秩序，这个问题，到目前为止仍没有各方都满意的答案，因此仍存在不确定性。

（5）故事引擎。无论电影电视剧、游戏、剧本杀，还是只有几分钟的短视频，都需要有个剧本。元宇宙故事引擎，首先提供剧本创作辅助工具，并可与虚拟模型资产、数字人等服务能力打通，获得场景、人物资源，借助创作工具进行虚拟制作，并实现对创作作品的管理。

（6）渲染引擎。元宇宙渲染引擎包括离线渲染引擎、实时渲染引擎、渲染流化引擎三类。离线渲染引擎，主要用于用户影视、图片高品质渲染，随着渲染算力的提升，以及实时渲染的快速发展，离线渲染引擎使用可能会减少。实时渲染引擎，主要用于游戏开发及运行，目前已越来越多地被集成用于影视虚拟制作中，实现影视预演、计算机动画（CG）制作前置，有机会彻底改变传统影视的制作流程。渲染流化引擎，主要用于支持云游戏的运行和使用，游戏运行在云端服务器，实时渲染画面以视频流方式推送到用户终端，用户操控指令上传到服务器并实现对游戏的实时控制。云游戏模式给低配终端用户一种玩大型高品质游戏的途径，将来可能会持续存在。元宇宙渲染引擎，需要有材质引擎、物理引擎、动画引擎、粒子引擎、图形渲染（光线追踪、后处理）、声音渲染等核心功能。需要提供超低时延的实时渲染效率，以及更加易于使用的蓝图等功能。

（7）创作工具。不同的经济形态由不同的生产力和生产关系所决定。人员组织及传播模式影响生产关系，生产工具则直接影响生产力。农业经济时期，以锄犁锹为工具，辅助人力和畜力的生产力；工业经济时期，以机械设备为工具，以热力、电力为生产力；数字经济时期，以云与计算为生产工具，以网络和算力为生产力。具体到文化传媒领域，图文媒介时期，以排版和印刷机器为生产工具；视听媒介时期，音视频拍摄以摄像机和编辑软件为生产工具；网络媒介时期，应用软件开发及内容处理以计算机和智能手机为主要生产工具；元宇宙时期，3D建模及应用开发工具将成为主要内容生产工具。元宇宙是一个开放的新时空，要允许更加自由、低门槛的专业生产内容（PGC）/用户生产内容（UGC）创作者共同参与建设。新的3D应用开发引擎及工具集，要在保障生产内容品质的前提下，尽量降低用户学习和使用成本。

7.8.3.7 生态应用

元宇宙的生态应用层，必然要构建一个开放的应用生态，就像现实世界里一样，人是自主的主体，其行为有无限种可能，当然会受到底层逻辑的约束。孪生应用的呈现终端可以是XR眼镜，也可向后兼容PC、TV、Mob等终端。孪生应用相比之前，具备更大的信息容量、更丰富的信息组织形式、更人性化的交互体验。孪生应用可以直观访问"孪生地球"的方式作为入口形态，如类比现有概念，这将是个超级App，是个3D形态的新型门户或应用商店。

元宇宙平台应提供尽可能低的孪生应用开发门槛，支持视频、游戏、App、XR应用创新，以形成平行世界丰富的孪生应用生态。鉴于孪生地球元宇宙的全球视野尺度，必然导致门槛高垒，且孪生地球云平台是构建平行世界智能社会的重要基础设施，国家有必要在肇始阶段就加强统筹及管控，这将大大降低出现过度商业化、过多版本并存的无序状态的可能性。通过国家特许经营方式，完全有条件形成统一时空的孪生地球元宇宙平台，打造统一、开放的孪生应用生态。

构建起全球用户认同并自愿加入的"孪生地球"元宇宙平台，将是实践人类命运共同体理念的有效工具。"孪生地球"的游戏规则建立，应以人类命运共同体愿景为出发点，需充分考虑如何消除国家、民族之间的政治文化隔阂。全球能够参与"孪生地球"平台竞争的玩家仅有个位数，这将成为全球秩序治理的"水晶球"，成为人类文明与智慧聚合的共同精神家园。

具体的元宇宙生态应用包罗万象。不同类型的用户，可以是政府、社会组织、企业、军队，也可以是小组、个人，通过创作工具，充分利用共性服务和平台资源，都有机会创作出优秀的孪生应用，实现自我价值和社会价值。按应用服务领域分，元宇宙主要包括媒体、舆情、社交、游戏、电商、会展、教育、体育、文化、旅游、医疗卫生、智能制造、政治、军事、金融、地产等生态应用。所有应用的形态无法假设，需要广大用户去创作和塑造。

Chapter 8 | 第 8 章

应用混合云和云原生助力数字化转型

导读：一般来讲，对于传统企业，"企业上云"是数字化转型的重要里程碑。如何灵活、高效地选择和应用私有云、公有云、混合云是科技工作者需要结合业务需求着重考虑的一个问题。同时，以微服务、容器、DevOps 等为代表的云原生技术体系及其理念是数字化转型的有效驱动力，在数字化转型过程中可以牢牢把握它，来进行降本增效、提升用户体验和实现敏捷交付，并不断提高数字化组织的能力。

8.1 数字化转型需要高效运用混合云

混合云结合了公有云和私有云的优点，让企业拥有了更灵活的业务布局，在满足安全合规的同时，还可以节省对 IT 基础设施的投入，使业务应用的可用性、安全性、敏捷性得到极大的提升，从而帮助企业快速地进行数字化转型和保持业务竞争力。

事实上，混合云已经成为时下最热门的云服务模式之一。Flexera 的

《2020年云状态报告》显示，93%的企业采用多云战略，其中87%的企业采用了公有云加私有云的混合云战略。然而中国信息通信研究院调查显示，国内企业应用混合云的比例仍然处于较低水平，而缺少适合的解决方案是企业尚未采用混合云战略的首要原因，如图8-1所示。

图8-1 私有云、公有云和混合云

企业采用混合云战略主要面临以下五个痛点。

（1）生态孤岛。不同云服务商API不兼容，导致企业面向多朵云需要进行多次定制开发，无法平滑迁移，形成平台孤岛和生态孤岛。

（2）体验割裂。各云服务商技术实现方式和服务体验有差异，技能培训复用度低，用户使用门槛高、体验割裂。

（3）运营成本高。不同云服务商运维无法互通，单独运维管理，多云统一运营成本高。

（4）应用迁移难。企业应用部署到多云环境，由于不同云服务商API不兼容，导致跨云迁移、伸缩、运维等困难。

（5）业务创新慢。不同云服务商业务开发差异大，无法形成高效的DevOps流水线作业，影响业务创新迭代速度。

混合云产业在数字经济时代也取得了突飞猛进的可喜局面。根据中国信息通信研究院发布的混合云产业全景图，整个产业架构可以分为八大细分领域，即混合云IaaS、混合云PaaS、混合云SaaS、行业混合云、混合云安全、混合云网络、混合云管理平台、混合云MSP（管理服务提供商）。

基础设施层面（混合云 IaaS 和混合云 PaaS），早期的云计算市场中，公有云服务商和私有云厂商更像是两条平行线，各自走着完全不同的技术栈，混合云部署也更多的是以两类厂商平台的"组合"实现。如今，越来越多的服务商开始同时具备公有云和私有云两方面的能力，部分厂商在此基础上还进一步延伸出了边缘部署和容器部署能力，混合云基础设施服务能力进一步完善。

服务层面（混合云 SaaS），早期的混合云更强调利用不同云环境的优势，关注环境打通和资源层面的混合。随着技术的成熟，混合云服务商在提供资源服务的基础上帮助用户部署混合云平台和软件能力，提供更丰富的应用服务。

行业混合云方面，不同行业的用云需求间存在显著差异，服务商根据大量的服务经验开始提供具有行业特色的混合云解决方案。各类行业混合云除了在架构设计上各具特色，还提供了大量行业特色应用，如医疗 AI 辅助诊断、航运船舶监控、金融反欺诈等。

混合云安全方面，混合云打破了传统网络乃至单一云固定边界的模式，混合云安全面临资源池多样化、连接方式复杂、接入形式丰富导致的网络边界变化问题。因此，越来越多的服务商开始探索以身份为核心的零信任安全。

混合云网络方面，互联网云服务商主要围绕云网一体化打造服务，在底层运营商网络基础上，自建 Overlay 网络，依靠数据中心互联（DCI）能力完成网络覆盖；电信运营商主要以网带云，发挥网络优势，从核心、承载、接入侧网络形成云+网的全覆盖；云连接服务商，整合自有网络资源，打通多个公有云之间的网络连接，做第三方连接平台。

混合云管理平台方面，大量云管理平台服务商开始由单纯提供平台工具转向服务，为混合云用户提供配套的跨云迁移和管理服务。

此外，众多云服务商、ICT 厂商、独立软件开发商（ISV）、集成商及新兴服务商开始关注 MSP 产业，重点发展混合云管理服务业务。

8.2 混合云的四个主要特点

通常来说，混合云主要具有云网融合、多云管理、安全能力、业务生态创新四个主要特点。

8.2.1 云网融合

网络一直是客户将其业务平台部署向云资源池迁移时关注的问题。混合云是通过网络将客户本地基础设施、私有云和公有云（如第三方云服务）进行灵活整合，因此网络更是其中的关键。混合云组网的目标是通过按需交付网络连接，支持客户私有云与其公有云专有网络①资源的安全连接，实现资源规模在混合云间平滑调整，满足突发资源需求，提供安全访问服务。传统的混合云组网技术以虚拟专用网（VPN）、专线为主，但是两者都存在不足。例如，VPN高度依赖互联网连接，无法保证带宽、延迟；专线的投入开销大，链路控制不灵活。而对于客户而言，当前混合云业务面临的最大问题之一是云计算资源和网络资源的申请、计费、运维均为彼此割裂，严重影响客户体验。因此，云网融合成为混合云业务未来发展的必然需求（见图 8-2）。

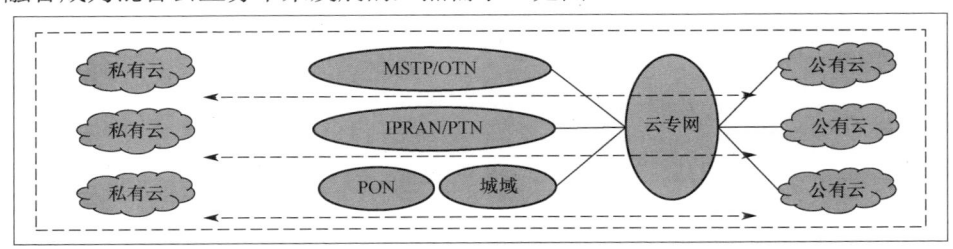

图 8-2 云网融合示意

云网融合的能力主要包括多点互联、网络性能和可靠性。

（1）多点互联。云网协同需要保证本地计算环境和各云资源池的互联，包括单一本地环境与多个 VPC 的连接和单个 VPC 与多个本地环境的连接。

（2）网络性能。服务商提供的网络在性能上需要满足用户应用的要求。根据不同情形，带宽、时延、丢包率等性能指标应满足相应要求。

（3）可靠性。网络应具备支持多条专线链路的容灾能力，当一条链路发生故障时，可以及时将流量切换至等价冗余链路，避免单点故障影响业务运行。

8.2.2 多云管理

为满足成本、按需、隐私、合规、避免供应商锁定等目的，企业常常会采

---

① 专有网络可帮助用户构建一个逻辑隔离的专有云。专有网络由逻辑网络设备（如虚拟路由器、虚拟交换机）组成，可以通过专线/VPN等连接方式与传统数据中心组成一个按需定制的网络环境，实现应用的平滑迁移上云。

用多个公有云或私有云,这会造成基础设施资源池多样化,还要面临同时管理物理机、虚拟化等异构资源环境问题。用户的应用分布在多个异构、同构资源池中,并存在多种需求。比如,有些应用需要在异构环境中迁移,有些应用需要在多个异构的资源池云环境中部署发布,有些应用甚至需要跨云、跨网络运行和扩展等。由于缺乏合适的管理工具,给平台的管理带来非常大的压力和工作量。因此,在混合云的场景下,如何更好地管理多云平台将是混合云未来的发展趋势之一。多云管理平台示意如图 8-3 所示。

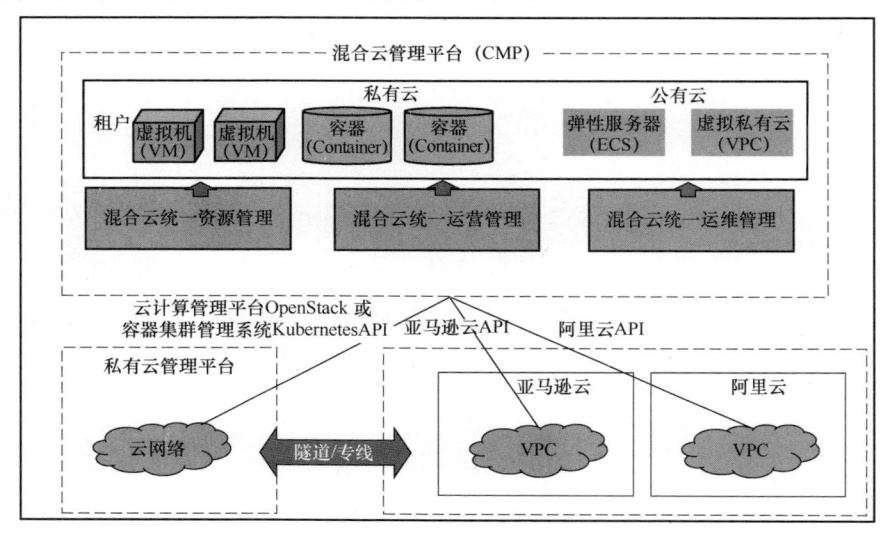

图 8-3 多云管理平台示意

从功能上讲,多云管理平台应至少具备以下能力。

(1)多云接入。多云管理平台对公有云、私有云及混合云具备统一接入的能力。

(2)异构资源纳管。多云管理平台能够对 X86 物理机、KVM 平台、VMWare 平台以及容器(Docker)等异构资源进行统一纳管。

(3)服务编排。多云管理平台具备服务定义、服务发布、服务变更和用户自服务门户的功能。

(4)运维监控。多云管理平台能够统一展示多云资源的占用情况和性能指标,支持多种告警形式。在资源容量不足或按需调度的情况下,能够根据策略调度多云之间的负载。

8.2.3 安全能力

随着企业将更多的业务托管于混合云之上，保护用户数据和业务变得更加困难。本地基础设施和多种公有云、私有云共同构成的复杂环境，使得用户对混合云的安全能力有了更高的要求。

混合云安全能力主要包括网络和传输安全、数据和应用安全、访问和认证安全。

（1）网络和传输安全。

- 通过安全域划分、虚拟防火墙、VXLAN 等软件定义网络进行网络隔离，避免不同平面间网络相互影响。

- 通过 HTTPS 等安全通信协议、SSL/TLS 等安全加密协议保证传输安全。

- 通过 VPN/IPSec、VPN/MPLS 等安全连接方式保证网络连接的可靠性。

- 通过安全组、防火墙、入侵检测/防御系统（IDS/IPS）等保证边界安全，同时对进出各类网络的行为进行安全审计。

- 通过对通信的网络流量进行实时监控，针对分布式拒绝服务（Distributed Denial of Service，DDoS）攻击、Web 攻击进行防御，实现对流量型攻击和应用层攻击的全面防护。

（2）数据和应用安全。

- 在存储、备份和传输过程中应该对数据进行加密，防止数据被篡改、窃听或者伪造。

- 通过数字签名、时间戳等密码技术保证数据的完整性，并在检测到完整性被破坏时采取必要的恢复措施。

- 使用安全接口和权限控制等手段对数据访问权限进行管理，从而避免敏感数据的泄露。

（3）访问和认证安全。

- 通过基于密码策略、基于角色的分权分域等方式对访问进行控制，防止非授权或越权访问。

- 采用随机生成、加密分发、权限认证等方式进行密钥的生成、使用和管理，避免因密钥丢失导致用户无法访问或数据丢失的风险。

8.2.4 业务生态创新

当前的混合云还处于发展的初级阶段，各厂商更多提供的是将公有云与私有云在 IaaS 上打通的基本能力，在此基础上提供的服务场景为互联互通、数据备份、跨云运维、云管平台等少数同质化场景。混合云应在公有云与私有云的基础上进一步帮助用户升华其业务。混合云应将企业的定制化能力，与公有云厂商提供的共享能力结合，帮助用户既能利用共享资源，又不局限于公有云厂商能力的业务。在这个能力背后，是混合云产品完成大量打通公有云产品和私有云产品的自动化工作，屏蔽掉公有云与私有云的细节，进一步抽象出云资源概念，使用户只关注业务，业务需要什么能力就使用什么云服务，而不局限于是公有云的服务还是私有云的服务。

混合云的发展趋势是进一步屏蔽底层物理细节和实现细节，减少用户的试错成本，帮助用户关注基于跨云的业务实现，而不是关注如何部署一个跨云服务，从而真正将私有云的定制能力和公有云的共享及生态能力有机融合。

8.3 混合云的主要应用场景

混合云在各个企业的应用场景非常广泛，如应用负载扩充、灾难恢复、数据备份、应用部署、开发测试生产部署等方面。

8.3.1 应用负载扩充

在这个场景下，应用部署通常在私有云里，在某一特定时间，应用访问或使用会突然增加，当企业无法快速添置硬件扩展私有云容量去适应这些变化时，混合云平台应能通过公有云来弥补暂时的容量不足，达到调峰目的。比如，在月末或季末，企业财务系统通常都需要计算生成大量各种报表，这时就可以短暂租用公有云弥补计算资源的不足，而不是扩容私有云，否则会造成资源浪费。

8.3.2 灾难恢复

混合云的灾难恢复一般采用主从架构。在这种架构下,用户可以把备用的业务数据放在公有云上,借助公有云提供商的技术优势、灾备经验、运维管理等资源,快速实现数据的灾难恢复,保障服务的连续性。同时,与全部使用私有云相比,混合云的灾难恢复还可以降低运维工作量,节省灾备系统成本。在私有云数据中心发生重大灾难时,用户可以在公有云端利用云主机快速切换,将备份数据拉起,大幅降低恢复时间目标(Recovery Time Objective,RTO),实现业务高可用。

8.3.3 数据备份

数据备份的目的是把某一时间的数据或应用保存在一个安全可靠的地方。通常的场景是应用负载运行在公有云或私有云上,而数据备份放在公有云或私有云里,以达到安全稳定的目的。

8.3.4 应用部署

对于拥有多个分支的企业,尤其是跨国企业来说,如果业务都由总部数据中心来集中处理,随着业务量的增加,总部的处理能力和接入带宽将明显成为瓶颈。通过混合云方案,将前端服务部署在公有云上,利用公有云多 Region(区域)和内容分发网络(Content Delivery Network,CDN)的优势使服务尽量靠近最终用户,后端仍部署在总部私有云中。前端处理完成后,只需要少量的前后端交互访问即可完成整个业务处理。混合云提供跨云安全、可信的网络通道,连接公有云侧的租户环境与企业侧的私有网络,保障通信质量及安全可靠性;同时实现分布在私有云和公有云上的应用和 IT 资源的统一管理,包括统一的组织目录结构、用户身份认证等,保证企业对业务的管控能力。通过这样的混合云跨云协同部署,可以大幅提升系统的服务能力和用户体验。

8.3.5 开发测试生产部署

对一个应用而言,其开发测试过程一般需要灵活快捷的环境搭建,而且其间经常重构,这时公有云是一个不错的选择,而一旦正式上线,则希望运行在安全稳定的环境中,那时就会考虑私有云。在这种情况下,同一应用不同阶段之间相互独立,没有直接联系。通过构建混合云,利用 DevOps 流程与工具,就可同时获得公有云灵活快捷和私有云安全稳定的好处。

8.4 如何快速构建企业混合云

在了解了混合云上述的主要特点和应用场景后,就可以快速构建企业混合云。在构建过程中,主要应抓住三大构建要素和选择相应的混合云解决方案,以提高构建效率。

8.4.1 抓住三大构建要素

构建企业混合云需要牢牢抓住云管平台、云网协同和安全保障三大核心要素。

8.4.1.1 设定云管平台

混合云管理平台负责管理基础设施资源池等异构资源,对所有数据中心(私有云、公有云等)的资源进行统一运维,并提供统一的运营服务和门户。其架构如图 8-4 所示,主要包括统一资源管理、统一运营管理、统一运维管理等主要模块,对下管理各混合云的基础设施,对上则向用户提供统一的门户管理、账户管理、服务目录、资源管理、运营管理等服务。

8.4.1.2 做好云网协同

混合云是通过专线或 VPN 或 SD-WAN 等网络手段,使得本地机房、私有云和公有云能够互联互通,其云网协同架构如图 8-5 所示。

8.4.1.3 做好安全保障

混合云的安全保障是用户关注的重点,需要在云安全服务与能力、基础设施安全、安全集中管控平台等方面进行落地,如图 8-6 所示。

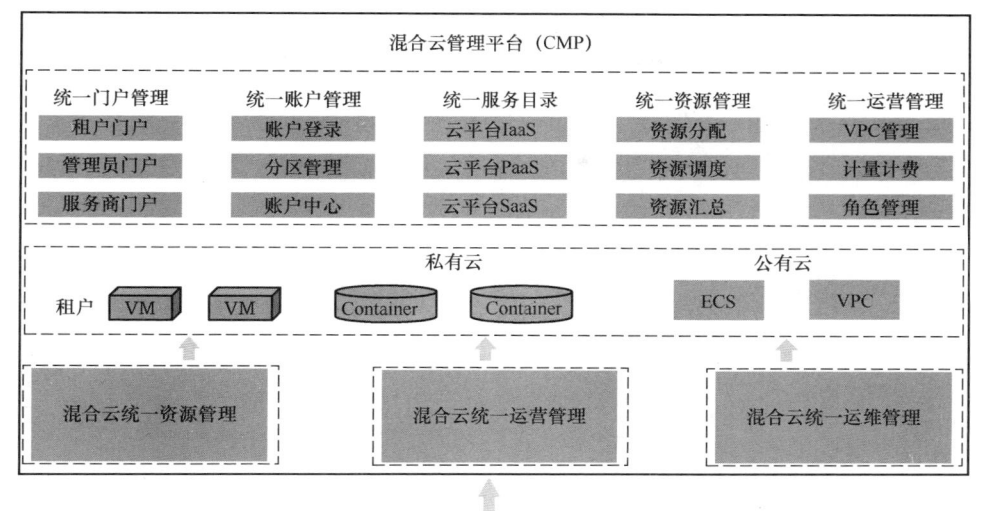

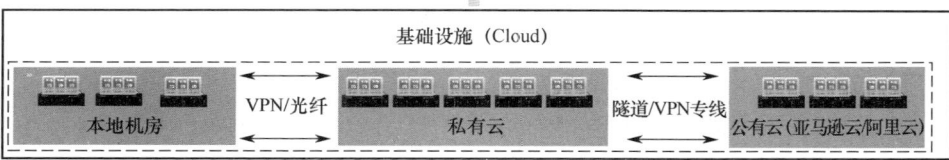

第 8 章 应用混合云和云原生助力数字化转型

图 8-4 混合云管理平台（CMP）架构

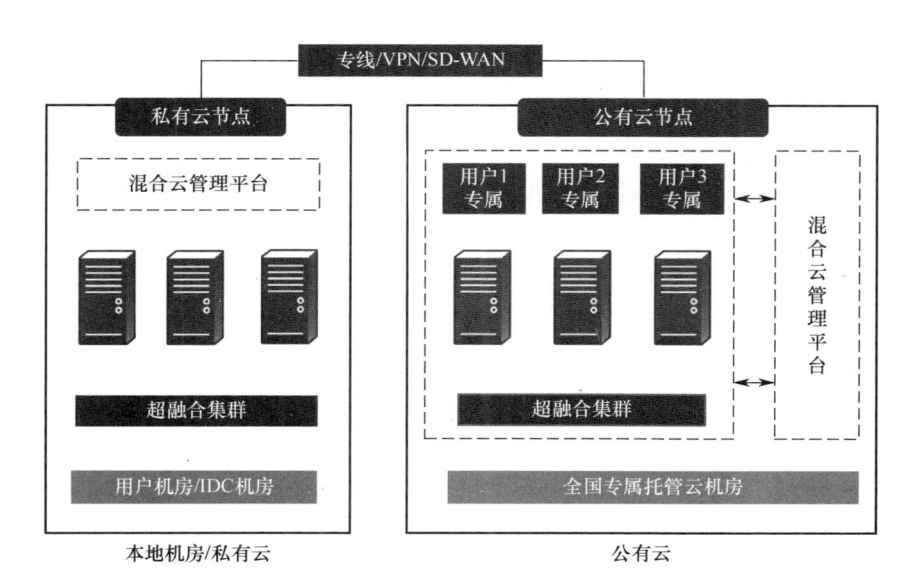

图 8-5 云网协同架构

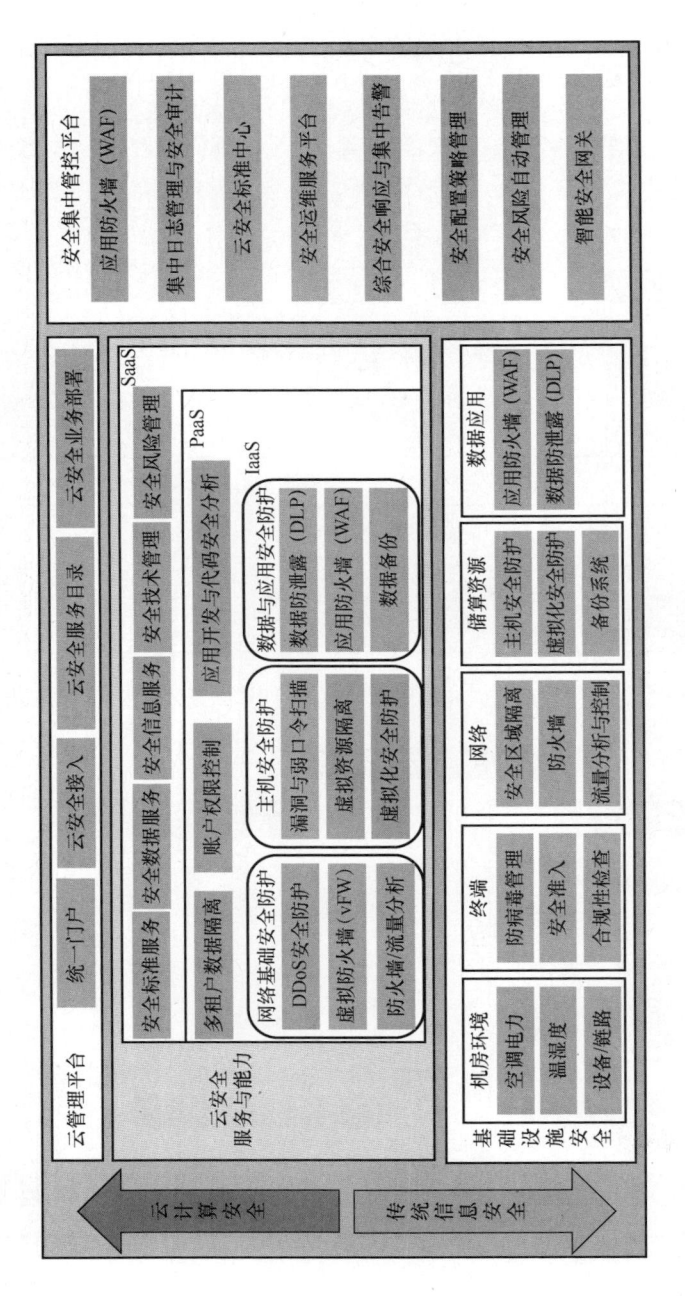

图 8-6 混合云安全保障

8.4.2 可供选择的混合云解决方案

目前，无论是国内还是国外，业界都出现了较为成熟的混合云解决方案，企业可以根据实际情况来选择。本节将介绍国内外两个较为具有代表性的解决方案。

8.4.2.1 AWS

AWS 支持集成本地资源与云资源的混合云架构，提供业界最广泛的支持混合云的功能，涵盖存储、联网、安全性、应用程序部署和管理工具，将云作为对现有投资的无缝安全扩展进行集成。

1. 网络互联

混合架构通过网络连接本地和云资源，创建统一的企业环境，将本地网络配置扩展到 AWS 云上的虚拟专用网络，使得云上的资源如同现有企业网络的一部分而运行。还可以支持扩展物理连接，在用户数据中心与云端 AWS 区域之间建立专用且一致的私有网络连接。AWS Direct Connect 服务建立一个可连接本地设施和 AWS 的专线网络，将 AWS 与数据中心、办公室或主机托管区域相连接，降低网络成本、提高带宽流量，提供比基于互联网连接更为一致的网络体验。AWS 专线连接使用业内规定的 802.1q VLAN 标准，分割成多个虚拟接口，通过同一个连接访问共享资源和专有资源，同时在共享和专用环境之间保持网络隔离；可以随时重新配置虚拟接口，满足不断变化的需求。

2. 数据集成

AWS 通过使用存储网关提供混合存储能力，借助具有 99.99%持久性和安全加密设计的云端对象存储服务，实现与当前数据中心对数据相同或更好的控制、可靠性和可用性，确保数据得到有效的保护。企业内部应用程序可以借助它来无缝地使用 AWS 云存储。使用存储网关服务进行备份、存档、灾难恢复、云突增、存储分层和迁移。应用程序可以利用 NFS、iSCSI 等标准存储协议通过网关设备连接到该服务。网关会连接到 Amazon S3、Amazon Glacier、

Amazon EBS 等云端存储,并包含高度优化的数据传输机制,能够进行带宽管理、自动实现网络弹性、高效传输数据,为活动数据的低延迟内部访问提供本地缓存。

3. 集成身份和权限

AWS 提供创建和管理 AWS 用户、组和权限的功能,以便在极为精细的详细级别上允许和拒绝对 AWS 资源的访问。此外,AWS 还会提供托管服务,将 AWS 资源与现有本地 Microsoft Active Directory 连接起来并使用现有工具管理策略。通过与 AD 的连接,将依赖于 Active Directory 的本地应用程序和工作负载迁移到 AWS 云中,并且将现有组策略扩展到云资源上。借助 AWS Microsoft AD,可以在用户的数据中心和 AWS 之间无缝运行基础设施,无须将现有 Active Directory 中的数据同步或复制到 AWS 云中。

4. 集成资源和部署管理

AWS 与 VMware 进行深度合作,共同发布 VMware Cloud on AWS,支持基于 VMware 的工作负载在 AWS 云上运行,实现最强大的混合架构及跨本地环境和云环境集成应用程序部署和管理。VMware Cloud on AWS 是 AWS 云上完全托管的本机 VMware 环境,可按小时、按需或按订阅进行访问,并且与客户目前在数据中心内所使用的技术相同,能够继续利用用户在 VMware 上的投资,而无须继续购买和维护硬件。VMware Cloud on AWS 能够直接在物理硬件上运行,避免了嵌套虚拟化,并且整个系列的 AWS 计算、存储、数据库、分析、移动和 IoT 服务均可从原有应用程序直接进行访问。

5. 集成设备和边缘系统

混合架构不仅仅是将数据中心与云集成。作为物联网组成部分的设备及位于远程位置的系统会产生大量的数据。目前,AWS 通过不断创新,在设备边缘进行数据采集,而不是通过获取新硬件来为其提供支持或等待将其上传到云中。AWS Greengrass 是提供了以安全方式为互联设备执行本地计算、消息收发和数据缓存的软件。即使没有连接到互联网,互联设备也可以运行 AWS Lambda 函数、保持设备数据同步并与其他设备安全通信。AWS Greengrass 可将 AWS 无缝扩展到设备，这样设备便可在本地对其生成的数据执行操作，同时依旧将云用于管理、分析和持久存储。该服务使用 AWS IoT 的安全和访问管理功能在所有连接点对设备数据进行身份验证和加密。

8.4.2.2 华为混合云

华为 FusionBridge 混合云解决方案实现了私有云和公有云的融合。

1. 云间的网络互通

华为 FusionBridge 通过 VPN 或者专线打通私有云和公有云之间的三层网络。包括华为云在内的多数公有云都提供了 VPC 的特性，这个能力允许企业在公有云上创建自己专属的虚拟网络，VPC 内的网络和其他网络完全隔离，包括独立的子网、独立的地址池、独立的路由配置和独立的网关出口。通过 VPC 的出口网关配置，企业可以在公有云内的虚拟网络和企业本地数据中心的网络之间创建虚拟专有网络 VPN 或专线连接，使两者可以通过三层网络连通起来。

2. 多云资源管理

混合云需要同时对私有云和公有云上的资源、服务进行管理、监控，FusionBridge 采用了先进的"云中介+云网关"模式。其中，云中介直接面向用户，本质是一种适配，为用户提供统一的 API 和 Console 界面，底层适配不同云的 API 接口，从而实现资源的统一管理。云中介的多云适配能力（可以适配的公有云的数量）和服务管理能力（能够管理的云服务数量）决定了混合云方案的能力。而云网关面向底层多云设施，通过注入各个不同云内部的云网关抽象统一各个云基本的资源接口，把异构的云资源转化成统一的资源池，再通过统一的云中介为用户提供服务。云中介和云网关这种协同模式能够实现租户业务在几朵云上的平滑部署，就好像在利用同一个云内部的不同的资源池，并可以实现对 AWS、Azure、VMware 等大量异构云的管理，而用户只需要通过云中介进行管理。

3. 统一开放接口

为了统一不同类型的云的管理，势必需要寻找合适的模型来统一不同云的 API 接口，重新定义一套私有的混合云 API 是业界传统的做法，这种方式对用户而言，会增加学习一种新的 API 的成本。一种更为优异的做法是选择一种现有的标准的云接口为基线。华为 FusionBridge 采用标准的 OpenStack API。OpenStack 是一种被广泛接受的云类型，功能完善，OpenStack API 容易被客户接受，新的特性也可以通过社区讨论以公平的方式进行添加。FusionBridge 采用 OpenStack API 的最大好处是生态对接能力，也就是说只要是基于 OpenStack 之上开发的管理软件，都可以轻松对接到混合云上。

8.5　云原生与云计算的天然联系

要了解云原生，先要了解云计算。云计算的概念最先由戴尔公司于 1996 年提出。2006 年，亚马逊公司率先推出了弹性计算云 EC2 服务，随后越来越多的企业开始逐步接受云计算这一概念，并将应用逐步迁移到云端。为了让应用能够更好地使用云的 PaaS 平台能力开发 SaaS，Heroku 于 2011 年提出了十二因子应用的概念，这个概念所蕴含的理念可以称其为云原生的起源。随后，Pivotal 于 2015 年明确地提出了云原生（Cloud Native）的概念，指出云原生是一种可以充分利用云计算优势构建和运行应用的方式。云原生示意如图 8-7 所示。

图 8-7　云原生示意

现在普遍接受的云原生概念是 2018 年经过云原生计算基金会（CNCF）的修改确定的："云原生技术有利于各组织在公有云、私有云和混合云等新型动态环境中构建和运行可弹性扩展的应用。云原生的代表技术包括容器、服务网格、微服务、不可变基础设施和声明式 API。这些技术能够构建容错性好、易于管理和便于观察的松耦合系统。结合可靠的自动化手段,云原生技术使工程师能够轻松地对系统做出频繁和可预测的重大变更。"

对于这个定义,CTO、架构师、研发工程师、运维、安全、CIO 都可以从中找到自己熟悉的领域和存在感:CTO 关注云原生一系列的代表技术及其应用,架构师关注它能够构建高效的系统,研发、运维、安全工程技术人员可以从中找到自己可以入手的技术定位,而 CIO 应该重点从云原生中得到什么呢?这个定义没有表现出来,CIO 应该基于上述内容得到云原生对于数字化转型的驱动力。

8.6 云原生的技术构成

从前面的定义中可以看出,只有结合云原生所提供的云服务,改造应用的架构,才能够更好地使用云原生技术,更好地构建弹性、稳定、松耦合的分布式应用,并解决分布式复杂性问题。云原生架构关键技术如图 8-8 所示。

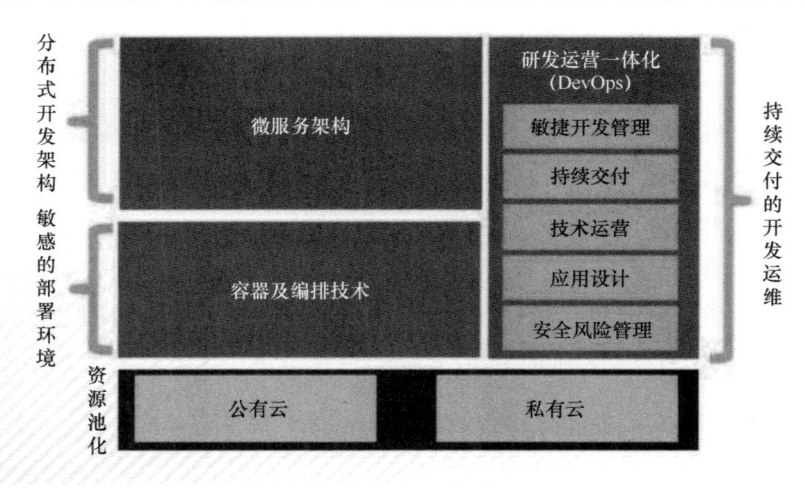

图 8-8 云原生架构关键技术

此外,对架构的改造还意味着相关的开发模式、交付方式、运维方式、组织协同方式等都要随之改变。比如,采用微服务架构重写应用,构建流水线方式自动化工具升级运维方式,部署方式由虚拟机转变为尽可能使用容器等。简单来说,云原生使得整个软件的生产流水线、生产理念,甚至上线和运营都发生了巨大的变化,而具体的变化程度又取决于企业对云原生的使用情况。

现在,结合定义综合来看,除了拥有相当重要性的云原生架构,云原生还应当包括云原生技术、云原生产品、云原生架构,以及构建现代化应用的开发理念,具体如下。

(1)云原生产品和云原生技术需要基于公有云、私有云或混合云的云基础设施。

(2)云原生架构和云原生开发理念是基于云原生技术和产品构建或实现的。值得注意的是,对于不是基于云原生技术或者产品的架构和理念,如基于传统物理服务器发布、构建的 DevOps,不使用微服务构建高度松耦合和可复用的应用,原则上都是不会被划分到云原生范畴的。

(3)现代化应用和云原生应用是基于云原生的架构和开发理念构建或实现的。

8.7 云原生在数字化转型中的价值

从市场发展趋势看,云计算将是未来 IT 的主流。根据 Gartner 的数据,到 2025 年,预计将有 80%(而 2020 年仅为 10%)的企业会将应用转向云平台。据 Gartner 预测,到 2023 年,全球 70% 的企业都将在生产中运行三个或更多的容器化应用。据中国信息通信研究院统计,2019 年 43.9% 的被访企业表示已使用容器技术部署业务应用,另外计划使用容器技术部署业务应用的企业占比为 40.8%;28.9% 的企业已使用微服务架构进行应用系统的开发,还有 46.8% 的企业计划使用微服务架构。

因此,云计算及其与之密切相关的云原生技术,如同人工智能、大数据、IoT、移动互联等技术一样,构成了企业/产业数字化转型的关键数字化基础设施,也是国家"新基建"的核心环节。而这个基础设施,是开展数字化的基石,也是降本增效的重要抓手。

基于云计算演化而来的云原生技术和架构,会为企业数字化转型在提升用户体验、优化成本、提升效率、完善组织人才结构、加速创新等多方面带来巨大的价值。

云原生技术和架构对企业业务价值和用户服务体验提升主要有这样几个方面的帮助。

（1）提升效率（企业业务）。越来越多的企业发现传统的应用已经无法满足数字化业务的需要，所以会对应用进行彻底升级，会更多地采用云原生技术和云原生架构作为构建现代化应用的核心框架，从而帮助企业打造具备弹性、韧性、可观测性、API 驱动、多语言支持、高度自动化、可持续交付等特性的现代化应用软件，提升效率。

（2）优化成本（企业业务）。成本是企业董事、股东和管理层最为关心的企业运营因素之一。以往开展业务之前需要购买一大堆软硬件，云计算则是典型的按量付费模式，只要在业务需要的时候找云服务提供商开通对应的服务即可，这样可以减少企业的资本性支出（CapEx），将其中的一部分转换到管理支出（OpEx）；同时，由于云服务具备"永远在线"的特性及无服务器（Serverless）等服务模式，因此业务的运维成本、风险成本都得以下降，最终实现整体成本的降低。

（3）提升用户体验（用户服务）。数字时代强调差异化、个性化的用户体验，业务上实现"千人千面"，不仅要求企业在业务上不断推陈出新，还要求企业可以利用云平台强大的计算能力，在其之上构建更为智能化的系统，对用户进行全域的用户体验管理；此外，基于云原生的面向用户的应用具备更高的可用性、更低的延迟和更好的质量，可以增强数字时代用户的使用体验和用户黏性。

除此之外，云原生技术和架构在企业内部迭代方面也有很大的帮助。

（1）完善科技人才结构（人力资源）。云原生技术的大量应用，使企业内部的分工发生了变化。首先，由于大量管理服务（Managed Service）的使用，IaaS、PaaS 层组件的运维人员会不断减少，最典型的就是数据库管理员、硬件运维工程师等将会大量减少；其次，由于云原生技术及架构的应用，技术和管理上都需要综合性智能 IT 人员的出现，如运维和研发的融合技能人员、安全和运维的融合技能人员等，才能使得 DevOps 和容器化落地；再次，新的云原生技术的出现，也要求传统的 IT 人员不断接受新的技术挑战，不断学习并应用新的技术。

（2）加速创新（自我迭代）。越来越多的企业逐渐意识到了云服务的专业化程度高和服务等级协定（SLA）高的特点。这些企业在数字化转型的过程中将 IaaS 和 PaaS 的通用技术复杂性委托给了云平台，从而能够更好地专注于自身业务逻辑的创新。依托有强大算力的云基础设施，构建"小步快跑、快速迭代"的微服务化应用，实现模块化迭代和快速试错，同时将每次业务升级的负面影响降到最低。此外，自动化流水线、API 集成、业务持续发布，可以帮助内部技术和业务团队之间形成更紧密的合作。利用云原生技术重塑企业的软件生产流水线，可以加大业务组件的复用程度，将软件交付周期从周、天降低到小时甚至分钟级别，从而提升业务的市场嗅觉灵敏度，增强市场反应能力。

8.8　数字化转型中涉及云原生的主要环节

这里给出一个应用业界敏捷最佳实践 SAFe 框架，结合云原生促进数字化转型的实现路径，如图 8-9 所示。

随着时代的发展，新的软件管理模型应运而生，更适应这个时代的 VUCA，也就是 Volatility（易变性）、Uncertainty（不确定性）、Complexity（复杂性）和 Ambiguity（模糊性）。从瀑布（Predictive）模型到螺旋（Iterative）模型，再到敏捷过程（Agile Processes）和企业级敏捷（Enterprise Agility）。SAFe 是规模化敏捷知识的集合，是一种应用于大型软件企业的规模化敏捷实践框架，已经在众多世界 500 强企业实施，并都取得了一定成效。SAFe 的核心价值观是内建质量、项目群实施、协同一致、透明性。

结合笔者在世界 500 强企业的实践经验，通过在 SAFe 框架中有机地结合云原生技术，可以在降本增效、人员组织培养、有机地做好 IT 与业务的协同方面发挥比较大的功效，具体建议按照如下几方面推进。

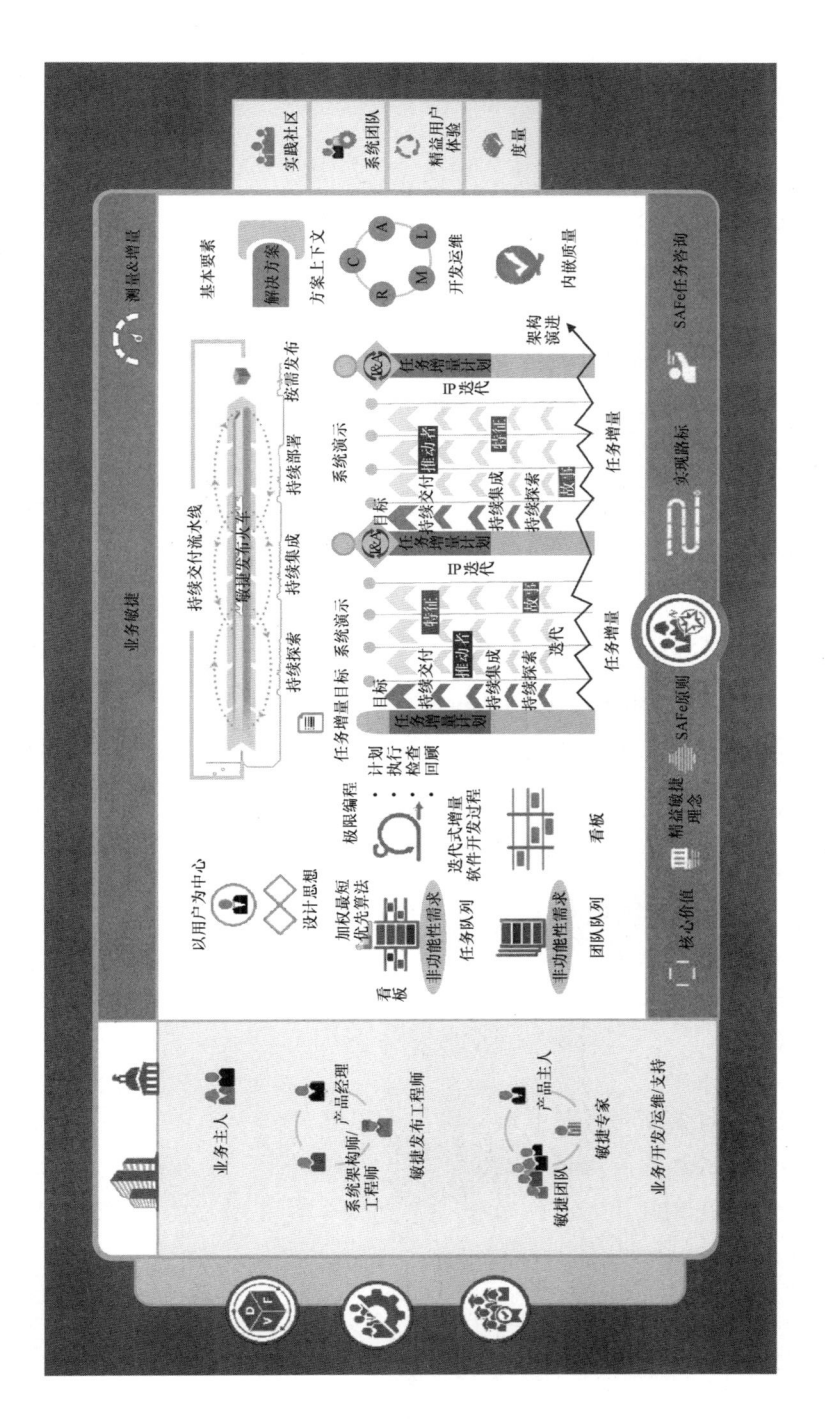

图 8-9 应用 SAFe 框架结合云原生促进数字化转型

8.8.1 业务需求分析和获取环节

在该环节，IT 需要组织的内容如下：敏捷，包括敏捷性组织的相关话题，会在专门的章节进行详细讨论；团队，包含需求分析、设计、研发、运维、安全等模块的人员；业务团队，包括具备一定的 IT 知识，能够对接 IT 模块的人员，从而进行详细的业务需求获取、理解、澄清和梳理。

在这个过程中，IT 敏捷团队其实包含两大部分：一部分是掌握云原生技术、架构及理念的技术人员；另一部分是对业务熟悉，能够深入对话、沟通甚至从 IT 角度为业务提出建议和意见的分析人员，他们同时具备一定的 IT 技能，对云原生及其他 IT 技术和能力有较大程度的理解。

8.8.2 设计和研发环节

在该环节，设计、研发团队需要采用微服务、DevOps 等技术、平台、理念来进行业务需求转换为应用系统/模块的工作，需要通过微服务的设计模式来设计松耦合、强内聚、可复用、高可用、可扩展、安全可靠等的应用及架构，并加以开发实现。

在这个过程中，IT 敏捷团队成员需要综合采用 SpringCloud、Pipeline、Service Mesh 等众多云原生的具体技术平台和框架（如参考 ThoughtWorks[①]里面推荐的成熟技术）。

8.8.3 QA 环节

在该环节，IT 敏捷团队将针对单元、API、UI/UE 等测试目标，综合运用手工测试、自动化测试、性能测试、持续测试、代码审计、安全测试（包括 SAST——静态应用安全测试、DAST——动态应用安全测试、IAST——交互式应用安全测试等）等手段和工具，保证研发质量和安全。

---

① ThoughtWorks 提出了分布式敏捷的概念，依托科学的策略、设计、数据和工程能力，凭借在定制系统和敏捷软件交付领域的深耕，以及遍布全球的分布式团队带来的技术能力。

8.8.4 部署及安全运维环节

在该环节，IT 敏捷团队需要突破以往服务器、虚拟机的部署及安全运维方式，借助 CI/CD[①]和容器化，通过自动化调用并编排容器，对应用进行部署；同时，容器化方式也可以对底层 IaaS 资源进行灵活调用和扩充。安全和运维则需要通过容器流量监控、微服务监控、日志分析、事件分析等方式，来对以微服务方式在容器上运行的应用进行全方位的安全运维保障。

在这个过程中，团队也会综合使用包括 K8s（Kubernetes）、Rancher、Helm、ELK、Prometheus、Docker 安全、容器流量分析等方面的技术和平台，从而形成一整套的 DevSecOps 体系，如图 8-10 所示。

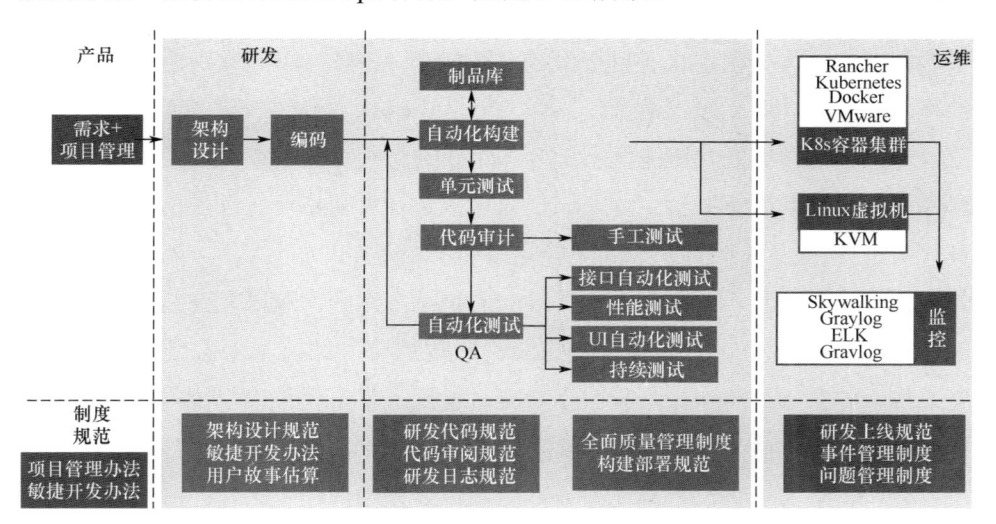

图 8-10　DevSecOps 体系示意

8.9　云原生技术的具体应用

云原生作为一个技术族，主要包括微服务、容器、DevOps 等一系列技

---

① CI/CD 是一种通过在应用开发阶段引入自动化来频繁向客户交付应用的方法，CI/CD 的核心概念是持续集成/持续部署。

术，在数字化转型工作中需要对其进行了解和灵活运用。

8.9.1 微服务

敏态业务需要具备持续发布的能力，保证代码随时可发布，松耦合的微服务应用是前提。调查显示，超过六成的企业已经应用或正在测试微服务框架，应用微服务化趋势明显。将大型复杂软件应用拆分成多个简单应用，各个应用之间是松耦合的。微服务架构具有降低系统复杂度、独立发布部署、独立扩展、跨语言编程等特点。

8.9.1.1 认识微服务

传统的单体架构意味着整个系统需要创建一个独立单元作为所有功能模块的基础。该独立单元包括数据库操作、业务逻辑、后台处理等。所有这些组件可以一次部署并在同一服务器上运行。系统的所有功能都编写在一个单独的代码库中，后续的所有更新也均在该代码库中进行。随着业务功能的扩展，应用程序会变得太过复杂而无法处理，这使得扩展变得十分棘手。当代码库较大时，为系统拓展新功能将会面临非常大的挑战，这会严重限制系统开发和运维的灵活性和创造力。单体架构意味着代码过耦合。如果其中某个模块存在问题，那么整个系统将崩溃，导致用户无法使用。整个系统仅仅因为一个小小的错误导致整体无法使用，这是非常危险的。

与单体架构不同，微服务体系结构由多个微小的服务组成，服务之间通过相应的 API 进行通信。由于每个服务代表了独立的功能，因此可以针对某个服务进行独立更新、部署和扩展，而不影响其他的微服务模块。区别于传统的单体式应用构建方法，微服务可以简单地描述为将一个大型的软件应用程序的功能分为多个独立的小型软件服务，如图 8-11 所示。每项微服务通常单独部署在容器中，负责一项单独的任务。为了让微服务协同工作，形成大型可伸缩的应用程序，微服务之间还可以进行通信和交换数据。

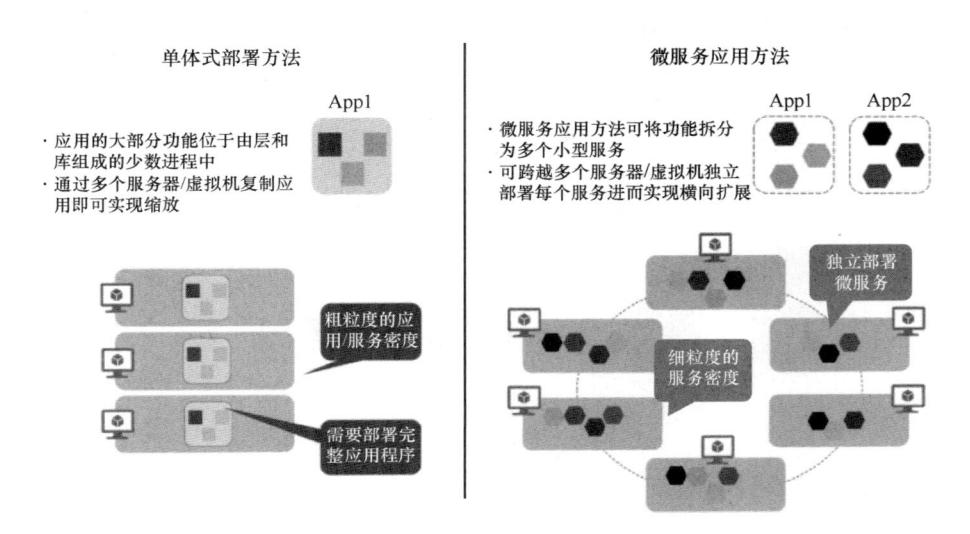

图 8-11　微服务应用与单体应用的区别

简而言之，微服务的特点如下。

（1）云原生应用程序由多个不同的可重用组件（称为微服务）组成，这些组件可以集成到任何云环境中。

（2）这些微服务可以作为应用程序的构建模块，通常包装在容器中。

（3）每个微服务可以协同工作，共同构成一个应用程序，每个微服务可以通过自动化和编排流程进行独立扩展、持续改进和快速迭代。

（4）每个微服务的灵活性提高了云原生应用程序的敏捷性和持续改进，解决了单体大型应用程序复杂性与灵活性之间的问题。

以人力资源系统为例。以前，整个人力资源系统部署在一个大软件包中（如使用 MVC 框架的 WAR 文件），使用微服务后，就无须将人力资源组件部署为一个大软件包——大型单体应用程序。该大型单体应用程序被划分并部署为按用途分类的若干个较小功能单元（工资、出勤和员工等微服务）。这样，维护一个模块时（如出勤模块），由于微服务可以独立工作，就无须停用整个应用程序，也不会影响到其他功能，从而提高了更新迭代速度，也提高了服务质量。

8.9.1.2 微服务的主要构成

微服务的工作方式如图 8-12 所示。下面介绍微服务的主要构成部分的服务。

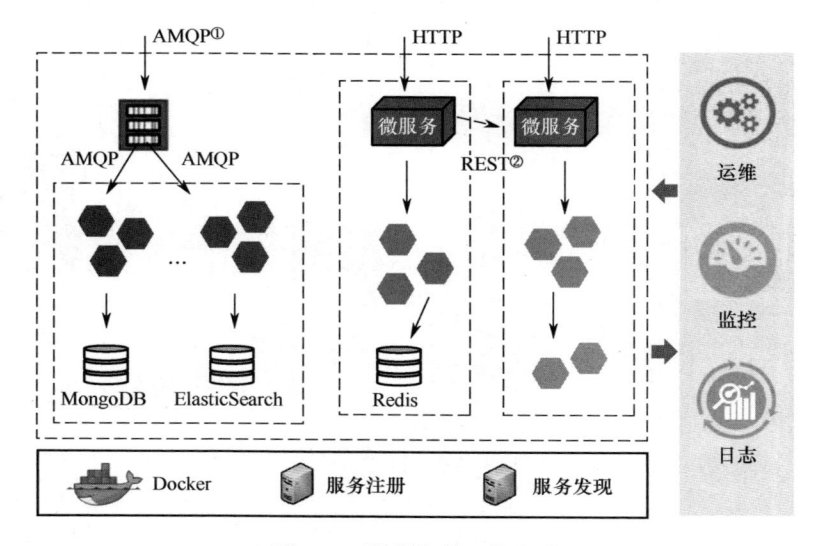

图 8-12 微服务的工作方式

（1）Docker。Docker 是一个开源平台，用于应用程序进行打包分发，其中包含应用程序在各种环境中运行所需的库和依赖项。在 Docker 的帮助下，开发团队可以将应用程序打包成容器。实际上，Docker 是容器化应用程序的工具之一，这意味着也可以不使用 Docker 来创建容器，Docker 的真正好处是使这个过程更轻松、更安全、更简单。在容器化应用之后，需要一些工具来管理容器化的应用并做一些手动和自动化的操作，比如水平扩展。这些工具为应用管理提供一些服务，比如自动负载均衡，保证高服务可用性。这种服务通过定义多个管理器节点来完成，如果一个节点管理器出现任何故障，其他管理器可以保持应用程序服务可用。管理 Docker 环境、配置管理、提供环境安全等，这些问题可以通过 Docker 容器管理工具集中自动化。

（2）API 网关。API 网关可以被视为一种 API 管理工具，它充当应用程序服务和不同客户端之间的中间件。API 网关可以管理以下事情。

---

① AMQP 为高级消费队列协议。

② REST 为表述性状态传递。

- 路由。网关接收所有 API 请求并将它们转发到目标服务。
- 日志记录。网关统一记录所有请求。
- 授权。网关检查用户是否有权限访问该服务。
- 性能分析。网关估计每个请求的执行时间并检查应用程序瓶颈。
- 缓存。通过在网关级别处理缓存，可以消除服务上的大量流量。

（3）负载均衡。实际上，它是作为反向代理工作的，客户端只需要知道网关，应用服务就可以实现对外隐藏。负载均衡意味着在多个服务实例之间共享收入流量，为了扩展独立服务，需要运行多个服务实例。使用负载均衡器，客户端不需要知道服务的正确实例。

（4）服务发现。随着应用服务数量越来越多，服务需要知道彼此的服务实例地址，但是这在很多的大型应用程序中是无法处理的，所以需要引入服务发现，它负责提供应用中所有组件的实际地址，应用可以轻松地向服务发现发送请求并获取可用的服务实例地址。当应用中有多个服务时，服务发现是应用程序的必备工具。

（5）事件总线。在微服务架构模式中将使用两种不同类型的通信，同步通信和异步通信。同步通信意味着服务通过 HTTP 调用或 gRPC 调用相互调用。异步通信意味着服务通过消息总线或事件总线进行交互，表示服务之间没有直接连接。虽然架构可以同时使用两种通信方式，但也需要服务之间使用 HTTP 调用或 gRPC 调用来获取响应。这些服务通过事件总线交互。此外，如果需要创建一个能够插入新服务以接收一系列特定消息的应用程序，则需要使用事件总线。在事件总线中，常用的工具有 RabbitMQ、Kafka 等。

（6）日志采集。当使用微服务架构模式时，最好将服务日志集中。这些日志将用于调试问题或根据其类型聚合日志以供分析用途。任何需要调试请求的情况下，如果不在一个地方收集服务日志则可能会遇到困难。另外，还可以将与特定请求相关的日志与唯一的相关 ID 相关联。

（7）监控和警报。在微服务架构中，如果想拥有一个可靠的应用程序或服务，必须监控应用程序的功能、性能、通信等，以实现一个负责任的应用程序。可以通过在关键点定义服务的早期警报来减少服务的停机时间，从而优化用户体验，同时监控服务的整体资源消耗。

（8）分布式跟踪。调试始终是开发人员最关注的问题之一，单体调试很简单，但是在微服务架构上，因为一个请求可能会通过不同的服务，这使得调试和跟踪变得困难，因为代码库不在一个地方，所以这里使用分布式跟踪工具会很有帮助。如果没有分布式跟踪工具，通过不同的服务跟踪请求几乎不可能。借助 OpenTelemetry、Jeager、Zipkin 这些工具，可以借助丰富的 UI 来演示请求的流程，轻松跟踪请求和事件。

8.9.1.3　如何快速搭建微服务架构

可以在许多不同的框架中构建微服务。下面列举几个目前较受欢迎的微服务架构。

（1）Spring Boot with Spring Cloud。Spring Boot with Spring Cloud 是一个基于 Java Spring Cloud 的全栈微服务框架，扩展功能丰富。

（2）Vert.x。Vert.x 是一个运行于 JVM 之上的工具，支持选择不同语言并提供简单的 API 接口。

（3）Akka。Akka 是一个 Actor 模型框架，非常适合响应式微服务。

（4）Quarkus。Quarkus 用于构建模块化微服务应用程序的 Kubernetes Native Java 框架。

（5）Falcon。Falcon 是一个专注于质量控制并针对微服务进行了优化的 Python 框架。

（6）Molecular。Molecular 是一个支持事件驱动的 Node.js 微服务框架。

在微服务监控领域，可以选择如下监控工具。

（1）Datadog。Datadog 常用于业务监控、日志追踪分析及异常告警。在异常检测及性能监控方面非常高效。

（2）Dynatrace。Dynatrace 是一个由 AI 驱动的平台，可用于监控动态混合云环境。

（3）NewRelic。NewRelic 是一个用于云环境的集中监控及报告的监控工具。

（4）Splunk。Splunk 是一个用于日志分析的轻便工具。

(5) AppDynamix。AppDynamix 是一个实时监控应用程序和服务器性能的工具。

(6) Zabbix。Zabbix 是一个开源的性能监控及网络监控工具。

8.9.2 容器

容器技术是一种轻量级的虚拟化技术，主要致力于提供一种可移植、可重用且自动化的方式来打包和运行应用。容器这一术语是对船运集装箱的一个类比，它提供了一个标准化方式，将不同内容组合在一起，同时又将它们彼此隔离开来。

8.9.2.1 容器和容器编排

容器不仅仅是在云端运行，如果有需要，也可以在本地服务器上运行。比如，在本地 CI/CD 管道中采用容器技术，或者使用容器部署本地的内部业务应用程序。无须对容器技术进行太多延展，就可以将其与云原生技术联系起来。在很大程度上，容器有助于部署云应用。

（1）可以在云中部署容器。通常可以使用相同的开源工具来管理云中的容器。这意味着，容器最大限度地提高了云之间的移动性。

（2）可以使用容器在云中部署应用程序，而不必为特定云提供商的虚拟服务器或计算实例之间的细微差别而困扰。

（3）云供应商可以使用容器来构建其他类型的服务，如无服务器计算。

（4）容器为在云中运行的应用程序提供安全优势。容器应用程序和主机环境之间增加了另一层隔离，而无须再运行整个虚拟服务器。

因此，虽然使用容器时确实不需要使用云，但容器却大大简化了云应用程序的部署。在云原生领域中，容器和云齐头并进，共同发展。因此，可以说容器技术是云原生应用发展的基石。

若要动态地管理容器的生命周期，就需要一个容器编排工具。容器编排主要包含以下内容。

（1）在集群节点上创建和部署容器实例。

（2）容器的资源管理，即把容器部署在有足够运行资源的节点上，或者当这个节点的资源超出限额时可以将容器转移到其他节点上。

（3）监控容器及集群节点的运行状况，以便在容器或者节点出现故障时进行重启或重新编排。

（4）在集群内对容器进行扩容或收缩。

（5）为容器提供网络映射服务。

8.9.2.2 Kubernetes

Kubernetes（K8s）是一个用于运行和管理容器的开源项目，但只是一个容器的编排平台，所以需要一个容器运行时机制管理容器的全生命周期。Kubernetes从诞生开始就支持 Docker 运行时，但它并不是 Kubernetes 唯一支持的容器运行时。谷歌公司于 2014 年开源该项目，Kubernetes 常常被视为容器平台、微服务平台及为云计算提供可移植性保障的中间层。

如今，几乎所有主流的云服务提供商都推出了托管 Kubernetes 服务。Kubernetes 集群包含三大类组件：主节点组件、节点组件及插件。主节点组件提供了集群的控制管理功能，是集群的控制层，主要负责集群的全局任务，比如集群的任务调度、事件响应（当有服务故障时重启服务，以及当某个服务的实例数量不够时启动新的实例等）。主节点组件理论上可以在集群中的任意一个节点上运行，但是通常都会把它们部署在专用主节点上。云服务商提供的托管 Kubernetes 服务一般会负责集群控制层的管理，包括按需升级和打补丁等工作。

Kubernetes 主节点组件包括以下组件。

（1）API 服务器（kube-apiserver）。该组件对外暴露了 Kubernetes 的 API 接口，是 Kubernetes 的前端控制层。

（2）调度器（kube-scheduler）。该组件的主要作用是监控新创建的 pod[①]，并为这些 pod 找到最合适的节点，将 pod 调度到这个节点上。

---

① pod基本上可以认为是管理容器整个生命周期的一个封装。它里面包含了一个或多个容器、存储资源、唯一的网络IP。尽管Kubernetes支持一个pod可以包含多个容器，但在大多数情况下每个pod只有一个真正运行应用程序的容器。

（3）集群控制器管理组件（kube-controller-manager）。该组件管理一系列的控制器，这些控制器负责节点故障的恢复、维持服务实例的数量等工作。

（4）etcd。这是一个键值数据库，用来保存集群数据。

（5）云控制器管理组件（cloud-controller-manager）。该组件负责管理与底层云服务提供商交互的控制器。群集中的每个节点上都会运行节点组件，它们也被称为数据层，主要作用是负责维护运行中的 pod，以及它们自身所在节点的环境。

Kubernetes 节点组件包括以下组件。

（1）kubelet。该组件运行在集群中每个节点上的节点代理，负责根据 pod 规格来创建 pod 并运行其包含的容器。

（2）kube-proxy。该组件负责维护节点上的网络规则并执行连接转发。容器运行时负责运行容器的软件。

（3）容器运行时。该组件负责运行容器的软件。

图 8-13 展示了 Kubernetes 主节点组件和工作节点组件的关系。

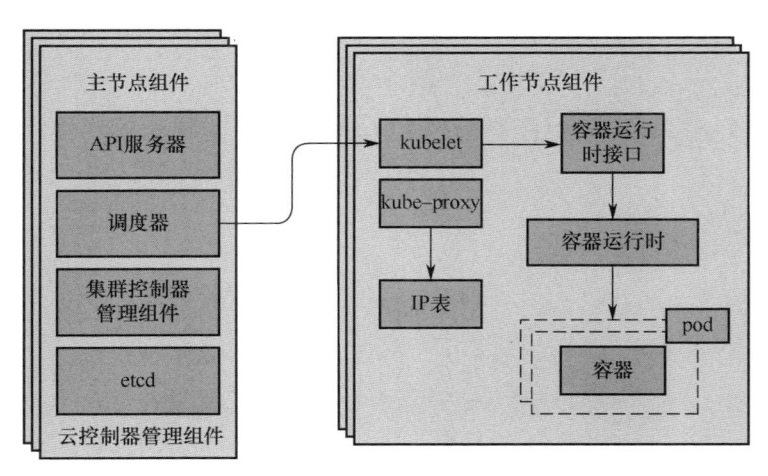

图 8-13　Kubernetes 主节点组件与工作节点组件

8.9.2.3　如何快速使用容器进行部署

要使用 Docker 容器技术，必须要了解它的三个最重要的概念：Image（镜像)、Container（容器）和 Repository（仓库），大部分操作都是围绕这三个核心概念进行的。

（1）Image。镜像是创建容器的基础，可以理解为是一个只读模板。例如，Zabbix 监控系统需要在多台服务器上进行部署，把 Zabbix 监控系统应用程序及其依赖打包到一个 Image 文件中，创建出一个 Zabbix 监控系统镜像作为一个模板，想要部署的服务器相当于复制了这个镜像文件。

（2）Container。容器是从镜像创建的一个运行实例，它可以被启动、停止、删除等，所创建的每个容器都是相互隔离的。容器运行着应用服务，Docker 部署 Zabbix 监控系统，相当于先从一个标准的 Zabbix 监控系统镜像复制到本地服务器上，然后根据这个 Image 文件生成容器实例运行，并且可以对其相关配置进行修改。

（3）Repository。仓库是用来集中保存镜像的地方，当创建完自己的镜像后，可以使用 push 命令将它上传到仓库，这样当下次在另一台服务器上使用这个镜像的时候，只需要使用 pull 命令从仓库上下载就可以了。Repository 分为公有和私有，较常用的是官方的 Docker Hub，这也是默认的 Repository，并且拥有大量的官方镜像可以使用。

通过使用上述几个核心概念，结合 K8s 的使用，可以运用如下步骤进行容器的快速应用部署。

1. 环境管理

如果采用容器化方式，可以快速构建一个开发测试环境域，用于完成服务的测试——主要完成功能性方面的测试，对于可能涉及的性能测试，建议放到用户验收测试（UAT）环境来做。UAT 与生产环境保持软硬件和部署架构一致。UAT 与生产环境容器云基础组件建议部署到物理机或虚拟机上，比如集中日志、监控、服务注册发现、服务网关等组件。这样部署的目的一方面是为了更好地利用容器云的轻量化特性，另一方面也是基于安全、运维管理等考虑。

基于容器云基础设施，希望建设企业级服务中台，一家企业只需要维护一套日志系统，一套监控系统，没必要每次都重复建设。这些组件相对固定，并不需要经常改变，而且数据需要保证绝对的安全。通常，集中日志系统、监控系统等都需要集群化部署，不是一台机器、一个实例能满足需求的。所以开发测试环境是为了利用容器的快速构建特性，而 UAT、生产环境则要保持稳定和安全。采用容器云在环境部署方面可以有所差别。各个环境保持独立而又通过镜像仓库联系起来，镜像是联系各个环境的标准交付物。

2. 镜像仓库

镜像仓库是基础组件，不会经常变化，所以其实更适合稳定的部署。另外，公共镜像和私有镜像会需要很大的磁盘空间，I/O 能力会成为一个因素。镜像仓库可以作为镜像的分发中心，也就是各环境之间的媒介，或者不同集群之间的媒介。从这个角度来说，镜像仓库可以作为一个独立的部分，只是为容器云平台提供镜像分发服务和镜像管理服务。它可以独立部署，不依赖于容器云平台。物理机或虚拟机部署或许更合适一点，当然，部署于容器也不是不可以。镜像仓库高可用部署是需要考虑的，这也是很多容器云厂商宣传的一个重要功能点。如果有充足的资源，还是建议镜像仓库部署高可用，这样可以多一份保障，减少一些意外，但高可用节点不是越多越好，通常有主备节点即可。不部署高可用通常也不会有太大问题，只要数据不丢失，能快速恢复，就没有太大的影响。

3. 集群部署

Kubernetes 理论上可以管理成千上万个节点，但现实总会有不小的差距。有测试显示，Kubernetes 集群节点数超过 500 就会出现超时，增加 kube-master 节点并不能真正解决问题，所以每个 Kubernetes 集群节点数有一定的限制，在达到 500 左右时就需要考虑优化措施，或者按业务条线分集群部署。

通常，传统企业的节点数也不会很快达到 500 以上，单一集群一定时间内也可以满足需求。随着节点数的增加，kube-master 节点数也需要增加。但 master 节点数超过 10 就会带来一些问题，所以通常 master 节点数是 3、5 或 7 比较合适。

在初始情况下，可以用简单的方式，化繁为简，化大为小，采用按业务条线多集群部署方式，这样能确保每个集群的节点数不会超过 500。超过的话可以考虑新建集群进行拆分。但有些情况下可能需要很大的集群，这时就有必要采用 Mesos 方案。如果可能的话，把大集群拆分为多个小集群，按业务条线、区域等划分，应该是可行的方案。

4. 控制节点

控制节点就是 master 节点，是集群中的大脑和中枢神经，控制和指挥着整个集群的运转。控制节点不可用，整个集群就会陷入瘫痪。

Kubernetes 控制节点有多个组件，包括 kube-apiserver、kube-controller、kube-scheduler 和 etcd 等，这些组件是分开部署还是在一个节点上部署？随着集群节点数的增加，这成为一个不得不考虑的问题。etcd 需要单独部署，不同的场景选择合适的磁盘，以及是否使用不同的 etcd 集群，比如配置中心如果使用 etcd，是和平台合用一个 etcd 还是新建一个，需要根据具体节点数量等情况来确定。另外，kube-events 也可以存储在一个单独的 etcd 集群里，这样对 events 的操作就不会影响到主 etcd 集群的正常工作，但这也带来了更多的资源投入，以及管理的复杂度。

5. 基础组件部署

要建设容器云平台，仅有 Kubernetes 是远远不够的，还需要很多基础组件来支撑整个业务应用，比如日志、监控、配置、注册发现、服务网关等组件。这些组件是容器化部署好还是在物理机或虚拟机上部署好，都是绕不开的问题。在初始节点数和服务量较少的情况下，可能基础组件容器化部署是个不错的选择。随着节点数增加，服务量也增加，不只是 Kubernetes 自身组件会遇到瓶颈，服务治理、服务管理等平台基础组件也会遇到同样的问题。

6. 中间件部署

建设容器云很重要的原因是希望利用云上中间件的能力。如果没有中间件服务，那将需要很多的工作来构建这些服务，不过幸运的是，已经有很多中间件可以在容器云上部署。不过同样面临一个"量"的问题，量大的情况下，是否能支撑，是否比非容器化需要成倍的资源来支撑，是否给运维带来一些困难。

7. 微服务/业务服务部署

微服务肯定是要部署到容器上，目的就是利用容器的轻量、隔离、标准化、弹性伸缩等特性。微服务/业务服务往往需要不断地改进和更新，所以服务整个生命周期要足够敏捷，不只是开发敏捷。

8.9.3 DevOps

DevOps 是一个很宽泛的概念，涉及软件开发人员和其他 IT 领域专业人员之间协作和沟通的各个方面。一个了解 DevOps 定义的简单方法就是谈它的目标。DevOps 的目标是改进开发和运维团队之间的协作，这种协作的改进需要通过整个软件开发流程的改善来实现，流程涵盖从计划到交付的整个过程。最终的效果体现在部署频率的提升、产品上市时间的缩短、新版本故障率的降低、故障修复间隔的缩短及故障恢复平均等待时间的缩短上。

8.9.3.1 什么是 DevOps

DevOps 是由 Development 和 Operations 形成的组合词，是一种重视"软件开发人员（Dev）"和"IT 运维技术人员（Ops）"之间沟通合作的文化、运动或惯例。DevOps 通过自动化完成"软件交付"和"架构变更"流程，来更加快捷、频繁和可靠地构建、测试、发布软件。可以把 DevOps 看作开发（软件工程）、技术运营和质量保障（QA）三者的交集。

DevOps 打破了开发人员和运维人员之间历来存在的壁垒和鸿沟，加强了开发、运营和质量保障人员之间的沟通、协作与整合。从而形成了一种通过持续交付来优化资源和扩展应用的新方式。DevOps 和云原生相结合，能够让企业不断改进产品开发流程，更好地适应市场变化，提供更优质的服务。

CI/CD 管道可以说是实施 DevOps 的一大重要成果，可帮助企业在需要很少的人工干预的情况下，更快速、更频繁地向客户交付应用，并不断改进产品的质量，增加服务功能，实现精益求精的发展。在整个生命周期内，CI/CD 都引入了持续自动化和持续监控，从而能够快速识别和改正问题与缺陷，实现敏捷开发。

8.9.3.2 如何快速构建一个 DevOps 体系

可以说 DevOps 是一组过程、方法与系统的统称，涉及开发中的组织架构、开发工具、基础架构等方面。它的一个核心便是强调通过各类自动化的工具自动执行软件交付和基础架构更改流程，从而快速、频繁且更可靠地构建、测试和发布软件。这里也将主要围绕这个思想构建 DevOps 的项目。

在这个基础项目中，将主要围绕如下部分的 DevOps 实践进行构建。

（1）持续集成。持续集成是一种软件开发实践经验，开发人员会定期将他们的代码变更合并到一个中央存储库中，之后系统会自动运行构建和测试操作。

（2）持续交付。DevOps 自动构建和测试代码变更，并为将其发布到生产环境做好准备，实现对持续集成的扩展。

（3）基础设施即代码。DevOps 使用基于代码的工具连接基础设施，并且能够以处理应用程序代码的方式来处理基础设施。基础设施和服务器由代码进行定义。

（4）监控和日志记录。组织要对各项指标和日志进行监控，以了解应用程序和基础设施性能如何影响其产品的最终用户体验。

8.9.4 云原生最佳实践建议

云原生在实际应用中需要注意使用场景，并综合考虑安全、业务、监控、性能等各方面的因素。以下提供在企业运用云原生技术过程中需要特别关注的四条最佳实践建议。

8.9.4.1 确保应用/业务的弹性

弹性是指系统从故障中恢复并继续提供服务的能力。弹性并不是说一定要避免故障的发生，而是说当故障发生后，能够快速响应，避免长时间的宕机或者数据丢失。

在应用云原生构建应用时，建议通过服务降级、服务隔离、定期的服务健康检查，为容器设定 CPU 和内存等资源限制、服务限速和限流等方式来确保业务的弹性，以及在应急情况下仍能保证服务。

8.9.4.2 全面考虑安全性

云原生世界中的安全性基于共享责任模型。云服务商不会独自对其客户解决方案的安全负责；相反，他们与客户分担了责任。

因此，建议通过在设计时就考虑安全性，授予服务或者函数最小资源访问权限，使用独立的账号/订阅/租客，安全地存储所有密钥，进行数据加密和数据脱敏，应用 Kubernetes pod 隔离等方式来全面保障安全。

8.9.4.3 重视日志、监控及告警

应用程序和基础架构的日志记录不仅可以提供故障原因的分析，还可以提供更多的价值。一个适当的日志记录解决方案可以提供对应用和系统的有价值的洞见。此外，对应用程序健康状况的监控及重要事件的告警是非常有必要的。随着云原生应用分布式程度的加深，日志记录和指标检测也变得越来越具有挑战性，也愈发重要。

建议使用统一的日志系统、全面收集日志、定义基于重点性能指标的告警、监控东西向流量等方式。

8.9.4.4 保证性能和伸缩性

性能表示的是系统在特定时间窗口内执行操作的表现，而可伸缩性是指系统如何处理负载增加而不会影响性能。预测系统活动增加的周期可能很困难，因此组件需要具备按需扩展的能力以满足增长的需求，而在需求减少时进行缩减。

建议通过设计可扩展的无状态服务，使用 K8s 等平台的自动伸缩功能，使用缓存等机制来保证性能和伸缩性。

8.9.5 安全技术与管理"左移"

通过应用云原生技术，可以帮助实现时下安全领域比较热门和时髦的"安

全左移"。从技术范畴上来看，安全左移是指将安全工作融入软件交付流程，而不是将其作为开发流程的下游阶段。通过大量的云原生实践发现，安全左移会对实践持续交付产生积极的影响，进而提高软件交付绩效。而从管理范畴上来说，安全左移则实现了安全管理责任的横向扩展，向上游及下游扩展了安全责任，当然，在实践中也会拓展自己的管理职权。

8.9.5.1 技术左移

技术左移首先要求对所有主要特性都进行安全审查，并且审查不会拖延开发流程；同时，为了保障效率，应该将信息安全集成到整个软件交付生命周期中（从开发到运维）。这意味着，信息安全专家应该参与应用程序的设计过程，提供相应的安全建议，参与有关软件的演示并提供反馈，同时确保安全性检查作为自动化测试套件的一部分执行。最后，希望开发人员能够轻松地在信息安全方面做正确的事。要做到这一点，需要确保将预先批准且易于使用的库、软件包、工具链和流程提供给开发人员和运维人员使用。

技术左移使得安全人员、开发人员、运维人员的知识边界和职能发生了改变：从信息安全团队自己进行安全审查，转变为向开发人员提供构筑安全性的方法。这主要基于下面两个实践当中已经验证的事实。第一，确保构建软件的人做正确的事要比去检查几乎完工的系统和特性并解决严重的架构问题容易得多。第二，当频繁部署时，信息安全团队根本无法进行安全审查。在很多组织中，对安全性和合规性的检查是从"开发完成"到"部署上线"的一个严重的瓶颈。将信息安全人员纳入整个开发过程中，可以改善沟通和加快信息流动，这既是双赢的局面，也是 DevOps 运动的一个核心目标。

8.9.5.2 管理左移

如果保证安全性成为开发人员日常工作的一部分，并且信息安全团队为开发人员提供了所需的工具、培训和支持，那么软件交付绩效就会得到提高。在这个过程中，传统的信息安全和开发、运维的管理边界会发生细微的改变：传统情况下，信息安全不会对开发和运维中的安全进行干涉和过程管理，而开发和运维也不需要在传统的工作情况下应用安全的工具和承担安全检查的职责，在应用云原生实现技术左移的前提下，信息安全管理人员需要向前（开发）、向后（运维）拓宽管理边界和责任，将安全理念、工具和责任嵌入开发和运维流程中；同时，开发和运维人员也需要自觉承担起安全和风险控制的责任。值得一提的是，管理左移更突出安全、开发、运维及相关职能技能横向拓展和责任共担，在事前进行安全保障，而不仅仅强调安全管理权力。

第 9 章
数智化安全能力框架护航数字化转型

导读：数字化转型涉及众多的技术、系统、流程和数据，其安全合规性受到国家和行业监管的严格要求。因此，在转型过程中需要清醒地意识到数字化转型过程中面临的风险，并积极、主动地应用数智化安全能力框架来系统化、科学化地护航数字化转型。

9.1　数字经济面临诸多安全风险

在席卷全球的疫情催化下，基于云计算、大数据、5G 技术、人工智能和区块链等技术的数字化转型正在跨过技术革命的边缘，逐渐从根本上改变人们的生活、工作和相互联系的方式，其规模、范围与复杂性已经远远超出了人类的历史经验。企业在数字化浪潮下正经历着激烈的优胜劣汰过程，商业环境及企业发展正进入新的篇章。

在新的时代背景下，企业网络安全需要重新定位，从合规导向和保障信息化导向转变为业务与竞争力导向。网络安全既是企业守护者，也可以赋能于数字化转型，甚至能够成为部分行业的业务竞争力驱动因素。新的定位给企业的网络安全工作带来了更严峻的挑战，主要包括如下几个方面。

（1）数字化安全意识薄弱。部分企业管理层未充分了解数字化转型中网络安全的重要性，仍将网络安全看作企业普通合规事项、IT 内部控制事项及成本中心，导致资源投入不足，网络安全工作难以在企业内有效协作与落地。在国内，部分企业仍然将安全与 IT 捆绑，然而数字化变革下，安全问题存在于 IT 及企业各部门中，但董事会、关键部门对安全性的信任不足，安全沟通存在障碍，导致 CSO 未实现跨业务部门合作，信息安全不可避免地被其他业务职能和业务领域绕过。例如，在推出新产品或服务时给企业带来新的网络安全威胁。

（2）合规挑战。近年网络安全相关法律法规、监管要求、行业标准不断发布，监管要求愈发严格，越来越多企业的声誉及业务的正常开展受合规问题影响，加上大部分企业对网络安全的合规洞察滞后，导致企业面临严峻的合规挑战。以我国为例，近年网络安全法律法规体系越趋复杂，不同部委、行业监管部门陆续出台各种监管要求，执法力度也逐渐加大，也使网络安全合规问题成为企业的难点。

（3）新兴技术、新应用带来全新的网络安全挑战。5G、区块链、人工智能等新兴技术早已不再是概念，物联网、车联网、云计算正被加速推广及深度应用。新兴技术的引入提升了企业竞争力，同时也带来了新的安全威胁。这些新的安全威胁甚至可能超出了企业的安全知识界限，使企业陷入加速推进数字化转型进程和无法应对或感知转型带来的威胁的两难。例如，海量智能设备（如各类 IoT 设备）的应用为业务人员拓宽了思路，但是也大大增加了企业的受攻击面。IoT 设备的精简硬件限制导致其安全防护能力有限，外加"零日漏洞"不断涌现，IoT 设备成为黑客的重点攻击对象。

（4）供应链整合引发的安全隐患。供应链的上下游通过系统与数据进行深度整合已不是新鲜概念。供应链的基本协作往往基于关键信息的共享，协作中如何保障自身的敏感信息被有效保护及合理使用，如何保障合作供应商交付产品的安全性和可控性等问题，都已成为企业的难题。

（5）"互联网+"时代引发的数据安全疑虑。在享受数字化变革带来的价值时，也面临着愈发严重的数据安全及隐私保护问题。合规和社会关注的压力将数据安全与隐私从内部管理问题引申至社会责任问题，影响着企业的生存与发展。例如，曾有许多互联网企业遭受围追堵截，对手就是在数据安全与隐私问题上大做文章。这要求包括业务主管在内的上下全员能够准确认识数据安全与隐私保护的重要性，建立相应的文化、组织、流程与技术，在有效控制风险的同时，最大限度地释放数据的价值。

（6）更灵活的商业模式带来以往未曾考虑到的商业风险。数字化的快速应用和扩展推动了商业模式的快速发展。业务与市场活动的数字化、线上化带来的不仅是强大的驱动力，还有传统模式难以感知和考虑的业务风险——比如"羊毛党"的出现。这种商业风险的防控已超出以往 IT、安全、风控等独立部门的单一认知范畴，要求不同条线的人员协作打造覆盖事前、事中、事后，包含流程、标准、技术的跨部门立体式业务风险体系。

（7）模糊的网络边界显著增加了安全管控的难度。IoT 设备、远程办公、移动互联、各类云场景的广泛使用、借助公众号或小程序等渠道拓展用户触点等促使网络边界进一步模糊化，不同场景下的责任边界划分、管理颗粒度、力度及措施的定义已成为安全管理的难点。在国内环境下，企业重视度及资源投入不足的情况增加了边缘模糊化风险的隐患，使其管控难度增加。

9.2　数智化安全能力框架

业界目前对于数字化安全保障的理论和实践尚属空白，主要还是依据传统的安全等级保护要求、ISO27001 系列标准等进行套用，通过传统安全设备、机制等在数字化方面的直接应用来进行。其实，数字化安全是一个新的安全业务范畴，需要进行有针对性的研究和防护，因此，笔者结合在世界 500 强企业的实践创新，给出一个数智化安全能力框架，如图 9-1 所示，以便读者和广大企业参考和借鉴。

从图 9-1 可知，这个框架包括三个层面的含义。

一是数字化基础设施安全。这个层面既需要涵盖传统的物理安全、网络安全、主机安全、应用安全等，也需要吸纳云原生安全、零信任、态势感知等与数字化转型息息相关的安全因素。

第 9 章 数智化安全能力框架护航数字化转型

数字化业务安全：隐私保护、线上交易安全、反欺诈、内容安全、智慧医疗业务安全、智慧城市业务安全、智慧金融业务安全、智能制造业务安全……

数字化科技安全：大数据安全、物联网安全、AI安全、区块链安全、5G与边缘计算安全、工业互联网安全……

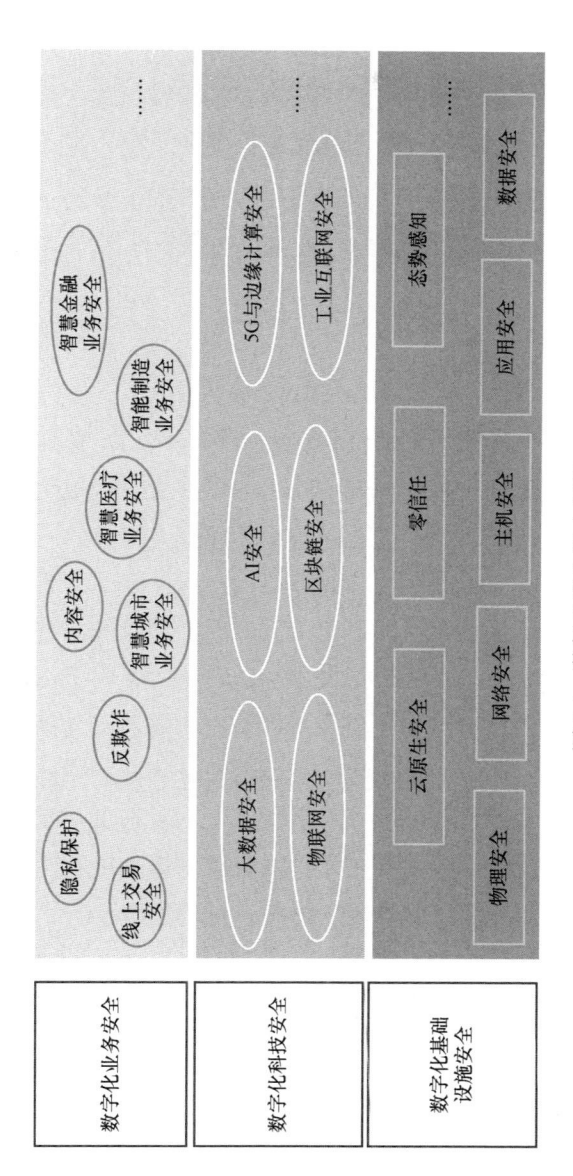

数字化基础设施安全：物理安全、云原生安全、网络安全、零信任、主机安全、态势感知、应用安全、数据安全……

图 9-1　数智化安全能力框架

二是数字化科技安全。这个层面要关注大数据安全、AI 安全、5G 与边缘计算安全、物联网安全、区块链安全、工业互联网安全等。

三是数字化业务安全。如果说前两层都是 CSO 层面关注的，那么第三层则更为 CEO 和 CIO/CDO 等关注，这个随着不同的业态有所侧重，包括数据安全（注意一点，其实数据安全应该属于业务安全，为了保证与信息安全等级保护的一致性，图 9-1 将数据安全归到了数字化基础设施安全的范畴）、智慧医疗业务安全、智慧城市业务安全、智慧金融业务安全等。

9.3 人工智能安全

近年来，人工智能爆发出很多安全事件。2017 年 6 月，原 Facebook（现更名为 Meta）的机器人开发出自己的语言；2017 年 10 月，安全研究人员发现一些谷歌家用迷你设备会悄悄打开，录制数千分钟主人的音频，自动传回谷歌。一位用户发现，当他看电视时，数字助理自动开启，并录制了他的声音；另一位用户发现，他的谷歌【我的活动】菜单下出现了自己的信息记录；2017 年 11 月，越南安全公司的 Bkav 用一个 3D 打印面具欺骗了 iPhone X，假装是电话的主人，并拨打电话；2017 年，谷歌翻译在"土耳其语→英语"翻译中显示出性别偏见；2018 年 3 月，优步自动驾驶汽车在美国亚利桑那州坦佩市碰撞到一个横穿马路的行人……这些安全事件引发了人们对人工智能应用的担忧与不信任，这也阻碍了人工智能的发展。为了避免第三次人工智能低谷的来临，建立更安全、稳健的人工智能框架是很有必要的。

9.3.1 人工智能安全概览

对人工智能安全的探索最早可以追溯到 1942 年美国科幻小说家艾萨克·阿西莫夫在他的小说中提到的"机器人三大法则"。后面随着人工智能的诞生与发展，以及人工智能在众多领域的应用，人工智能的安全与可持续发展引起人们的重视。2017 年 1 月，在美国加利福尼亚州举行的会议 Beneficial AI 引发了众多学者对 AI 安全发展的探索，并最终形成了"阿西洛马人工智能原则",该原则共有23项,分为三大类,分别为科研问题(Research Issues)、伦理和价值(Ethics and Values)、更长期的问题(Longer-term Issues)。2006年,深度学习的提出,使得 AI 在自动驾驶、智慧城市、智能制造等众多领域取得应用,也出现了很多安全事故,引发了众多学者对 AI 安全的研究。近几年的安全研究主要聚焦在人工智能算法安全,以及人工智能带来的伦理道德问题方面。

针对人工智能算法的攻击主要包括后门攻击、诱饵攻击、模型窃取及闪避攻击。图9-2给出了针对 AI 算法攻击的主要抑制方法。

阶段	后门攻击	诱饵攻击	模型窃取	闪避攻击
数据收集阶段	—	训练数据过滤	差分隐私	对抗样本生成
		回归分析		
模型训练阶段	模型剪枝	集成分析	隐私聚合教师模型	网络蒸馏
			模型水印	对抗训练
模型使用阶段	输入预处理	—	—	对抗样本检测
				输入重构
				DNN模型验证

图9-2 针对 AI 算法攻击的主要抑制方法

(1)后门攻击。纽约大学的研究团队发现可以通过在 AI 模型中嵌入后门的方法操控自动驾驶和图像识别。该团队表示,来自云提供商的 AI 可能存在这些后门。如果 AI 在正常运行过程中引发了触发器(trigger),将导致 AI 模型把一个对象误认为另一个对象。例如,在自动驾驶中,车辆本来每次都可以正确识别停车标志,但看到带有预定触发器的停车标志(如 Post-It 标志)时,可能会将其看作限速标志。

(2)诱饵攻击。攻击者通过在训练数据中加入伪装数据、恶意样本等实现降低模型准确度、特定输入的定向或非定向输出。

(3)模型窃取。攻击者通过对云端服务 AI 模型的接口进行调用,可以以解方程的形式求解,得到相似的 AI 模型,甚至可以利用窃取到的模型逆向生成与原始数据非常接近的数据,从而对模型的隐私性造成很大的威胁。

（4）闪避攻击。闪避攻击是较常见的针对人工智能系统的攻击方式。闪避攻击发生时，攻击者通过制作使 AI 模型错误分类的数据达到攻击的目的。闪避攻击有两种方式：对抗样本攻击与传递性黑盒攻击。

- 对抗样本攻击是通过在原样本或正确分类样本上添加微小扰动来欺骗 AI 算法，使得 AI 系统不能正确分类，有数字样本攻击和物理世界攻击两种方式。
- 传递性黑盒攻击是通过样本在模型之间的传递性达到攻击的目的，即只要两个模型的训练数据是一样的，对一个模型生成的对抗样本也能欺骗另一个模型。

9.3.2 人工智能原生安全

人工智能安全除了算法安全，在模型的构建、模型部署的环境、网络通信、模型再训练等阶段都会出现安全问题。可以把人工智能系统在最初发布之时就已经存在的安全问题看作人工智能原生安全问题。人工智能原生安全包括两个维度，人工智能内生安全与人工智能外生安全，如图9-3所示。

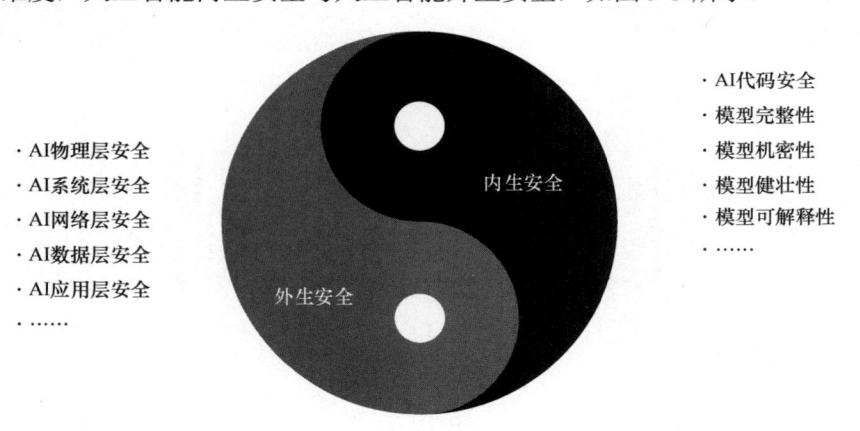

图 9-3　人工智能原生安全示意

9.3.2.1 人工智能内生安全

人工智能内生安全指的是 AI 本身的机制所导致的安全问题，往往由 AI 代码安全及模型的完整性、机密性、健壮性、可解释性等导致。

1. AI 代码安全

AI 模型代码及所依赖的框架（TensorFlow、PyTorch[①]等）或组件（OpenCV、NumPy 等）存在漏洞或后门，攻击者能够利用这些漏洞或后门实施高级攻击。在 AI 模型层面，攻击者同样可能在模型中植入后门并实施高级攻击；由于 AI 模型的特性，在模型中植入的恶意后门难以被检测。

2. 模型完整性

攻击者通过对输入样本进行更改伪装欺骗模型，使得模型的预测结果与预期出现偏离，比如垃圾邮件识别模型完整性攻击，攻击者通过将垃圾邮件伪装成正常邮件，造成垃圾邮件识别模型误识别；或者利用模型的用户反馈机制，污染模型重新训练的数据，使得模型的效果偏离预期。

3. 模型机密性

模型机密性是指训练好的模型的结构及参数在未经授权的情况下不能被用户获取。在互联网及云计算高速发展的今天，很多人工智能模型向外提供服务，这样使得攻击者可以通过多次调用服务的接口，直接模拟一个与原有模型非常相似的模型，且利用模拟出来的模型对原始模型进行白盒攻击。

4. 模型健壮性

模型健壮性是指由于模型的训练样本不够丰富，训练场景不够全面，导致模型在一个新的场景及遇到新样本输入的情况下，模型的预测结果出错。

5. 模型可解释性

模型可解释性是指对模型的运行机制及对输入数据的反馈能够让大家信服，当模型给出错误反馈的时候，能够定位出具体的原因。只有了解模型对数据进行处理及判断的机制，人工智能才能让大家信服和放心。

9.3.2.2 人工智能外生安全

人工智能外生安全是人工智能内生安全的一个对立解释，指的是由于 AI 本身机制之外的因素——AI 在应用过程中所依赖的环境、人工智能在应用过程

---

① TensorFlow、PyTorch是人工智能领域两个深度学习的经典框架。

中所需的或产生的数据的安全性，以及 AI 应用是否符合相应法律法规等所引发的安全问题。人工智能外生安全往往是由 AI 所运行的服务器、硬件、操作系统、运行时的数据存储系统、集成的 AI 应用系统、通信协议等安全问题，以及 AI 被用于做一些违反国家法律法规、社会伦理道德的事情导致的。人工智能外生安全涉及 AI 物理层安全、系统层安全、网络层安全、数据层安全、应用层安全等。

1. AI 物理层安全

AI 物理层安全是指 AI 系统运行所依赖的各类硬件［图形处理单元（GPU）、内存、摄像头、音箱等］安全，如侧信道攻击、硬件木马、硬件供应链攻击等，这些攻击可能导致设备损坏并失效、AI 系统不可用、AI 系统被控制、数据泄露等风险。可以进行设备指纹的身份认证、信道及设备指纹的测量与特征提取，以及采用硬件木马检测、容灾、可信硬件、干扰屏蔽等技术进行防御。

2. AI 系统层安全

AI 系统层安全研究的是 AI 系统所运行的操作系统（Linux 等）、数据库系统、AI 所承载的服务系统、体系结构等安全。这些系统可能存在漏洞或后门，导致 AI 系统不可用、被控制等风险。可以采用系统安全体系结构设计、系统脆弱性分析、软件安全性分析、智能终端用户认证技术、恶意行为识别等技术进行防御。

3. AI 网络层安全

该层研究工作的主要目标是保证连接 AI 服务的使用者与提供方的中间网络的自身安全，涉及各类无线通信网络、计算机网络、物联网、工控网等网络的安全协议，确保 AI 服务的使用者与提供方之间在进行数据传输时使用安全的传输协议，以防数据在传输过程中被截取、被篡改。可以采用网络用户行为分析、恶意流量检测等技术进行防御。

4. AI 数据层安全

该层主要研究的是 AI 系统在运行过程中需要的、产生的数据，以及 AI 系统中的服务的安全性，以确保 AI 系统数据的机密性、完整性、不可否认性、匿名性等。可以采用对数据进行加密、访问控制等手段进行防御。

5. AI 应用层安全

该层主要研究的是 AI 系统会不会对人类、社会、国家产生威胁。这就需要对 AI 系统所提供的服务、发布的内容、行为倾向进行检测，或者通过相应的法律法规对发布的 AI 系统的发布及用途进行实名监管。

9.4 数据安全与隐私保护

数据安全与隐私保护是数字化转型过程中不可回避的重大问题，如果稍有不慎，就可能遭遇较大的安全攻击和损失。下面将对数据安全与隐私保护的方法及机制进行详细介绍。

9.4.1 数据安全

随着数字经济的发展和数字化转型的不断深化，数据已经逐步成为各行各业的重要生产要素。在数字经济的发展过程中，随着数据要素市场的蓬勃发展，数据价值的发展被分为三个阶段：一是数据资源阶段，数据是记录、反映现实世界的一种资源。二是数据资产阶段，数据是可创造财富的资产，且随着个人在互联网上活动的增多，积累的数据量越大，数据收益也越大。未来，数据资产可能成为一种经数据所有者授权后，由数据管理者向使用者提供的一项服务内容。三是数据资本阶段，数据的资源和资产特性得到进一步发挥，在全社会形成巨多数据资产的基础上，可使用数据资产进行投资，将数据资产转化为数据资本。将数据资源资产化，进而资本化，对数据的所有者、管理者和使用者而言，均将产生巨大利益。

2020 年 4 月，《中共中央 国务院关于构建更加完善的要素市场化配置体制机制的意见》发布，首次从国家层面明确将数据作为继土地、劳动力、资本和技术之后的第五大生产要素。随着云计算、人工智能、移动互联等新兴技术的快速发展和在各行各业的持续渗透，数据在国家治理、社会发展、个人生活中正扮演着愈发重要的角色。据国际权威企业 Statista 的分析，2020 年全球新产生的数据量已达到 47 ZB，到 2035 年预计将达到 2142 ZB。伴随着数据规模的飞速增长，数据相关产业规模也呈现出快速递增的发展趋势。赛迪顾问发布的数据显示，2020 年我国大数据产业规模已达到 6388 亿元，预计 2023 年年底将突破 1 万亿元。

然而，与数字经济的欣欣向荣、蓬勃发展相对应，近年来数据泄露、数据滥用、数据贩卖等数据安全事件频发，数据安全风险与日俱增，对国家安全、社会稳定、组织权益、个人隐私安全都造成了严重威胁。对近年来比较具有代表性的数据安全攻击和事件进行分析，可以发现数据安全风险主要呈现如下显著特征。

（1）由于数据的价值属性不断凸显，大规模、有组织的定制化数据安全攻击愈发频繁，针对高价值重要数据的攻击屡见不鲜。国家计算机网络应急技术处理协调中心发布的《2020 年我国互联网网络安全态势综述》报告显示，多家重要单位因钓鱼邮件、安全漏洞等网络攻击造成工作人员账号、重要文件等数据泄露。

（2）数据安全风险危害程度不断加深。IBM Security 发布的《2022 年数据泄露成本报告》显示，2022 年全球数据泄露的平均总成本达到了 435 万美元，且近年来基本呈现持续递增的态势。除了造成严重的经济损失，针对个人地理位置、生物特征、医疗健康等隐私信息的恶意攻击甚至会危害个人生命安全。

（3）新兴技术、新兴产业特别是大数据、人工智能、云计算等的不断发展和持续应用带来了更多的安全方面的不确定性，勒索软件等新型攻击方法、远程办公等新场景也对数据安全提出了新的挑战。

9.4.1.1　数据生命周期安全框架

数据生命周期是指企业在开展业务和进行经营管理的过程中，对数据进行采集、传输、存储、使用、删除、销毁的整个过程。应遵循数据安全原则，以数据安全分级为基础，建立覆盖数据生命周期全过程的安全防护体系，并通过建立健全数据安全组织架构和明确信息系统运维环节的数据安全需求，全面加强企业的数据安全保护能力，如图 9-4 所示。

第9章 数智化安全能力框架护航数字化转型

数据安全原则: 合法正当 | 目的明确 | 选择同意 | 最小够用 | 全程可控 | 动态控制 | 权责一致

数据安全分级:
- 1级：如公开数据
- 2级：如合作单位基本信息
- 3级：如个人财产信息
- 4级：如支付密码
- 5级：如重要数据

数据生命周期安全防护要求:
- 数据采集：外部机构、个人主体
- 数据传输
- 数据存储：存储安全、备份与恢复
- 数据使用：访问、导出、加工、展示、开发测试、汇聚融合、公开披露、数据转让、委托处理、共享
- 数据删除
- 数据销毁

组织保障: 组织结构 | 制度体系 | 人员管理 | 第三方机构管理

运维保障: 边界管控 | 访问控制 | 安全监测 | 安全审计 | 检查评估 | 应急响应与事件处置

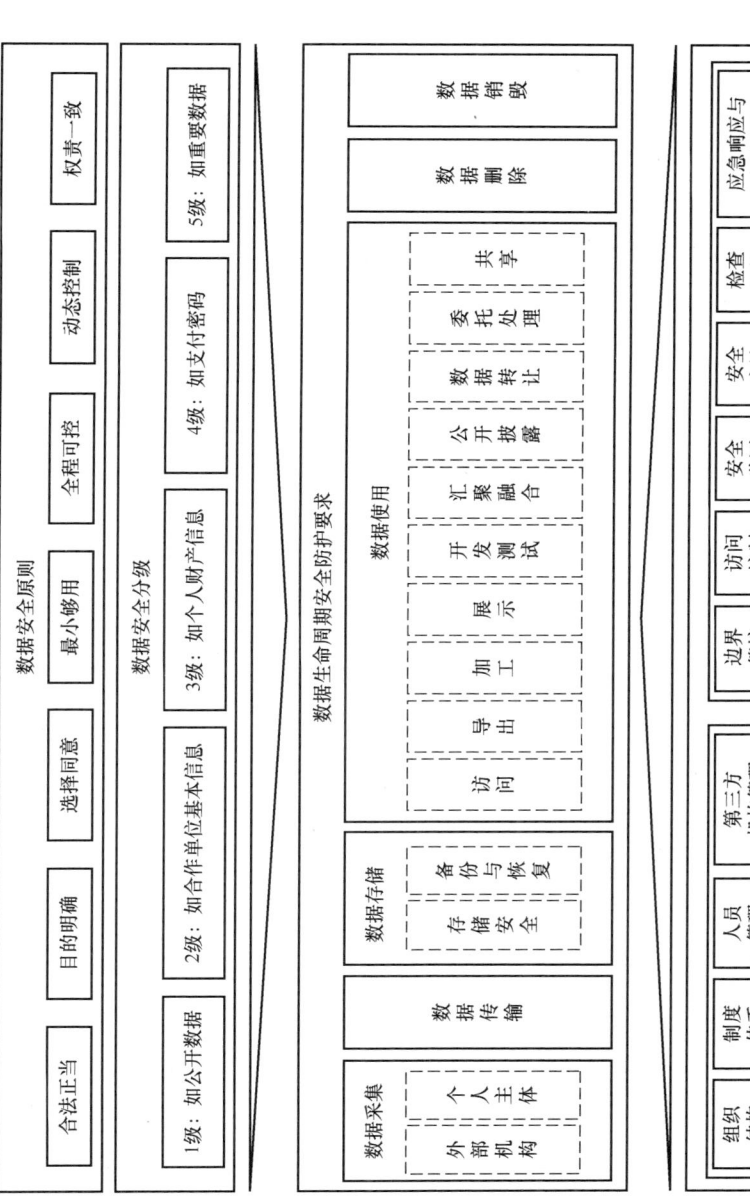

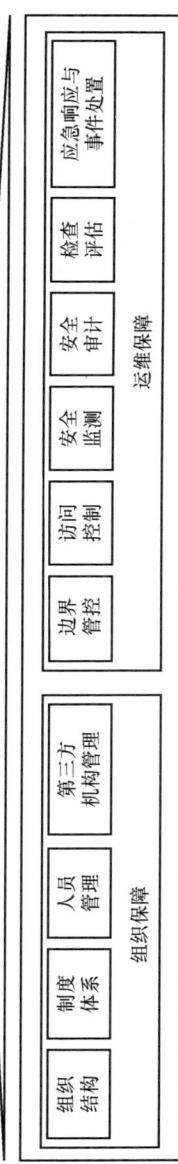

图 9-4 数据生命周期安全框架

数据生命周期安全防护要求是数据生命周期安全框架的核心。针对不同安全级别的数据，明确其在采集、传输、存储、使用、删除、销毁等数据生命周期各个环节的安全防护要求，是企业开展数据安全防护工作的基本依据。结合数据业务规则及数据特点，建立覆盖数据生命周期全过程的安全防护机制，是企业数据安全防护工作的重中之重，也是确保数据安全的必经之路。

数据安全组织保障、信息系统运维保障也是数据生命周期安全框架必不可少的组成部分，共同构成确保数据生命周期安全防护机制能够有效落实和严格执行的基石。数据安全组织保障确保数据安全工作具有包括决策层、管理层、执行层及监督层的完善管理体系，为数据安全相关工作的组织和落实奠定基础。在企业日常运营过程中，信息系统运维过程的数据安全防控工作也不容忽视，加强在边界管控、访问控制、安全监测、安全审计、检查评估、应急响应与事件处置等过程中的数据安全风险防控能力，可有力地保障数据安全防护机制的有效执行和数据安全问题的及时发现与应对。

9.4.1.2　针对数据全生命周期安全进行防控

数据安全是指通过采取必要措施，确保数据在数据全生命周期中处于有效保护和合法利用，以及保障持续安全状态的能力。数据安全保障主体包括掌握海量政务公共数据的政府部门，具备大量个人信息及商业信息的企业、持有众多国家重要基础数据的组织等诸多数据处理者。

在数据安全保障过程中，可以依据数据全生命周期的原则进行安全保障，以做到全方位的安全防护。

（1）数据采集安全。数据采集是指企业在提供产品和服务、开展经营管理等活动中，直接或间接地从信息主体，以及企业客户、数据提供方等外部企业获取数据的过程。数据采集过程存在数据泄露、数据源伪造、特权账户滥用、数据篡改等安全风险。数据采集过程需要实现数据的采集与提取、转换与标准化、信息上传，并提供内置安全审计与监管等辅助工具。

（2）数据传输安全。数据传输是指企业将数据从一个实体发送到另一个实体的过程，存在数据传输中断、篡改、伪造、窃取等安全风险。数据传输涉及与企业相关联的全通信网络架构和通信方式，不同传输形式和不同传输对象采用的数据传输技术方式也不同。需要通过采取措施加强数据传输过程中的网络和数据安全。

（3）数据存储安全。数据存储是指企业在提供产品和服务、开展经营管理等活动中，对数据进行持久化保存的过程，包括但不限于采用磁盘、磁带、云存储服务、网络存储设备等载体存储数据。数据存储过程可能存在数据泄露、篡改、丢失、不可用等安全风险。需要通过采取加/解密、备份及恢复等措施加强存储安全保障。

（4）数据使用安全。数据使用是指企业在提供产品和服务、开展经营管理等活动中，进行数据访问、导出、加工、展示、开发测试、汇聚融合、公开披露、数据转让、委托处理、共享等活动，不应超出数据采集时所声明的目的和范围。数据使用过程存在数据非授权访问、窃取、泄露、篡改、损毁等安全风险。需要通过分类分级、数据脱敏、权限访问控制等措施进行使用安全防控。

（5）数据删除及销毁安全。数据删除是指在产品和服务所涉及的系统及设备中去除数据，使其保持不可被检索、访问的状态。数据销毁则是指企业在停止业务服务、数据使用，以及存储空间释放再分配等场景下，对数据库、服务器和终端中的剩余数据，以及硬件存储介质等采用数据擦除或物理销毁的方式确保数据无法复原的过程。其中，数据擦除是指使用预先定义的无意义、无规律的信息多次反复写入存储介质的存储数据区域；物理销毁是指采用消磁设备、粉碎工具等以物理方式使存储介质彻底失效。该环节的物理/逻辑等删除和销毁安全工作非常容易被企业忽视，因此要特别注意对该环节采取相关措施进行安全防控。

9.4.2 隐私保护

隐私保护是数据安全的一个细分门类，与隐私保护密切相关的安全措施则是隐私计算。隐私计算（Privacy Computing）是指在保护数据本身不对外泄露的前提下实现数据分析计算的技术集合，达到对数据"可用、不可见"的目的；在充分保护数据和隐私安全的前提下，实现数据价值的转化和释放。

隐私计算是面向隐私信息全生命周期保护的计算理论和方法，是隐私信息的所有权、管理权和使用权分离时隐私度量、隐私泄露代价、隐私保护与隐私分析复杂性的可计算模型与公理化系统。具体是指在处理视频、音频、图像、图形、文字、数值、泛在网络行为性信息流等信息时，对所涉及的隐私信息进行描述、度量、评价、融合等操作，形成一套符号化、公式化且具有量化评价标准的隐私计算理论、算法及应用技术，支持多系统融合的隐私信息保护。隐私计算涵盖了信息搜集者、发布者和使用者在信息产生、感知、发布、传播、存储、处理、使用、销毁等全生命周期的所有计算操作，并包含支持海量用户、高并发、高效能隐私保护的系统设计理论与架构。隐私计算是泛在网络空间隐私信息保护的重要理论基础。

与传统数据使用方式相比，隐私计算的加密机制能够增强对数据的保护作用、降低数据泄露风险。因此，包括欧盟在内的部分国家和地区将其视为"数据最小化"的一种实现方式。同时，传统数据安全手段，比如数据脱敏或匿名化处理，都要以牺牲部分数据维度为代价，导致数据信息无法被有效利用，而隐私计算则提供了另一种解决思路，保证在安全的前提下尽可能使数据价值最大化。

从技术角度出发，隐私计算是涵盖众多学科的交叉融合技术。目前主流的隐私计算技术主要分为三大方向：第一类是以多方安全计算为代表的基于密码学的隐私计算技术；第二类是以联邦学习为代表的人工智能与隐私保护技术融合衍生的技术；第三类是以可信执行环境为代表的基于可信硬件的隐私计算技术。不同技术往往组合使用，在保证原始数据的安全性和隐私性的同时，完成对数据的计算和分析任务。

9.4.2.1 多方安全计算

多方安全计算（Secure Multi-Party Computation，MPC）由图灵奖获得者姚期智院士于 1982 年通过提出和解答百万富翁问题而创立，是指在无可信第三方的情况下，多个参与方共同计算一个目标函数，并且保证每方仅获取自己的计算结果，无法通过计算过程中的交互数据推测出其他任意一方的输入数据（除非函数本身可以由自己的输入和获得的输出推测出其他参与方的输入）。

9.4.2.2 联邦学习

联邦学习（Federated Learning，FL），也称为联邦机器学习、联合学习、联盟学习等，可以实现在本地原始数据不出库的情况下，通过对中间加密数据的流通与处理完成多方联合的机器学习训练。联邦学习参与方一般包括数据方、算法方、协调方、计算方、结果方、任务发起方等，根据参与计算的数据在数据方之间的分布情况不同，可以分为横向联邦学习、纵向联邦学习和联邦迁移学习。

9.4.2.3 可信执行环境

可信执行环境（Trusted Execution Environment，TEE）通过软硬件方法在中央处理器中构建一个安全的区域，保证其内部加载的程序和数据在机密性和完整性上得到保护。TEE 是一个隔离的执行环境，为在设备上运行的受信任应用程序提供比普通操作系统级别更高的安全性，以及比安全元件更多的功能。

9.4.2.4 多方中介计算

多方中介计算（Multi-Party Intermediary Computation，MPIC）是由谭立、孔俊提出的一种隐私计算方法，是指多方数据在独立于数据方和用户的受监管中介计算环境内，通过安全可信的机制实现分析计算和匿名化结果输出的数据处理方式，是一个计算管理系统。在 MPIC 中，数据方的原始数据由其去标识化后输入中介计算环境或平台参与计算，完成计算后立即被删除，匿名化结果数据经审核后按指定路径输出。在 MPIC 的特定环境和规则下，信息数据的身份标识经过加密和标识化处理，因其算法具有不可逆性，故无法恢复为原始数据，满足了匿名化要求，即不能复原；同时，由于这些去标识化的数据被封闭在特定受监管环境或平台中，客观上达到了匿名化的另一个要求，即无法识别特定自然人。故被处理的数据实质上可视同匿名化，不再属于个人信息，无须征得个人同意就可进入中介计算环境或平台参与计算。

9.4.2.5 主要应用场景

近年来，隐私计算技术和应用快速发展。自 2018 年开始，隐私计算的技术和产品成熟度迅速提升，在我国加快培育发展数据要素市场、数据安全流通需求快速迸发的推动下，隐私计算技术的应用场景越来越多。

1. 金融行业的应用

在金融科技深刻赋能业务的进程中，外部数据的共享应用成为金融机构的强烈需求，基于隐私计算的金融风控和获客成为目前国内主要的隐私计算落地场景。

金融机构在与外部数据源合作过程中存在的风险主要来源于两个方面：一是涉及大量个人用户信息，受到的监管要求严格；二是机构自身业务积累的数据资产和商业秘密容易泄露。而利用隐私计算，金融机构之间、金融机构与运营商、互联网、电商平台之间等可以在不泄露原始信息的前提下对客户进行联合的精准画像，在信贷评估、产品推荐等场景下有效控制违约风险，提高业务效率。

以银行个人信贷业务为例，首先，需要对客户进行三要素（姓名、身份证号和手机号）核验查询等以确认用户身份。为避免在面向外部机构进行查询调用过程中客户的敏感信息被缓存，银行可以利用隐私计算实现匿踪查询以保护数据安全。其次，银行还需要引入客户的行为数据和场景数据进行联合建模，以准确判断其偿付能力和违约风险。利用隐私计算，参与建模的金融机构和外部数据合作方可以在不直接交互原始数据的前提下，实现多方数据的虚拟融合和样本对齐，各自在本地进行算法训练，仅对任务的中间因子进行安全交互，在敏感数据"不出门"的情况下完成对客户的画像。

2. 医疗行业的应用

医疗行业的数据共享与流通需求成为隐私计算的另一个关注重点。医学研究、临床诊断、医疗服务等对基于大数据的统计分析与应用挖掘有着强烈的需求，但其依赖的是众多患者的个人健康数据，这些数据规模大、价值含量高，但共享流通却十分困难。

一方面是跨机构的数据采集与整合难。相似疾病的不同病例、同一患者的不同病案等大量的诊疗数据往往分布在不同的医疗机构，各机构将数据开放共享的意愿本就有限，加上各医疗机构的数据标准、编码方式各不相同，跨机构的联合研究与诊断就更加困难；另一方面是跨机构的数据联合应用难。患者的个人医疗数据十分敏感，且复杂的诊疗数据在其使用过程中难以管控，面对个人隐私保护和数据安全要求，很多机构难免望而却步。

隐私计算为以上难点提供了解决思路。利用隐私计算，在建立分散存储的标准化数据库的基础上，可以实现分布式的联合统计分析，从而获得临床科研成果。在抗击疫情的过程中，隐私计算助力实现了全球范围内的疫情数据共享，基于多方安全计算等技术实现了允许用户在不公布己方数据的前提下，与其他科研人员协同进行病例样本基因组的联合分析并共享结果，实现了对病毒流行病学情况的实时追踪和对未来毒株演化的预测，成为助力抗疫的一把利剑。

3. 政务行业的应用

作为跨机构间数据流通的重要参与主体，政务行业有望成为隐私计算技术落地的下一个重要场景。政务数据的规模大、种类多、蕴含的价值高，涉及公安、交通、税务、环境等各类人民生产生活和社会运行数据，其流通与应用将释放巨大能量。

近年来，各地政府积极推进政务数据的开放共享，但不同部门之间的数据孤岛难以快速消除，且政务数据涉及社会民生，数据合规和安全管控要求更加严格。因此，政务部门之间、政府与企业之间的数据共享应用十分困难。隐私计算为此提供了解决方案，在跨机构间的个人身份确认、企业经营监管、智慧城市建设等众多场景中均有广阔的应用前景。在部分地方政府的相关规划里，隐私计算已经有所涉及。

9.5 态势感知

"态势感知"一词在 20 世纪 80 年代由美国空军提出，其包含感知、理解和预测三个层次。到 90 年代，态势感知的概念开始被广泛接受，并伴随着网络的兴起而升级为网络态势感知（Cyberspace Situation Awareness，CSA）。网络态势感知指在大规模网络环境中对能够引起网络态势发生变化的安全要素进行获取、理解和显示，并对最近的发展趋势进行顺延性预测，其最终目的是进行决策与行动。

9.5.1 态势感知的概念及发展

值得注意的是,态势强调环境、动态性及实体间的关系,是一种状态和趋势,一个整体和宏观的概念,任何单一的情况或状态都不足以称之为态势。态势感知的基本功能模型如图 9-5 所示。

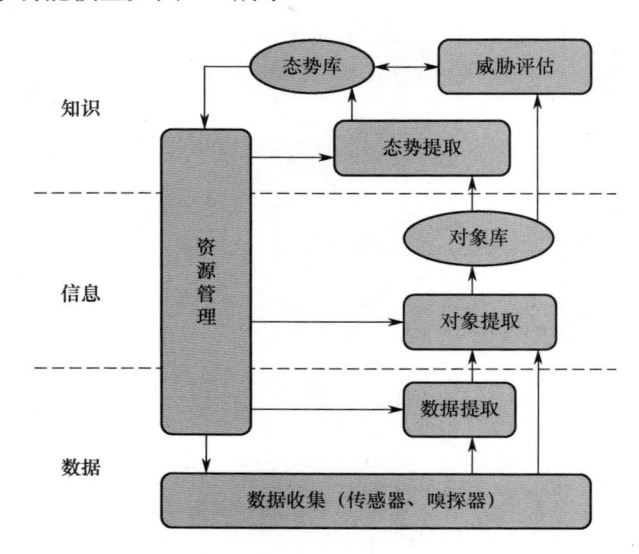

图 9-5 态势感知的基本功能模型

安全运营是业务网安全保障体系的重要组成部分。态势感知系统作为安全运营体系的技术平台,旨在实现"安全集成、智能分析、态势感知、协同处置、运营可视"五大目标。通过态势感知与安全运营平台建设,构建安全防护的"大脑",更好地加强纵深防御,建设主动防御、持续检测、应急响应、溯源取证、风险预警等安全能力,实现安全运营的闭环管理。

近年来,美国通过国家战略制定、新型网络力量筹建、大型国家性技术项目建设与关键技术突破、相关产品研发、网络安全产业化发展支持等多种措施,形成了以"政府主导、军方协同、业界支撑"为特点的多层次网络空间安全态势感知能力体系。近几年,我国非常重视网络安全的发展,国家从战略、立法、企业、网络人才培养等方面都加强了布局,努力把我国建设成网络强国,特别是在立法方面,出台了《中华人民共和国网络安全法》,其包含了网络安全发展战略、网络安全监测预警与应急处置制度、关键信息基础设施保护措施等内容。态势感知无论作为一种状态、过程、活动还是作为一个复杂的能力体系，都需要落实到具体的目标和场景，而非单纯宏观全局地整理展示威胁情况。从业界对网络安全的实践来看，以下三种场景中的工作更多地涉及态势感知能力建设。

（1）赋能本企业或其他企业建立防御体系。

（2）赋能监管部门建设监测、通报及预警能力体系。

（3）安全厂商对威胁捕获、威胁分析、客户支撑等工作体系进行自我建设和完善。

目前，态势感知系统大多能提供数据分析结果和全网的安全风险情况，辅助管理者做安全战略决策，并根据最终结果对态势感知的模型进行调整；大数据分析技术与态势感知结合得不是特别紧密，深度学习、知识图谱仍有广泛的应用空间；许多已经建设网络安全态势感知系统的单位对网络空间安全态势的整体感知能力有限，无法及时探测深层次的安全威胁，快速发现攻击，更无法实现跨组织的信息共享、协同行动，实施应急响应和威胁反制措施；网络安全态势预测尚不成熟，仍需进一步加强。

9.5.2 态势感知 1.0 与态势感知 2.0

网络空间的攻击行为呈现体系化趋势，攻击阶段越来越多，也越来越复杂，因此需要体系化的防御应对体系化的攻击。Gartner 于 2014 年提出面向下一代的安全体系，如图 9-6 所示，新体系以持续监控和分析为核心，覆盖防御、检测、响应、预测四个维度，可自适应于不同基础架构和业务变化，能形成统一的安全策略以应对更加隐秘、专业的高级攻击。其强调防御、检测、响应、预测是一个持续性的过程，而不应当仅仅局限在防御阶段。

平安金融安全研究院与中国信息通信研究院联合发布的《网络安全态势感知技术及应用发展蓝皮书（2019）》将态势感知技术及应用的发展划分为 1.0 和 2.0 两个阶段。

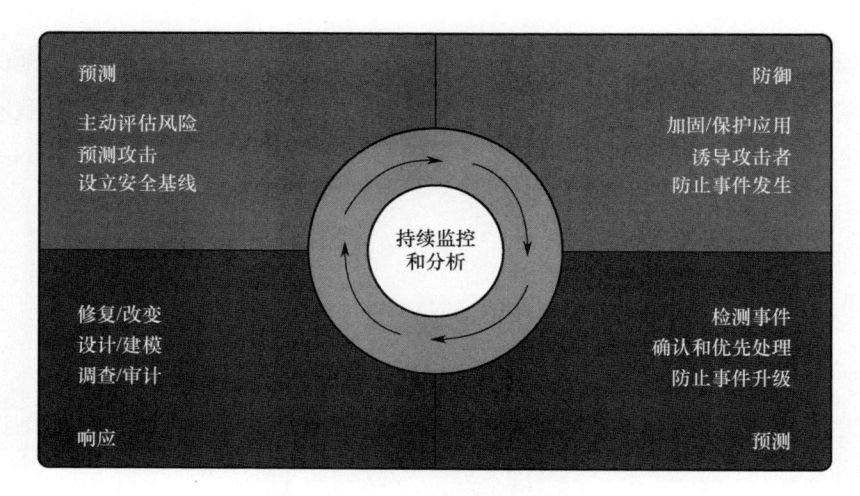

图 9-6　Gartner 自适应安全架构

9.5.2.1　态势感知 1.0

态势感知 1.0（见图 9-7）从其平台功能特性、技术特点、应用定位等方面来看主要有以下几个特点。

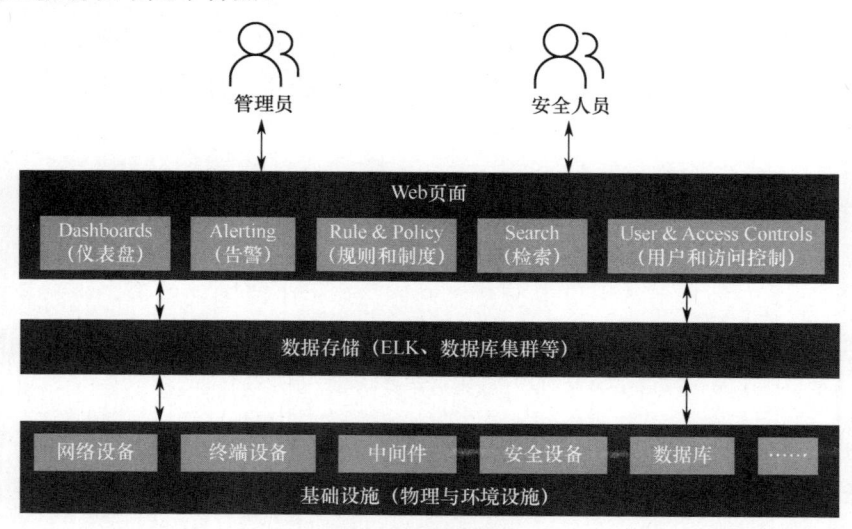

图 9-7　态势感知 1.0

（1）打破安全设备告警功能和日志孤岛，将各类安全设备日志、主机日志、网络日志等采集到统一的日志存储平台，实现了集中存储。

（2）侧重于系统功能建设、以资产为核心的风险发现。

(3）风险分析算法有限，风险分析维度少（统计型、规则型和特征型）。

(4）处于从属辅助地位，用于事后调查。

(5）在系统上增加了产生合规性报告的功能，满足内控和审计方面的要求。

随着企业信息化进程的加快，信息化系统和网络每天产生各种安全日志。互联网安全形势越来越严峻，需要应对复杂的攻击和威胁，如 DDoS 攻击、命令与控制（Command and Control，C&C）攻击、SQL 注入等安全威胁，这些威胁具有攻击性强、手段多样化的特点。面对这些新的挑战，传统纵深防御架构的安全运维方式已不能满足需求。基于美军从军事角度提出的态势感知概念，以及 Gartner 于 2014 年提出的面向下一代的安全体系概念，诞生了早期的安全信息管理（Security Information Management，SIM）、安全信息和事件管理（Security Information and Event Management，SIEM）系统雏形，代表性产品有商用的 Splunk、ArcSight 等，以及基于开源架构的开源安全信息管理（Open Source Security Information Management，OSSIM）系统。

态势感知 1.0 的主要功能集中在数据采集、公开漏洞获取、规则告警、合规报告、事件查询/检索、可视化视图、系统用户权限管理、事件告警等上。

态势感知 1.0 从数据采集方式上来看，主要有主动式和被动式两种：主动式数据采集方式主要通过在 Web 应用程序中进行日志埋点和主动上报日志采集；被动式数据采集方式主要通过在网络关键位置部署数据采集探针和代理（Agent）程式采集。采集日志的途径主要包含 Syslog、简单网络管理协议（SNMP）、开放式数据库互连（ODBC）、Java 数据库互连（JDBC）、API、文件传输协议（FTP）、安全文件传输协议（SFTP）等，以及通过已知公开渠道获取的漏洞库信息。比如通过通用漏洞披露（CVE）、国家信息安全漏洞库（CNNVD）、漏洞盒子（FreeBuf）等漏洞发布平台，通过脚本或爬虫方式周期性地获取漏洞信息，将获取到的所有信息存储于态势感知的日志系统中。

早期采用数据库集群技术支撑日志存储，但由于数据库技术的性能和存储容量的限制，未能大规模地应用和推广。后来大数据技术产生和发展，Hadoop、Hadoop 分布式文件系统（HDFS）等技术越来越成熟，促进了态势感知的发展，开始广泛采用大数据技术平台存储各种安全日志，因为大数据平台为其提供了更好的性能和容量。

态势感知 1.0 阶段的风险展现方式主要是在管理后台配置好视图更新的周期参数来刷新 Web 页面数据；周期性地执行指令、定时任务或脚本，与已配置好的告警规则进行匹配，以资产为中心，统计事件发生的次数达到阈值而进行告警。其展示相对来说较为简单，通过定期提取汇总数据，在 Web 页面展现风险视图。

早期的态势感知是一个辅助的信息安全事件管理系统，用于事后事件调查，仅提供了用于事件查询和检索的入口，方便企业在发生信息安全事件时调查和查询安全日志。可以针对不同的安全日志表建立数据索引表，以加快安全日志查询和检索的速度。随着态势感知推广到企业部门进行实际应用，不同部门的权限开始不同，权限管理也由一种发展成可配置的多种，多级分类授权，后来为简化管理任务，平衡安全与效率，多数态势感知产品加入了基于角色的权限访问控制（Role Based Access Control，RBAC）管理功能。

9.5.2.2　态势感知 2.0

态势感知 2.0 如图 9-8 所示，其在态势感知 1.0 基础上，扩展大数据技术、人工智能技术和威胁情报，加入协作和联动的接口，集成安全运营流程功能，成为完整的安全运营核心支撑平台。接下来介绍态势感知 2.0 的主要特征。

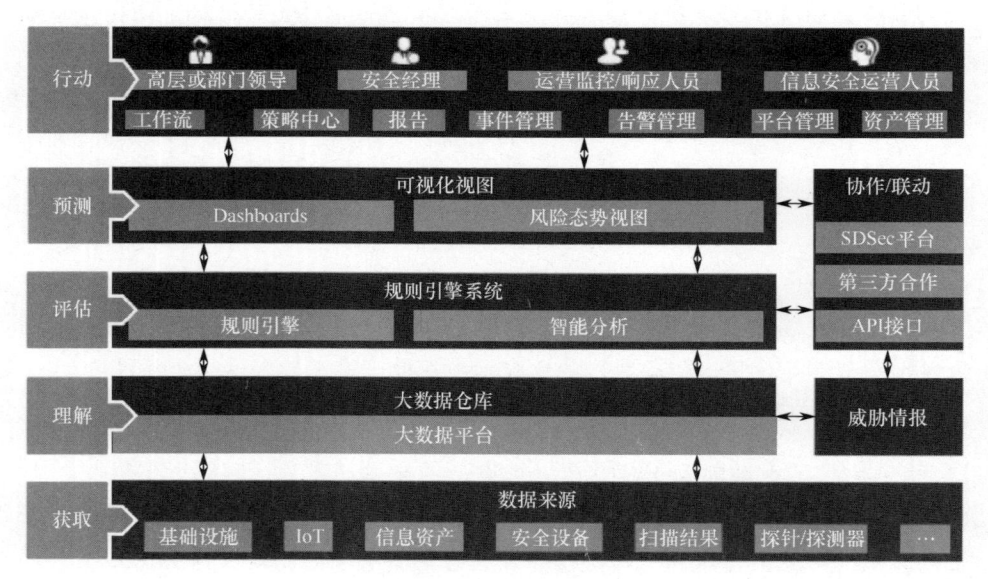

图 9-8　态势感知 2.0

（1）在数据采集阶段，态势感知 2.0 要求安全厂商提供 API 接口与云计算环境和软件定义网络（SDN）进行对接，突破虚拟可扩展局域网（VxLAN）技术的限制，使得安全设备数据解析和安全日志理解更深入，同时通过在 Hypervisor 层安装 Agent 程序采集虚拟机和容器的东西向流量；会广泛部署网络流量分析终端设备，对流量进行深度分析和应用；会应用终端检测和响应系统（Endpoint Detection and Response，EDR），利用用户和实体行为分析（User and Entity Behavior Analytics，UEBA）技术从终端设备收集行为日志，突破加密流量解析的难题；同时将提供更为丰富的接口和日志格式，广泛支持市面上的各种日志收集设备。

（2）态势感知与威胁情报深度集成，提升了态势预测的精度，增加了暗网交易信息、安全通告、漏洞库、地理信息、信誉库等威胁情报信息，使安全阻断网络策略更准确。

（3）态势感知与大数据分析技术和人工智能技术强强联合，提升了数据分析的能力，扩展了数据分析的维度，使得智能分析模型很好地解决了基于规则和特征型策略所产生的漏报和误报问题，将态势感知技术从辅助安全防御领域扩展到业务风险控制领域。

（4）态势感知持续深耕安全领域，把技术、流程、人员有机地结合，成为支撑企业安全不可或缺的平台。构建和使用态势感知对提升企业信息安全水平有重要的意义，能使相关人员对企业的信息安全风险了然于胸，借助态势感知预测信息更好地实现风险预警、监控分析、响应处理、持续改进等全流程管理。

（5）态势感知将提供与内部管控平台及外部行业、协会、单位和组织进行对接的接口，互惠互利，共享和获取风险态势信息，促进整个互联网大环境健康、有序和安全地发展。

态势感知 2.0 的概念更为清晰，吸收策略—保护—检测—响应模型（Policy-Protection-Detection-Response，PPDR）的理念，同时借鉴 Gartner 自适应安全防御理念，设置获取、理解、评估、预测和行动环节，使整个态势感知 2.0 更为完整，更好地支撑在安全运营领域的应用；通过在网络、中间件、主机等设备上部署探针和日志收集程序，获取与基础设施、安全设施、网络和应用系统等相关的日志信息，再将获取到的信息使用大数据技术存储到大数据日志平台，同时将资产信息、安全扫描结果、威胁情报等信息一并存储到大数据平台，利用规则引擎和智能分析模型对大数据仓库的数据进行统计、分析和挖掘，结合历史基线数据与分析结果一起输出给 Dashboards 视图和风险态势视图，运营人员通过监控告警或预测信息即可全面了解安全风险，识别到安全风险即可生成工作流任务工单，按照企业事件管理流程，协调各责任方进行快速处置。在处置过程中，可通过软件定义安全（Software Defined Security，SDSec）平台与安全设备、系统或安全管理平台进行联动，自动下发拦截和阻断策略。态势感知平台分析和预测的结果可以按要求生成合规报告，也可以通过第三方接口与行业共享或与其他系统对接，让整个态势感知平台服务于更多的行业和应用场景。

9.5.2.3 态势感知 2.0 与智能安全运营

安全运营涉及面广，对技术和人员的依赖性更强，而技术和人员又需要相应的平台支撑。因此，只有将三者有机结合、协调发展才能使企业安全运营更加智能。态势感知 1.0 阶段之前往往注重安全设施的建设、态势感知系统功能的实现，而疏于安全运营体系的建设，导致虽然部署了大量的安全设施，但是对安全事件的感知能力差，使用功能有限，通常在进行日志查询和事件调查时使用，因此安全事件仍然频发。态势感知 2.0 在态势感知 1.0 的基础上融合技术和人员，加入更多自动化和智能化技术，将其作为智能安全运营很重要的部分进行体系化建设和运作。

态势感知 2.0 平台作为安全运营体系的核心工具（见图 9-9），在风险预警、威胁分析、感知呈现、响应处置、策略管理、溯源取证方面发挥了更大的效用。态势感知 2.0 平台作为智能安全运营的载体，对风险监测、分析研判、通知协作、响应处置、溯源取证等各方面能力进行了增强，同时融入了当前流行的技术和平台作为支撑，如大数据技术、东西向流量采集技术、EDR 技术、UEBA 技术、机器学习技术、欺骗攻击技术等。同时，态势感知还需要具备相关能力的安全运营人员及智能化、自动化、可重用的处置流程。因此，态势感知 2.0 平台与信息技术基础架构库（Information Technology Infrastructure Library，ITIL）理念、信息安全管理标准相融合，将安全运营人员划分为不同角色，如安全策略管理人员、安全专家、安全运维人员、安全分析人员、安全应急响应人员、安全研究人员等，在集成了安全事件管理全生命周期的流程中，通过工作流程将其串联起来，使安全运营流程更加规范和有序。

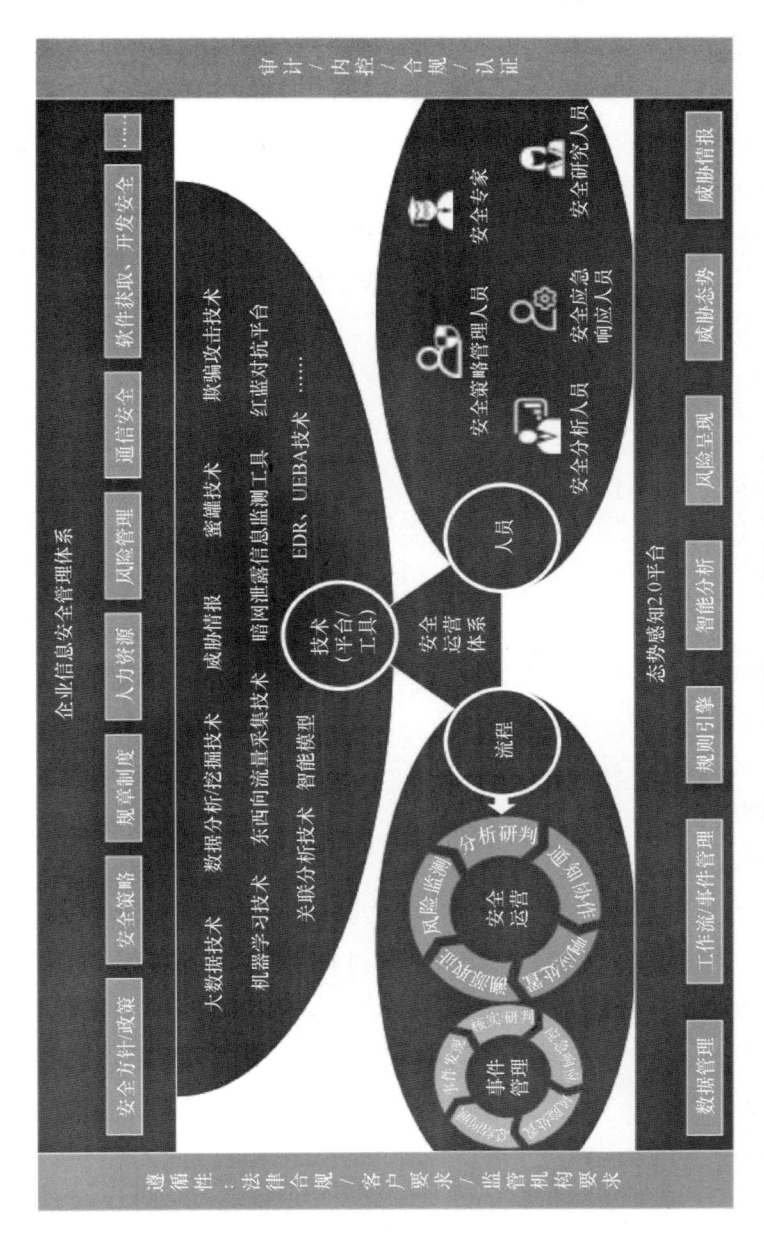

图 9-9 态势感知 2.0 与智能安全运营

9.6 威胁情报

以往人们常常通过个人经验积累来获取外部威胁的知识，然而，不管是现在还是将来的安全状况都无法通过经验来表达。经验往往是零散且缺乏统一认识的，其时效性也较差，无法机读并难以进行知识传递。在变幻无穷的攻击手法和工具面前，防御往往滞后于攻击的发生，此时需调整防御策略来预知攻击，威胁情报由此诞生。

9.6.1 威胁情报的定义和价值

许多企业曾提出过威胁情报的定义，截至目前，还是 Gartner 提出的威胁情报定义接受度较高，即"威胁情报是关于 IT 或信息资产所面临的现有或潜在威胁的循证知识，包括情境、机制、指标、推论与可行建议，这些知识可为威胁响应提供决策依据。"

基于威胁情报的定义，通过统一的结构化描述、合理的大数据分析及可视化等技术，可实现系统性地获取、分析、利用和共享这些知识。通过汇集和处理海量威胁情报，可实现较精准的动态防御。在落地阶段，为了更贴合定义，威胁情报已经演变成一个由威胁及其相关的漏洞、资产、事件等组成的知识集合，在"知彼"的同时也需要做到"知己"。

从价值维度而言，威胁情报是安全信息中具备较高价值和较强时效性的一个知识子集。此价值的定义，取决于能否通过有效信息的获取和分析手段的利用，减少攻防对抗和安全管理中的不确定因素，从而辅助决策，保障安全行动。从价值维度，可以构建一个"金字塔"状的威胁情报安全信息应用价值模型，如图 9-10 所示。

对个人和组织而言，威胁情报都具备一定的价值。在威胁情报落地的过程中，首先要弄清楚威胁情报对个人或组织的意义，这取决于行业、组织的规模和许多其他因素。就不同层面面临的安全问题而言，威胁情报的作用如图 9-11 所示。

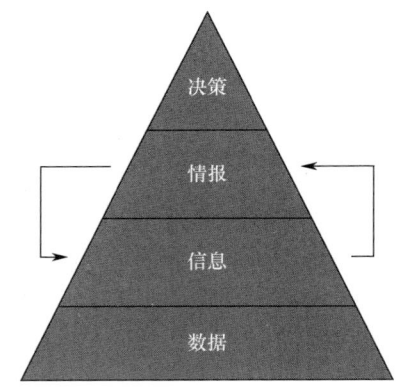

决策维度：
多维结合，最终判断，处置决策，需实际落地，容错率极低

情报维度：
深度加工，准确性高，时效性强，与场景贴合，应用频次高

信息维度：
基于数据，初步加工，准确性低，时效性不高，多作为参考

数据维度：
原始数据，未做加工，数据量大，使用难度大，应用频次低

图 9-10　威胁情报安全信息应用价值模型

	基础作业层	专业技术层	战略决策层
职责	完善设备安全规则、补充威胁指标、日常监测	应急响应、安全相关细节、安全技术分析与研究	战略方向人员、预算等资源分配
面临的安全问题	未出现过的攻击行为难以匹配、设备告警信息杂乱无章	无法控制完成应急所需时间、难以识别告警所涉及的其他安全风险	对资源分配没有很好的支持依据、执行层多数没有技术背景
威胁情报的作用	确认规则、威胁指标、告警	缩短并前置检测与响应时间、提供情景参考、定位关联证据	揭示风险全貌、量化安全风险

图 9-11　威胁情报的作用

对公司不同岗位人员而言，负责 Web 应用防火墙（Web Application Firewall，WAF）、扫描器、漏洞管理平台的人员可以通过威胁情报交换漏洞信息；负责业务欺诈和网络攻防的人员可以通过威胁情报交换 IP 信誉信息等；负责杀毒和入侵检测的人员可以通过威胁情报交换恶意样本信息。这些都是为了实现内外资源整合，进而起到协同防御的效果。威胁情报有助于组织对即将面临的攻击进行预测，使企业在防御上做出更优的决策。利用威胁情报的目的包括（但不限于）以下要点。

（1）采取积极的措施，提前制订计划，预防威胁。

（2）获取安全技术的最新发展，及时阻止出现的威胁。

（3）形成安全预警机制，在攻击到达前就能够知晓。

(4）完善安全事件响应方案。

(5）提高组织的安全运营效率和安全投入/产出比。

威胁情报具备以下三个特点。

(1）多。威胁情报来源多，范围广。威胁情报数量的庞大加上威胁情报本身的置信度问题，会导致大量的误报，使得安全人员工作量巨大且效率低。

(2）杂。威胁情报不仅种类繁杂，应用场景也很复杂，在不同场景中应用的威胁情报种类也存在差别。

(3）快。威胁情报更新速度快。在多和杂的映衬下，威胁情报更新速度之快使得安全人员的工作难上加难。若没有合适的威胁情报自动化运营流程，这些威胁情报检测、行为分析、事件确认和威胁溯源将使得安全方面的人力投入/产出比极低。

9.6.2 威胁情报的分类

从数据类型角度而言，威胁情报是一种海量、多源、异构的数据，包括各类结构化和非结构化的数据，如结构化的 TTPs（Tactics、Techniques 和 Procedures 的缩写）情报、非结构化的纯文本情报。网络安全技术公司 Mandiant 狩猎团队前负责人 David J. Bianco 根据威胁情报的价值和获取难易程度，将其依据数据类型分为六类，如图 9-12 所示。对这些威胁情报的数据结构进行分析可发现，处于下面三层的 Hash 值、IP 地址、域名类情报属于易获取但利用价值不高

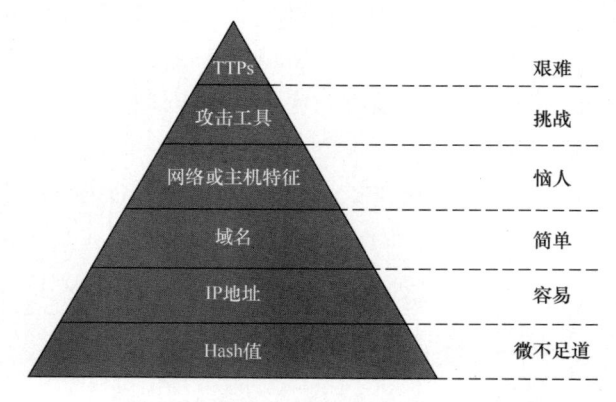

图 9-12 威胁情报依据数据类型分类

的低级情报,大多属于海量、异构、结构化的网络基础数据,知识粒度小、关联性差、应用场景单一,但是易机读、易处理,大多数被用在初始安全分析阶段。

上面三层属于利用价值较高但相对不易获取的数据,大多通过人工或自动化方式获得,以非结构化、具有明显语义的说明文本配合结构化信息的方式存储,如第二层的攻击工具情报,针对工具名、信息摘要算法(MD5)、行为特征、族群特征、作者、发现时间等属性进行结构化存储。这些高级情报包含丰富的知识内容和较强的关联关系,可广泛用于安全分析场景。高级威胁情报可提高安全分析的效率和准确率,但往往在可机读、易读性和自动化处理方面存在问题。因此,研究如何提高高级威胁情报的自动化分析能力、处理的识别效率和准确率,对降低攻击检测成本、缩短攻击响应时间和提高攻击防御能力具有重要意义。

依据威胁情报的内容价值,从高到低主要可以将其分为基础网络情报、攻击团体情报和高级持续性威胁(Advanced Persistent Threat,APT)分析类情报,详情如表 9-1 所示。

表 9-1 威胁情报依据内容价值分类

情报类别	情报内容	情报特点
基础网络情报	DNS、统一资源定位符(URL)、IP、信誉信息等	一般只适用于单一的网络安全分析领域,内容较为单一,用于对防火墙、入侵检测系统等进行配置;获取方便、更新快;数据单一、知识粒度小,且准确率因厂商不同而不同
攻击团体情报	攻击团队、组织在深网/暗网中的交易、攻击活动分析	主要用于为用户提供攻击者画像、攻击溯源分析;获取途径有两种,一是渗透到黑客圈,在黑市中进行社工分析和定向挖掘,二是对相关攻击事件进行分析;获取难度较大,更新频率低;准确率相对较高,且具有很大的参考价值
APT 分析类情报	APT 攻击事件溯源分析、攻击态势分析	可为国家和企业制定战术/战略提供参考和支持;来源主要是厂商对 APT 攻击过程进行分析、拆分和复原后,对攻击要素进行的描述、凝练;由于 APT 攻击具有隐蔽性,该类攻击的分析情报一般不定期更新;发布报告的知识粒度大且准确率高

从使用场景视角对威胁情报进行分类,可分为以下三类:以自动化检测分

析为主的战术级情报、以安全响应分析为目的的运营级情报、指导整体安全投资策略的战略级情报，详情如表 9-2 所示。

表 9-2　威胁情报依据使用场景分类

情报分类	使用者	内容
战术级情报	安全设备或系统	主要作用是发现威胁事件及进行告警确认或优先级排序。常见的失陷检测情报（CnC 情报，即攻击者控制被害主机所使用的远程命令与控制服务器情报）、IP 情报就属于这个范畴，它们都是可机读的情报，可以直接被设备使用，自动化地完成上述安全工作
经营级情报	安全分析人员、安全应急响应人员	主要作用是对已知的重要安全事件进行分析（告警确认、攻击影响范围、攻击链及攻击目的、战术等）或者利用已知的攻击者战术主动查找攻击相关线索
战略级情报	组织的安全管理者，如 CSO	主要作用是帮助决策者把握当前的安全态势，在安全决策上更加有理有据，包括会进行攻击的组织、攻击可能造成的危害、攻击者的战术能力和掌控的资源情况等，当然也会包括具体的攻击实例

9.6.3　威胁情报的应用

威胁情报在企业或组织安全运营工作中有多种应用。下面介绍三个主要的应用场景。

9.6.3.1　典型应用

此处结合互联网公开材料，从威胁情报在企业安全运维中的应用角度出发，列举一个威胁情报的典型应用场景，即利用威胁情报进行威胁自动阻断。很多企业用 SIEM 系统收集日志数据，将安全事件和多类安全设备日志关联，指导监控人员进行处置。但 SIEM 系统存在局限性，监控人员往往淹没在海量的告警中，原因之一是威胁告警没有处理的依据。借助威胁情报，监控人员可获得依据，在日志分析和攻击溯源中获得有力帮助。

图 9-13 为利用日志分析工具及威胁情报库实现安全设备自动阻断威胁的展示。在这个应用案例中，威胁情报以 API 形式与日志分析工具整合，安全设备（此处为防火墙）按照 API 规定的数据格式实现接口调用，从而达到恶意威

胁阻断。防火墙 API 调用和触发通过日志分析工具中的定时任务触发；而日志分析工具则通过对指定时间窗内的日志进行分析并结合威胁情报数据返回结果，以此为依据判断是否触发阻断脚本。

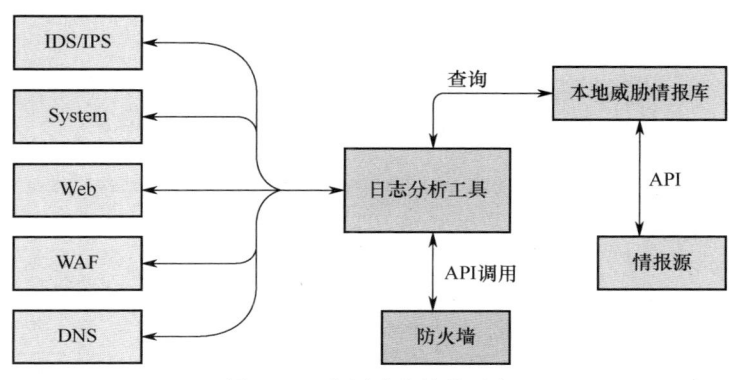

图 9-13 使用威胁情报示意

9.6.3.2 情报社区

从政策环境分析可知，大环境一直在强调威胁情报的共享，因为对于任何一个组织而言，攻防都是不对称的。防守方要面对日益复杂、频繁的网络攻击，需要获取更多的情报来有针对性地布防，将有限的防御资源投入主要威胁的防护中。

为了促进情报的共享，弥补自身情报的不足，同时分享自产情报。平安金融安全研究院与国家信息技术安全研究中心、中国电子技术标准化研究院联合撰写的《威胁情报技术应用及发展分析蓝皮书（2019）》提出了行业情报社区的想法，希望通过社区的形式进行行业内的情报共享。相比于国家层面的情报共享，推进行业情报共享有如下优势。

（1）身为行业一员，面临着和行业内的其他企业相同的安全风险。

（2）在共同的安全风险面前，行业内的企业有共享情报的原动力。

（3）与国家层面的共享平台相比，能拥有更精准的威胁情报。

同时，通过社区的方式进行情报共享也存在如下挑战。

（1）企业数据有保密需求，情报共享始终存在壁垒。

（2）社区化运营，需要通过合理的规则来平衡各参与方的利益。

（3）作为开放社区，有可能成为攻击者的破坏对象，这包括数据污染、直接攻击等。

基于以上情况，《威胁情报技术应用及发展分析蓝皮书（2019）》设计了如图9-14所示的威胁情报社区架构来实现情报共享。

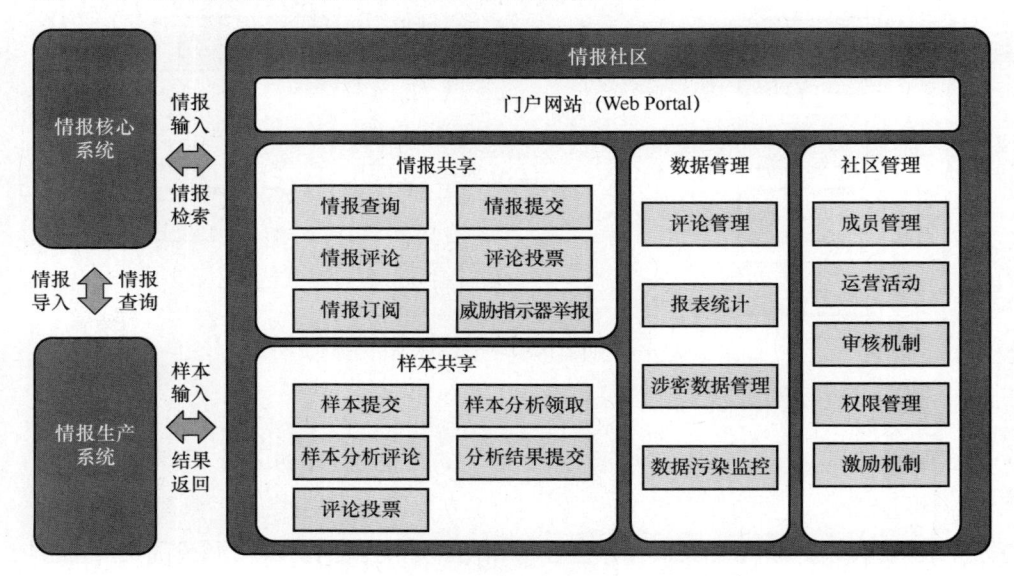

图9-14 威胁情报社区架构

9.6.3.3 威胁情报中心

威胁情报是构建积极防御能力体系的关键，那么如何积极构建防御体系，威胁情报在这个体系中又如何发挥作用？这些问题可参考Gartner的安全运营中心模型。要实现主动防御，需要实现以威胁情报为驱动的安全运营体系，这包括威胁情报中心、配套工具、配套流程的建设，而企业威胁情报中心不仅需要具备将情报输出给其他工具的能力，还需要具备情报输入、更新能力，具体如下。

（1）基本情报检索，供监控、响应人员进行安全排查时使用。

（2）情报数据更新（生命周期）管理，如数据输入、更新时的生命周期管理、冲突管理等。

（3）基于情报的告警推送，如用户匹配的作战情报推送。

（4）基于情报的设备联动，如设备匹配的战术情报拦截列表。

（5）情报管理功能，如命中情况、未命中情况、情报错误等。

基于以上考虑，笔者设计了如图 9-15 所示的威胁情报中心架构。

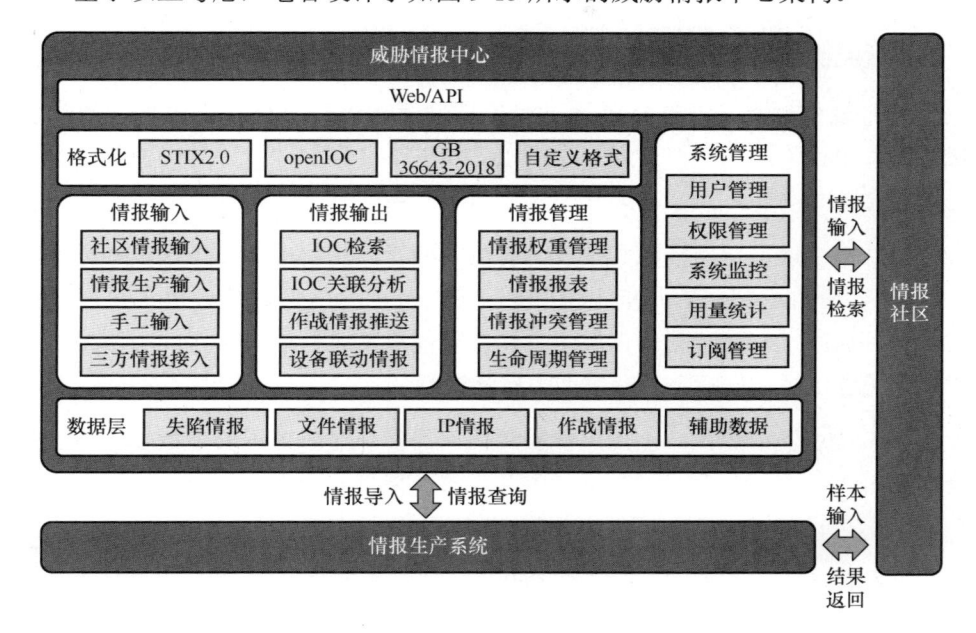

图 9-15　威胁情报中心架构

9.7　零信任

目前，以零信任为代表的新一代网络安全理念不断衍生和应用，打破了网络位置和信任间的潜在默认关系，致力于降低企业资源访问过程中的安全风险。为了最大限度地保证资源被可信访问，提升企业 IT 架构的安全性，零信任的核心思想是在默认情况下，企业内外部的任何人、事、物均不可信，应在授权前对任何试图接入网络和访问网络资源的人、事、物进行验证。

9.7.1　零信任的基本原则

零信任的基本原则归纳如下。

（1）默认一切参与因素不可信。零信任的信任关系源自对所有参与对象和其行为的动态验证，所有参与对象和其行为共同构成一次端到端的资源访问，这些参与对象包括网络、应用、终端、访问主体、数据、工作负载，行为包括访问请求、连接建立、策略下发等。零信任不为任何参与因素预置信任条件，所处位置无法决定信任关系。

（2）最小权限。零信任强调资源按需分配，仅授予各行为所需的最小权限；对每个行为单独授权，对一种资源的授权不会自动作用于另一种资源的访问权限。

（3）持续动态访问控制和授权。对资源的访问控制由动态授权策略决定，依据参与对象的主体信息和行为信息，通过对多源信息进行分析获得授权策略，一旦动态授权策略的依据发生变化，就需重新进行计算，这一动作将在一次端到端的资源访问的全生命周期中持续进行。

（4）持续安全防护。确保进行资源访问的参与对象处于安全状态，通过安全产品/工具，及时发现安全问题，并采取措施降低安全风险。

相比于传统的边界防护安全，零信任在护航企业数字化转型过程中具备更灵活、更优质的安全能力。传统的边界防护认为数据中心的内部是安全的，而零信任没有任何预设条件。

9.7.2 零信任安全架构

基于零信任的基本原则，企业可建设或改造已有网络安全体系以实现零信任安全架构，利用零信任安全架构为 IT 系统提供持续的安全保障。零信任安全架构如图 9-16 所示，由零信任核心逻辑组件和内部或外部数据源组成。

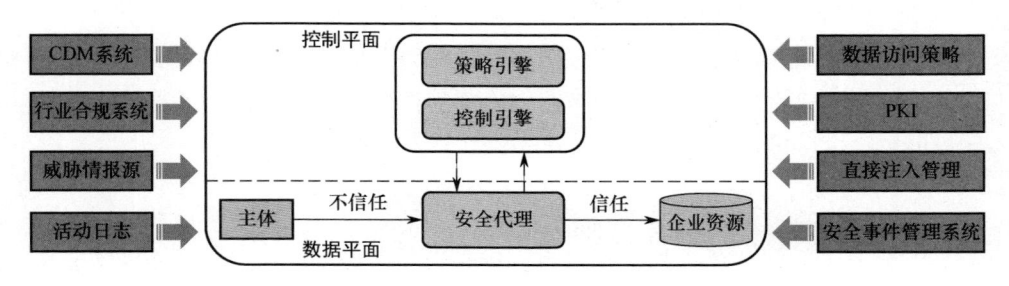

图 9-16 零信任安全架构示意

零信任安全架构对访问参与对象和访问资源之间的所有行为进行处理，核心部分分为控制平面和数据平面。访问主体发起访问请求，由控制平面的策略引擎进行多源信任评估计算，由控制引擎根据计算结果判定授权策略，一旦授权访问，控制引擎就将通知数据平面的安全代理，为该次访问建立安全连接，策略引擎仍持续进行评估，一旦参与对象或其行为发生变化，就将依据新的评估源进行信任评估，控制引擎随时依据评估结果判定授权策略是否需要改变，随时通知安全代理执行相应操作，最大限度地保障资源安全。

零信任安全架构核心逻辑组件主要分为三部分。

（1）策略引擎。该组件负责信任评估，通过收集和分析参与对象及其行为等多源信息，对访问主体进行持续的信任评估。

（2）控制引擎。该组件作为策略控制点，依赖策略引擎的信任评估结果，持续判定授权策略。

（3）安全代理。该组件作为策略执行点，为授予权限的访问主体建立访问主体和被访问资源之间的安全通道。在实际架构中，该逻辑组件可能由两个不同的组件构成：客户端（如用户终端设备上的代理插件等）和资源侧网关（如Web网关、API网关等），或单个代理组件。

零信任架构除了包括核心逻辑组件，还包括内部和外部信任源，与策略引擎协同，将收集并分析参与对象和其行为的安全信息，传递给策略引擎，为其进行信任评估提供依据。信任源主要包括连续诊断和缓解（CDM）系统、行业合规系统、威胁情报源、数据访问策略、企业公共密钥基础设施（PKI）、ID管理系统、网络和系统活动日志、安全事件管理系统等。

9.7.3 典型应用场景

零信任在混合云及多分支机构安全接入方面有非常典型的应用。下面进行一一介绍。

9.7.3.1 混合云中的应用

混合云可以是云和云的组合，也可以是云与传统IT的组合，企业上云可以利用云的弹性使业务灵活扩缩，利用云的无处不在特点使多分支机构互联互通，利用云的便捷进行云上灾备（灾难备份）等。技术堆栈异构增加了企业上云后的管理难度。不同云、云与传统 IT 均拥有不同技术架构、运维流程和管理工具，技术架构的差异为企业上云增加难度，上云后面临异构平台难以统一管理、安全策略不具有一致性的问题，会增加企业的管理成本和运维成本。企业需要适配不同云服务商提供的访问控制策略接口，实现统一接入，从而进行统一资源安全访问管理。

零信任安全代理将不同环境的业务接口统一纳管，一方面，隐藏真实业务，利用其隐藏网关将系统的端口和真实 IP 隐藏，有效防御 DDoS 攻击等安全威胁，实现安全访问转发；另一方面，统一安全访问策略，利用零信任策略引擎全方位地动态评估访问主体的信任等级，获取零信任控制引擎下发的决策结果，以身份为中心，实时地、持续地进行访问鉴权，解决了混合云网络边界的脆弱性问题，用户可以灵活便捷且安全地访问处于不同云上的业务系统。

9.7.3.2 多分支机构安全接入办公应用

为了适应企业业务发展，多分支机构成为常见的组织形式：一是金融、通信、电力等为全民提供服务的大型集团公司，在全国各省市设立分公司；二是互联网等迅速扩张业务的企业，在全国多省市设立办公地点；三是在全球化浪潮下，积极拓展海外业务的企业，在全球重点区域开设办事处或分公司。无论何种场景，分支机构员工都有安全访问集团内部资源的需求。

为实现分支机构员工的访问需求，通常利用专线或公网 VPN 的方式实现安全连接，但上述方式存在一定问题：一是集团与分支机构间搭设专线价格昂贵，若分支机构规模较小、访问集团资源的需求不频繁，专线方式将导致资源浪费，无论自建或托管均耗费较高成本；二是连接稳定性不够好，分支机构通过公网 VPN 连接至集团内网，但 VPN 稳定性不足，尤其对于跨国访问的场景，丢包率高，访问体验差，同时 VPN 性能扩展存在瓶颈，难以适应大规模的异地接入；三是由于分支机构体量增大，传统的专线或公网 VPN 无法满足当下的访问需求。

在零信任安全中，核心组件呈原生化特点，能够有效避免传统安全连接方式的问题。一是服务组件化，SaaS 化，安全代理、控制引擎等以组件形式部署于服务器、容器等基础设施中，或以 SaaS 形式交付，能够有效利用底层计算、存储、网络等资源，在面对大规模异地接入时，组件迅速扩展，防护能力得到提升；二是组件高可用部署，且可在全国甚至全球范围内多节点部署，组件自身稳定性得到提升，用户也可就近接入零信任安全代理，访问体验得到改善。

9.8 云原生安全

传统的基于边界的安全已不再可行，且云原生明确关注快速开发与部署，在这种情况下，安全问题变得很复杂。这就要求转变安全范式来保护应用，将基于边界的安全方式转变为更接近动态工作负载的安全方式。动态工作负载是基于属性和元数据（如标签）确定的。通过这种方法，可以识别并保护工作负载，满足云原生应用的规模化需求，同时适应不断变化的需求。

9.8.1 云原生安全问题概述

安全范式的转变要求提高在应用生命周期中的自动化程度，并通过设计架构（如零信任）确保其安全。将容器化作为云原生环境中的一项核心变化，也需要新的最佳实践。容器化的安全实施会涉及组织机构内的多个相关方，并且会对追求业务目标的开发人员和运维人员的工作效率产生重大影响。云原生应用仍然需要开发、分发、部署和运维，但是这种范式决定了要有效实现这些目标，需要新的安全机制。

可以在应用生命周期的不同阶段（开发、分发、部署和运行时）对云原生开发进行建模。云原生安全与传统安全方法的不同之处在于，可以确保在生命周期的不同阶段将安全嵌入进来，而不是通过单独管理的安全干预措施确保生命周期的安全。要注意，如果不针对这些概念、工具和流程的使用和集成进行长期的教育和培训，云原生的落地和应用可能难以为继，甚至被打回原形。

云原生安全旨在确保实现与传统安全模型一样的谨慎性、完整性、信任和威胁防护，同时整合临时性、分布式和不变性等现代概念。这些瞬息万变的环境支持故障转移，以便进行快速迭代。在这种环境下，需要在开发管道中实现自动化，确保最终结果的安全性。组织机构必须认真分析并应用这些核心安全概念，缩短对加固和环境控制的延迟，并且需要让参与的第三方遵循相同的标准，同时平衡与云功能相关的、针对其安全支持者的持续教育和培训。由于还要考虑到其他层的复杂性，关注广泛的组件网格，因此，必须通过在整个生命周期内，以及在运行时环境中集成安全，来防止未经授权的访问。强烈建议组织机构根据相关攻击框架评估安全防御堆栈，明确防御堆栈能够涵盖哪些威胁。此外，组织机构需要采用一些新的方式和方法将安全左移，扩展 DevOps 的能力。对于在生命周期内进行的创新，需要在管道之前、之中、之后持续、妥善地验证所有组件。

依据 CNCF 发布的《云原生安全白皮书》（Cloud Native Security Whitepaper），可以在云原生安全的全生命周期进行安全管控。

9.8.2 云原生安全的全生命周期

云原生安全的全生命周期主要包括开发阶段、分发阶段、部署阶段和运行时阶段。

9.8.2.1 开发阶段

云原生工具旨在于应用生命周期的早期引入安全测试，及早发现不合规情况和配置错误，以缩短可行性反馈的周期，进行持续改进。这种方法确保可以按照针对管道中的其他问题提出的类似工作流（如 bug 修复或 CI 故障）解决安全故障问题。通常，只有先解决好这些安全问题，才能推动软件在管道中的进一步操作。

这种模式的现代化安全生命周期是围绕着代码开发而展开的，代码开发遵循的是推荐的设计模式（如 12-Factor），并确保所交付工作负载的完整性。从概念上来讲，云原生与基础架构即代码（Infrastructure as Code，IaC）密切相关，旨在确保通过早期安全检查集成，让控件按预期状况运行。通过这些控件和集成可以尽早识别错误配置并实施 IaC 和编排清单中的最佳实践，以减少长期成本并提高安全价值。

开发阶段的安全加固是应用部署阶段的一个关键部分，如图 9-17 所示。这意味着，必须在软件开发的早期就引入安全需求，并用与其他任何需求相同的方式处理安全需求。这些安全需求通常是围绕风险和合规进行的。在早期解决这些需求可防止在生命周期的后期重新处理，而重新处理则会延缓 DevOps 流程，并增加总体成本。DevOps 团队还必须利用专门构建的工具，在部署应用之前识别安全配置错误和漏洞。而且，这些工具可以无缝集成到 DevOps 团队现有的和熟悉的工具中，以增强敏捷性和安全性，而不是对其造成妨碍。例如，这些工具需要在开发人员的集成开发环境（IDE）中或发出"拉取请求"时，对 IaC 和编排清单进行扫描，并提供丰富的与上下文相关的安全信息，再在开发阶段的早期根据这些信息快速、轻松地进行安全处理。采取这些措施可确保消除已知漏洞或高风险配置。云原生组件应由 API 驱动，让复杂的调试工具与依赖编排工具的原始工作负载进行交互。

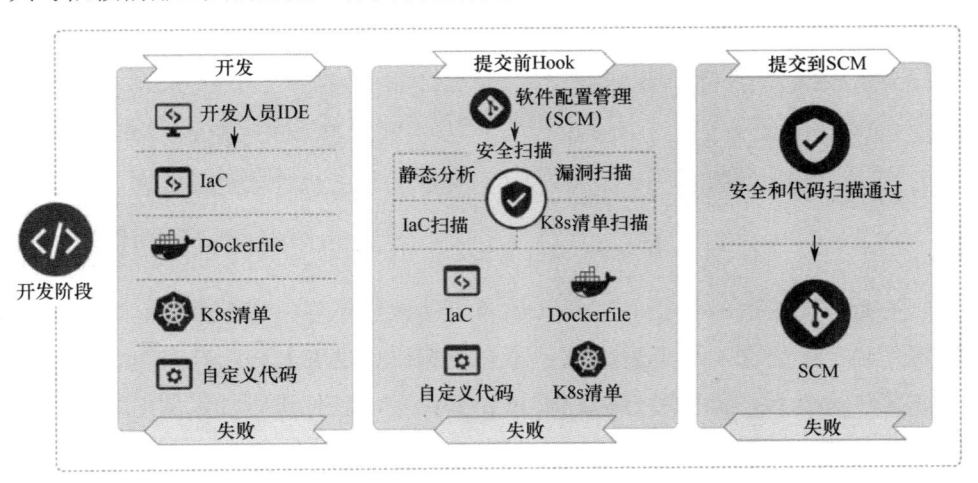

图 9-17 开发阶段云原生安全示意

9.8.2.2 分发阶段

分发阶段的主要任务是使用镜像定义和规范构建下一个阶段的工件，如容器镜像、VM 镜像等。按照现代的持续集成和持续部署范式，分发阶段包括系统的应用测试，以识别软件中的错误。但是，采用开源软件和可重复使用的软件包会导致将漏洞和恶意软件引入容器镜像。因此，有必要执行一些安全措施，如扫描镜像，检查是否存在上述威胁，以及验证镜像的完整性，防止被篡改。

在支持软件快速迭代的模型中，软件供应链安全尤其重要。如图 9-18 所示，在云原生应用生命周期采用一些方法，不仅可以验证工作负载本身的完整性，还可以验证工作负载的创建过程和运维方式。加之需要一直使用开源软件和第三方运行时镜像（包括上游依赖项的层），面临的挑战就更大了。

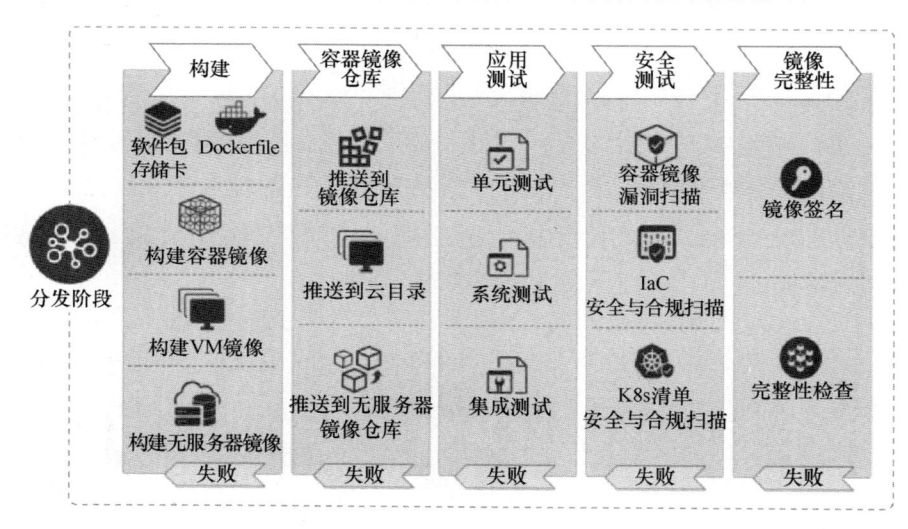

图 9-18 分发阶段云原生安全示意

生命周期管道中存在的工件（如容器镜像）需要进行连续的自动扫描和更新，确保免受漏洞、恶意软件、不安全编码方法和其他不当行为的侵害。完成这些检查后，需要进行的一项重要工作是对工件进行加密签名以确保完整性并强制执行不可否认性。

9.8.2.3 部署阶段

在整个开发阶段和分发阶段集成安全后，可以实现实时、持续验证候选工作负载属性（如验证签名的工件，确保容器镜像和运行时安全策略及验证主机的适用性）。与工作负载一起部署安全工作负载的可观测性功能，可以以高度信任的方式监控日志和可用指标，对集成安全进行补充，如图 9-19 所示。

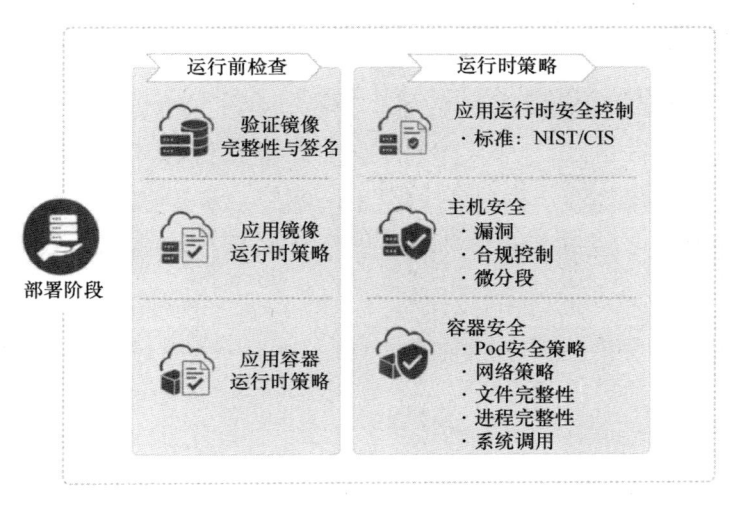

图 9-19　部署阶段云原生安全示意

9.8.2.4　运行时阶段

预计云原生环境在设计时就会提供策略实施和资源限制功能。运行时工作负载的资源限制（如 Linux 内核 CGroup 隔离）是在云原生环境中集成到应用生命周期的更高级别时的限制性和可观测性示例。可以将云原生运行时环境本身分解为相互关联的组件层，这些组件具有不同的安全问题（如硬件、主机、容器镜像运行时、编排）。

在云原生运行时环境中，全球各行各业及各类组织机构都采用了微服务架构用于各类应用。应用通常由几个独立的、用途单一的微服务组成，这些服务通过容器编排层进行服务层抽象后进行通信。确保这种相互关联的组件体系结构安全的最佳实践包括：确保只有经过批准的进程才能在容器命名空间内运行，防止和通知未授权的资源访问，通过监控网络流量来检测恶意工具的活动。服务网格是一种常见的抽象，可为编排服务提供整合和补充功能，而不会对工作负载软件本身进行任何更改（如 API 流量日志、传输加密、可观测性标记、身份验证和授权）。运行时阶段云原生安全示意如图 9-20 所示。

应用	服务网格控制平面	App/进程		访问（服务网格、入口）	传输中的数据/内存数据		工作存储库	安全基础
	OS进程控制	网络加密	服务访问控制	服务质量（QoS）	内存保护		身份&访问控制	
	审计—服务访问日志、网格审计日志							
工作负载编排	控制平面	容器/函数	访问〔容器网络接口（CNI）、入口〕			数据卷	机密管理	
	基于角色的访问控制（RBAC）	访问控制	网络策略	Pod（一个或一组容器）安全	容器安全	镜像身份认证	漏洞&威胁情报信息	
	审计—编排审计日志							
云/环境	云编排	计算（VM/裸金属）	访问〔（VPC、弹性负载均衡（ELB）〕			存储	合规	
	身份和访问管理（IAM）/RBAC	安全组	安全启动	不可变OS	存储加密		策略	
	审计—云访问日志、OS审计日志、流量日志							

运行时阶段

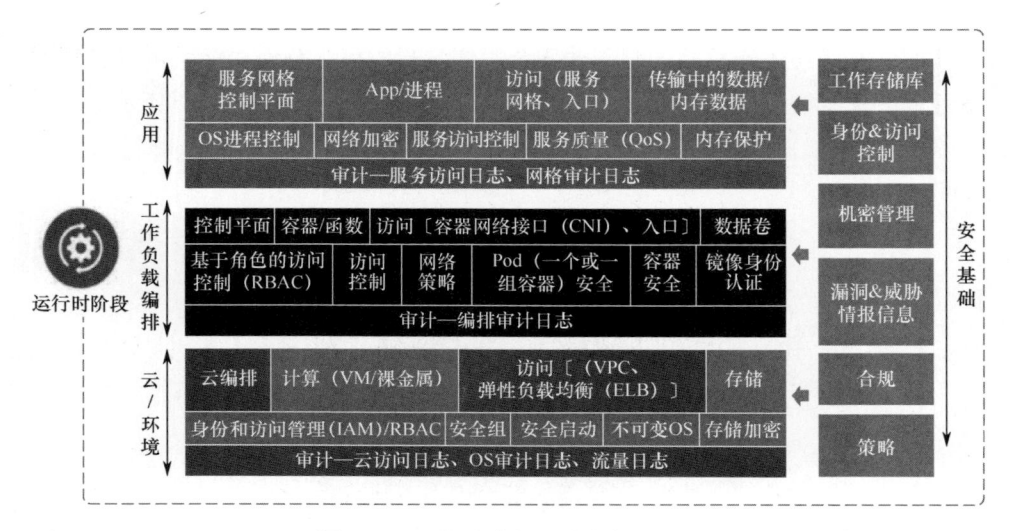

图 9-20　运行时阶段云原生安全示意

9.8.3　云原生安全的演进

容器技术是一个不断发展的领域，使用日益普及。云原生技术所面临的威胁，以及在减少和解决这些威胁时面临的相应安全挑战也在不断发展。除了安全的容器平台的复杂生态系统外，还需要制定经过深思熟虑的周密的安全策略，以及技术控制和自动化措施，用于安全策略执行、响应和运维领域。如果使用正确，容器将带来巨大的安全优势。容器的透明度和模块化程度更高，攻击面更小，应用组件的更新也更为便捷，并为应用组件提供了统一的运行环境。正是由于这种统一性，才能够在开发、测试和生产运行时环境中实现并行安全的蓬勃发展。在应用之间建立适当的隔离（实际上是在可能使用扁平网络的企业中实现微隔离）作为分层纵深防御安全策略的一部分时，容器还可以减小企业级安全事件的影响。

面对当前安全方面的挑战，面对所需安全工具、市场上技能和人才的短缺，如何确保容器平台的安全是一项巨大的挑战。随着云提供商的容器服务产品变得越来越成熟，并且通过兼容规范与更多的云原生安全工具和智能工具集成在一起，预计将有更多的人使用云技术。作为责任共担模型的一部分，这些产品减少了企业的开销。因此，采用容器及云原生将继续推动企业的数字化转型。虽然有些企业已经在某些服务上使用了无服务器架构和设计，但是将多个功能编排成一个业务功能会降低可见性，加上目前存在诸多尚不清楚的安全隐患，使用无服务器架构构建整个业务功能仍在发展之中。简而言之，服务提供商的安全控制措施像现有容器生态系统一样降低了用户的开销，预计在云原生架构中采用无服务器架构者将随着时间的推移而增加。

然而，威胁态势依然如故，同一批威胁主体不断在利用主要的弱点进行攻击，明显的变化体现在攻击者攻击云原生组织及应用的方式和机制上；针对容器编排工具和部署的攻击在增加，通过镜像渗透或特洛伊木马镜像进行的加密挖矿攻击也在增加；恶意主体利用一些容易利用的漏洞只是时间问题。

随着攻击变得更加普遍和复杂，云原生安全必须发展，并应将更多的关注点放在企业和 DevOps 团队上，而不是裹足不前。安全策略即代码越来越受欢迎，但是在安全策略的执行、检测、响应及提高自动化水平方面还有很大的发展空间。显然，即时而自动的安全情报和响应对于阻止攻击甚至自我修复至关重要，甚至可能在攻击出现时调整和集成防回归措施。容器取证工具及技术也需要不断发展，只有这样才能跟上云原生技术的发展步伐。这一点尤其重要，因为在 IaaS 和其他即服务模型的背景下，事件的数量在增多，复杂性在增加。

9.9 元宇宙的风险前瞻

在笔者参与编撰的《中国元宇宙白皮书（2022）》中，将元宇宙面临的风险归为资本操纵与媒体操纵的风险、舆论泡沫风险、被现实垄断操纵的风险等十一大类。

9.9.1 资本操纵与媒体操纵的风险

铺天盖地的媒体报道，曾"炒红"了人工智能、大数据、区块链等概念，现在又"炒红"了元宇宙概念。元宇宙相关股价的非理性飙升，不排除有资本炒作。

9.9.1.1 资本操纵

2021年以来，元宇宙已逐渐成为投资者"哄抢"的目标之一，似乎沾上元宇宙，股价就能飙升，因为短短一个月实现翻倍的概念股比比皆是，部分标的的估值或已远远偏离合理水平。如此异常的波动也引起了监管层的极大关注，中青宝、盛天网络、大富科技、易尚展示等多家公司收到沪深交易所下发的关注函或问询函。如此强劲的资金热捧背后，到底是科技发展带来的改造世界的无限可能支撑，还是强大的资金财团带来的资本拉升，吸引韭菜入场的序曲？

当局者迷，先切换到完整的产业投资视角，投资者在投资新产业或不熟悉的领域时，经常会参考行业生命周期理论。从行业出现到退出，通常会经历四个发展阶段：幼稚期、成长期、成熟期、衰退期。幼稚期的行业利润率较低或为负，市场增长率高、需求增长快、技术变动大、产品不确定性强，此时行业门槛较低；成长期的市场增长率极高、需求增长极快、技术趋于稳定、产品品种较多，行业利润率处于逐渐攀升趋势，门槛逐渐提高；成熟期的市场增长率、需求增长率双双下滑，竞争更激烈，而技术日渐成熟，产品趋于稳定；随着行业产品过剩，增长率严重下降，行业活性也随市场萎缩而降低，行业逐渐衰退，甚至衰亡。

元宇宙，作为"2021年度热词""2021年度十大网络用语""2021年度流行用语"等，其行业还处于幼稚期。但元宇宙概念是科技发展的必然趋势，毕竟现实世界越来越难以改造，而元宇宙承载着无限的可能。对虚拟世界的无限想象，能实现快速的世界经济打造而不受生产力束缚。

在原生行业的成熟期、衰退期不断寻找新兴行业，快速开拓领域、加大投资，集中资源迅速做大，进而占据头部市场，是资本保持活性和企业经久不衰的不二法门，或许脸书、微软、字节跳动、腾讯等头部公司已开始为了争夺未来市场的话语权而纷纷"入坑"。

提升到行业全周期战略格局，当下热炒的"哄抢分布式大陆（Decentraland）和沙盒（Sandbox）虚拟土地拍卖""加州大学伯克利分校虚拟世界毕业典礼""虚拟世界演唱会"等资本现象，就更像是资本为了推动行业概念成长所做的阶段性变现战术。对于普通人来说，应持续关注，谨慎投资，切莫轻易交付身家。

9.9.1.2 媒体操纵

当一个新事物出现的时候，一方面，铺天盖地的媒体报道，对新事物的传播起到了积极的作用；另一方面，由于媒体一般不是新事物的创造者和践行者，对新事物的理解并不一定特别准确，加上个别媒体为了吸引人们的眼球，会故意夸大新事物的优点，或故意放大新事物的缺点，使得媒体报道偏离新事物本身的发展规律，特别是当媒体被某些利益团体所操控时，新事物很容易出现被媒体操纵的风险。

现在可能很多人听到过元宇宙这个概念，这其实就是媒体运作的结果。现阶段是不是真的有必要要求每个人都掌握元宇宙的相关技术呢？答案似乎不是非常肯定的。像 2016 年，人工智能在中国非常火，围棋机器人 AlphaGo 战胜了人类围棋世界冠军，所以有些媒体就炒作，说未来人类的很多工作岗位都会被人工智能替代，导致很多人忧心忡忡。记得当时马斯克的回答是，现在我们就担心人工智能会取代我们的岗位，会导致大量的人失业，就有一点儿类似于刚刚知道了什么叫牛顿万有引力定律，就担心火星上的人会爆炸一样可笑。

媒体的宣传很可能掺杂个人的主观色彩，过度宣扬新技术带来的社会问题，让人们对新技术过于担忧；或过度宣扬新技术的优势，让人们期望太高。这些都会对新技术的发展不利。媒体操纵是很多好技术最终失败的原因，未来的元宇宙可能会有被媒体操纵的风险。

9.9.2 舆论泡沫风险

先看两组数据：元宇宙百度搜索指数和谷歌搜索指数。有意思的是，截至 2021 年 6 月，元宇宙百度搜索指数月均为 0，谷歌搜索指数月均小于 1，而 9 月，百度搜索指数出现异常波动，11 月剧烈攀升，短期内从无人问津一度飞跃为十几万的百度热搜指数，远不同于其他行业较为稳定的搜索指数（多数月均为几千）。

前已述及，字节跳动在 2021 年 8 月 29 日宣布收购 VR 创业公司 PICO，Facebook 在 10 月 28 日宣布更名为 Meta，正式将元宇宙作为公司未来的重心。

涉及元宇宙的相关概念和指数由此被引爆，资本市场掀起了追捧热潮，资金与舆论双重强烈追捧，使部分标的估值或已偏离合理水平。

从产业发展进度来看，元宇宙的终极形态是一系列"连点成线"的技术创新总和，通过持续提升算力，以及高速无线的通信网络、云计算、区块链、虚拟引擎、VR/AR/MR、数字孪生、机器人仿生设备等多项创新技术逐渐融合，人机交互会无限接近甚至超越人与人的交互体验，进而实现数字科技与人类文明的结合，而这一系列功能目前还是畅想。目前已有很多优秀企业在探索相关技术和商业模式，Roblox、Axie Infinity 等公司也都探索并实现了游戏生产者和消费者的经济闭环。在实现元宇宙愿景形态的过程中，还会有更多层出不穷的商业化探索和尝试，现阶段由于技术发展的约束，元宇宙的雏形产品还存在很大争议，商业模式也存在较强的不确定性，短期的过度热捧更像是资本操作下的阶段性泡沫收割。

9.9.3　被现实垄断操纵的风险

元宇宙的去中心化和现实世界的垄断会存在矛盾。现实生活中很多公司都是有垄断地位的。举个例子，电商、资讯等提供商有垄断的话，他们就会制定一些集中的规则。例如，如果用户在某些垄断平台上直播了一些不合时宜的视频，平台可以直接把该用户账号关闭。那么在虚拟社会应该怎么办？元宇宙里面没有中心化、处于垄断地位的企业，没有统一的规则体系，怎么避免不合时宜的内容？

去中心化与现实的垄断之间还有一个矛盾。举个例子，某公司老板操纵比特币，首先他宣称自己购买了 15 亿美元的比特币，接着又宣称大家可以用比特币购买汽车，一下子导致比特币的价格涨了好几倍。然后他偷偷地抛售比特币。抛售完后，他宣布比特币不能够购买汽车了，于是比特币价格大降。比特币虽然是去中心化的，但依然可以利用垄断地位获取利益。

元宇宙虽然是去中心化的，但在现实社会是有垄断的。在这种情况下，现实的这些实体可以利用它在现实中的垄断地位去操控一个去中心化的世界。这是有可能的，因此是一个风险。

9.9.4 元宇宙经济运行风险

现实的经济运行有政府的宏观调控，可以对很多不规范行为进行监管和监测。元宇宙里没有政府，应该怎么办？这既是一个技术问题，也是一个规则制定问题。

在元宇宙的理念诞生之前，尽管虚拟经济取得了长足发展，但基本都是相对碎片化、去中心化和完全依附现实世界的。直到元宇宙的理念诞生，与现实世界平行，又无限逼近现实世界，同时保持了一定的独立性，虚拟经济才有了一个相对可行的落地路径。人们通过沉浸式的空间体验，使用虚拟身份生活、学习、工作、娱乐，甚至繁衍生息，使得劳动创作、生产、交易等经济活动与现实生活没有任何区别。

美国银行公布的报告提到，"元宇宙将由无数个虚拟世界互相联结而组成，和我们的现实世界也紧密联结。元宇宙将成为稳固的经济模式，涵盖工作和娱乐休闲，发展已久的各种产业和市场，例如金融、零售、教育、卫生，甚至成人娱乐等领域，都将出现变化。"但是，蓬勃发展的背后也伴随着暗流涌动的经济风险。一是短期阶段，局部过热现象突出。2021年以来，与元宇宙概念相关的产业出现吹捧过热现象，短期内已出现巨大波动，而很多技术还需要一定时间的探索和沉淀，这个过程或将成为资本的阶段性金融收割时机；二是资产上链与流转存在极大的监管风险。元宇宙在资产维度不断深化发展主要有两条路径：一是既有资产上链，主要表现为货币、股权、债券、票据、黄金等资产上链流转，受各国监管部门的影响较大；二是数字化原生资产上链，现阶段的一个比较主流的路径是 NFT 的发展。NFT 的重要特征在于，每个 NFT 拥有独特且唯一的标志，两两不可互换，最小单位是"一"且不可分割，因而非常适合对具有排他性和不可分割性的权益和资产进行标记，并可以实现自由交易和转让。在技术维度，NFT 的协议标准主要基于 ERC721，而一般的同质化通证（Fungible Token）的协议标准主要基于 ERC20。这种特征让 NFT 打破了传统经济范式下对产权、版权、规制等的门槛限制，在一定程度上规避了互联网巨头的垄断，使得元宇宙中的任何权利都可以轻松实现金融化，但在一定程度上存在极大的监管风险，因此中国互联网金融协会、中国银行业协会、中国支付清算协会在 2021 年 5 月联合发布《关于防范虚拟货币交易炒作风险的公告》。NFT 也存在极大的炒作风险，不受控的价格波动极有可能扰乱经济金融的正常秩序。例如，艺术家想要出售作品时，会创建或"铸造"NFT，然后通过平台将其货币化，无须中介即可出售且获利。当然，NFT 可以是知识产权，可以是实体资产，也可以是金融票据，如可以代表一幅画、一首歌、一个专利、一栋房屋、一个股权，甚至可以是一个黑色交易。

元宇宙作为现实世界的平行数字世界，不但需要与现实世界实现信息维度的闭环，而且需要实现价值维度的闭环。实现两者联结的价值载体就是中央银行数字货币（Central Bank Digital Currency，CBDC）和全球稳定币（Global Stable Coin，GSC）。CBDC 是中央银行基于互联网、区块链、人工智能等数字技术发行的、具有现代货币本质属性的数字货币。现阶段联结元宇宙和现实世界价值维度的主要方式是 GSC。GSC 是非公共部门基于区块链发行的、与法定货币价格保持锚定的数字货币。

根据 GSC 保持价格稳定的方式，可分为基于"算法央行"模式的 GSC 和基于抵押经济系统的 GSC。基于"算法央行"模式的 GSC 保持价格稳定的方式与中央银行调控货币供需动态平衡的方式基本一致，其进步意义在于借助代码实现这一过程的自动化和程序化，通过代码买卖基础货币实现价格稳定，但存在的缺陷在于这种模式的稳定币共识程度较弱，很容易沦为资金盘和引起庞氏骗局，且货币发行与流通不仅仅代表一个数据，而是需要根据商品流通所需的货币量，也就是生产力和流通次数评估决定，由各国中央银行依法制定和执行政策，因此"算法央行"模式的政策风险极大。

而基于抵押经济系统的价格稳定方式根据抵押资产是否上链又可分为链上抵押模式和链外抵押模式。链上抵押模式的风险在于其抵押资产的价格也在时刻变化，并且抵押资产价格上升与下降具有不对称性：当抵押资产价格上升时，相同的抵押资产会生成更多的稳定币，同时抵押经济系统会提高借贷利率以抑制稳定币的过度投放；当抵押资产价格下降时，如何保证抵押经济系统的价格稳定成为最大的风险因素之一。而链外抵押模式的资产并不上链，抵押资产被存托于区块链下的商业企业中，以美元、欧元、英镑等资产为主，其中2022年，美元资产的市场份额占了95%以上。备受关注的全球稳定币Diem也基于这种模式。现阶段主流的链外抵押稳定币包括USDT、USDC、GUSD、PAX、TUSD等。链外抵押模式能否有效取决于储备资产是否实行透明、严格的定期审计，以保证抵押资产足值，当出现挤兑情况时不会发生系统性风险。此外，用户规模和信任度、稳定币发行量等也是链外抵押模式的重要风险因素。

9.9.5 沉迷与堕落风险

哺乳动物和鸟类都会玩游戏，哺乳动物通过游戏学会捕猎，鸟类通过游戏学会飞翔。对于人类来说，玩游戏会成瘾，容易沉迷。尤其当游戏厂商特意制造某些沉迷的效果时，会导致某些青少年沉迷于游戏。那人类是不是也会沉迷于未来的元宇宙世界，不想出来呢？

元宇宙在理想的运行状态下能够提供海量实时信息交互和沉浸式体验，而游戏作为元宇宙最佳的场景载体，更能增加用户沉浸式体验的深度。清华大学新媒体研究中心在《2020—2021年元宇宙发展研究报告》中指出，元宇宙因自身交互、沉浸体验及其对现实的"补偿效应"而具备天然的"成瘾性"，虽然人类的愿景是在虚实之间自如切换，但所谓的沉浸式体验，极容易演变成网瘾，让人们沉迷于其中而不能自拔。

获第73届世界科幻大会颁发的雨果奖最佳长篇小说奖的《三体》作者刘慈欣，认为人类将有两种命运：要么是走向星际文明，要么是常年沉迷在VR的虚拟世界当中。刘慈欣的观点主要表达了人们还不具备驾驭解放人性技术的能力，某种程度上也不具备控制资本的能力，在这种情况下开发元宇宙，极有可能让元宇宙成为人们的"精神核弹"。因此，随着元宇宙的持续深度发展，沉浸式体验深度越深，游戏场景就越丰富、越开放自由，必然存在沉迷风险。

9.9.6 社会治理风险

在元宇宙里有很多社会治理风险。如果没有政府的治理，在元宇宙里会不会存在犯罪行为？要还元宇宙一片乐土，还元宇宙一片安详，该怎么办呢？怎么实现社会治理呢？这些都是需要社会学家和科研人员研究的内容。

9.9.7 产业内卷风险

当前互联网产业的主要瓶颈是处于内卷化的平台形态，在内容载体、传播方式、交互方式、参与感和互动性上长期缺乏突破，导致"没有发展的增长"。技术人员渴望新产品的出现，如 AI、XR、数字孪生、5G、大数据等应用多种新型技术的统摄性想象。资本一直在寻找新出口，希望现实叠加虚拟，打开广阔的商业空间。用户也一直期待着刺激的新体验，使他们能够有全新的交互体验而不仅仅是"拇指党"。

清华大学新媒体研究中心在《2020—2021 年元宇宙发展研究报告》中指出，元宇宙是游戏及社交内卷化竞争下的概念产出。除却人才和用户资源抢夺、监管压力加码，游戏及社交的产品模式也逐渐进入瓶颈期，虽然在新概念的加持下，阶段性地实现了资本配置的帕累托改进，但概念上的突破并未从本质上改变产业内卷的现状。

从企业角度来看，元宇宙目前仍处于行业发展的初级阶段，无论是底层技术还是应用场景，与未来的成熟形态相比仍有较大差距，但这也意味着元宇宙相关产业的可拓展空间巨大。入局元宇宙的企业众多，拥有多重优势的数字科技巨头想守住市场，数字科技领域初创企业想获得弯道超车的机会，但从现有资源分配情况来看，元宇宙生态仍然会走向封闭，各大巨头各自占据垄断局面的一角。当产业巨头形成垄断局面后，与当下的移动互联网产业其实区别不大。在这个产业内，资本仍然会掌握主导权，在资本的操纵下，内卷只是早晚的问题。

9.9.8 算力成熟度风险

众所周知，支撑元宇宙的六大技术包括区块链、交互、游戏、网络算力、人工智能和物联网技术，其中区块链、交互、游戏和网络算力为元宇宙的核心技术。区块链技术提供去中心化的清/结算平台，智能合约、去中心化金融（DeFi）、NFT 的出现保障元宇宙的资产权益和流转。游戏为元宇宙提供交互内容并实现流量聚合。5G 网络的升级保障信息的传输速率。VR 等显示技术为用户带来更有沉浸感的体验。

元宇宙理想的运行状态包括大规模用户持续在线、沉浸体验、高仿真、高效内容生产和去中心化信息存储及认证。要追求元宇宙的理想运行状态，实现海量实时信息交互和沉浸式体验，需要以通信网络技术和计算能力的持续提升为基础，实现用户对于低延时感和高拟真度的体验。5G 带来的网络稳定性、延时减少等通信网络能力升级，以及 GPU 浮点数据计算能力不断提升等在算力上的不断升级将推动元宇宙快速发展。

因此，可以认为网络算力是元宇宙最重要的基础设施之一，构成元宇宙的图像内容、区块链网络、人工智能技术都离不开网络算力的支持。网络算力支撑着元宇宙虚拟内容的创作与体验，如有更加真实的建模与交互需要，则需以更强的网络算力为前提。越来越多的企业和资本进入，推动了元宇宙的快速发展，网络算力作为元宇宙基础设施的上游产业链，将承受更大的压力。

网络算力的压力主要表现在以下三个方面。

9.9.8.1　网络稳定性

游戏是元宇宙最佳的场景载体之一，但因为网络稳定性导致的丢包对游戏体验影响极大。通常情况下，在使用网络视频会议时，1%的丢包率是可以接受的。但是，有关学术论文中的测试结论显示，当丢包率等于或大于 0.3%时，网络游戏用户的体验感迅速降低。目前大多数网络游戏提供商建议至少提供 10～15Mbps 的下行链路速度，以获得 720P 的分辨率。这种网速要求和显示质量对手机游戏来说已经足够了，但对于想在高清屏幕或 VR 设备上享受终极沉浸式体验的元宇宙游戏爱好者来说还远远不够。

根据调研资料，元宇宙普及推广的场景应用至少需要 5G 网络的全球覆盖，提供 1～10Gbps 的下行链路速度，以获得超高清 4K～8K 的分辨率。而为元宇宙多用户提供实时在线、流畅的深度沉浸式体验，预计至少需要 6G 网络的全球覆盖及几乎无延时的网络体验，目前各国已开始密集部署 6G 研发，有望在 2030 年左右开始商用。因此，5G 网络的全球覆盖率及 6G 网络的部署商用进度，决定了元宇宙的发展速度和应用体验。

9.9.8.2 网络延时

同样，网络延时也会极大地影响网络游戏体验。根据诺基亚对网络游戏延时的细分规则，智能手机体验网络游戏的理想延时为 70ms，或者大约 30FPS 的两个完整帧。而具有强沉浸感的元宇宙游戏，通常采用 VR/头戴式等前端设备的交互方式，提出了至少需要 10ms 的游戏延时这样的苛刻要求，因为延时可能会导致超过 20ms 的晕动病。

根据调研资料，5G 网络可以保证低于 10ms 的网络延时、6G 网络可以保证微秒级的网络延时。

9.9.8.3 计算能力

算力，也称为计算能力，指数据的处理能力，由数据的计算、存储及传输三项指标决定。硬件算力和云计算及边缘计算能力的发展将进一步提升用户低延时感和高拟真度的体验。硬件算力尤其是 GPU 算力的不断提升，一方面，能够进一步升级元宇宙和云游戏的显示效果，使得实现更加拟真的场景和物品建模成为可能，并且增强渲染能力，降低元宇宙的延时感；另一方面，GPU 的升级有望推动机器学习、人工智能领域的探索和应用落地。通过云计算和边缘计算，一方面能够降低对终端设备性能的门槛，拥有实现更高渗透率的潜力；另一方面通过对边缘计算节点的建设，能够缩短信息流传输的距离，从而降低网络传输部分的延时。

国家工业信息安全发展研究中心于 2021 年发布了《新一代人工智能算力基础设施发展研究报告》。报告指出，国内新一代人工智能算力基础设施的建设依然面临着顶层制度建设和标准体系不统一的问题。其中较为突出的表现如下。

（1）市场对算力的概念混淆，导致建设方向和建设需求错位。

（2）行业定价标准混乱，针对人工智能算力基础设施建设的价格标准并未统一，各地同等规模项目的价格相差巨大。

（3）在建设思路上，我国大多数计算中心采取了算力性能发展优先，再拉动应用发展的策略，忽视上层应用迁移及兼容程度，导致算力系统的初期应用效率偏低，无法完全支撑全面的智能化应用场景需求。

（4）软硬件核心技术受制于国外、重复建设、高能耗等问题亟待突围。

为元宇宙提供算力在供给层面、需求层面、流通层面面临着大而不强、供需错配和结构性矛盾突出三大问题。

（1）在供给层面，算力发展呈现大而不强的态势，即整体上呈现出整体规模大、发展水平低的粗放发展态势。

（2）在需求层面，算力资源分布存在供需错配现象。除少数科技巨头外，中小企业缺乏专有算力平台，制约技术研发，无法满足业务需求。

（3）在流通层面，区域间供需结构性矛盾突出、平台用户间算力资源衔接较难。

因此，算力压力主要表现在以下几个方面。

（1）顶层制度建设和标准体系的统一问题。

（2）元宇宙对算力资源的需求会随着整个社会的全面入局而持续增长，上游产业链算力承载方会承受极大的压力。

（3）庞大的算力需求还对应着大量的电力能源消耗，会成为"双碳"目标落地之前的一大阻碍。

9.9.9 技术成熟度风险

元宇宙要成熟落地，仍需要大量的基础研究做支撑，技术局限性是元宇宙目前发展的最大瓶颈和风险。从技术方面来看，5G、云计算、人工智能、AR/VR/MR/脑机接口、区块链等相应底层技术距离元宇宙落地应用的需求仍有较大差距。这些技术的发展现状在一定程度上也反映了元宇宙的发展趋势。

（1）5G。从目前5G的发展来看，仍处于初期，还没有出现强大的应用，其需求度和渗透率也不高。

（2）云计算。随着大型游戏的发展，云计算、云存储及云渲染都得到了快速的发展，作为元宇宙的技术基础也算是一个强有力的支撑，不过如何更好地向元宇宙提供实时交互式内容也是如今云计算发展中需要考虑的问题。

（3）人工智能。人工智能可以大幅提升运算性能，元宇宙中内容生产、内容呈现及内容审查的高效运作都离不开人工智能。但是想要在元宇宙中实现最大限度的自由，AI技术就要摆脱人工脚本的限制，向更高级的深度学习和强化学习发展，在元宇宙中呈现出随机生成、从不重复的游戏体验，允许玩家自由探索和创造。目前来看，AI技术一直是政府着力支持的领域，经过几年的发展虽然有了初步的成效，但是达到符合元宇宙设想的AI在短时间内依旧无法实现。

（4）VR/AR/MR/脑机接口。VR（虚拟现实）、AR（增强现实）、MR（混合现实显示）等技术都是为了给元宇宙玩家更沉浸式的体验，但目前普遍价格昂贵，且在显示和定位技术方面存在技术瓶颈。脑机接口技术逐渐成为科技巨头争夺的焦点，但目前主要应用于医学领域。

（5）区块链。区块链的虚拟资产与去中心化技术使元宇宙中的价值归属、流通、变现和虚拟身份认证成为可能，因此区块链技术也是元宇宙实现过程中不可缺少的一环，不过如今依旧处于初期阶段。监管问题也是去中心化技术发展起来的主要阻碍之一。

综合元宇宙所需技术的发展现状来看，真正的元宇宙其实还很遥远，毕竟目前很多核心技术都处于初步的发展中，技术所涉及的很多核心问题还未能解决。

元宇宙发展中的技术风险主要表现在所需技术核心问题的解决、普及推广和政策监管等方面，相关内容如下。

（1）VR/AR设备技术瓶颈较为突出。VR/AR设备的显示技术和定位技术研发难度较大，带来了调焦冲突、定位精度、纱窗效应等问题，直接影响体验的视觉舒适度，这是当前设备生产厂商正在着力解决的问题。触觉或脑机接口设备尚未成熟，该技术成熟后有利于提升沉浸感，可直接通过精准的电流刺激使大脑获得相应感觉，实现真正意义上的完全沉浸。目前的 VR/AR 设备仍需不断升级，进一步轻量化、无线化和简便化，以摆脱有线传输束缚，更加轻便，提升佩戴体验。另外，VR 设备续航能力差，在高帧率的运转下，VR 设备的电量只能维持约 30 分钟，但米哈游的运营记录显示，玩家平均在线时长超过 30 分钟，这意味着硬件续航能力的不足会影响用户对游戏内容的体验，从而影响 VR 硬件设备和软件内容生态的发展。

（2）用户围绕元宇宙平台的创新能力与速度难以预测。在虚拟现实硬件设备逐步完善的同时，内容和应用同样需要紧跟步伐，避免产业链生态短板。根据 VR 陀螺的数据，Steam 平台 VR 保持环比增长趋势，截至 2023 年 4 月，Steam 平台 VR 内容数量增加至 7344 款，但是现有 VR/AR 优质内容体量距离元宇宙程度仍显不足。爆款游戏可以在短期快速渗透，而行业的长期发展则依赖优质内容不断输出，形成与科技革新的共振，只有这样才能推动元宇宙行业持续发展。

（3）AI 算法、GPU 算力有待提升。目前，3A（开发成本高、开发周期长、消耗资源多）游戏采用传统的终端渲染模式，受限于个人计算机 GPU 渲染能力，游戏的画面像素精细度与拟真效果仍有很大差距。为改进现有的渲染模式，提升游戏的可触达性，需要重点推进 AI 算法、GPU 算力的突破，以及半导体等基础设施产业的持续进步。

（4）区块链政策监管风险。各国对于区块链的应用发展政策尚具有不确定性，数字世界涉及的新政策与监管落地情况尚不明确。NFT 大多在区块链通道上发行，数字资产和经济体系的建立，当前仍与数字货币价格相关，可能需要面对币值波动和各国监管的风险。无规矩不成方圆，元宇宙中没有监管的话，可能会有资本垄断甚至资本暴力的出现，因此元宇宙在未来的发展中一定会面临着各国的监管问题。

9.9.10 知识产权风险

随着元宇宙概念股 Roblox 于 2021 年 3 月 10 日在美国上市，元宇宙加速进入人们的视野。许多巨头纷纷布局元宇宙，竞争逐渐进入白热化状态。新事物会带来机会，但挑战也会伴随而来，这些挑战除了包括数据保护和隐私问题、法律问题、货币和支付系统问题、算力压力和技术风险问题，还包括知识产权的纠纷问题。

清华大学新媒体研究中心在《2020—2021 年元宇宙发展研究报告》中指出，虽然区块链技术为认证、确权、追责提供了技术可能性，但元宇宙有大量的 UGC 生成和跨虚实边界的 IP 应用，加剧了知识产权管理的复杂性和混淆性。

知识产权的纠纷问题主要包括知识产权注册的合法性和侵权两方面。

9.9.10.1 知识产权注册的合法性

知识产权的注册，由每个政府设立的国家知识产权部门负责，我国由国家知识产权局负责。申请人可以是自然人、企业法人、事业法人、社会组织法人。

在我国，所有法人组织都必须经过登记，因此只有国家承认的组织或个人才能申请注册知识产权，被看好用于未来区块链管理的中心化自治组织（DAO）在我国尚未被法律认可，因此知识产权无法登记在 DAO 名下。

但在美国怀俄明州，法律承认 DAO 的法律地位，认可有限责任公司转型为 DAO，因此 DAO 可以作为知识产权的申请人，直接合法拥有知识产权。

9.9.10.2 知识产权的侵权

侵害知识产权民事案件主要分为著作权案件、商标权案件、不正当竞争案件三种类型，而元宇宙涉及的知识产权侵权主要是著作权侵权，主要包括如下内容。

（1）破解和复制源代码侵权，即侵害游戏作品的计算机软件著作权。

（2）擅自发布游戏，即游戏网站未经许可，擅自发布小游戏等游戏软件，侵害作品信息网络传播权。

（3）游戏中的元素侵权，即未经相关权利人许可，在游戏中使用了他人享有著作权的卡通人物形象、画面或其他元素。

（4）游戏侵害作品改编权，即游戏基于其他小说、影视作品等人物形象、情节加以改编，侵害原作品作者的改编权案件。

（5）游戏公司间互诉侵权，主要涉及游戏公司的作品抄袭纠纷。

因此，知识产权纠纷在元宇宙领域始终是一个绕不开的话题。元宇宙是一个集体共享、自由创作的空间，并且基于 AR、VR、AI 和区块链等技术，未来极有可能创作出超出现有认知的人机交互方式或内容，这对知识产权保护来说将是更大的挑战。

9.9.11 隐私风险

参照《信息安全技术术语》（GB/T25069—2022）的定义，个人信息是指以电子或者其他方式记录的能够单独或者与其他信息结合来识别特定自然人身份或者反映其活动情况的各种信息，包括姓名、出生日期、公民身份号码、个人生物特征信息、住址、联系方式、通信记录和内容、账号密码、财产信息、征信信息、行踪轨迹、住宿信息、健康生理信息、交易信息等。

个人敏感信息是指一旦泄露、非法提供或滥用就有可能危害人身和财产安全，极易导致个人名誉、身心健康受到损害或歧视性待遇等的个人信息，包括公民身份号码、个人生物特征信息、银行账号、通信记录和内容、财产信息、征信信息、行踪轨迹、住宿信息、健康生理信息、交易信息、14 岁以下（含）儿童的个人信息等。

参照元宇宙的六层架构，元宇宙可能会面临如下几类隐私风险。

9.9.11.1 元宇宙厂商和平台职工的风险

（1）元宇宙厂商和平台的职工可能错误或失误地处理客户的个人隐私数据。例如，职工可能将元宇宙社交或游戏场景的用户个人敏感信息设置为对该场景内的任何人可见。

（2）缺乏职责分离机制。例如，一名职工既是用户个人敏感信息查询申请流程的提交人员，又是该请求流程的审批人员。

（3）缺乏隐私保护的意识和相关培训。

9.9.11.2　元宇宙平台不充分的隐私控制风险

（1）网络不充分的内建隐私控制（对应元宇宙"硬科技"）。例如，通过 URL 访问个人信息的数据文件，不需要访问授权。

（2）系统不充分的内建隐私控制（对应元宇宙"系统"）。例如，无须密码就能访问客户数据库。

（3）应用不充分的内建隐私控制（对应元宇宙"应用"）。例如，一个元宇宙的游戏应用，没有使用安全的加密协议去加密个人敏感信息。

9.9.11.3　元宇宙设备不充分的隐私控制风险

（1）元宇宙设备不充分的内建隐私控制。例如，不需要密码，就能通过元宇宙终端设备登录元宇宙平台。

（2）已知的元宇宙设备漏洞。例如，一个元宇宙终端设备软件有 bug，允许对设备内存进行未授权的访问，从而找到明文的用户登录 ID 和密码。

9.9.11.4　未授权的物理访问风险

此风险指未授权的物理访问客户个人敏感信息。例如，用户将在元宇宙中的交易信息的纸质复印材料放在元宇宙服务提供商未上锁的柜子中，所有元宇宙服务提供商的职工均能访问此材料。

9.9.11.5　不安全的数据处理方法风险

此风险对应元宇宙架构的第 1～6 层。例如，装有用户敏感信息的硬盘未经过专业工具的消磁或多次覆写，仅删除桌面文件，就提供给其他地方使用。

9.9.11.6　有问题的数据活动

有问题的数据活动主要包含如下几类。

（1）恶意的意图。此类活动一般来自外部或内部人员，以及恶意的应用程序。例如，外部黑客利用元宇宙厂商防火墙的漏洞获取了访问个人信息的权限；内部有权访问用户个人信息的元宇宙厂商职工将用户的个人信息分享给外部人员，导致有人基于此实施欺诈活动或其他犯罪活动。

（2）授权用户的威胁。例如，授权用户的错误和失误行为和信息披露属于此类活动。

（3）设备的威胁。例如，设备被盗，设备使用政策和合同不合规属于此类活动。

（4）隐私攻击。例如，运用社会工程盗窃和欺诈等属于此类活动。

Chapter 10 | 第 10 章 |

三大代表性行业数字化转型案例分析

导读：当前，各大行业都在开展数字化转型工作，且已步入"深水区"，无论是国企还是民企，都出现了不少好的实践案例可供参考。希望同行业或跨行业的案例分析可以为读者提供不少新的思路和视角，从而更好地推进数字化转型工作。

10.1 金融业数字化转型案例分析

金融业近年来在金融科技和监管科技的加持下，银行、保险、证券等均在开展数字化转型工作，它们也可谓行业转型的"排头兵"。下面对金融业多种业态的数字化转型工作进行分析和案例探讨。

10.1.1 中国人寿数字化转型

中国人寿将"科技化创新"作为公司"三化"战略的重要组成部分，全力打造国际一流、行业领先的金融科技平台，建设"科技驱动型"企业。2019

年，中国人寿发布"科技国寿"建设三年行动方案和推进科技化创新的指导意见，全面推进数字化转型，围绕"一转、六化、三协同"的总目标，以数字化转型为主轴，全力打造全集团"客户、销售、服务三大协同平台"，实现"一个客户、一个国寿"，全面构建数字化服务、数字化销售、数字化产品、数字化管理、数字化风控和数字化生态体系，实现各业务领域全渠道、全流程、全领域的数字化和智能化。

目前，中国人寿各类业务经营的数字化、智能化水平显著提升，在依托科技提高业务效率、优化客户体验、创新业务模式、促进业绩增长等方面取得了许多重要成果。集团设立大数据及人工智能、物联网、区块链、保险科技等七大科技创新实验室，开展课题研究；打造"国寿联盟"，实现中国人寿旗下各 App 之间互联互通、互相跳转、相互引流，充分体现"一个客户、一个国寿"；建成全集团统一客户联络中心，实现寿险、财险、养老险业务转办和数据互联互通；推进全集团统一大数据平台建设，强化数据综合分析利用，为客户提供一站式综合金融服务；全集团构建的统一人工智能平台"国寿大脑"，为提升经营智能化水平提供有力支撑。

集团各单位加快构建智能核保、智能理赔、智能客服、智能投资、智能风控等系统，各类业务服务、销售、运营、风控的数字化、智能化水平全面提升。截至 2022 年年底，个人保全 e 化率达到 92.8%，个人业务无纸化投保率、团体业务投保离柜率接近 100%；理赔 e 化率超过 96%，理赔全流程无人工作业实现"零突破"，自动化率达到 72.8%，理赔申请支付时效、理赔出险支付时效均保持行业领先水平。

疫情期间，中国人寿以客户为中心全面升级面向客户的各类 App，优化线上自助服务，让客户足不出户就能方便地办理各类业务，为客户提供服务上千万次；推出"空中客服"，通过互联网视频为客户提供 24 小时全天候服务；为客户开设理赔绿色通道，提升理赔时效，推出"云端赔"等服务，避免客户接触，助力疫情防控。同时，中国人寿销售顾问紧跟时代潮流，通过微信、抖音、快手等社交平台，抓住私域流量，以专属小群交流或一对一授课等模式，实现线上多渠道客户服务，突破地点和时间限制，解答客户的产品细节、保单服务、理赔咨询等问题，增强触达客户能力，提升客户服务体验。

10.1.2 泰康在线数字化转型

泰康在线自成立以来，始终以"保险+科技""保险+服务"为主要商业模式，专注于科技与保险的深度融合，通过保持开放性、松耦合性的 IT 架构、引入多元化的金融科技应用，建立特色化的稀有资源归集制度，为企业数字化战略实施奠定了架构、技术和专业人才的坚实基础。下一阶段，公司将以"工业化""定制化"和"敏捷化"为目标，通过敏捷组织和管理满足快速迭代的要求。

泰康在线数字化发展有以下两大成果。

一是人工智能技术"全面开花"。在人工智能领域，泰康在线加强智能语音交互、智能客服、智能核保、图像识别的场景应用紧密度；核心技术自主研发、高度可控，融合泰康在线相关 40 项人工智能专利。其中，智能交互机器人完全取代了人工外呼的展业方式，解决了互联网保险业务中由于件均保费低而凸显的与客户交互成本过高的问题。

二是大数据应用"贯彻始终"。在大数据应用方面，泰康在线围绕数据中台建设数据管理体系，构建多维数据生态，提升数字化风控能力，助力业务品质控制，实现精细化管理；依托企业级数仓，实现覆盖客户全旅程的全流程数据管理；建成数据分析平台，利用"规则+经验"，打造数字化赋能运营、风控等业务全链条。

10.1.3 平安银行数字化转型

平安银行在数字化资金投入、团队建设和"口袋银行"App 等方面的实践在业界都具有一定的影响力，主要体现在组织和科技两个方面。

10.1.3.1 推动组织变革与机制创新

（1）科技资源配置与运作机制调整。科技资源配置方面，平安银行将承担业务线相关渠道、产品、风险和运营系统建设任务的研发团队配置到业务线，与业务人员共同组建敏捷团队；运作机制方面，让复合型科技骨干深度参与到产品规划和业务运营活动中，一些领域从项目驱动的系统建设模式向更加聚焦于价值交付的产品驱动和运营驱动模式转变。敏捷转型促进了科技与业务深度融合，提升了组织的创新能力和交付效率。

（2）多措并举加强科技队伍建设，以科技能力赋能经营管理数字化转型。平安银行从国内外引进大量高端技术人才，增强科技的创新引领能力；持续扩大科技人员规模，增强队伍的交付能力和保障能力；以多种形式持续开展数字化技能和领导力培训，致力于打造"精技术、懂业务、会管理"的人才队伍；业务线大量引进有科技背景和数据思维的人才，同时开辟了复合型科技人才到业务部门任职的发展通道。

（3）秉承与生俱来的创新基因，在鼓励创新、包容试错的文化氛围下，建立并完善了自顶向下和自底向上的创新机制。平安银行成立全行创新委员会，指导和协调全行跨条线、跨职能的战略性创新项目开展；通过创新大赛、创新车库等形成创新孵化机制，激发全员创新活力。目前，平安银行专利申请数在股份制银行中名列前茅，每年一届的全行创新大赛"科技奇葩说"累计参赛项目已达近千个。

10.1.3.2 全面提升核心科技能力

（1）推动架构转型，实现技术体系全面升级。平安银行以架构转型带动技术体系的全面升级，实现金融科技的规模化应用，在基础设施云、分布式、微服务架构、开发运维一体化等技术领域都取得了突破性进展；搭建平安私有云平台，采用主流开源技术进行二次开发和封装，与数据中心资源管理和运维流程无缝整合，基础设施的各项指标能力得到显著提升。

（2）自主研发分布式金融 PaaS 平台，支持敏捷开发、弹性扩展和多活部署，为高并发的线上化互联网应用提供支撑。平安银行基于该平台自主研发的新一代信用卡核心系统实现了首次将关键业务系统全部从大型主机迁移到基于 PC 服务器的分布式系统；建设星链（Starlink）开发运维一体化平台，支撑敏捷研发、生产部署和数字化效能管理。2020年，平台通过中国信息通信研究院"研发运营一体化（DevOps）能力成熟度"系统和工具的首批评估，标志着平安银行在 DevOps 领域走在了行业前列。参照中国人民银行颁布的金融技术标准，基于开源系统构建区块链即服务（BaaS）平台，全面增强了平台的易用性、安全性和联盟治理能力，并在供应链金融、云签约存证、发票数字证等应用场景得到应用。

（3）聚焦数据驱动，提升数字化创新能力。平安银行把数据能力建设作为科技工作的一个突出重点，通过推动数据资产化管理夯实基础数据管理，构建数据中台，提升数据服务水平，为数据驱动的经营管理和创新提供强大引擎。

一是以数据资产化管理赋能数据价值利用。平安银行参照监管数据治理指引和行业最佳实践，推进数据治理迈向更高的水平；持续优化组织架构，完善管理工具，加强数据标准和规范的制订和应用；通过企业级数据架构嵌入开发过程管理、加强主数据管理、业务指标统一管理、构建质量监控雷达等手段，实现数据质量的持续提升；大力推动数据颗粒化、标准化、标签化和模型化管理，为数据智能化应用奠定基础；制定数据分级分类标准，强化数据交换共享的合规要求和审批流程，管理和技术手段并重，加强数据安全和隐私保护；全面盘点银行数据资产，依托集成统一的数据资产管理平台，实现管理流程的线上化和闭环，让数据资产看得见、看得全、看得清，赋能全行数据分析和价值挖掘。

二是构建数据中台，助力全面数字化经营。平安银行从客户营销、风险管理、运营优化和财务绩效等维度全面分析数字化经营所需要的数据能力，规划建设具有企业级数据融合能力、数据处理加工能力和数据服务能力的数据中台。数据中台具有包括多类型数据存储、批量计算和流式计算、自动化运维在内的完整大数据技术栈，同时构建了集 AI 算法训练、可视化机器学习和 AI 云服务于一体的 AI 能力，支持数据提取、特征工程、模型开发、模型训练、模型部署的全线上化处理，支持与各类数据分析工具的对接，同时通过接口和组件等形式对外提供数据服务。此外，数据中台极大增强了对各类业务场景的实时化、智能化决策和服务支持，提升了客户体验，极大地增强了银行运营优化和模式创新的能力，成为数据驱动、智能决策的重要引擎。

10.1.4 招商银行数字化转型

面对"四期叠加"（宏观经济增速下行、金融脱媒、利率市场化、异业竞争），2014 年，招商银行系统提出加快实现"二次转型"，打造"轻型银行"的战略转型目标，旨在以更少的资本消耗、更集约的经营方式、更灵巧的应变能力实现更高效的发展和更丰厚的价值回报，具体体现在"轻资产、轻经营、轻管理、轻文化"四个方面。

（1）轻资产是指构建资本消耗少、风险权重低、风险可控的业务体系。

（2）轻经营是指构建集约化、内涵式、成本节约型业务发展模式，批量获客、精准营销、高效服务及深度经营，实现轻资产。

（3）轻管理是指删繁就简、注重实效，按照扁平化、集约化、专业化的思路，借助科技手段，打造高效的组织架构和管理流程。

（4）轻文化就是创新求变，消除、防御"大企业病"。

10.1.4.1 发现新引擎

"轻型银行"战略确定之后，招商银行选择了"一体两翼"，零售金融为"一体"，公司金融和同业金融为"两翼"。零售金融打造"最佳银行"，重点是财富管理、小微金融和消费金融，策略是做大做强、扬长而去；公司金融打造"专业银行"，重点是形成专业的交易银行和投资银行两大体系，策略是剑走偏锋、打造特色；同业金融打造"精品银行"，重点是大资产管理和金融市场业务"双轮驱动"，策略是厚积薄发、直扑前沿。

得益于"二次转型"，招商银行率先走出规模竞争阶段，赢得了转型的红利，实现了在资产规模不大的情况下，利润和市值都大幅领先同等规模的银行。

10.1.4.2 提出"金融科技银行"

对于未来发展规划，招商银行首先提出了"网络化、数据化、智能化"思路。业务系统网络化：把新功能快速应用到业务上，借助手机的进化动力，推动银行业自身的创新。数据驱动经营：深度挖掘数据资产的价值，让金融产品颗粒度更小，更容易变"聪明"。业务智能服务：积累场景数据加上资深员工的经验辅助学习客户的行为，用人工智能辅助甚至替代人脑，克服人性的弱点，尽力打造完美的金融服务。

招商银行把自己定位为一家"金融科技银行"，重视科技变革，为转型下半场提供源源不断的"核动力"。

招商银行这样定义"金融科技银行"：以科技敏捷带动业务敏捷，紧紧围绕客户需求，深度融合科技与业务，快速迭代、持续交付产品和服务，创造最佳客户体验，取得效率与成本、风险更高层次的平衡。为了实现这一目标，招商银行注重在金融科技基础设施、经营管理模式、生态体系建设三个方面发力。

"金融科技银行"将数字化定义为如下五个方向。

（1）从客户转向用户。此方向指重新定义银行服务对象和经营思维。

（2）从银行卡转向App。此方向指重新定义银行服务边界。

（3）从交易思维转向客户旅程。此方向指重新定义银行服务逻辑和客户体验。

（4）从依靠经验转向依靠数据。此方向指重新定义银行经营的依据。

（5）从集中转向开放。此方向指重新定义银行科技基础和企业文化。

10.1.4.3　以零售3.0为突破口

通过零售3.0模式探索，招商银行在数字化经营、生态建设、数字化风控、数字化管理四个方面成绩喜人，成为招商银行业务全面发展的持续动能。

（1）数字化经营。招商银行以"招商银行"和"掌上生活"App为平台，探索和构建数字化获客模型，打造新的获客增长点。

（2）生态建设。招商银行通过"招商银行"和"掌上生活"App平台开放不断提升服务创新效率。对内开放App平台能力，所有分行可通过在"招商银行"App上开发小程序迅速提供新服务；对外向合作伙伴开放API，聚焦饭票、电影票、出行、便民服务等重点场景，拓宽服务边界。

（3）数字化风控。招商银行构建起全新一代实时智能反欺诈平台，实现智能决策与智能管控的双核智能体系，通过高维建模、社区发现、迁移学习等新兴技术的引入，全面模拟人类认知"推理－感知－演绎"的进化过程；同时，不断强化扩展智能风控平台"天秤系统"，伪冒侦测范围覆盖线上和线下交易渠道，优化电信诈骗提醒拦截。

（4）数字化管理。招商银行设置专业用户体验团队，以"为客户创造价值"为出发点，推动客户体验升级。零售方面，实现对零售客户体验的实时监测和数字化呈现，初步构建零售客户的体验风向标和服务升级引擎；批发方面，对关键客户旅程进行全面诊断，打通线上审批、风险、合规、运营流程，持续推进各类服务流程的重塑。

10.1.4.4 开放融合之匙

开放，就是业务要走出去、能力要输出去，要跟一切可以连接的合作伙伴连接起来，打破封闭生态圈的封锁，形成包含生活圈、经营圈的开放生态圈；融合，就是要打破内部组织边界、业务边界，把有生力量作用于市场，服务于客户，聚焦于金融服务入口，通过服务的组合增加服务的价值，增强服务的黏性。

通过聚焦生活场景打通生活圈，通过培育企业数字化服务能力打通企业经营圈，通过开放银行战略建立更广泛的生态联盟，连接一切，拓宽服务机会。

通过零售、批发、"一体两翼""前中后台""境内外"五个方面的融合，集合全行有生力量作用于市场，综合服务于客户，以多维打高频，形成与异业的最大比较优势。

从轻资产到轻管理、轻运营，再到轻文化，招商银行的"轻型银行"建设不断走向深入，数字化转型也越来越深入。

10.1.5 兴业证券数字化转型

兴业证券一直将金融科技置于集团战略的高度。2020年，公司积极探索金融科技从保障到推动和牵引业务发展的转型路径，努力构建"内联外合、开放共享"的金融科技生态，以数字化、智能化为主线，推动科技对集团客户服务、业务发展与经营管理的全面赋能。

兴业证券一直将金融科技作为构建公司核心竞争力的重要手段，并保持对 IT 建设的高水平投入和前瞻布局。

在组织架构建设上，兴业证券因时制宜进行改革，从"信息技术管理与保障""金融科技赋能与创新"两个维度，将技术部门分设为信息技术部和金融科技部。在技术团队建设上，兴业证券技术团队树立了独特的"了解你的业务"（Know Your Business，KYB）文化，引入互联网产品运营与客户体验跟踪完善机制，技术由后台需求响应式转向与前线业务并肩展业，成功打造了"金融+科技"超融合的示范模式。

IT 建设投入方面，兴业证券在客户服务、经营管理和数字基建三个领域全面铺开数智化转型。客户服务聚焦财富管理、机构服务、大投行、专业交易四个重点领域，定向深耕专业服务，打造证券金融优势能力。经营管理覆盖集团协同、内控管理、运营一体化，建设集团级客户管理、全面风控、人力资源、财务会计、办公协同平台，实现集团一体化、协同化与垂直穿透管理。数字基建覆盖企业中台、大数据与人工智能、基础设施、运行管理、信息安全，积基树本，夯实全局建设。

"大财富+大机构"业务体系是兴业证券"双轮驱动"发展的重点方向。2020 年，大机构服务体系全面推进数智化转型，业务与技术超融合发展亮点频出。专业高端投资服务领域，兴业证券高端交易体系 SMT 实现跨越式发展，总成交金额较 2019 年增长 615%，低延迟内存交易和场景化策略交易能力步入行业前列。机构托管服务领域，以金融科技为引擎，重塑业务运营模式。截至 2022 年，兴业证券系统可支持绝大多数产品 T+0 日自动估值，管理人估值表接收时间、资金划付时间均有提速，智能化程度同业领先。银行理财子公司合作领域，形成兴证集团服务银行理财子公司的系统性方案，并为银行理财子公司提供多元化综合金融一站式服务，成为"科技与业务超融合"的业界典范。目前，兴业证券已在福建、上海、北京、湖北等多个区域的多个银行渠道开展"商行+投行"新模式，并且与多家银行理财子公司成功实现业务落地合作。

此外，兴业证券积极打造广谱式综合金融服务平台。2020 年，"兴业证券优理宝"App 用户活跃度年增长突破 49%，长尾及存量客户服务覆盖率提升 25%。兴业证券还努力推进集团运营一体化，实现 T+0 实时清算、RPA（机器人流程自动化）、智能客服等创新应用投产。兴业证券总部和子公司运营指标实现集团级汇总监控；集团 RPA 平台实现运营、托管、财务等 16 个业务流程自动化；实现智能客服系统小范围应用于真实客户。运营人员提升了标准化操作效能，降低了操作风险。运维方面，2020 年防疫关键时期，兴业证券面对骤增的非现场服务需求，稳定支持 99%以上业务线上化受理。兴业证券的信息安全管理水平与国际接轨，通过 ISO27001 国际信息安全管理体系认证，安全态势智能感知能力迈入行业第一梯队，最大化地保障客户利益和集团发展。

10.1.6　陆金所大数据业务安全风控

中国互联网行业已经进入大数据和 AI 时代，越来越多的传统业务由于加入了大数据和 AI 技术，业务模式发生了巨大的改变。在社会发展和技术迭代的同时，网络空间安全威胁和黑色产业链也进入了技术工具迭代更快、数据共享范围更广、分工协作更紧密、攻击手段更智能的时代。互联网金融行业作为时代发展的新宠儿，面对的业务风险和技术挑战都更为紧迫。面对如此严峻的安全形势，互联网金融等互联网相关企业需要尽最大可能收集所能获取的内部业务数据和外部威胁情报信息，构建基于大数据/AI 算法的业务安全风控系统，持续提升企业自身在业务安全保障方面的事件/威胁快速响应能力，以及安全风险实时、精准检测分析和及时、合理处置等能力。

陆金所作为平安集团旗下的互联网投资和融资平台，自成立以来为广大机构、企业和投资者等提供专业、高效、安全的综合性金融资产交易服务，成为国内领先并具有重要国际影响力的金融资产交易服务平台。伴随陆金所成长的不仅有业界瞩目的业绩和荣誉，也有虚假注册、交易欺诈、身份伪造、数据泄露、数据交易、越权等业务风险。风险的蔓延与扩散，给业务发展带来了极大的挑战。平安集团信息安全专家服务团队运用平安集团多年来在综合金融领域沉淀的安全风险控制经验，采用大数据和 AI 技术手段，以安全和业务视角控制风险，为陆金所提供业务安全风险控制解决方案。结合陆金所在业务场景上的精准分析，平安集团信息安全专家服务团队为陆金所搭建了业务安全风控系统。该系统通过围绕账户权限、交易欺诈和异常业务逻辑等风控关键节点，全面地记录、采集行为数据，高效地匹配规则，并通过精准的模型分析，将风控措施前置到业务流程中，及时、有效地发现和处置风险。

业务安全风控系统总体架构如图 10-1 所示。

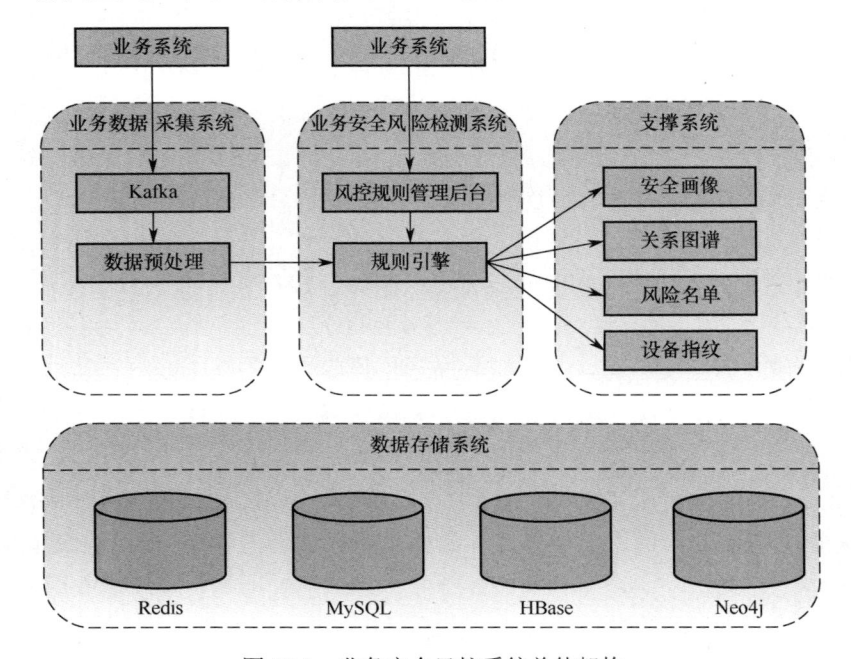

图 10-1 业务安全风控系统总体架构

（1）业务数据采集系统。该系统负责接收来自开源流处理平台 **Kafka** 的业务事件消息，并按要求对其进行预处理。

（2）业务安全风险检测系统。该系统由相应的风控规则管理后台及规则引擎组成。风控规则管理后台负责配置和管理所有业务相关风控规则；规则引擎负责根据配置好的风控规则，调用支撑系统的各类数据进行风险计算，给出相应的风险处置建议，如阻断业务、补充验证、人机验证等。

（3）支撑系统。该系统由安全画像、关系图谱、风险名单、设备指纹等多个系统组成，共同为业务安全风险检测系统提供实时、快速的数据查询服务，对确保风险检测和风险决策的准确性和实时性极为关键。其中：安全画像负责提供用户、账户、终端等的安全相关特征标签；关系图谱负责提供用户与用户、用户与设备、用户与 IP 之间的关联关系分析结果；风险名单集成来自公司内部和公司外部的 IP、手机、证件等各类风险名单数据；设备指纹提供对用户终端设备的自动识别服务。

（4）数据存储系统。该系统负责存储业务事件、风控规则、风险名单、风险事件、安全画像、关系图谱、设备指纹等各类数据，为相关应用系统提供数据读/写服务。

以上技术解决方案充分整合了平安集团金融业务、大数据和 AI 技术、安全能力等各方面的资源，为应用系统建立起一道安全堡垒，在满足安全和金融监管合规要求的同时，提升自身的风控防范能力，综合运用数据、规则、模型分析等多维度、多视角、多层次的控制措施，有效应对欺诈风险。平安集团数字化专家服务团队将其在金融安全领域多年的积累转化为应用于互联网金融场景的安全机制，搭建一套可伸缩、可复制的风控系统，集约化地为陆金所服务，未来也可扩展至为平安集团其他子公司服务。本系统的上线，优化了陆金所原有割裂的、独立的和迟滞的安全风险发现与响应机制，降低了人工成本，缩短了风险处置时间，从源头上减少了陆金所、平安集团及客户的资金损失，保障了财产安全，巩固了国家和社会的金融安全。

10.1.7　平安集团下一代安全运营中心

平安集团在 30 多年的发展中积淀了大量的信息资产，有百余万名员工、几十万个终端及 30 多家专业公司，业务覆盖保险、银行、证券、普惠、互联网金融等行业。集团的安全运营工作需要设计、建设安全运营平台，与各专业公司进行有效联动，从而应对外部入侵威胁和内部数据泄露风险，然而，集团一直缺乏一套行之有效的方法、机制、平台对这些工作加以保障，主要存在如下问题。

（1）安全防护能力需要增强。传统安全手段更多依赖边界、终端等的被动检测和监控，缺乏对新兴安全威胁如 WannaCry[①]、APT 等的检测及在线阻断能力，使得安全工作较为滞后，在事前和事中无所作为。

---

① WannaCry（也称为Wanna Decryptor）是一种"蠕虫式"的勒索病毒软件，由不法分子利用美国国家安全局（National Security Agency，NSA）泄露的危险漏洞"EternalBlue"（永恒之蓝）进行传播。

（2）安全防护传统趋向于单点化，未形成统一安全威胁分析和处置机制，导致很多在终端、网络上出现的安全事件难以在事中进行监测和预警，尤其是APT之类的威胁。

（3）应急响应未形成全集团统一调度和统一行动机制。各专业公司出现安全事件后如何与集团联动，集团发现安全风险后如何协调专业公司统一预警和处置，这些都未解决。

（4）集团安全运营缺乏必要的可视化、智能化和自动化手段，运营效率不高，不能满足集团面临的日益严峻的安全态势，也不能从整体上感知和审视集团的安全状况。

为了改变集团和业界在安全方面长期存在的误区（具体表现为在实际工作中只有安全技术和安全管理的概念，没有安全运营的观念和具体举措，忽略了人员、流程、技术的结合），平安集团在进行下一代安全运营中心（Next Generation Security Operation Center，NGSOC）平台（见图10-2）的架构设计时着重进行了下述三个方面的提升及结合。

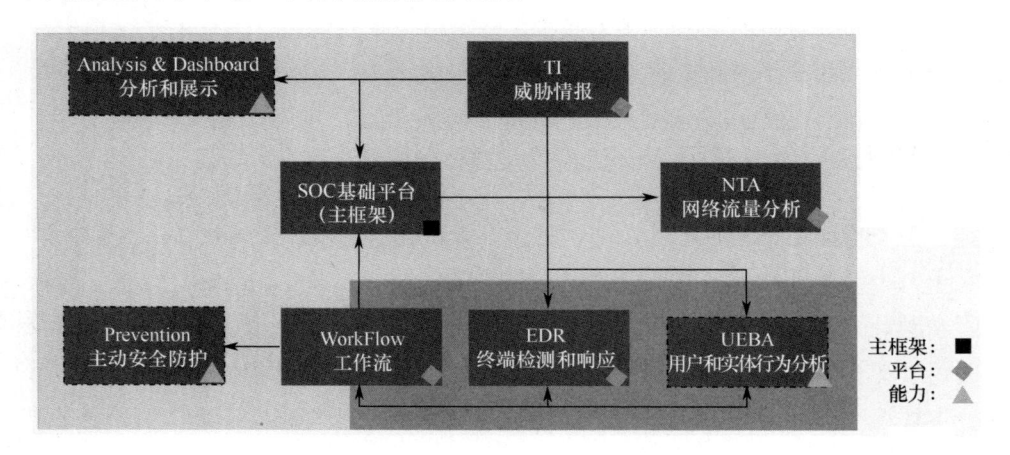

图10-2 NGSOC平台的组成

（1）人员方面。架构强调组织的变化和革新，将安全运营组织细分为安全规划、建设运维、安全防护、监控分析和响应处置几个部分，通过应用项目管理和安全能力建设的思路和方法，做到组织各尽其职、各专其能。

（2）流程方面。依据集团需要，平台设置了运维、监控、响应和处置流程、人员/组织将依据流程进行职能的履行、协调和串联。

（3）技术方面。以安全能力和安全大数据为核心，人员/组织依靠平台通过数据的采集、分析、处理、展现等方式，在既定流程下完成安全运营工作。

在金融安全运营框架下，平安集团结合态势感知、威胁情报等技术发展，将金融安全 NGSOC 平台设计为一个框架、四个子平台、三个能力。

（1）SOC 基础平台（主框架）。此为 NGSOC 平台的整体调度模块，对四个子平台、三个能力进行整体调度，功能包括数据采集、数据分析、预警、应急响应处置等。

（2）威胁情报（Threat Intelligence，TI）子平台。该子平台的功能包括业界情报和自产情报展示、情报社区运营等，在集团 30 余个子公司进行共享。

（3）网络流量分析（Network Traffic Analytics，NTA）子平台。该子平台的功能是进行网络关键位置全流量存储及分析，包括攻击回溯、追踪关联等。

（4）工作流（WorkFlow）子平台。该子平台的功能是基于安全事件预测、告警、响应、处置等的应急响应及协同处置，联动集团与各专业公司的安全组织人员和相关安全设备。

（5）终端检测和响应（EDR）子平台。该子平台的功能包括终端数据安全监控、数据防泄露、终端高级威胁防御及实时响应。

（6）主动安全防护（Prevention）能力。该能力包括网络边界、内部网络关键位置及 APT 威胁发现、预警、阻断等。

（7）用户和实体行为分析（UEBA）能力。该能力包括针对网络、终端等的安全大数据，基于用户的行为进行分析、判断和处置。

（8）分析和展示（Analysis & Dashboard）能力。该能力包括应用 AI 和机器学习算法的智能监控分析（流量分类、聚类、关联等），以及 NGSOC 基于重要安全监测指标（Security Performance Index，SPI）的可视化处理。

10.1.8 平安集团数字化生态建设——平安金融安全研究院

作为一家以保险业起家的综合性金融控股集团，平安集团在推进数字化转型的过程中面临非常多的安全风险防控问题，加上金融行业的监管日趋严格，急需整合业界生态的力量进行联合创新和实践落地，因此，平安金融安全研究院顺应而生。

平安金融安全研究院是平安集团旗下的业界首家综合性的金融安全研究及创新机构，以"聚焦金融、着力创新、引领行业、打造品牌"为指导方针，以共建"科技+安全+生态"的科技创新及应用体系为核心，承担筑构国家网络信息事业发展愿景的使命，着力整合"政产学研金介用"的业界优秀资源，与国家、行业、高校、研究院所等强强联合，"一手抓创新，一手抓落地"，在金融关键信息基础设施安全、金融科技安全、金融业务安全风控三方面持续创新实践，并致力于构建"金融安全 3.0"时代的安全生态圈，为平安集团、行业、国家提供强有力的金融安全技术支撑，为金融机构在互联网、人工智能时代下的信息安全建设、业务安全风控、金融科技安全保障和国家金融安全做出科技贡献，形成可持续发展的独特学术研究优势、产品和服务，推动和引领我国在金融安全方面的科学技术进步，打造金融安全品牌。

其主要研究方向如下。

（1）重点研究金融网络空间中网络所面临的各种防护手段，涉及网络安全态势分析、网络异常行为分析、网络渗透检测、网络应急响应控制、无线通信安全等。

（2）重点研究如何通过数据管控、行为监测、大数据分析等手段，防止金融数据外泄；如何在满足行业合规要求的前提下，保护好金融行业的个人隐私数据。

（3）重点研究金融网络空间中具有计算能力的计算机系统（含移动平台）的安全问题，涉及恶意代码分析与防护、可信云计算、虚拟化安全、计算机取证等。

（4）应用前沿人工智能技术，针对金融业务场景及风险点，在反欺诈、账户安全、交易行为分析、设备指纹、生物特征信息、反垃圾服务等方面进行深入研究。

（5）结合平安集团在物联网、大数据、移动云计算、人工智能、区块链等安全领域的最佳实践，不断跟进国家、行业联盟标准/政策要求，参与和引领安全标准/政策制定。

（6）结合平安金融安全合规方面的技术经验，融合智慧安全和智慧医疗，重点研究医疗安全标准合规、医疗信息物理安全、医疗健康数据安全、医疗信息系统安全、智能医疗设备及应用安全、医疗网络安全等。

该研究院成立至今已发布 30 余项安全白/蓝皮书，包括《平安云健康数据安全白皮书》《网络安全态势感知技术及应用发展蓝皮书》《威胁情报技术应用及发展分析蓝皮书》等；申请专利超过 150 件；参与制定《大数据安全技术要求》《金融网络安全威胁信息共享指南》等 30 余份安全标准/报告；筹措 20 余个产学研项目，并与国家权威机构合作孵化大数据协同安全技术国家工程实验室——金融行业安全研究中心，获得"大数据安全优秀案例奖""金融科技创新奖""金融科技创新能力奖""金融科技十大风云人物"等奖项，有力地整合和拉动了平安集团金融板块的生态资源，其中包括金融壹账通、陆金所等在内的产业公司的业务发展和对外科技品牌赋能效应，如金融壹账通成功上市、陆金所成功转型等。

10.2 制造业数字化转型案例分析

推动实体经济发展，实现"中国制造 2025"的宏伟目标已经成为我国工业的发展大势。在此过程中，智能制造、工业互联网、智能产品、数字工厂等制造业的转型案例已经成为业界的标杆，而制造业的数字化转型进程也为业界所普遍关注。

10.2.1 美的集团数字化转型

美的集团，是今天中国企业数字化转型的典型样本。从 2012 年全面拥抱数字化以来，美的经过一系列的战略调整和数字变革，已经从传统的家电企业转向全球性的科技集团，不仅拥有数智驱动的全价值链及柔性智能制造能力，还具备对外输出数字服务的能力，旗下的美云智数已经助力超过两百家企业进行数字化转型升级。

美的在 2012 年启动了数字化 1.0 工程，围绕"产品领先、效率驱动、全球经营"三大战略主轴进行，不断加强产品研发，持续提高核心技术与能力，提升产品品质，同时推行"一个美的、一个标准、一个体系"的制度标准，不断提升精细化的管理水平与运行效率。在这个过程中，美的还在人才培养模式上进行了优化：招募了更多的数字化人才，将过去仅为辅助机构的 IT 部门变成了创新驱动的策源地；创立了"金种子计划"，从高管到普通员工都有展现自己的机会，表现优秀者能够在集团内部得到更多的发展空间。

美的的一系列数字化转型在 2017 年便收到了效果。当年，美的登上《财富》世界 500 强排行榜，成为当年唯一一家上榜的中国家电企业。但美的并没有停下转型的脚步。就在同一年，美的明确战略定位，致力于打造成"全球领先的消费电器、暖通空调、机器人与自动化系统、智能供应链（物流）科技集团"。也是在这一年，美的完成对德国工业机器人巨头库卡公司的收购，同时自身的数字化转型深度和广度仍在持续，正在朝着一个全球化科技集团稳步迈进。接下来，美的顺势进入工业互联网，借助自身在信息自动化、工业互联网等诸多方面的技术优势和实力积累，真正将数字化链接到全价值链的各个环节，打通了制造端与消费端的联系，实现了端到端的全面协同。

2020 年，突如其来的疫情加速了企业数字化转型的步伐，美的凭借先进的工业互联网实力和柔性制造能力，不仅成为率先实现复工复产的企业，还迅速开辟出了口罩生产线，展现了在数字时代的快速应变能力。在经济增速放缓、疫情持续影响的 2020 年，美的依然保持强劲的增长势头，营收和净利润保持增长。

美的从容应对疫情的底气来自自身的数字化能力。2012 年以来，美的在数字化转型方面的投入超过 100 亿元。随着工业互联网平台的布局展开，"全面数字化、全面智能化"战略不断深入，面对疫情这样的突发情况，"数字美的"的整个高效、柔性的价值链优势得到了充分的发挥，使得美的更具韧性、更具竞争力。

在工业互联网之后，美的在制造业的知识和数字化的经验，沉淀为新的产业能力,可为外部企业进行数字化转型提供服务。

一是自主搭建"制造业知识、软件、硬件"三位一体的工业互联网平台。这是美的基于自身经验和技术优势,总结沉淀的实用的、易复制的工业互联网系统解决方案。这个平台于2018年开始搭建,并且全面运用到了美的的几个标杆工厂当中,其中南沙工厂被世界经济论坛授予全球"灯塔工厂"称号,这个平台所展示的工业互联网和柔性生产能力全球领先,美的不仅正在全国30多个工厂进行推广,还在对外输出。

二是搭建美云销平台。美的旗下有超过15万家门店,通过美云销平台,可以打通全产业链的价值渠道,将线上与线下进行充分融合,并且对零售端进行赋能,为营销、物流、消费者、客户等各方面提供更高效的服务。

三是搭建IoT平台。美的通过软件驱动硬件,把所有的家电产品智能化,更好地与IoT平台上超过6000万名用户进行沟通,提供更加智能、更加贴心的服务。同时这也是一个开放的生态,美的围绕智慧生活搭建开放的生态,与华为、OPPO等企业进行开放协作,用软件为硬件赋能。例如,自2020年9月首发以来,搭载华为鸿蒙系统的美的智能电器可实现极速配网、设备控制和服务触达等技术链路,形成了更多元、场景化、更具差异性的全屋智能家居生态。

2019年,美的通过打造全价值链企业云服务商——美云智数,不断将制造业知识与经验数字化、模块化输出。2021年,专注于"数智驱动"价值增长的美云智数已经助力数十个细分领域的超过两百家企业进行数字化转型升级。

2020年年末,美的将沿用了近十年的"产品领先、效率驱动、全球经营"三大战略主轴升级为"科技领先、用户直达、数智驱动、全球突破"四大战略主轴;同时从过去的"消费电器、暖通空调、机器人与自动化系统、创新业务"四大业务板块更迭为"智能家居事业群、机电事业群、暖通与楼宇事业部、机器人与自动化事业部、数字化创新业务"五大业务板块。

战略主轴和业务板块的调整,彰显了美的的野心:致力于成为一家面向未来、全面数智化的全球科技集团。资本市场显然认可美的对未来的规划:进入

2021年，美的在二级市场的表现延续了此前的强势表现，不仅股价突破100元新高，市值也上探7000亿元，创下新的历史纪录。

从生产塑料瓶盖出发，创办于1968年的美的集团前身在1980年开始了家电产业之路，此后四十年一路成长为全球性家电巨头。数字化和智能化则帮助美的找到了价值增长的第二条曲线，在家电之外的领域不断开辟新的市场，建立新的竞争力。伴随着转型的深化，美的在产业和商业的多维空间中乘风破浪。随着自身规模不断增大、实力不断提升，美的已经从过去的追赶者和学习者成长为行业领先者，进入了战略深水区。对美的而言，需要的不仅是不断提升的企业竞争力和应变力，更重要的是持续的创新能力和变革能力。正如美的集团CEO方洪波曾在媒体采访中坦言，未知就是焦虑。这是引领者的困惑，唯有不断向前，才能帮助美的驶出深水区，前面"可能就是一片新天地"。

从转型过程来看，可以归纳总结美的数字化转型成功的关键主要在于如下几个方面。

（1）与战略结合，建立清晰的数字化愿景。

- 在战略层面，将数字化战略与企业愿景及业务战略进行衔接，完美实现制造业数字化转型。
- 不思考业务的根本痛点和企业面临的管理挑战，盲目认为只要应用新技术，就能达到立竿见影的效果，这是企业转型的误区。
- 美的虽然引用了多种数字化技术，但是始终围绕企业产品和用户选择数字化的方向。

（2）选择合适的模式，构建数字化底层能力。

- 在组织层面，需要选择适合自身的数字化组织模式，确定主导部门和建设模式，且自上而下进行变革沟通与组织动员。
- 推行组织平台化变革，引入创新机制，激活创新活力，在流程IT部门采用集中IT治理模式，IT团队扩张超过1000人，坚持形成自身研发能力，并推行产品经理工作模式，确保将技术与业务融合。

(3) 建立数据透明与分析平台,以用户驱动研产销。

- 在运营层面,在建立数据运营平台后,以数据为中心驱动企业各价值链环节的决策,科学、快速地掌握变化,积极应变,避免经验式决策。
- 通过 632 战略(六大运营平台、三大管理平台、两大门户和集成技术平台)统一全集团数据管理平台,并研发开普勒模型,将数据应用于研产销环节,有效推动价值链各环节依照市场和用户的真实情况进行改善。

10.2.2 海尔集团工业互联网平台

海尔集团是中国家电产业的领先企业之一,自 2009 年以来一直保持全球大型家电市场占有率第一的地位。2012 年,海尔开始施行网络化战略,利用互联网经济特征,通过在生产制造方面向数字化、网络化、智能化转型,力图实现企业整体的转型升级。其中,最主要的举措就是建设海尔智能制造平台(Cloud of Smart Manufacture Operation Platform,COSMO 平台)。海尔 COSMO 平台作为海尔自主研发的、自主创新的、在全球处于引领地位的工业互联网平台,发展愿景为建立以用户为中心的社群经济下的工业新生态。

海尔 COSMO 平台的目标为打造开放的工业级平台操作系统,在此基础上聚合各类资源,为工业企业提供丰富的智能制造应用服务。目前,海尔 COSMO 平台的业务架构主要分为四层,自上而下依次为业务模式层、应用层、平台层和资源层,如图 10-3 所示。

(1)顶层的业务模式层的核心是互联工厂模式。在此基础上,海尔借助自身在家电行业积累几十年的制造模式,以用户为中心、用户深度参与的定制模式,以及在工业互联网运行的经验模式,引领并带动利益相关者及与自身相关的其他行业发展。例如,依托海尔自身的家电制造模式,在电子、装备企业等进行跨行业复制。在业务模式层,对传统制造的组织流程和管理模式都进行了颠覆,是海尔 COSMO 平台的核心颠覆。

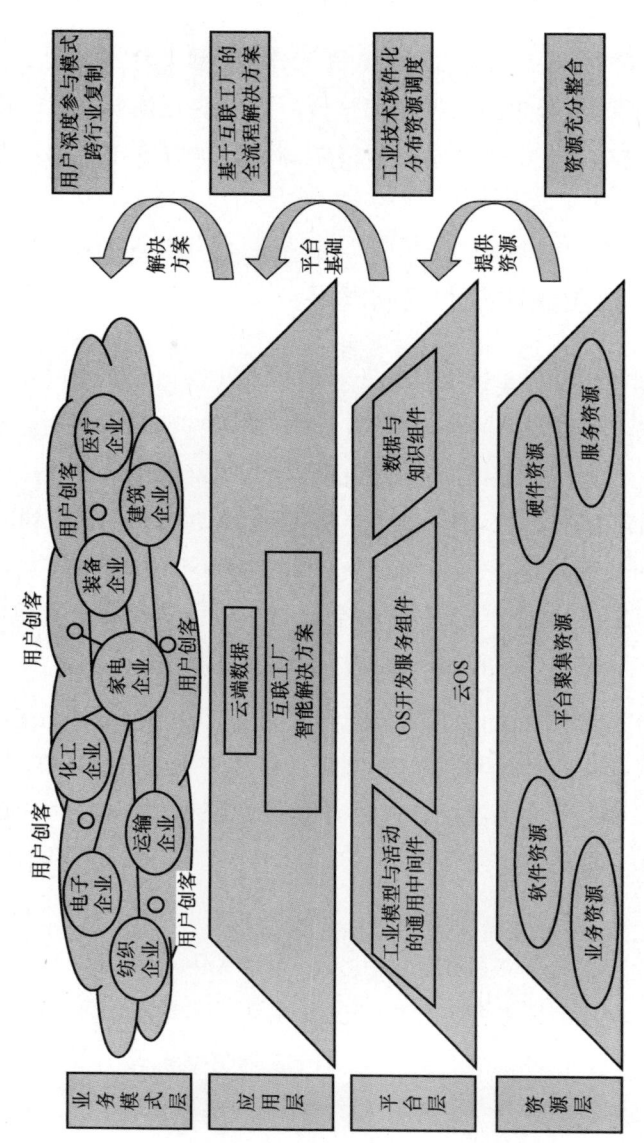

图 10-3 海尔集团 COSMO 业务架构

（2）在应用层，海尔在互联工厂提供的智能制造方案基础上，将制造模式上传到云端，并在应用层平台上开发互联工厂的小型 SaaS 应用，从而利用云端数据和智能制造方案为不同的企业提供具体的、基于互联工厂的全流程解决方案。截至 2022 年，已有能源管理、设备管理、物流仓储等 200 多项服务应用进驻。

（3）平台层是海尔 COSMO 平台的技术核心所在。在平台层，海尔集成了物联网、互联网、大数据等技术应用 OS 开发服务组件，通过云 OS 的开发建成了一个开放的云平台，并采用分布式模块化微服务架构，通过工业技术软件化和分布资源调度，可以向第三方企业提供云服务部署和开发服务。此外，平台层的数据与知识组件、工业模型与活动的通用中间件既可以为公有云提供服务，又可以为所有第三方企业的私有云提供服务。

（4）海尔 COSMO 平台的基础层是资源层。在这一层集成和充分整合了平台建设所需的软件资源、业务资源、服务资源和硬件资源，通过打造物联网平台生态，为以上各层提供资源。

海尔 COSMO 平台目前的运行机制为在智能服务平台上建设智能生产系统，并实现智能产品与用户互联互通，如图 10-4 所示。

综上所述，海尔 COSMO 平台的运行机制的核心理念在于以用户为中心，保证用户在生产全流程、全周期参与的体验，与用户持续交互。这也是海尔 COSMO 平台区别于国外主要工业互联网平台的关键所在。在具体操作中，海尔 COSMO 平台将全流程拆分为七个模块，分别对应交互定制、开放创新、精准营销、模块采购、智能生产、智慧物流、智慧服务等覆盖全流程的七大环节，通过泛在物联、知识沉淀、大数据分析、生态聚合、安全保障五大能力，实现灵活部署、跨行业快速复制，赋能企业转型升级。截至 2022 年，卡奥斯已在全国建立了七大中心，包括山东半岛经济带中心、长三角一体化中心、京津冀中心、粤港澳大湾区中心、长江中游经济带中心、川渝经济带中心、关中平原经济带中心，覆盖全国十二大区域。

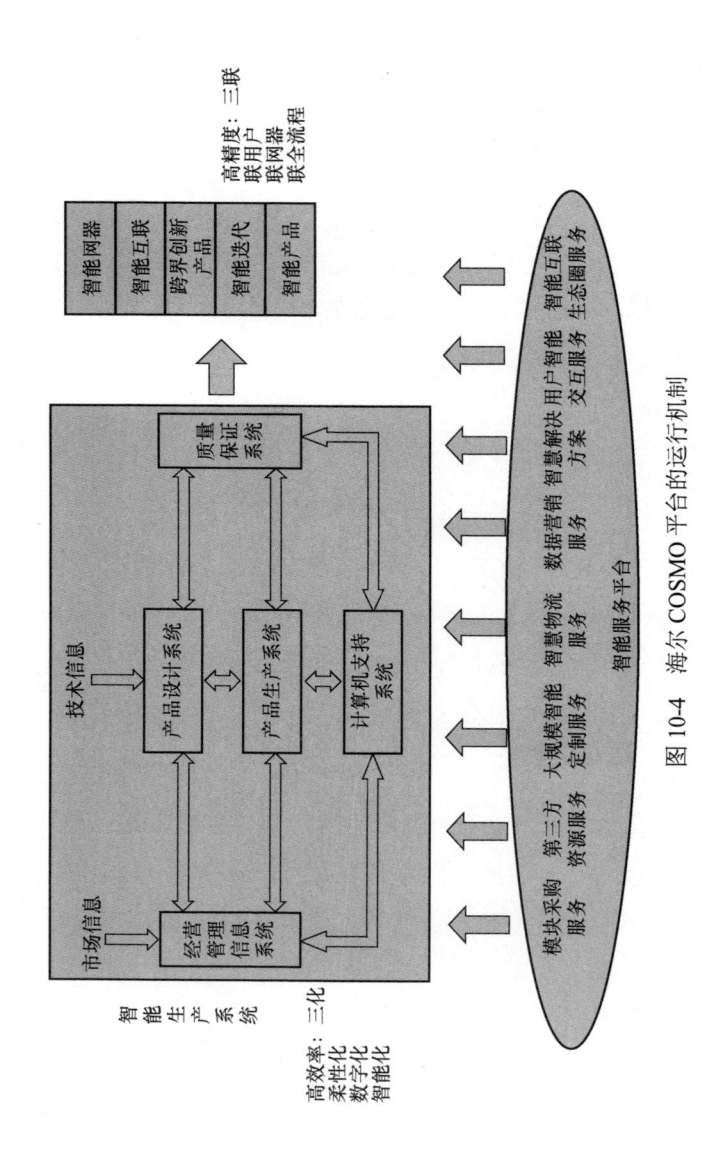

图 10-4 海尔 COSMO 平台的运行机制

10.2.3　TCL 数字工厂

作为领先的全球化智能科技公司，TCL 在智能终端、半导体显示、半导体光伏及半导体材料等领域提供技术领先的产品、服务与解决方案，致力于为用户带来前瞻性的科技体验和智慧健康生活。在 TCL 电子运营中心的 TV 工厂里，高大的厂房、先进的生产线只是这个靓丽工厂的一面，它的另一面是无形的，隐藏在一台台计算机、服务器里，这便是 TCL 的数字化工厂系统。为了借助新技术大幅提高生产效率，快速缩小与行业标杆的差距，2018 年，TCL 实业大力推动数字化转型战略，其中，数字化工厂 1.0 作为关键项目之一率先实施，在 TCL 电子运营中心实现了订单、物料、供应商、制程、员工的"五个在线"，迈出了以数据驱动运营的一大步。

在 TCL 数字工厂的蓝图中，产品从研发、生产、物流到销售等全流程，都将在数字化环境下进行。通过计算机屏幕或电视显示屏，大到某产品的出货情况，小至某台机器的异常次数、生产及周边环节的相关数据都能轻松被实时查阅到，这些数据还能在手机上同步显示，成为管理者进行改善和决策的重要依据。对管理者来说，数字工厂的意义是显而易见的。产品生产过程往往牵一发而动全身，不同工序、不同职能之间的生产数据在层层传递过程中很容易失真，建设数字工厂就是希望把管理和管理的过程及结果都在线化，进而提升沟通效率，打破信息不对称。

其中，制造执行系统 T-MES 一期项目的成功实施，让行业里数字化程度较低的注塑厂也"上了线"，实现了全公司管理的平台化、标准化、无纸化、闭环化和可视化，而 T-IoT 系统能实时采集生产设备的数据，对其进行远程监控管理。管理人员只要动动手指，就能方便地查询到相关生产线、设备的运行状况。在生产线上，发生异常和特殊情况时系统不仅能及时报警，还能利用一系列数据模型对可能的异常进行提前预警，通知现场人员提前检查，做好预防性维护，减少异常的发生；在管理后台，生产数据实时化、透明化、共享化，信息传递的效率和一致性得到大幅提升，相关信息可以直达各级管理层和现场作业人员，让相关责任人直面问题的解决，提高工作效率。

对供应链来说，系统带来的改变更加直观和迅速。由于供应链上特有的

"牛鞭效应",以及信息不透明,终端消费者一个小小的需求变化,经过供应链的传递后,在原料供应商端往往被放大和扭曲,造成原料供应商大幅度增加或减少备货,最终制约工厂的生产。而成功实施的供应商协同系统 T-SRM 二期、车辆调度系统 T-TMS 和智能仓储系统 T-WMS,实现了全流程链的供应商、车辆、仓库的在线协同管理,让信息得以在供应链上自由、透明地传递。

T-SRM 目前已成功导入了 TCL 电子的全部供应商,系统可以按照不同的周期将每周、每天甚至每个小时的物料需求同步给供应商,同时接收供应商的反馈,真正实现与供应商的在线协同。通过 T-TMS,供应商可以方便地进行车辆管理,仓库人员可以实时掌握供应商送货车辆及货物信息,以便及时做出作业调整,提高仓库作业效率。T-WMS 的实施实现了整机、模组、注塑件、电子料的完全扫码出入库管理,大幅提高了出入库作业效率,出错率也控制到了最低范围。根据彩电生产线上某物料的消耗情况、生产周期等数据,T-MES 能推测出生产线何时需要该物料,并通知仓库或相关供应商何时派车送料,AGV 小车能自动将该物料及时送到生产线上。

这几套系统的配合使用,实现了真正意义上的物料在线管理。

这些系统实施后,往日被送货、取货的货车停得略显拥挤的工厂主干道变得秩序井然,货车在园区的停留时间减少了 50%,转运效率大大提高。对工厂来说,这不仅加快了周转效率,降低了产品前期的仓储成本,还大大降低了呆料风险;而对供应链合作伙伴来说,对 TCL 的生产情况更了解,不仅减少了来回沟通和信息不对称带来的损失,还让自身的备货和出货有据可依,响应更加精确和高效。

而对消费者来说,数字工厂能缩短厂家和消费者之间的距离,让新产品的设计、制造和上市提速,让消费者更快地买到更实惠、更优质的产品。

以往,新产品的研发和制造要经历反复的测试、试产、优化等过程。为了保证产品的可靠性,产品上市前甚至要经历几十次的修改,从原材料选择、产品工艺设计,到产品结构修改、试制试产……每次改动都要经历漫长的验证和制造过程,拉长了产品的研发周期,而研发数字化的介入能让这个周期大幅缩短。未来借助数字化工具，工程师可以为实物样机制作一个"数字化双胞胎"，通过数字化方式进行设计仿真、虚拟测试和工艺验证，在投入工厂试产前就将绝大部分问题发现并解决，研发阶段的成本也能因此而降低，最终使消费者受益。TCL 电子推进的相关数字化系统的试点应用，搭建的数字化仿真平台、协同设计平台、数字化工艺平台，都是在用数字化模型去解决设计阶段的生产工艺和新品导入阶段的验证难题。

对员工来说，数字工厂带来的变化能为自己提供更多的施展机会和平台。透明化能让员工的绩效和考核有理有据，更加准确和规范，从而让贡献者脱颖而出。未来，生产线一旦出现故障，系统就将自动发出处理需求，有空的工作人员就可以"抢单"，处理的成果加权后形成该员工的绩效积分。如果出现很难解决的问题，系统还能发出"求救"需求，能解决"求救"类问题的员工将会得到更高的积分，这能让生产现场的员工拥有一个透明的上升通道。

10.2.4　海尔集团分布式数据存储及共享平台

世界 500 强企业海尔集团在全球 17 个国家拥有 8 万多名员工，用户遍布世界 100 多个国家和地区。在运营过程中，海尔产生了大量有价值的文档资产，目前在终端数据保护方面存在如下问题。

（1）文档分散在员工的本地硬盘上，备份困难，容易发生信息丢失、泄露等问题。

（2）文档共享无法细分权限，权限混乱，散发范围广，难以对员工进行数据访问和带走文件有效控制。

（3）文档全生命周期管理不能形成日志，无法追溯、审计、定位问题所在，并进行有效风险规避。

（4）员工终端丢失，容易造成大量终端数据泄露。

因此需实施统一的海尔数据安全共享与存储管理云平台，保证文档资产的安全性，防止外泄。

按照海尔集团的实际信息化和安全管理需求，采用 Hadoop2.0 架构，在海尔集团内部搭建了分布式存储和共享的"数据上云"平台，如图 10-5 所示。平台基于廉价的硬件资源搭建，使用成熟的分布式架构（包括分布式应用和服务、分布式存储、分布式计算等），确保平台的高性能、高可用、可伸缩和高可靠；保证 10000 位以上并发用户、30000 位以上注册用户正常使用，并支持平滑扩展。

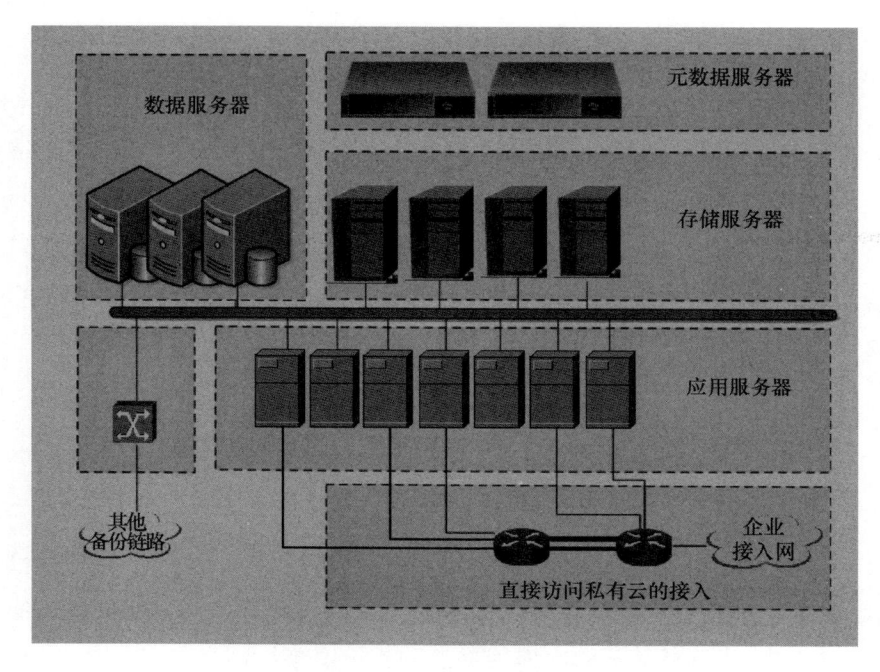

图 10-5 "数据上云"平台分布式架构设计

该平台是制造业第一个应用分布式的存储和计算技术构建的"数据上云"平台，数据集中存储在云端，而应用程序仍然驻留在 PC 端、移动端，可以极大地节约投入成本，且完成信息化与安全管理的结合。

10.2.4.1 终端数据"上云"

平台回收员工工作终端中的办公文档，降低文档泄露风险。

（1）终端使用方式。在客户端安装 Agent，虚拟一个类似于磁盘访问的盘符（保证用户体验，降低学习成本，保证用户快速上手），用户对于文档的访问均仅在此虚拟盘内进行，其他本地磁盘通过组策略或其他可行方式进行隐藏或禁用，限制用户对除虚拟盘外的其他本地磁盘进行自主访问和文档存取操作。

（2）客户端不再存储办公数据，切断终端数据泄密的途径。考虑到出差或者移动办公时存在网络差或无网络的情况，提供受限的本地磁盘缓存，提供安全机制对本地缓存数据进行即时或定期等可定制方式清除，并保证缓存数据不能为用户自主获取。

（3）多种平台接入。除了支持使用传统的 PC 进行访问外，支持用户使用 iOS 和 Android 等客户端 App 进行文档的基本操作，保障文档访问的安全性。

10.2.4.2 云端文档安全存储和共享

文档在云端安全存储，用户可以安全、高效地进行文档共享。

（1）使用 PKI 体系的对称加密和非对称加密有效保证数据存储、传输、使用及管理的安全性，为文档安全共享（上传、编辑、阅读、删除、签入/签出等）提供细粒度的权限控制。

（2）云端文档共享应逻辑区分个人使用空间和共享使用空间，以保证个人和部门间共享使用。

（3）在云端可通过不发送真实文件的方式安全共享文档，以减少对网络资源的消耗和提高安全性。

（4）可根据权限对云端文档数据进行检索和使用。

（5）支持并维护文档使用的多版本，并可避免误删除。

10.2.4.3 云端文档访问全生命周期安全管理和审计

云中数据访问"事事留痕"，为文档访问审计提供依据。

（1）平台提供文档全生命周期操作的详尽记录（见图 10-6），包括操作人员、行为、日期、操作文档对象等信息，并形成基于 Excel 等的日志报表，提供审计依据。

（2）平台文档管理可进行二次授权，信息安全审计员、部门文档管理员、运维人员的管理权限应进行严格分离，文档访问由各部门独立运营，并严格执行权限控制。

图 10-6　文档全生命周期操作的详尽记录

10.3　地产业数字化转型案例分析

作为"衣食住行"中引人注目的刚需消费行业，地产业被国家纳入实体经济的范畴后，更加凸显了其关系国计民生的重要地位。不言而喻，在供给侧结构性改革和"去存量"的数字经济时代，头部地产商数字化转型的步伐和案例备受关注。

10.3.1　华润置地数字化转型

华润集团已发展为囊括大消费、大健康、城市建设和运营、能源服务、科技与金融五大板块的多元化产业集团，旗下拥有 19 个一级利润中心，2000 余家法人实体，1000 多家工厂，超过 6.8 万名企业客户，21.7 万个供应商，约

1000万个终端。2015—2021年，华润集团的收入规模、人均效能、人均利润率实现大幅增长，其中信息化、数字化转型起到了重要作用。

华润置地的数字化转型围绕"运营+、客户+、产品+、员工+"四个方向进行，重点推进消费体验提升和内部管理赋能，从一点万象、租户赋能、智慧商场、内部运营管理、一线员工赋能几个方面落地。

华润置地搭建小程序、App等全渠道互联网前端，将会员信息线上化；优化线上零售和支付场景，进行线上售卖，再辅以直播业务，完成线上与线下的营销模式转变，实现货的数字化；在场的层面，通过线上与线下双渠道收集客户行为信息，实时掌握客户动线，再通过智慧停车场掌控客户进场、离场信息，进行精准营销。时至今日，华润置地已经实现了多渠道、多互动的能力，基于人、货、场的数字化，现在已经扩展出物流配送、直播带货等数字化业务。

一点万象项目在2015年被正式命名，是华润集团"互联网+"战略下打造的华润置地商业官方线上客户服务平台。一点万象平台的建立，让华润置地的运营模式从以前的线下客户交流、客户培养转变为线上会员成长体系运营。通过互联网产品/技术与商业场景的深度融合，利用数字化手段和工具，实现会员数字化，更好地为客户提供服务，提升客户的消费体验。自一点万象平台正式启用以来，用户规模日益扩大。此外，在疫情期间，华润还通过与淘宝、支付宝、微信等第三方的合作，开展线上直播业务和电商售卖业务，搭建更多客户触达渠道，完善会员生态。一点万象平台能够多渠道触达客户，实现对陌客和访客信息的收集，并形成全面的用户画像，再通过精准营销一步步将其转化为会员；遵循"信息化—互联网化—数字化"的发展路径，梳理数字信息，选择合适的运营手段，并提供相对应的服务，完善数字商场的场景搭建，为客户带来优质的体验，提升客户黏性。

10.3.2 万科数字化转型

万科集团是《财富》世界500强企业之一，其房地产开发业务已经覆盖全国几十座城市。作为国内领先的建设与生活服务商，万科坚持以"客户为中心",把"为客户提供高质量服务"作为企业发展的战略目标。如今,地产行业企业面临着"存量时代"的考验,产品经济正在向服务经济转变。万科认识到,利用数字化服务工具,为客户提供更优质、更便捷的服务,是提高客户体验、推动企业向服务经济转型的必由之路。

在企业数字化发展方面,万科很早就制定了规划,于2016年推出了沃土计划,通过九年,三个阶段,让科技能够在万科40岁的时候成为新的发展引擎。它的目标是打通底层数据,治疗万科内部大公司病,提升管控效率,提高利润水平,并最终让万科为未来万亿(元)市值平台搭建做好充足准备。

沃土计划将让万科通过人工智能和大数据等技术开发,逐渐从数字化阶段过渡到智能化阶段,继续打造全业务流通的数字化模式,在房地产数字化进程中寻找全新的巨大机会。

三个阶段分别如下。

(1)2016至2018年是信息化阶段。该阶段旨在打基础,服务万科自身业务发展,打造全方位地产开发平台、全渠道在线营销平台、全过程客户服务平台。

(2)2019至2021年是数字化阶段。该阶段的重点在于打通各业态、各业务场景所积累的数据,形成数据服务,再通过大数据分析工具洞察客户需求,优化业务能力,实现数据价值。

(3)2022至2024年是智能化阶段。该阶段主要实现信息的获取、数据的洞察,到人工智能应用的跨越,从而满足个性化定制、柔性生产的新需求。

2019年后,万科全面进入数字化阶段,面向市场打造以地产业务场景+技术为核心竞争力的行业级解决方案。在数据积累的基础上,通过新场景应用促进企业的数字化变革。数字化转型的基本逻辑是希望通过物联网、图像识别、NLP技术获得原生数据,由此产生大数据,之后通过大数据与AI分析技术形成行业算法能力,从而赋能业务,更好地服务客户。

值得注意的是,万科的管理人员郁亮曾提到一个"龙抬头"计划,也与科技赋能企业有关。郁亮提到,万科每个事业群(BG)、业务单元(BU)背后都有科技公司,每个业务都通过科技赋能的方式,实现管理更大的范围,做更有效的事情。万科的思路很明确，即将科技融入业务的各个方面，将每个传统业务与科技相结合，让每个业务都插上科技的翅膀。

10.3.3 碧桂园数字化转型

碧桂园集团是中国最大的新型城镇化住宅开发商之一，2022 年位列《财富》世界 500 强排行榜第 138 位。碧桂园采用集中及标准化的运营模式，业务包含物业发展、建筑安装、装修、物业管理、物业投资、酒店开发和管理，以及现代农业及机器人等。碧桂园提供多元化的产品以满足不同市场的需求。各类产品包括联体住宅及洋房等住宅区项目，以及车位和商铺，同时开发及管理若干项目内的酒店，提升房地产项目的升值潜力，除此之外，经营独立于房地产开发的酒店。从 2019 年年初开始，碧桂园将现代农业及机器人确立为重点发展的两大新业务。2020 年，碧桂园打造围绕地产主业的高科技产业版图，包括博智林机器人、现代农业、碧优选及机器人餐厅。

当前，碧桂园正以突破空间、同步时间、万物连接、人机协同为目标，通过人工智能、物联网、区块链、大数据、5G 等技术变革生产方式，追求高度信息化的现代管理方式，为客户提供一站式的全方位营销、生态系统和场景化融合服务，向行业展现一系列未来地产的科技场景。

碧桂园将"凤凰云"作为碧桂园地产+科技的抓手，建立了一个全面的"线上售楼部"，是涵盖全国房源、在线购房、直营特惠、活动权益、售后服务的全套系统，用户足不出户就可以看房，了解很多信息。"凤凰云"小程序则部分解决了买房过程中的痛点。在"凤凰云"小程序里进入房地产项目，不仅可以看到基本信息，还可以视频看房、VR 看房、直播看房。例如，基于手机同屏技术实现 VR 带看，销售顾问和用户同时进入 VR 样板房，全天候实时在线讲解。"凤凰云"真正实现了购房全周期线上化，线上签约、线上按揭、线上缴款等都能在一个平台上实现。

碧桂园的数字化应用全面开花结果：RPA 服务目标接近 100 家银行，覆盖碧桂园房产板块 3 万个银行账户，大幅提升工作效率；智能语音已应用到营销案场、零售门店、智慧工地、智慧案场等领域，在实际项目的自动填单中可提效 20 倍；智能客服应用于营销智慧案场，优化用户体验；区块链前瞻探索落地，已布局规划在金融、营销、数据、司法、生活等五大领域、14 项业务中进行快速赋能。碧桂园还推行"智慧工地"建设，运用 AI 科技全方位提升安全生产管控水平；AI 智能摄像头能自动识别现场不安全行为及隐患；工人的安全帽可自动发送位置并监测工人是否佩戴；塔吊防碰撞系统有危险时可自动报警和显示位置。碧桂园地产业务在经历数字化、智能化的洗礼后，一定会焕发新的生机。

梧桐树平台是汇聚碧桂园 IT 能力的开放平台，是数字化创新典型案例。通过构建以云计算、安全、大数据、自动化等为主的产品中心，开放平台将行之有效的产品解决方案开放给用户，有效提升了碧桂园多业态、多场景下各业务流程的运行效率，同时降低了数字化建设投入和运营成本。梧桐树平台以稳定可靠、安全可信、可持续创新的服务，为碧桂园数字化建设提供全方位的 IT 能力支持，被喻为企业数字化转型的摆渡者。

在物业服务方面，碧桂园服务应用了大量的数字化元素。碧桂园服务认为，要建立系统化的物业管理解决方案，必须善用"数字化武器"对现有的物业流程进行优化和重构，将变革后的流程和机制落地，发挥物业"新科技"的服务价值。为了达成这一目标，碧桂园服务始终致力于数字化创新：2016 年开启云平台和云计算应用；2017 年与阿里云合作全面踏入大数据时代；2018 年上线 AI 开放云平台，开启了人工智能赋能物业的探索；2019 年向行业输出 AI 全栈解决方案；2020 年，碧桂园服务基于自身的核心算法优势，与各大互联网科技巨头开展战略合作，推出物业数字化服务品牌——天石云平台，为物业管理装上了一颗"智慧大脑"，显著加快了数字化物业的建设步伐；2020—2022 年，碧桂园服务结合物业管理经验模型和企业发展现状，通过天石云系统为其提供物业数字化服务，从人、财、物、项目管理和合同管理等方向进行建设或改造；同时基于私有云部署综合管理平台，监控、分析和管控各类指标、经营数据等，满足了 300 多个项目的接入需求，实现了物业管理的高效化和智慧化。

在战略实施层面，碧桂园服务从"空间服务""客户服务""支撑服务"三个维度进行数字化建设，助力自身迈入 4.0 价值服务时代。空间服务，即运营智能化。碧桂园服务将 AI 纳入运营控制台，通过算法自动下发的工作指令、大数据进行决策，实现工单自动化、任务可视化、过程管理自动化，方便总部直接管理项目。以社区保洁为例，可通过监控发现垃圾桶已满，AI 识别后能够自动产生工单，下发给附近的物业人员，提示他们立即处理。而在此过程中还会触发数字化考核评价工单，现场智能化设备核实工作进度，若未及时完成将触发"关键业务"，上升至管理人员处理。如此循环，便能够有效助力整体运营业务的科学调度。客户服务维度，侧重于对服务触点进行数字化升级，即线上服务 App、小程序等，线下保安亭、社区大堂等。碧桂园服务会通过算法，与多个生活服务智慧匹配用户需求，并收集评价反馈，以便改善用户体验。例如，业主若打算装修，物业便可通过服务触点的数据分析了解其需求，并借助数字化平台智慧匹配合适的服务给业主，业主同样能够通过线上 App 入口去寻找自己偏好的家装服务。支撑服务，即通过数字化手段实现员工价值的双向评价可视化。碧桂园服务拆分了业务流程，明确了每个环节的服务角色及对应职责，不同对象完成不同业务，将会获得不同的利益。简单来说，就是让员工清楚自己每天干了什么、表现怎样、收获几何；让管理人员了解员工在处理业务方面亟须提升的部分。

10.3.4　融创数字化转型

融创中国控股有限公司是香港联交所主板上市企业。公司成立于 2003 年，以"至臻·致远"为品牌理念，致力于通过高品质的产品与服务，整合优质资源，为中国家庭提供美好生活的完整解决方案。融创中国以地产为核心，布局房地产开发、物业管理、冰雪运营管理、文旅、文化等业务板块。

融创积极向科技及互联网企业学习，数字科技建设从客户体验、产品营造、管理提效、员工赋能四大维度展开，全周期贯穿设计生产过程，全链条提升企业经营效率，把融创的管理经验沉淀为算法模型，让所有的数字都可视、可量、可用。现在，数字化改造已经全面渗透到融创的房地产、物业管理、文旅等板块。

在房地产板块，融创通过全链条数字化运营提升决策和运营效率已制定建筑信息模型（BIM）相关管理和技术标准，试点项目模块拆分、搭建 BIM 协同平台，目前精装 BIM 可实现批量精装项目可视化设计，一键出图、出量、出模型，提升效率，打通设计与成本，支持后续集中采购及智慧建造，大幅缩短精装项目周期。同时，积极建设融创集中采购线上平台，整合行业优质供应商资源，引入线上品质控制体系，通过项目一站式下单、集团统一调配运营，实现采购业务数字化转型，推进项目效率及品质提升。

智能建造方面，融创推进智慧工地、激光测距等数字化监测手段，实现建造过程数字化管理，建造进度、质量、安全线上化管理。

销售方面，融创与贝壳共同合作开发在线销售平台，面向客户提供一站式线上服务，面向经纪人及内部销售人员实现全流程管理、通盘通客。

物业管理方面，融创通过推进数字科技化进程，将数字化、智慧化的物业服务深入客户服务中。针对新交付地产项目，融创全面提供智慧社区服务，截至 2022 年，已在全国 50 余处落地，完成全国 200 余个项目智慧社区平台的上线。

同时，融创还在打造智慧社区与全屋智能场景的联动，以进一步提升全空间范围的服务品质。通过对融创智慧社区产品力的打造和智慧社区场景的规模化建设，会极大地降低物业运营成本，提升运营效率。未来，融创将会进一步将智慧场景扩展到非住宅业态，如智慧城市的建设，打造智慧城市标杆。

客户应用方面，融创将推进"归心"App 用户的增长与黏性，用户数将实现从十万级别到百万级别的跃升。在严格遵守国家数据安全法律法规，保护客户隐私的前提下，融创基于规模化服务沉淀下来的用户数据，为客户提供更为精准与个性化的服务。

参考文献

[1] 李洋. 产业数字化转型精要：方法与实践[M]. 北京：人民邮电出版社，2022.

[2] 李洋. 决胜金融安全 3.0 时代：新金融+新科技+新安全[M]. 北京：人民邮电出版社，2019.

[3] 华为公司数据管理部. 华为数据之道[M]. 北京：机械工业出版社，2020.

[4] 华为公司企业架构与变革管理部. 华为数字化转型之道[M]. 北京：机械工业出版社，2022.

[5] 加里·奥布莱恩，郭晓，迈克·梅森. 数字化转型：企业破局的 34 个锦囊[M]. 刘传湘，张岳，曹志强，译. 北京：机械工业出版社，2021.

[6] 方滨兴. 人工智能安全[M]. 北京：电子工业出版社，2020.

[7] 国务院发展研究中心国际技术经济研究所. 世界前沿技术发展报告[M]. 北京：电子工业出版社，2021.

[8] 稻盛和夫. 经营十二条[M]. 北京：人民邮电出版社，2021.

[9] 陈明，梁乃明，等. 智能制造之路：数字化工厂[M]. 北京：机械工业出版社，2016.

[10] 妮科尔·福斯格伦，耶斯·亨布尔，吉恩·金，等. 加速：企业数字化转型的 24 项核心能力[M]. 北京：人民邮电出版社，2022.